Der Idiot bin ich - oder „Bitte Paniklicht ausschalten!"

von Lothar Runkel

Ein Inspizient vom BE erinnert sich...

Begebenheiten, Episoden und Ereignisse

BE - Berliner Ensemble.
Theater in Berlin.
1949 gegründet von Berthold Brecht und Helene Weigel.

Idee, Fragen, Zwischentitel,
Zusammenstellung, Recherche und Bearbeitung:
Tilo Acksel, Berlin

Der Idiot bin ich - oder „Bitte Paniklicht ausschalten!"
Lothar Runkel - Ein Inspizient vom BE erinnert sich...
ist erschienen im
TORNER Verlag für deutsche Literatur, Hamburg
www.torner-verlag.de
ISBN: 978-3-942226-16-5
Das Werk ist als Printausgabe im Buchhandel,
online unter www.torner-shop.de sowie als eBook
auf den gängigen Downloadportalen erhältlich.

Statt eines Vorwortes:

Der Inspizient - Versuch eines Berufsbildes

Runkel: Als Inspizient ist es wichtig, ein gewisses Maß an Autorität zu besitzen. Der Technik als auch den Schauspielern gegenüber. Der Inspizient muss die Schauspieler lieben. Jeder von ihnen ist ein absoluter Individualist. Das ist zu beachten. Lothar Runkel, Inspizient i. R.; Berlin 2013

Runkel: Der Inspizient hat sich in den letzten 50 Jahren, in denen die Technik umfassend Einzug ins Theater hielt, zu einem außerordentlich wichtigen Mitarbeiter entwickelt. Aus einem eher Helfer und Handlanger ist ein eigenständiger Beruf geworden. Vom Können und vom Geschick des Inspizienten hängt der reibungslose Ablauf der Proben, aber vor allem der Vorstellungen ab. Zuverlässigkeit, Disziplin und Fingerspitzengefühl sind Hauptkriterien der Eignung zum Inspizienten.

Da er in hohem Maße Mittler zwischen Kunst und Technik ist, muss er ein stark ausgeprägtes künstlerisches Empfinden haben, aber auch Sinn für technische Abläufe und Zusammenhänge besitzen. Bei Haupt- und Generalproben muss er aus vielen „Einzelteilen" das Stück zusammensetzen. Technisch aufwendige und schwierige Stücke erfordern ein großes Können vom Inspizienten, damit ein Ablauf wie aus „einem Guss" entsteht. Die Fertigkeiten und Qualitäten des Inspizienten können dem Regisseur die Arbeit ungemein erleichtern. Bei solchen Anlässen, aber auch bei Vorstellungen so schwieriger Inszenierungen, ist für den Inspizienten die psychische Belastung durch nervliche Anspannung immens - wird aber größtenteils allgemein unterschätzt. Größte Präzision, aber nicht sture Pedanterie zeichnen einen guten Inspizienten aus, denn eine Theatervorstellung wird von Menschen gestaltet und ist nicht, trotz der vielen Technik, eine mechanische Routine, wiewohl aber auch vom Inspizienten verlangt werden muss, dass eine 200. Vorstellung ebenso abläuft, wie eine Premiere. Da der Inspizient mit vielen Menschen zusammenarbeiten muss, von denen jeder eine Persönlichkeit, ein Individuum mit einer eigenen Mentalität und Charakter ist, bedarf es seinerseits größter Sensibilität, dieses große Arbeitskollektiv nicht auseinander- oder gegeneinanderlaufen zu lassen, sondern es, im Rahmen seines Aufgabengebietes, zu einer homogenen Gesamtleistung zusammenzuführen. Den Umgang mit Menschen sollte er etwas beherrschen, da er so teilweise verschiedene Interessen, wie die der Regie, der Darsteller, der Technik und der Theaterleitung zu berücksichtigen und in Einklang zu bringen hat. Von einem gutem Verhältnis zu allen technischen Abteilungen, aber auch zum Regisseur und zu den Schauspielern kann maßgeblich der Erfolg seiner Arbeit abhängen. Selbstverständlich gibt es auch bei Inspizienten gute und schlechte, wie auch bei Schauspielern, Regisseuren, Sängern und so weiter.

Neben den genannten Eigenschaften zeichnet einen guten Inspizienten außerdem aus: Mitarbeit in Form von Mitdenken - also nicht absolutes Warten auf Anweisungen - Kreativität im Rahmen seiner Möglichkeiten und Aufgaben. Zu seinen Aufgaben gehören unter anderem: Das Einrufen der Mitarbeiter zu ihren Auftritten, beziehungsweise Einsätzen. Das Einklingeln der Zuschauer zu Beginn der Vorstellung und zum Ende der Pause. Die Zeichengebung zur Verdunkelung des Zuschauerraumes, aller Lichtveränderungen, der Einsätze des Tons für Musik und Geräusche, zum Öffnen und Schließen des Vorhanges, zum Auf- und Niederfahren von Versenkungen, zum Hochziehen von Schleiern, für Signale, Schüsse, Klingeln, Blitz, Donner, Wind, Geräusche aller Art, für die Einsätze der Musiker und Kapellmeister, für Auftritte der Darsteller, für offene Verwandlungen. Er sollte sich weiterhin darum kümmern, dass die Dekoration richtig aufgebaut wird, die Requisiten bereitliegen und die Vorstellung für einen reibungslosen Ablauf ordnungsgemäß eingerichtet ist.

Diese vielseitigen Aufgaben erfordern vom Inspizienten ein großes Maß an Umsicht und Vorausschau.

Der Inspizient hat auf der Bühne für Ruhe und Ordnung zu sorgen. Da seinen Anweisungen hinsichtlich des Ablaufes der Vorstellungen als

Stellvertreter des Spielleiters unbedingt Folge zu leisten ist, muss er sie mit großer Verantwortung erteilen. Bei unvorhergesehenen Ereignissen muss er die Übersicht behalten, in kürzester Zeit, ja in Sekundenschnelle, richtige Entscheidungen treffen und beurteilen können, was das Notwendige ist.

Gravierende Unterschiede zwischen Inspizienten am Schauspiel und Inspizienten am Musiktheater bestehen nicht, da es in beiden Bereichen komplizierte und weniger komplizierte Aufführungen gibt. Die Inspizienten am Musiktheater richten statt eines Inspizierbuches einen Klavierauszug ein, in dem sämtliche Angaben zum Ablauf des Stückes festgehalten sind. (Inspizierbücher beziehungsweise Auszüge müssen übersichtlich und gut lesbar und eindeutig eingerichtet werden, damit andere Kollegen bei plötzlichen Übernahmen nicht vor unnötigen Schwierigkeiten stehen. - Ein einheitliches, grafisches Bild der Lichtzeichengebung wäre ein Fernziel, muss aber wohl ein Wunschtraum bleiben. Augenblicklich haben noch alle Inspizienten - mit wenigen Ausnahmen - ihre eigene Methode der Eintragungen in Inspizierbücher.)

Selbstverständlich muss ein Inspizient am Musiktheater Noten lesen können, um mit dem Auszug oder sogar einer Partitur umgehen zu können. Aber auch ein Schauspielinspizient sollte in dieser Materie Bescheid wissen, weil es heute kaum Schauspielaufführungen ohne Musik gibt.

Bis zum 2. Weltkrieg war der Beruf des Inspizienten fast ausschließlich Domäne der Männer. Heute ist ein nicht unerheblicher Teil der Inspizienten weiblich.

Inspizient ist kein Ausbildungsberuf. (In der DDR wurden einzelne Versuche in dieser Richtung unternommen, aber wieder aufgegeben.) Viele Inspizienten sind ehemalige Schauspieler, Sänger, Tänzer oder Regieassistenten, die eine besondere Neigung zu dem Beruf des Inspizienten verspüren und sich die nötigen Fähigkeiten aneigneten und eine gewisse Begabung mitbrachten. An guten Häusern und bei anspruchsvollen Regisseuren ist es unabdingbar, dass der Inspizient ein hochqualifizierter „Facharbeiter" ist. Er ist nicht ohne Schaden für den Spielbetrieb austauschbar. Es ist daher auch nicht möglich, irgendwen mit diesen Aufgaben zu betrauen, weil Eignung und Können Voraussetzung für den Beruf sind. Jahrelange Erfahrung sind hilfreich, ersetzen aber nicht immer beides.- Lothar Runkel 1. Inspizient des Berliner Ensembles; Berlin 1970

Weitere, renommierte Quellen skizzieren den „Inspizienten":

„Inspizient: Im Burgtheater Wien 1779 eingeführter Titel für Mitarbeiter eines Ausschusses, dem die Leitung, Auswahl der Stücke, Kostüme und Dekorationen, Regie und Vorstellungsaufsicht oblag. Im modernen Theaterbetrieb ist der Inspizient ein überaus wichtiger Angestellter der Bühne, der den Ablauf der Proben und Vorstellungen als Vertreter des Spielleiters in ihren technischen Einzelheiten anordnet und vonstatten gehen lässt. Der Inspizient erhält seine Angaben bei den Proben und zeichnet alle vorkommenden Obliegenheiten in das Inspizierbuch, bzw. in den Inspizierauszug ein, die als Grundlage für den Ablauf der Vorstellung dienen. Er hat sich davon zu überzeugen, dass die Darsteller rechtzeitig in den Ankleideräumen anwesend sind, dass der Dekorationsaufbau den Angaben des Spielleiters entspricht, dass die Requisiten vollzählig bereit liegen. Er teilt Statisten ein, bestellt diese zur Probe usw. und ordnet alle weiteren kleineren Angelegenheiten, die zum reibungslosen Ablauf der Aufführung gehören.

Vor Beginn der Akte läutet er das Publikum durch Klingelzeichen ein, gibt den beschäftigten Darstellern Klingelzeichen in die Garderobe, gibt dem Beleuchter Zeichen zum Verdunkeln des Zuschauerraumes, dem Kapellmeister zum Beginn der Musik, dem Vorhangzieher zum Öffnen und Schließen des Vorhanges. Er schickt die Darsteller auf Stichwort auf die Szene, veranlasst auf Stichwort oder musikalischen Einsatz die Auslösung von Geräuschen oder sonstigen Vorkommnissen hinter der Szene, gibt Signale für Beleuchtungsveränderungen und technische Vorkommnisse, wie zum Beispiel Auffahren von Versenkungen, Hochziehen von Schleiern und so weiter. Er sorgt weiterhin für Ruhe und Ordnung auf der Bühne. - Mit Erfüllung dieser Vielzahl von Aufgaben übt der Inspizient eine überaus wichtige Funktion für den Ablauf des Betriebes aus, dessen sicheres

Funktionieren wesentlich von seiner Geschicklichkeit und Zuverlässigkeit abhängig ist. Die rechtzeitige Verabredung eindeutiger Zeichen und laufende, gegenseitige Verständigung zwischen diesen künstlerischen und technischen Betriebsleitern ist deshalb unbedingtes Erfordernis.

- Inspizientenpult: Befehlsstelle des Inspizienten für die Abwicklung der Vorstellung, ist pultförmig zum Auflegen eines Textbuches oder des Klavierauszuges gebaut und mit den Schaltbrettern für die Klingelzeichen und Lichtsignale versehen. Am Inspizientenpult weiterhin vorhanden: Fernsprech-, bzw. Rufapparat, Schalter zum Auslösen von Geräuschmaschinen, Uhr, Taktanzeiger und andere Signal- und Meldegeräte. Das Inspizientenpult befindet sich auf der Bühne seitlich vorn, bei größeren Bühnen sind zwei Inspizientenpulte rechts und links mit Parallelschaltung der elektrischen Anlagen.

- Signalanlagen: Die Signalanlagen für die Bühne sind zentralisiert beim Inspizienten. Dort befindet sich ein Druckknopfbrett (Tableau) für die Klingelzeichen zum Einläuten nach den Ankleideräumen, zu den Geschäfts- und Konversationszimmern, zum Probensaal, zu den Arbeiterräumen, Werkstätten und nach dem Zuschauerhaus, (Umgänge, Foyer, Gaststätten usw.). Um eine sichere Kontrolle zu haben, ob die Zeichen auch betriebsfähig sind, sind meistens Rückmeldeschauzeichen (Stromzeigelampen) vorgesehen. Da sich die Klingelzeichen wegen der damit verbundenen Geräusche auf der Bühne selbst nicht zur Zeichengebung eignen, ist weiterhin eine Lichtsignalanlage vorhanden, mit der vom Inspizienten aus unter anderem noch nach folgenden Stellen Signale abgegeben werden können: zur Seitenbühne, Hinterbühne, zu den Arbeitsgalerien, zur Unterbühne (Versenkung, zum Vorhangzieher, zum Kapellmeister, zu den Geräuschmaschinen, zum Beleuchtungsstellwerk und so weiter.) Auch diese Signale erhalten meist Rückmeldevorrichtung, um zu wissen, dass die betreffende Stelle, die ein erstes Zeichen - das ist das Achtungszeichen - erhält, „Fertig!", das heißt für ein zweites Zeichen - das ist das Ausführungszeichen - bereit ist. Musikalische Einsätze werden durch Taktanzeiger übermittelt." -

Quelle: „ABC der Theatertechnik" von Dipl. Ing. Walter Unruh.

- Ohne Ihn geht's auf der Bühne nicht los! Der Inspizient gibt den Künstlern das Startzeichen zum Auftritt. Während der Vorstellung ist er der wichtigste Mann hinter der Bühne und für den reibungslosen technischen Ablauf der Aufführung verantwortlich.- Quelle: **„Der Stern" März 1955**

-„Der Inspizient ist der Mann auf der Bühne, dessen Anwesenheit kaum bemerkt wird, dessen Abwesenheit aber einer Katastrophe gleichkommt." -Quelle: **Berliner Rundfunk, Dez.1954**

Der Inspizient.- Eine verantwortungsreiche Tätigkeit hat auch der Inspizient. Er hat zunächst dafür zu sorgen, dass die Darsteller auf ihr Stichwort richtig auftreten. Dafür legt er ein Szenarium an, in dem Auftritte und Abgänge richtig vermerkt, außerdem die Stichworte für alles angegeben sind, was hinter der Szene zu geschehen hat. Blitz und Donner, Signale, Musik, Geräusche und dergleichen mehr. Im komplizierten Räderwerk der Theatervorstellung ist der Inspizient das Öl. Ohne ihn würde alles stocken und knarren.- Neben dem eigentlichen Szenarien-Inspizienten besitzen größere Bühnen noch einen Chor- und Komparserie-Inspizienten, die für die Auftritte und das Eingreifen dieser Körper verantwortlich sind und bei großen Vorstellungen den Inspizienten zu unterstützen haben.- **Auszug aus: „Spemanns Goldenes Buch des Theaters" Stuttgart 1912. Abschnitt: „Die Praxis des Bühnenwesens" von Max Grube.**

Die unbekannten Helfer: Der Inspizient. – Wenn der Inspizient ein-, zwei-, dreimal klingelt, dann lenkt das Publikum behutsam seine Schritte zum Platz zurück. Indessen gibt der Inspizient Anweisungen an die Beleuchtung, an den Dirigenten, wirft noch einmal einen prüfenden Blick über die Bühne, ob alles richtig steht, sorgt für Ruhe und gibt schließlich das Zeichen zum Vorhangziehen. Während des Szenenablaufs schickt er die Darsteller aufs Stichwort nach draußen, veranlasst die Auslösung von Geräuschen, gibt Signale für Beleuchtungsveränderungen. Seine Besonnenheit oder seine

Ungeschicklichkeit sind für den Künstler sehr ausschlaggebend. Die Inspizienten-Tätigkeit beschränkt sich aber allein auf die Aufführung. Er sorgt für den Ablauf der Proben, zeichnet alle Obliegenheiten in das Inspektionsbuch ein, teilt die Statisterie ein, und dieses alles gibt am Ende eine ungefähre Vorstellung von dem Manne, dessen Befehlstand das Inspizientenpult ist, die Nervenzentrale der allabendlichen Aufführungen.- **Aus einem Programm des Theater der Freundschaft. „Timur und sein Trupp".**

Der Inspizient und seine Aufgabe. - Seitlich vorn, unter dem Beleuchtungsstande, hat das Inspizientenpult seinen Platz. Die Pultform gestattet dem Inspizienten, bequem im Textbuch oder Klavierauszug mitzulesen. Vor sich hat er eine riesige Tafel mit Schaltanlagen für Klingelzeichen und Lichtsignale. Wir zählen fast 60 Klingelknöpfe! Weiter finden wir eine Mikrophon- und Lautsprecheranlage, Telefonapparate, eine Uhr, einen Taktanzeiger, Signal- und Meldegeräte und Schalter zum Auslösen von Geräuschmaschinen, die außer den schon erwähnten, elektroakustischen Übertragungsmöglichkeiten vom Beleuchtungsstande aus zur Verfügung stehen. Auch ein großer Gong hängt bereit für den Fall, dass die Aufführung mit einem Gongschlag beginnen soll. Der Platz des Inspizienten ist eine Art Kommandostand. Von hier aus leitet er den glatten Ablauf der Vorstellung, lenkt und ruft alle Beteiligten. Er stellt das zur Pflicht mahnende Gewissen dar. Auf den Proben erhält er vom Spielleiter alle Angaben, die er braucht, trägt sie in das Inspizierbuch ein und übernimmt dabei die Verantwortung dafür, dass sie im richtigen Augenblick befolgt werden. Lange vor der Vorstellung ist er auf der Bühne und kontrolliert, ob die Dekoration richtig aufgebaut ist und ob alle für den Ablauf der Vorstellung nötigen Einrichtungen gebrauchsfertig zur Stelle sind. Er gibt die Glockenzeichen für das Publikum, die Klingelzeichen für die Darsteller in den Garderoben, gibt dem Beleuchter das Zeichen zum Verdunkeln des Zuschauerraumes, dem Kapellmeister zum Beginn der Musik, dem Vorhangzieher zum Öffnen und Schließen des Vorhanges. Er kontrolliert, ob die Darsteller rechtzeitig an ihrem Platze sind, und mahnt sie, wenn nötig, zu ihrem Stichwort auf die Szene. Er ist verantwortlich für die fast unermesslich vielen Geräusche auf und hinter der Szene,

Volksgemurmel, Glockenläuten, Pferdegetrappel, Autohupen, Hundegebell, Vogelgezwitscher und Schlittengeräusche, Schüsse und Explosionen. Nicht wenige Inspizienten haben sich zu genialen Tierstimmenimitatoren entwickelt. Der Inspizient behält dauernd die Fühlung mit allen Bühnentechnikern und Beleuchtern. Er gibt das Zeichen für das Bedienen der Versenkungen, der Schleiervorhänge. Er ist der Herr über alle Naturgewalten, über Blitz, Donner, Regen. Er vermittelt die harmonische Zusammenarbeit zwischen künstlerischem und technischem Apparat. Von seinem Geschick und seiner Zuverlässigkeit hängt wesentlich der reibungslose Ablauf einer Vorstellung ab. – Quelle: **„Blick hinter den Vorhang" - Friedrich Lieber**

Was ist ein Inspizient? – Der Inspizient rennt mit einem Buch in der Hand hinter den Kulissen herum, schickt die Schauspieler im richtigen Augenblick und durch das richtige Loch auf die Bühne und dirigiert die Geräusche hinter der Szene. Er klingelt ferner in die Garderoben, spielt kleinere Rollen und wird für fast alles, was passiert und nicht passieren soll verantwortlich gemacht. Wie es große und kleine Regisseure gibt, gibt es auch große und kleine Inspizienten. Der Inspizient muss gleichzeitig in der rechten, wie in der linken Kulisse, hinter der Bühne, wie in der Versenkung sein. Er muss kontrollieren, ob alles auf der Bühne ist und alle Requisiten am richtigen Platz sind. Es ist ein Mann, der sich zerreißen könnte, denn er trägt die Verantwortung für den fehlerlosen Ablauf der Vorstellung. Der Inspizient macht ferner Vogelsang, Autohupen, Glocken- und Telefonsignale und führt andere, vorgeschriebene Geräusche mittels Schallplatten und Lautverstärkeranlage durch. – Quelle: **Karel Caspek - Extrablatt der Volksbühne Berlin, Januar 1955**

-„Pssst ... !" – In fünf Minuten beginnt die Vorstellung, aber schon längst fing die verantwortungsvolle Arbeit für den wichtigsten Mann hinter der Bühne an: für den Inspizienten. In seinen Händen liegt der gesamte technische Ablauf jeder Aufführung. Durch seinen Fingerdruck öffnet sich der Vorhang, werden sämtliche Mitwirkenden rechtzeitig aus den Garderoben gerufen. Sein Klingeln zeigt den Beginn und das Ende der Pausen an, und schließlich muss sein warnendes „Pssst!" immer wieder zur absoluten Ruhe hinter der Bühne mahnen. –Quelle: **Bild- BZ, November 1952**

Welcher Idiot ist da am Wind?

Runkel: Und? Was willst du wissen?

Acksel: Alles! Wie kamst du zum Theater? Wie war dein erster Tag?

Runkel: Erst mal muss ja klar sein, wieso ich zum Theater kam. Die Urschleimgeschichten liegen ja davor. Ich bin ja schon mit 12 Jahren in der Komischen Oper auf der Bühne rumgekrochen. Habe mich eingeschlichen. Ich wollte dann unbedingt zum Theater. Ich dachte, ich könnte nur das. Eine andere Möglichkeit sah ich nicht. Als Beleuchter - und dafür muss man unbedingt Elektriker sein, glaubte ich. Dann hab ich eine Lehre angefangen, als Elektroinstallateur, das war schon sehr schwer zu kriegen. Fast ein Jahr war ich Elektrikerlehrling. Konnte es aber nicht, weil ich mit 12 Jahren eine Knochenmarkvereiterung hatte. Diese körperlich schwere Arbeit konnte ich auf Dauer nicht machen. Die Knochenmarkvereiterung war nicht ausgeheilt und dann diese riesige, zwölfsprossige Leiter rauf und stemmen, per Hand stemmen. Bohrmaschine hatte nur der Meister, Lehrlinge durften per Hand stemmen, na ja. Also musste ich aufhören. Auch das war schwer. Aufzuhören, nach so kurzer Zeit `ne Lehre abzubrechen.

Dann wollte ich aber unbedingt zum Theater, aber wie, was, wo? Ich habe in der Komischen Oper, als ich da rumkroch, den Beruf des Inspizienten kennengelernt und mir überlegt: das wäre doch was Schönes, wenn du das machen könntest.

Als ich nun nüscht mehr hatte, nicht mehr arbeitete, bin ich gleich den nächsten Tag losgekrochen und hab jedacht: nu woll`n wir doch mal sehen, ob ich irgendwie Inspizient werden kann. Und war als Erstes im Maxim Gorki Theater. Mein Plan war, ich geh mal alle so rum, die Theater nach und nach. Eigentlich war ja die Absicht ‚Oper`, aber das erschien mir nun doch sehr himmlisch. Und dann bin ich ins Maxim Gorki Theater und dort war auch irgendwer zu sprechen, Frau Schletze, Inspizientin des Hauses. Und die sachte: „Na ja, Inspizient, das ist kein Lehrberuf. Dafür wird man nicht ausgebildet. Das wird man irgendwie, wenn man als Schauspieler, Sänger, Tänzer oder so wat, nicht mehr richtig kann, oder wat. Dann wird man - wenn`s jut geht - Inspizient, wenn man das kann". Na, war also nich.

Nu, dachte ich, was liegt denn noch auf `m Weg? Berliner Ensemble!

Aha. Also bin ich da hinjegangen. Der Pförtner sagte ja: „Gehen se mal", oder „Geh mal ins KB (Künstlerisches Betriebsbüro), oben im ersten Stock!" Geh ich ins KB, klopf, klopf, klopf. Mach die Tür uff. Ein kleiner Raum. Anderthalb Meter bis zum ersten Tisch. Es waren ja nur zwei Tische. Mit den KB Damen Bläcky und Ulrike. Und auf dem Tisch direkt vor mir saß Helene Weigel (1900-1971), österreichisch-deutsche Schauspielerin und Intendantin des Berliner Ensembles, Ehefrau von Berthold Brecht (1898-1956), deutscher Dramatiker und Lyriker. Denk ich: Na wunderbar! Vier Wochen vorher war ich in dem Theater und habe Mutter Courage gesehen. Daher kannte ich sie ja und wusste sofort, wer das ist.

„Was willste, was wollen se?" Und dann hab ich das vorgetragen. Die haben natürlich sehr gelacht, irgendwie. Und dachten: Was ist denn dat nu. Einer mit 15 Jahren will hier Inspizient werden...!

Die Weigel hat gesagt, dat machen wir mal. Wollen wir mal probieren, was daraus wird. Und dann hat die das wirklich gesagt, dann fangen wir mal an als Inspizient-Eleve mit Kleindarstellerverpflichtung.

Den Vertrag musste ich natürlich nicht unterschreiben, sondern meine Mutter, weil ich erst 15 Jahre war. Die Kaderleitung hat das ausgefüllt, das Ding, und dann musste ich noch mal zu meiner Mutter und tatsächlich fing ich am 1. Mai 1954 da an. An dem Tag war ich aber nicht dort. Das war ja ein Feiertag. Das Berliner Ensemble marschierte. Ich war zu Hause.

Am nächsten Tag. 1. Tag. Ging ich hin. Kreidekreisprobe (Brecht: „Der kaukasische Kreidekreis"). Die Brückenszene. Schluss vom 2. Akt. Erster Tag. Mein Chef, der Gildemeister (Inspizient), der mich selber ausgebildet hat, jahrelang, sagte: „ Jetzt wirste mal hier hinten Wind drehen." Da war ja der Wind noch mit der Hand zu drehen. Keine elektrische Windmaschine, sondern `ne Kurbelmaschine, `ne große Windmaschine. Drehste mal schön. Hurwicz (Angelika Hurwicz, 1922-1999, deutsche Schauspielerin und Regisseurin) steht auf der

Brücke, auf der markierten Brücke und hat ihren Text abzulassen, gegen den Wind. Den starken Wind. Und ich drehe und drehe und mache Wind wie ein Wilder. Und was soll ich sagen, mit einem Mal hört der Wind auf. Ich hatte die Kurbel in der Hand. Nischt war mehr mit Wind. Die Hurwicz hörte auf zu sprechen. Völlige Ruhe. Und mit einmal brüllt der Brecht von unten: „Welcher Idiot ist da am Wind?!" Und ich dachte: Meine Fresse, was jetzt? Aber der Güldemeister ging vorn ums Portal und sachte, so und so ist der Fall. Ich hatte ihm erklärt, es war nur so ein umgebogener Nagel drin, der das festhalten sollte und der flog bei dem Tempo raus, ich hatte die Kurbel in der Hand und der Wind hörte auf. Das wurde repariert, irgendwas anderes wurde reingemacht, Kurbel rann und ich konnte endlich wieder Wind machen. So war`s.

Zehn Minuten, nachdem ich am BE engagiert wurde, von Brecht bereits als Idiot bezeichnet zu werden, das finde ich, ist schon eine Leistung.

Acksel: Wie bist du überhaupt ans Theater gekommen? Es muss ja schon viel früher eine Faszination da gewesen sein. Kannst du dich erinnern? Gab es eine Initialzündung?

Runkel: Wie gesagt: Komische Oper. Ich war mit 12 Jahren das erste Mal in der Oper. Glücklicherweise war es Carmen, von Felsenstein inszeniert. (Walter Felsenstein, 1901-1975, österreichischer Regisseur, Gründer und Intendant der Komischen Oper in Berlin.) Wenn`s `ne andere Sache gewesen wäre - wahrscheinlich wär ich nie auf Theater und Oper gekommen. Na ja, jedenfalls davon war ich fasziniert. Ich hab das ja mindestens 20 Mal gesehen, diese Inszenierung und danach noch viele andere, aber diese war unerreicht. So kam ich aufs Theater. Ich bin eben viel in die Oper gegangen und viel ins Schauspiel, in die Operette sogar. Metropoltheater. War damals noch in der Schönhauser Allee, wo jetzt das Kino drin ist, dort spielte das Metropol. Im Metropol saß ja die Komische Oper im eigentlichen Haus vom Metropol. Und Schauspiel habe ich auch viel gesehen. Deutsches Theater, Kammerspiele, Volksbühne, Schiffbauerdammtheater. Das war ja, bevor das Berliner Ensemble einzog - in das Schiffbauerdammtheater. Sehr gute Sachen habe ich gesehen. Viele Klassiker.

Acksel: Wie bist du das erste Mal in die Oper gekommen?

Runkel: Bin ich hingegangen.

Acksel: Einfach so?

Runkel: Einfach so. Ich dachte, ich muss doch mal in die Oper gehen, was das auf sich hat. Ich hab mir 'ne Karte gekauft. Jedenfalls habe ich meine Schwester mitgeschleppt. Mit langen Zähnen ist se mitgekommen. Kann sein, dass es diese Vorstellung war, ich glaube sogar diese Vorstellung. Diese war das. Ich habe ja noch das Programmheft. Darauf hat sie zu Hause Ihre Algebra-Rechenaufgaben von der Schule gemacht. Das ist da druff, sieht sehr ulkig aus zwischen dem Personenzettel...Algebra!

Ich war fasziniert von der Vorstellung. War eben für mich unerreicht. Felsensteins Carmen. Vor allem mit der Besetzung, mit der Ksirova. (Jarmila Ksirova, 1911-?, tschechische Sängerin.) Nachher haben es ja manchmal andere gespielt, verschiedene andere Damen. Aber immer wieder SIE und ich sah zu, dass ich in die Vorstellungen kam, wo sie spielte, die Ksirova.

Acksel: Ich dachte, dass das Ur-Interesse bei dir schon in Neu-Westend geweckt wurde, als ihr nach dem Krieg dort wohntet. Dort gab es doch eine Bekanntschaft mit einer Schauspielerin.

Runkel: Das hatte damit nichts zu tun. Das war es nicht. Margarete Schön, (1895-1985, deutsche Schauspielerin, Ehefrau von Robert Dinesen, 1874-1972, dänischer Schauspieler und Regisseur beim dänischen und deutschen Stummfilm, Pionier des europäischen Kinos) vom Schauspielhaus damals, bei Gründgens war die. (Gustaf Gründgens, 1899-1963, deutscher Schauspieler, Regisseur und Intendant.) Sie war vor allem eine Bekannte meiner Schwester, die hat mich eben mitgeschleppt. Eine interessante Frau, aber das hat mit Theaterinteresse eigentlich nichts zu tun gehabt. Nachher bin ich mal zu ihr gegangen und habe sie gefragt, die Margarete Schön, ob sie mich ans Theater bringen könnte, nachdem ich schon in der Komischen Oper und so war. Ich ging ja noch in die Schule, mit 12 Jahren eben. Zu der Zeit bin ich mal zu ihr hingefahren, wir wohnten ja schon in Ost-Berlin. Hab sie eben gefragt, ob sie nicht irgendwie...!

Na ja, sie war nicht so begeistert. Und sagte: Na ja, sie könnte ja mal irgendwie, aber das war nur so ganz vage. Sie wusste auch nicht, wat das sein soll. Sie kannte ooch nichts weiter. Ich dachte, nur so als Statist, oder so. Aber das sah sie ooch nicht so richtig. Sie sagte, sie könne ja mal ihre Freundin Elsa Wagner vom Schillertheater fragen. (Elisabeth Karoline Auguste Wagner, 1881-1975, deutsche Film- und Theaterschauspielerin).

Acksel: Also war das nicht die Initialzündung?

Runkel: Das nicht. Die Initialzündung, kam nämlich von mir selbst, eben weil ich in die Oper gegangen bin und das toll fand. Letzte Reihe 2. Rang. Alles winzig klein. Aber das war wurscht. Das war doll. Das ist ja 'ne tolle Sache. Ich dachte, ich muss da irgendwas machen. Nicht als Schauspieler, Sänger - jeht ja gar nicht. Als Beleuchter versuchen, aber dann bin ich glücklicherweise auf den Inspizienten verfallen. Das ging ja dann glücklicherweise dank Weigel gut, weil die den Mut hatte, das zu machen. So was gab`s ja noch nicht.

Acksel: Eure wirtschaftliche Lage hat sich ja dann schlagartig verbessert?

Runkel: Als Elektrikerlehrling habe ich 40 Mark verdient und da 100. Als erstes. 100 Ostmark.

Acksel: Sicher war doch deine Mutter begeistert, den Vertrag zu unterschreiben?

Runkel: Das schon. Ja. Das war schon ganz gut. Aber nicht das Ausschlaggebende.

Acksel: Jetzt haben wir ja einen kleinen Einstieg sozusagen. Wir können ja noch mal zurückspringen, irgendwann musst du ja geboren worden sein...

Runkel: Nö. Das ist nicht der Fall. Wie, was willste von der Geburt? Da war ich nicht bei. Davon kann ich dir nichts berichten drüber.

Plötzlicher Herztod

Acksel: Du hast doch neulich im Fernsehen das Gebäude gesehen, in dem die Gestapo saß. Deine Mutter musste wegen deinem Vater dort hin.

Runkel: Das Gebäude gibt es nicht mehr. Dort ist bloß dieses Denkmal sozusagen. Das war das Prinz Albrecht Palais, da saß die Gestapo drin.

Acksel: Was ist mit deinem Vater passiert? Er war ja nicht mehr da.

Runkel: Der war da schon nicht mehr da. Dafür Hausdurchsuchung bei meiner Mutter. Die dachten nun, der hat was nach Hause geschickt und geschafft. Von den Sachen, die er irgendwie beiseite geschafft hatte. Die wollten gucken, ob da irgendwas ist. Aber die haben nichts gefunden. Trotzdem haben sie meine Mutter zu dem Verhör geschleppt, in das Gestapo-Hauptquartier. Mich hat se mitgenommen. Meine Schwester war in der Schule. Dadurch waren wir dann in diesem grauslichen Gebäude. Ich kann mich ganz schwach dran erinnern. Ich war erst 3 oder 4 Jahre alt. Ganz düster erinnere ich den Eingang mit diesen riesigen Fenstern. Ansonsten kann ich mich da überhaupt nicht erinnern.

Acksel: Dein Vater ist dann zum Tode verurteilt worden.

Runkel: Ja. Das ist er. Was ja auch ein bisschen ungerecht ist. So 'ne hohe Strafe für so 'n kleines Vergehen. Aber das war damals eben so. Das hätte er eigentlich wissen müssen.

Acksel: Er hatte sich ja freiwillig gemeldet?

Runkel: Der war nicht freiwillig. Eigentlich war er Metzger, hatte lange keine Arbeit und ging dann zur Reichsbahn. Er war Angestellter bei der Reichsbahn. Also nicht als Soldat, sondern als Reichsbahnangestellter in der Ukraine. Da war er von der Reichsbahn hingeschickt worden, da war irgendwas zu tun. Soldat war er nicht, aber er wurde von einem Militärgericht verurteilt.

Acksel: Wegen Wehrkraftzersetzung.

Runkel: Wegen Wehrkraftzersetzung.

Acksel: Weil er gestohlen hatte?

Runkel: Ja. Jedenfalls war es sehr widerwärtig. Aus Feldpostpäckchen von den Soldaten, die das geschickt bekommen haben, von ihren Verwandten, die sich irgendwas vom Munde abgespart hatten, um es ihnen zu schicken. Das hat er weggenommen und irgendeinem Weibsstück gegeben. Damit die dann vielleicht schöne Augen oder was macht. Das war natürlich absolut fies. Das muss ich heute noch sagen, das war fies. Das kann man nicht entschuldigen. So was macht man nicht. Er hätte es wissen müssen, es war ja allgemein bekannt, dass es schwere Strafen zur Folge hat. Vielleicht nicht die Todesstrafe, das ist ein bisschen happig, aber das war damals so. Die haben da keine Gnade gekannt. Bei Wehrkraftzersetzung waren sie, glaube ich, gnadenlos.

Acksel: Dann ist er erschossen worden?

Runkel: Dann ist er erschossen worden. ‚Plötzlicher Herztod', wie meine Schwester sagt.

Acksel: Wie alt warst du da?

Runkel: Drei Jahre, oder dreieinhalb. 1942 ist er erschossen worden. Deshalb kann ich mich auch an die Gestapogeschichte sozusagen gar nicht erinnern. Selbst an ihn kann ich mich ja kaum erinnern. Zwei Erinnerungen habe ich an ihn. Einmal war er in der Küche in Erscheinung getreten, in einer Reichsbahnuniform und dann noch mal einmal auf der Straße vor einem Schaufenster mit kleinen Holzpanzern, die wollte ich wohl gerne haben. Das sind also ganz vage Erinnerungen. Als Zwei- bis Dreijähriger kann man sich an kaum was erinnern. Da wes ick gar nicht mehr.

Acksel: Das war aber prägend, so ein Erlebnis, wenn der Vater erschossen wird.

Runkel: Das hat man als Kind aber gar nicht so wahrgenommen. Man hat vielmehr die Reaktion der Mutter erlebt. Die war ja da. Sie hat das ja nu alles ausleben müssen. Für sie war es ja viel schlimmer. Als Kind war einem das gar nicht so bewusst. Weil man den Vater ja kaum kannte. Als kleines Kind wusste ich gar nichts so. Und das Erschießen, was soll das sein? Aber die Mutter, wie die reagiert hat, das war natürlich heftig. Das hat ma ja nu miterlebt direkt. Das war nicht so einfach.

Kriegserinnerungen

Acksel: Was erinnerst du vom Krieg? Wo habt ihr gewohnt, wo wurdet ihr ausgebombt, was hat sich auf der Flucht zugetragen?

Runkel: Skalitzer Straße. Kreuzberg, Skalitzer Straße.

Acksel: Das ist heute...?

Runkel: Immer noch Skarlitzer Straße.

Acksel: Das ist West-Berlin?

Runkel: Ja, West-Berlin. An der Stelle ist heute eine Tankstelle, wo das Haus mal stand.

Acksel: Ihr habt ja trotz der Angriffe in Berlin gelebt. Welche Erinnerungen hast du daran?

Runkel: Na zum Beispiel, dass es alles dunkel sein musste. Im Kriege war doch alles dunkel, dunkel, dunkel, dunkel und die Menschen haben, weil sie im Dunkeln auf der Straße gehen mussten, eine Phosphorplakette bekommen. Das war so eine kleine Plakette von 5 x 2 cm ungefähr, die befestigten sie sich an ihrer Kleidung, damit sie sich gegenseitig sehen konnten, wenn es duster war. Es gab ja keine Straßenbeleuchtung, es war stockduster. Damit sie nicht gegeneinander rennen, haben die geleuchtet. Die Plakette musste man vorher ins Licht legen, unter eine Lampe, damit sich dieses Phosphor auflädt. Es waren so grünliche Dinger und es schimmerte dann grün. Das weiß heute kein Mensch mehr, dass es so etwas im Krieg gab. So ein

Irrsinn. Die Fußgänger wurden mit einer Lichtanlage ausgestattet.

Acksel: Wie leicht man sich aber helfen kann. Da musst du erst einmal drauf kommen.

Runkel: Es war furchtbar. Dann war ja auch Verdunklung - überall war Verdunklung.

Acksel: Das, was heute bei den Banken üblich ist: Verdunklungsgefahr.

Runkel: Vor allen Fenstern war ja eine Papierjalousie innen – so aus schwarzem Papier. Als das Haus stark beschädigt war und wir da gar nicht mehr wohnen konnten, waren ja auch die Verdunklungen völlig zerfetzt und weg. Da hätten wir schon wegen der Sache gar nicht mehr wohnen können, abgesehen von den Fenstern und der Kälte und allem. Aber die Verdunklungen waren ja alle weg. Wenn Fliegeralarm war - der war ja dann schon fast jeden Abend, sind wir Kinder zwar ins Bett gegangen, aber angezogen. Oft haben wir schon geschlafen, meistens um 23 Uhr kam der Fliegeralarm. Wir lagen angezogen im Bette, wenn Fliegeralarm war: ganz schnell raus und in den Luftschutzkeller. Dann raste aber gleichzeitig das ganze Haus da runter. Das kannst du dir gar nicht vorstellen, wie sich das angehört hat, wenn alle Leute über diese Treppen runter rasten, es war ein furchtbares Geräusch. Dieses Getrampel der dutzenden und aberdutzenden Menschen. Dann war das ja auch sehr duster auf den Treppen. Es war zwar Verdunklung, aber die Treppenbeleuchtung war so, dass 'ne Birne hing, und die war schwarz angestrichen und nur in der Mitte unten war ein kleines Loch, dass es nur runterschien, ein bisschen - es war stockduster, und alle trampelten die Treppen runter. Ich sage dir, das sind Eindrücke und Erinnerungen.

Acksel: Und das als Kind.

Runkel: Dieses Gerenne. Und neben der Wohnungstür innen standen Taschen und ein kleiner Koffer und so. Jeder ein Stück. Da war wohl alles drin, was man so mitnehmen musste, irgendwie...Papiere und weeß ick wat. Stand immer bereit, dass man es nur greifen musste und weg...runter. Und außen vor der Tür auf dem Treppenhaus stand ein großer Eimer mit Sand - vor jeder Wohnungstür. Man konnte diese Brandbomben, also diese Phosphorbomben nur mit Sand löschen, die konnte man mit Wasser nicht löschen. Einmal waren wir ja im Keller - ich meine, wir waren oft im Keller -, aber einmal war es so, wir saßen im Keller und dann kam der Luftschutzwart. Jedes Haus hatte einen Luftschutzwart, wir hatten auch einen. Und einmal kam der runtergestürzt in den Keller und war vollkommen blutig, es lief ihm das Blut vom Gesicht runter. Irgendwo ist eine Bombe in dem Moment explodiert, als er in die Nähe kam oder in der Nähe war und er hat das alles in die Fresse gekriegt. Diese Bilder waren erschreckend. Als Kind denkst du: Was kommt denn jetzt da rein? Die haben den dann irgendwie ein bisschen betuddelt und versorgt. In dem Luftschutzkeller war ein Eisenträger in der Mitte. Und unter dem Eisenträger war noch ein zusätzlicher Stamm, wie so ein Baumstamm - ein kahl gemachter -, dass der Eisenträger ein bisschen gestützt wird.

Acksel: Damit das hält.

Runkel: Na ja, hält – wenn da eine richtige Bombe ringefallen wäre, hätte nüscht jehalten. Dit haben die sich vielleicht einjebildet, dass dit hält. Und dann ging ja dort auch das Licht aus während des Fliegeralarms. Und meine Mutter besaß eine Karbidlampe. Bei einer Karbidlampe ist es so: da ist Karbid drin, und dann wird Wasser aufgegossen und dann bildet sich Gas. Und dieses Gas brennt, man kann es anzünden. Früher auf dem Weihnachtsmarkt hat man solche Lampen gesehen, es gab Karbidlampen, die machten zzzz – das rauschte so. Und diese Flamme brannte so weißlich, bläulich, grünlich, aber man hatte Licht in dem Keller. Die hat meine Mutter dann oft angezündet, da der Strom ausfiel und dann saßen alle im Düstern und dann hat die die Funzel angemacht, diese Karbidlampe.

Acksel: Dass ein bisschen Licht war.

Runkel: Und wenn in der Nähe eine Sprengbombe einschlug, eine große, dann hat das Ganze gezittert, als ob du uff 'm Schiff wärst bei schwerem Seegang - so stelle ich mir das jedenfalls vor. Alles hat gewackelt und gebebt und von der Decke und überall rieselte der Kalk und wat da allet locker war. Alles rieselte runter, als wenn es schneit. Und in jedem Keller war zu jedem Haus war ein sogenannter

Durchbruch. Die riesigen Brandmauern unten sind sehr dick und sehr stark und die hatten einen Durchbruch, dass man, wenn es verschüttet wurde, ins Nebenhaus flüchten konnte. Manchmal ist es gelungen, oftmals nicht. Meistens wurde das Nebenhaus auch getroffen, diese Bombenangriffe waren oft sehr großflächig. Diese Durchbrüche waren nur ein Stein stark zugemauert, so dass sie im Notfall ohne Mühe niedergerissen werden konnten.

Acksel: Euer Haus wurde auch getroffen.

Runkel: Es gab große Bombenangriffe Anfang 44. Ende Januar, Anfang Februar 44, das Haus wurde zwar nicht kaputtgebombt, aber sehr schwer beschädigt. Die Eingangstür der Wohnung stand 20 cm vor der eigentlichen Tür. Durch den Luftdruck von hinten, ist die einfach rausgedrückt worden. Alle Fenster waren völlig raus. Es war ein ganz kalter Winter. Alle Fenster raus, die Tür eben stand vor der Tür. Wir im Keller. Wir waren nicht im Keller, ich glaube sogar, das war ein Tag, wo ein großer Angriff angekündigt war.

Da sind wir mit der U-Bahn vom Kottbusser Tor ganz schnell, die fuhr noch, obwohl schon Alarm war, bis zum Alex gefahren.

Dort waren mehrere Stockwerke, in der U-Bahn. Hunderte von Menschen saßen dort. Weil es eben mehrere Betondecken gab. Ich glaube, an dem Tag waren wir auch dort. Und als wir zurückkehrten, mussten wir ein Stück laufen. In der Skarlitzer Straße fegte irgendeiner oben die Glassplitter vom Fenster raus und meiner Mutter auf 'm Kopp, in den Kopp. Die hatte aber einen Hut auf. Durch den Filz, war es. Na ja, sie hatte aber jahrelang die Glassplitter im Kopp.

So, nu kamen wa an und waren verwundert über den Zustand des Hauses. Meine Mutter sagte irgendwie, wir können ja nun nicht ohne Fenster und so, das geht ja gar nicht. Bei dem Winter und keene Tür richtig. Das sah in der Wohnung aus. Alles lag auf der Erde. Auf 'm Fensterbrett stand vorher ein Mostrich, der lag nun mitten in der Küche ausgepackt…

Jedenfalls hat sie das Richtige gemacht. Irgendwie sich gewandt an den Luftschutzwart und was wes ick alles, Blockwarte und so weiter. Und die haben dann irgendwie verfügt, dass wir dort nicht übernachten mussten. Sondern in einer Schule, im Keller. Dort war es warm. Das waren hunderte von Menschen und in den Röhren da unten, hier saß nun alles, was nicht mehr in der seine Wohnung konnte. Mein Onkel hat ganz schnell arrangiert, durch seine Bekannten in Schlesien, die Semmler, die diese Molkerei hatten, dass es uns möglich wurde, nach Schlesien zu fahren. Evakuiert zu werden. Niederschlesien, Oldendorf in der Nähe von Breslau und Strehlen, Grottgau. Wir sind dann schnellstens - in diesem Keller waren wir zwei oder drei Tage - mit der Eisenbahn da hingefahren.

Dann kamen wir an, und wohnten wir die ersten vier Wochen in einem Schloss. In diesem Dorf gab es ein Schloss, bewohnt von der Gräfin Königsmark. Das ist ein bekanntes Adelsgeschlecht in der Gegend gewesen. Und die war auch noch dort - eine ganz alte Frau. Die saß da irgendwie rum, Bedienstete habe ick keine gesehen, aber alleene hat se ooch nüscht jemacht, ick weeß nich, wie dit da vor sich ging. Jedenfalls war dieses Schloss ein Eiskasten, es gab nämlich keine Zentralheizung und es waren, wie üblich, minus 20 Grad Frost, es war eisig. Wir hatten ein großes Zimmer - das war schlossmäßig eingerichtet - und ein kleineres. Und in diesem kleineren schliefen wir. Und die ganzen Wände waren bepflastert mit ausgestopften Vögeln, es war gruselig. Also, ich fand es gruselig. Ausgestopfte Vögel, die ganzen Wände voll mit diesen Vögeln.

Dort habe ich z.B. Teewurst kennengelernt. Ich konnte mir nichts unter Teewurst vorstellen. Meine Mutter hat dort Teewurst gekauft bei dem Fleischer. Ich dachte, was ist denn das? Ist das was zum Trinken? Tee ist doch etwas zum Trinken. Wieso Wurst? Ist die Wurst so zum Trinken? Aber mir hat sie gut geschmeckt. Ich konnte nur mit dem Namen nichts anfangen. Teewurst war für mich ein Rätsel, aber geschmeckt hat sie trotzdem. Und meine Mutter hatte bei der Gräfin einen Stein im Brett, einen großen, großen Stein, weil: einmal war plötzlich bei ihr das Licht aus, also die Stehlampe und was sie da hatte, ging nicht mehr. Sie war völlig verzweifelt. Und meine Mutter wusste, wie das zusammenhängt, die war da firm. Die sagte, da ist die Lamelle kaputt. Da gab`s nämlich früher noch Lamellensteckdosen. Steckdosen mit Lamellen. Gibt es heute nicht mehr, schon ewig nicht mehr, kennt keen Mensch mehr. Da waren in Steckdosen so kleine Lamellen, ca. 2, 3 cm lang und 1/2 cm breit, so `n dünnes Pappding-

aus Pappe – und da war ein Kontakt rechts, Kontakt links und darüber hing ein kleiner, dünner Draht. Und wenn eben etwas durchbrannte, dann ging die Lamelle kaputt und nicht die Hauptsicherung, sondern nur die Steckdose war außer Betrieb gesetzt. Da wusste die Gräfin natürlich gar nichts von, meine Mutter wusste das anscheinend und die hat ihr das ganz gemacht. Sie hat die Sicherung herausgenommen und hat dann da einen kleinen Draht einfach zwischengemacht. Keine Lamelle, die gab es dort nicht oder hatte die nicht. Und alles ging wieder. Kleinen Draht zwischen, war natürlich nicht vorschriftsmäßig, weil das ja dann nicht mehr funktionierte, da wäre die Sicherung durchgegangen. Die Gräfin war sehr erstaunt, als nun alles wieder ging. Und meine Mutter war der Elektriker vom Dienst. Da hat die gestaunt - ja! Und nachher, als wir dann abzogen mit unserem Kuhwagen, als Letzte aus dem Dorf, sahen wir beim um die Ecke fahren noch: Ach, das Schloss brennt. Das Schloss stand in Flammen. Da war schon irgendwas eingeschlagen, die Russen und die Deutschen haben sich beschossen.

Acksel: Und wir haben später die sozialistische Schlossvariante dann gesehen.

Runkel: Na, da war ja nichts, da stand ja nur eine Baracke. Da war ja nichts mehr.

Acksel: Das Schloss war weg.

Runkel: Als ich das erste Mal hinkam mit dem Polen, den ich da aus Breslau kannte, bin ich schon mal dort gewesen, da war ja nur eine freie Fläche. Als wir da waren, war ja da 'ne Baracke auf der Fläche.

Acksel: Der Schlossneubau, ja.

Runkel: Das sozialistische Schloss. Das war ja auch sehr spannend. Nach vier Wochen zogen wir aus dem Schloss in ein kleenes Häuschen und bewohnten dort ein Zimmer. Und es gab eine kleine Küche dazu. In der Küche war aber gar nichts. Für uns wurde ein kleiner Küchenherd aus Ziegelsteinen gemauert, so ein Ofen mit Lehm, dass man Feuer machen und irgendwas kochen konnte. Es war komischerweise nichts vorhanden, obwohl ja da vorher auch

Leute wohnten. Ich weiß nicht, wieso in der Küche nichts war. Und in dem größeren Zimmer wohnte vorher mal eine Frau, die ist nach Köln irgendwie abgerückt, kurz bevor wir einzogen.

Wir wohnten dann ja alleine in dem Ding. Und in dem großen Zimmer, es war ein schönes Zimmer, nach vorne schöne Sonne und so, waren lauter Möbel. Das war beinahe bis zur Decke mit Möbel vollgestellt. Wie 'ne Rumpelkammer, aber eine riesige mit Möbeln vollgestellt.

Und wir Kinder - es war offen - sind auf diesen Möbeln immer spielen gewesen. Es war wie ein Gebirge für uns. Tunnel und Berge und wir immer ruff und runter, es war herrlich. Ich habe zu gerne in diesem Zimmer gespielt, weil man dort überall herumklettern konnte. Das war ein ungeheurer Spielplatz, so etwas habe ich nie wieder erlebt. Da in den Möbeln zu klettern, war herrlich. Man hat immer wieder neue Durchgänge entdeckt und da runter und da rüber - es war ganz toll.

Ich bin in späteren Jahren noch zwei Mal dort gewesen. Das erste Mal mit Bekannten aus Breslau, einem Polen. Das Haus war noch bewohnt. Da wohnten zwei olle Leute, zwei Bauersleute, Rentner, sie baten uns rein und so war ich auch noch mal in dem Haus. Die waren furchtbar nett, haben uns gleich einen Riesenberg Rührei gemacht usw., und da habe ich noch gesehen, dass dort derselbe Wasserhahn im Flur war, der eingebaut wurde, als wir da einzogen. Damals war er wohl irgendwie kaputt oder so und dann wurde für uns ein riesengroßer Wasserhahn aus Messing eingebaut. Der war da immer noch vorhanden.

Zu der Zeit als wir mit dem Kuhwagen wegfuhren war ein Fensterchen von außen gut zu sehen, oben im Giebel. Das hatte eine kaputte Scheibe. Und als ich dann später mit dem Polen dort war, war es immer noch kaputt. Und als wir dort waren, war es auch noch kaputt. Da wohnte zwar keiner mehr in dem Haus, aber die Scheibe im Dach war immer noch kaputt.

Acksel: Immer noch original, so wie vor 60 Jahren oder 70.

Runkel: Damals nicht 60 Jahre, aber es waren immer noch 40 oder 50 oder wat. Es ist schon erstaunlich. Und da war ja auch die Geschichte, die gruselige: Als wir dort wohnten in dem Häuschen, ziemlich zum Schluss fast, weeß nicht, kurz bevor wir abzogen sind. Wir saßen abends in dem Haus und mit einem Mal hat es furchtbar gepoltert auf dem Flur, auf der Treppe die zum Dachboden ging, eine kleine steile Treppe. Es polterte und wir konnten uns das nicht erklären. Meine Mutter fragte: Wieso poltert es auf dem Flur, wir sind doch alleine im dem Haus? Es poltert. Und dann hat es nicht mehr gepoltert.

Und am nächsten Tag ging meine Mutter auf den Boden, da hing irgendein Schinken oder wat. Und mit einem Mal war sie völlig aufgelöst, hing da ein aufgehängter Soldat auf dem Boden, hing da am Balken ein Toter. Ich sage dir. Dann kamen ja immer mehr Tote nachher. Das war ganz toll.

Acksel: Du wolltest von dem Dorf erzählen und von der Molkerei.

Runkel: Ach, von der Molkerei - ja. Im Sommer 1944 gab es mal einen Knall, den haben wir direkt gehört, und auch die Türen wackelten. Wir wussten aber nicht, was das ist. Und dann haben wir eben später gehört und auch gesehen, als wir hingegangen sind, dass da die Dampfmaschine explodiert war. Der Dampfkessel von der Molkerei war explodiert und das ganze Haus, dieses Maschinenhaus, das war weg. Die Hälfte vom Maschinenhaus war weg und der Dampfkessel logischer Weise ganz, der war ja explodiert. Und nun haben die aber erstaunlicherweise kurz vor Ende des Krieges noch erwirkt und es wurde komischerweise geschafft, organisatorisch erstaunlich, dass eine Lokomobile innerhalb von Stunden hergeschafft und auf den Hof gestellt wurde. Mit einem Transmissionsriemen durchs Fenster wurde die ganze Molkerei wieder in Betrieb gesetzt. Die brauchten ja auch heißes Wasser zum Saubermachen und alles. Die hatten ja einen Haufen Maschinen, die Butter machten. Die Molkerei war ein sehr wichtiger Betrieb für die Versorgung der Leute und so. Und wenige Tage später wurde dieses Maschinenhaus wieder aufgebaut, und ein neuer Dampfkessel war da. Kurz vor Ende des Krieges haben die das noch irgendwie gedeichselt, dass da sogar noch Dampfkessel, also nicht nur Panzer, sondern Dampfkessel gebaut wurden. Das war sehr erstaunlich, wenn man sich das im Nachhinein überlegt.

Acksel: Und eine Lokomobile ist also eine Lokomotive als Mobile?

Runkel: Wie eine ganz kleine Lokomotive mit großen Eisenrädern, die man lenken und fahren kann, die beweglich ist, also ohne Schienen kann man die hinbringen. Sie hat oben ein großes Schwungrad, auf dem ein Transmissionsriemen laufen kann, der dann die jeweilige Maschine antreibt. Über große Stangen und verschieden große Räder, die dann in dem jeweiligen Betrieb die Maschinen antreiben. Alles mit solchen breiten Lederriemen, die man mit einem großen Holzlöffel runter oder raufbringt. Die musste man ja irgendwie anhalten können, die einzelnen Dinge. Man konnte das ganze Ding nicht ausschalten, sondern es wurden immer diese Transmissionsriemen von dem Rad runtergeleitet mit einem großen Holzstangending. Es war alles sehr spannend und interessant. Für einen kleinen Jungen war das alles sehr spannend. Unbedingt, ja.

Acksel: Witzig ist ja, dass ich den Namen „Lokomobile" so noch nie gehört habe. Ich dachte erst, es sei ein Versprecher. Wie lange wart ihr in Schlesien?

Runkel: In Schlesien haben wir ein Jahr gewohnt. In diesem Dorf waren keene Angriffe und nischt. Wir haben nur von Ferne immer gesehen, wenn Breslau bombardiert wurde. Man hat das alles schön am Himmel gesehen. War alles ganz hell, wenn`s da gebrannt hat.

Acksel: Sind damals nicht auch schon Flüchtlinge aus dem Frontgebiet durchgekommen?

Runkel: Eines Tages kamen plötzlich ganz viele Leute anmarschiert. Ich dachte, wie sehen denn die aus? Sie sahen aus wie aus der Operette mit langen Röcken und es waren ganz komische Leute. Dazwischen Soldaten. Später habe ich gehört, sie kamen aus dem Osten, aus dem ganz weiten Osten. Da waren schon die Russen. Die sind vor den Russen geflüchtet, wie wir nachher auch. Die sind über unser Dorf in Richtung Westen geflohen. Und haben eine Nacht in unserem Dorf Station gemacht. Unser ganzes Haus war voller Leute - Soldaten und die Flüchtlinge. Aber es waren ganz komische Menschen, sie sahen für mich komisch aus. Sie waren völlig anders gekleidet! An diesem Abend habe ich zum ersten Mal Tee mit Milch getrunken. Einen Riesentopf Tee haben die gekocht und Milch. Und das hat mir sehr gut geschmeckt.

Acksel: In Oldendorf hast du Beobachtungen gemacht bei der Ernte.

Runkel: Zur Erntezeit war das. Zur Ernte kamen plötzlich zwei Dampfpflüge angefahren, ich dachte, die Welt geht unter. Unter Dampfpflügen kann man sich heute gar nichts mehr vorstellen. Dampfpflüge - wat soll dit sein? Später habe ich dann erfahren, wie das überhaupt funktioniert. Dass eine Flugscheibe an einem Drahtseil über das Feld gefahren wird. Wenn es groß genug ist, lohnt es sich ja nur. Hin und wieder zurück. Und das wird dann wieder ein Stück versetzt und dann wird das Feld per Dampf gepflügt. Weil die Pferde wahrscheinlich eingezogen waren und keine Pferde mehr da waren, haben sie Dampfpflüge eingesetzt. Und diese beiden Dampfpflüge hielten vor unserem Haus komischerweise auf der Straße an. Und das war für mich gruselig, solche Maschinen haben mir immer Angst eingejagt.

Auch große Lokomotiven hatten wir ja damals viel. Wir sind ja mal nach Erfurt und Ostpreußen gefahren und da waren immer diesen großen, dampfenden und zischenden Lokomotiven. Die haben mir immer Angst gemacht. Und die Dampfpflüge haben auch gezischt und gemacht und getan - ach, war das gruselig. Und war ja unten ein Riesenrad, wo das Drahtseil langlief und alles, ich fand es gruselig, aber interessant war es trotzdem.

Acksel: Na, du warst ja auch noch sehr klein.

Runkel: Aber diese großen, schwarzen Apparate waren für mich gruselig, sie zischten, dampften, machten und taten. Aber es war interessant.

Acksel: Irgendwann müsst ihr doch auch aufgebrochen sein.

Runkel: Schräg gegenüber von uns befand sich ein sogenannter Kramladen. Da gab es alles. Von der Stecknadel bis zum Pfund Butter alles – die hatten wirklich alles. Und wenn man da reinkam in den Laden und irgendwas haben wollte, hatten sie gar nichts, außer auf Lebensmittelkarten irgendwas, das gab`s. Aber wenn irgendwas, `ne Nähnadel oder ein Schnürsenkel oder Knöpfe - nichts, nichts, es war nüscht. Und als die dann weg waren, sind wir in den Laden reingegangen, in das Lager und es war alles da. Da war alles vorhanden. Wenn wir gefragt haben, gab es nie was und da war es aber. Das hat der sicher aufgehoben für bessere Zeiten, um daran was zu verdienen. Aber dann musste er weg und all den Kram zurücklassen. Meine Mutter hat ein paar Knöpfe mitgenommen, die waren aufgenäht auf Pappe - Wäscheknöpfe uns so 'n bisschen. Aber die konnte ja keinen Lastwagen mitnehmen. Sie nahm nur ein paar Sachen, wo sie dachte, für Wäsche oder Bettbezüge, da geht das ja schnell mal ab. Dann kamen die Russen immer näher im Januar 45. Und meine Mutter sagte, die waren schon alle weg, die Bauern, die sind los, los, los. Weg, weg, weg mit ihren Pferden. Die Kühe, die konnten sie ja kaum mitnehmen. Na, das war ein Chaos. Es war fast keiner mehr da. Nur die Nachbarn, die Herzogmadeln, zwee ganz alte Frauen, die wohnten im Nachbarhaus. Die hatten ein Pferd. Weil das nie raus kam, war das völlig blind. Und 'ne Kuh gab es noch. Und diese Kuh hat dann irgendein Soldat vor 'nen Wagen gespannt, einen Leiterwagen, so 'n offenes Ding, womit sonst das Heu transportiert wurde, wir haben irgendwas draufgeladen. Meine Mutter hat, was sie hatte, zusammengepackt. Bettzeug und Schuhe, so Säcke voll. Wir haben dann im Dorf so bisschen geguckt. Die waren ja alle leer die Häuser. Und wir haben 'ne große Milchkanne Schmalz gefunden. Eine 5 Literkanne, die haben wir mitgenommen und 'nen halben Zentner Zucker haben wir mitgenommen. Und dann sind wir auf diesem Kuhwagen losgezogen bei 20 Grad minus. Offener Wagen. Und die Herzogs waren ooch mit druff. Die sind ooch losgezogen, ohne alles irgendwie. Paar Kleinigkeiten. Dann ging es Richtung Böhmen und Mähren, darüber. Es war noch die einzige Möglichkeit, wo man hin konnte. Sonst waren überall schon die Russen. Das war noch so ein einziger Durchgang. Und da sind wa hin.

Acksel: Aber es gab ja verschiedenste Probleme, zum Beispiel mit Wasserholen.

Runkel: Na ja, erst einmal fuhren wir ja mit dem Kuhwagen bis Ottmachau, das dauerte zwei, drei Tage - wat weeß ick -, das geht ja mit 'ner Kuh ganz langsam. Wir mussten über-nachten in Bauerngehöften. Die Dörfer, durch die wir durchzottelten, waren alle leer, und dann haben wir abends halt gemacht. Es war ja abends sehr schnell dunkel, mitten im Winter, Ende Januar, da war es natürlich schon um 4 Uhr duster. Wir mussten dann irgendwo einkehren, in irgendwelchen leeren Bauerngehöften. Und dort gab es natürlich mächtig zu essen - Eier und Schinken, das war alles zu finden, das haben die ja nicht alles mitschleppen können. Meine Mutter und der Soldat haben Feuer gemacht, wir konnten uns alle aufwärmen und dann hat meine Mutter schönes Rührei gemacht in Riesenmassen. Dann haben wir abends da geschlafen und am nächsten Tag ging es weiter. Der Soldat wollte auch immer schön essen, der das kutschiert hat, er war wahrscheinlich ein Bauer, denn der musste sich ja auskennen mit der Kuh. Ich weeß nicht, ob das 'ne Kuh oder ein Ochse war. Jedenfalls musste der wenn, dann melken. Habe ich nie erlebt, aber er musste dem Tier was zu fressen geben und auch zu fressen mitnehmen und Getränke für die Kuh - muss ja unterwegs auch was trinken, obwohl das nun sofort alles innerhalb von 5 Minuten gefroren war, dann war es Eis. Es war sehr schwer, unterwegs für uns und für die Kuh etwas zum Trinken zu bekommen, denn es war alles gefroren. Irgendwann kamen wir dann in Ottmachau an. Das war so eine kleine Stadt, die heißt heute noch fast genauso wie damals. Otmuchów oder so. Da sind wir mal durchgefahren. Und dort war Schluss mit der Kuhgeschichte. Die Herzogmadel sind uns dann aus den Augen geraten. Und wir schliefen, glaube ich, zwei Tage, zwei Nächte in einer Schule, gleich im Zentrum. Die ganzen Räume waren mit Stroh ausgelegt. Die Leute schliefen auf der Erde auf dem Stroh, richtigem Stroh. Gegessen haben wir aber, das wurde organisiert, in einem Lokal am Markt. Da gab es Essen für die durchreisenden Flüchtlinge, denn man hatte ja nichts zum Essen. Es waren nicht einmal Töpfe zur Hand und kein Ofen - gar nichts.

Acksel: Wie das mit dem Essen organisiert wurde, also, dass es überhaupt etwas gab, ist erstaunlich.

Runkel: Wir haben jedenfalls was zu essen gekriegt, das war wichtig. Und dann ging es weiter mit der Eisenbahn. Da wurden alle Leute, die Flüchtlinge, in einen Eisenbahnzug verfrachtet und keiner wusste, wo es hingeht. Wir fuhren einfach mit, wir mussten da rin – und weg! Und dann kamen wir an in die Nähe von Iglau. Wir fuhren noch ein Stück weiter, in der Nähe von Iglau war ein kleines Dorf - Fußdorf hieß das damals - und da stiegen wir aus. Ich meine, da stiegen nicht alle aus, aber einige. Das ist wohl festgelegt worden, wer wo aussteigen muss, aber wir stiegen aus und waren in diesem

Dorf. Es war nach wie vor eisigst. Und dann wurden wir irgendwo einquartiert bei einer Deutschen, die hatte dort ein kleines Haus. Und meine Mutter hat sich mit der sofort gezankt - wat weeß ick, worum es ging. Und dann hat sie gesagt: Da bleiben wir keine Minute, wir wollen etwas anderes, ein neues Quartier - hier nicht! Es war dort auch nicht geheizt da. Es war ein kleines Haus, aber trotzdem eiskalt. Es war ein kleines Zimmerchen. Da wollte meine Mutter nicht bleiben und hat bei den entsprechenden Leuten gesagt: Hier nicht. Die sind darauf eingegangen und haben uns ein neues Quartier, ziemlich nah, nicht sehr weit von dem Häuschen weg, gesucht.

Und das war ein Pferdestall, ein großer Pferdestall von einem riesengroßen Gut. Der war nicht mehr belegt, nicht mehr benutzt, dieser Pferdestall. Und da war aber auch kein richtiger Ofen drin, nur ein Kanonenofen, den man heizen kann, dann wird er ganz heiß und nach fünf Minuten wird er kalt. War also nicht wie ein Kachelofen, der die Hitze vorhält. Es war ein riesiger Pferdestall, er war mindestens 20 Meter lang. Den kriegst du natürlich nie warm bei einem Winter, wo 20 Grad Frost sind. Das geht überhaupt nicht. Das war ja nicht vorgesehen als Wohnung. Meine Mutter hat dann nun geheizt und so. Es war auch organisiert, dass wir Essen gehen konnten. Es gab gleich nebenan eine ehemalige Gaststätte, die war zwar als Gaststätte zu, aber die mussten für die Flüchtlinge, die da im Dorf abgesetzt waren, Essen kochen. Und so konnten wir dort immer Essen gehen, zumindest mittags. Das war nur 20 Meter weg, das war sehr praktisch.

Acksel: Wie lange wart ihr da, weißt du das noch?

Runkel: Vier Wochen.

Acksel: Vier Wochen im Pferdestall, im Winter?

Runkel: Im Pferdestall im Winter. Und nebenan war ein großes Zimmer, wie ein Saal. So wie euer Saal, ein Riesending mit richtig schönen Möbeln sogar noch, soweit ich mich erinnere.

Dann war ein Telefon, was da ewig geklingelt hat und wo nie einer dran war. Das weiß ich auch noch: so 'n barockes Telefon, das weiß ich noch ganz genau. Jedenfalls: meine Mutter steht auf 'm Flur – da war so 'n kleiner Flur, 5 x 5 Meter, oder so vor dem Pferdestall. Und meine Mutter steht mit der Nachbarin, die da auch als Flüchtlinge mit ihren Kindern in dem großen Zimmer wohnten und quatschte und machte, und ich war auch dabei. Und auf diesem kleinen Flur war ein Riesenstapel von Reisig in der Ecke zum Feuermachen und dann stand da noch so 'n Ballon, so 'n Weinballon.

Acksel: Ein Flacon, so 'n großer?

Runkel: Na ja, Ballon nennt man das. So eine Riesenflasche, die dick ist und oben einen ganz schmalen Ausgang hat. War aber nicht zu oder doch zu - wat weeß ick - jedenfalls hat mich das wahnsinnig interessiert. Jugend forscht, habe ick jedacht, habe irgendwo Streichhölzer genommen und habe gedacht: Hinter dem Rücken der Frauen mache ich jetzt mal einen Versuch physikalischer Art. Ich habe das brennende Streichholz in das Ding reinfallen lassen, in diese kleine Tülle da oben. Und im selben Augenblick kam eine riesige Stichflamme bis zur Decke aus dem Ding raus und hat meine gesamte Hand verbrannt. Das war alles roh, denn es war ja eine riesige Flamme, die da ranpuffte. Na, das war ja vielleicht ein Spaß.

Und nun in dem Dorf, wo war ein Doktor? Meine Mutter hat das dann irgendwie organisiert. Jedenfalls war dann wochenlang meine Hand verbunden, denn es war ja innen nur noch rohes Fleisch. Aber ich habe das erforscht. Da waren irgendwelche Dämpfe drin – es war ja leer dieses Ding. Aber irgendwie war da ein Bodensatz-Dampf und die Luft, das hatte ein gutes Gemisch gegeben zur Verpuffung, und der Puff war in meiner Hand.

Acksel: Auweia.

Runkel: Das war herrlich. Die Frauen sind bald in Ohnmacht gefallen, durch den Knall und den Zisch.

Acksel: Da hast du ja Glück gehabt, dass nicht das ganze Holz gleich abgebrannt ist.

Runkel: Das stand ja nur 20 cm neben diesem Reisig, was bis zur Decke gestapelt war. Es war eine einzige Stichflamme, die war auch sofort wieder weg.

Acksel: Ja, genau, aber hätte gereicht.

Runkel: ...Für meine Hand hat`s gereicht, aber nicht fürs Reisig. Aber es war eine Riesenaufregung - Mensch Meyer!

Acksel: Und wird ja auch schön wehgetan haben.

Runkel: Ich konnte ja wochenlang die Hand überhaupt nicht gebrauchen, weil alles verbunden war. Es war doll, doll, doll. Aber ich habe auch früher schon, als ich noch kleiner war, auch Versuche gemacht – physikalischer Art. In der Skalitzer Straße, ich war drei Jahre alt, war eine Steckdose und ich habe irgendwo einen Stecker gefunden. Das Kabel war nicht abgeschraubt, sondern es war nur abgeschnitten, ein kleines Stückchen Kabel war noch dran und an dem Kabel am Ende waren noch Drähte. Ich dachte, ich muss das doch einmal in die Steckdose stecken. Die anderen Leute stecken was in die Steckdose, muss ich auch machen! Steckte dieses Ding rein und dieser Draht kam an meine Hand irgendwie. Ich kriegte einen Schlag, dass ich gleich bis zur anderen Wand zurückgeflogen bin. Das war der elektrische Schlag. Meine Versuche waren einmalig – diese physikalisch-chemischen Versuche waren ja toll, sage ich dir!

Acksel: Ein Wunder, dass du das überlebt hast.

Runkel: Ja, aber weil ich soweit weggeflogen bin, vielleicht. Ich war ja sofort wieder weg von dem Strom. Aber es war alles für die Wissenschaft. Wir waren also in diesem Fußdorf, wie es damals hieß in Böhmen und Mähren (Protektoraten Böhmen und Mähren hieß das ja bei Hitler), das war deutsch annektiert. Da waren wir vier Wochen und dann wurde dit dort ooch brenzlig. Meine Mutter sagte, jetzt müssen ma irgendwie nach Berlin zurück. Aber das war gar nicht so einfach. Man konnte nicht mehr nach Berlin. Das war verboten, nach Berlin. Außer Leute, die aus Berlin waren und die nachweisen konnten, dass sie eine Wohnmöglichkeit haben.

Unsere Wohnmöglichkeit war inzwischen ausgebombt und ausgebrannt, wie der Onkel uns schrieb. Aber der hat arrangiert, dass wir nach Neu-Westend konnten. Das war so ein Haus, ein Reihenhaus, wo vorher irgendein Nazi wohnte, so `n Gerichtsfritze. Nachher haben wir im Keller seine SS-Uniform gefunden. Der ist also vorher abgerückt, nach Karlsruhe, wie wir gehört haben. Und der Onkel hat uns das telegrafiert: Unterkunft gesichert. Und nur deswegen konnten wir überhaupt fahren, weil eben das bestätigt war. Sonst hätte man in Berlin gar nicht reingekonnt, ohne Unterkunft. Berlin war ja ein Trümmerhaufen. Wir fuhren mit einem Zug voller Soldaten, ein sogenannter Fronturlauberzug, so hieß das Ding. Der hielt komischerweise in diesem Dorf. Wir waren die Einzigen, die einstiegen auf dem kleinen Bahnhof. Hinter dem Bahnhof war sofort ein Tunnel und der Zug fuhr gleich in den Tunnel rein. Es war ja etwas gebirgig - so mittelgebirgig. Wir sind in den Zug rein, meine Mutter hatte vorher schon per Bahn aufgegeben – Expressgut oder als Bahngepäck - wat weeß ick - irgendwie viele Sachen, die man ja nicht mitschleppen konnte. Aber auf den Wagen ging das. Da hatten wir das mit, diesen Zucker und die ganzen Sachen. Aber den Zucker z.B. - oder den Nähmaschinenkopf...

Acksel: ...hat sie alles mit der Bahn nach Berlin geschickt?

Runkel: Ja, erst einmal. Mit dem Kuhwagen hat sie ein paar Sachen mitgenommen. Diesen kleinen Schrank, den hat sie nicht mitgenommen. Nur irgendwie Betten und Schuhe usw. in Säcken und eben auch den Nähmaschinenkopf. Sie hatte ja die Nähmaschine mit, glücklicherweise, in Schlesien. Sie hat ja viel genäht. Aber die ganze Maschine, die ging gar nicht. Da hat sie nur oben den Kopf der Nähmaschine abgeschraubt und hat den in einen Wäschekorb mit Betten und mit allem gepolstert. Der war auf dem Wagen noch drauf. Aber dann nachher in der Bahn - wie sollte sie das transportieren alleene als Frau mit zwee Kindern? Da hat sie das vorgeschickt, als wir da abziehen mussten nach Berlin; sie hat das irgendwie aufgegeben. Und mindestens oder sogar mehr als die Hälfte kam sogar an, damals noch vier Wochen vor Ende ungefähr. Das kam am Görlitzer Bahnhof noch an. Die Nähmaschine, die steht ja heute hier noch in der Kammer. Der Nähmaschinenkopf – das Unterteil ist ein anderes. Da hat sie viel nach dem Kriege drauf genäht. Das kam an. Auch dieser Zucker und die Betten und Schuhe kamen an. Es waren viele Sachen, die ankamen. Der Görlitzer Bahnhof war schon halb kaputt, er war eine halbe Ruine als wir ankamen. Und die Sachen waren da noch. Das war doll, ja. Wir sind in den Zug rein, überall nur Soldaten. Es war sehr voll. Wir kamen dann in ein Abteil - es waren ja alles Abteile-Wagen - da waren auch nur Soldaten. Es war irre voll. Eine Frau mit auch zwei kleinen Kindern fuhr noch mit in dem Abteil. Ich habe dort nirgendwo Zivilisten gesehen, nur wir und die Frau. Und die Frau war vollkommen irre, die hatte einen Knall gekriegt irgendwie. Die saß da, hat Löcher in die Luft gestiert, hat sich um nichts gekümmert, nicht um ihre Kinder - nichts! Der war alles egal - alles. Die hatte ihre Tage, das stank in dem Abteil, man kann es sich nicht vorstellen. Die hat sich um nichts gekümmert.

Nun konnten die Soldaten der nun nicht behilflich sein. Aber den Kindern haben sie irgendwie geholfen, gaben denen zu essen usw., da waren die sehr hinterher, die Soldaten. Meine Mutter hatte ja selber zwei Kinder, aber die Soldaten waren sehr bemüht.

Acksel: Na, die Kinder waren auch noch sehr klein?

Runkel: Die waren so wie ick damals, vier, fünf Jahre so wat, also ziemlich kleine Kinder. Nicht so wie meine Schwester, die war ja schon ein bisschen älter. Aber es war fürchterlich. Nun hat dit ja nicht so sehr lange gedauert. Der Zug fuhr ja eigentlich bis Berlin durch, sollte er. Er hat natürlich dauernd mal angehalten wegen der Signale oder wat weeß ick, wat da allet war. Der brauchte schon seine Zeit.

Aber von dort bis dahin, bis Berlin, ist das ja, wenn der Zug durchführt, in 10 Stunden erledigt. Und es war ein bisschen länger. Aber unter den Umständen war das schon furchtbar lange. In dem anderen Zug war es ja so, der hielt dann auch öfter auch mal an, dieser erste Zug von Otmachau.

Im Zug gab es gab ja nichts zu essen und zu trinken. Viele, viele Menschen – gar nichts zu trinken, nichts zu essen. Und darum hielt der irgendwo mal an. Ganz in der Nähe, so 100 Meter oder so weg, war irgendeine Möglichkeit, Wasser zu trinken oder zu kriegen. Es war mir zwar rätselhaft, uff 'm Feld gibt's keene Wasserleitung.

Und der ganze Zug stieg aus und ging an die Wasserleitung, um da etwas zu trinken. Und mit einem Mal tutet der Zug – TUT – TUT – und fuhr schon ein bisschen an. Und nun alle zurückgerannt, mit oder ohne Wasser. Der Zug fuhr ja ab. Er hatte zwar gleich wieder angehalten, aber die sind alle hingestürzt zum Zug. Und wir hatten den Deckel von dieser Milchkanne mit dem Schmalz, es war so ein großer Deckel, wir hatten ja kein Gefäß. Das haben wir dann voll Wasser gemacht, aber die Hälfte war schon durch das Rennen - wir rannten ja nun alle los - schon wieder ausgegossen. Ich sage dir, das war ein Spaß.

Acksel: Aber zum Trinken brauchtet ihr ja.

Runkel: Ja, es gab ja nichts, es war ja kein Speisewagen in dem Zug - nüscht war da, gar nichts, es war also höllisch. Musst dir vorstellen, so viele Leute, die Klos und nüscht, nüscht - oh, oh, oh. Das war ja unmenschlich, ist alleine schon ein Buch.

Acksel: Der Bruder deiner Mutter hat das organisiert?

Runkel: Der Herr Onkel ja, der Bruder meiner Mutter. Onkel Anton. Der hat das gemacht. Er wohnte auch in dem Haus zu der Zeit. Ein Haus mit 9 Zimmern und noch ein paar kleenen Dachzimmern. Es gab ja viel Platz. Also 1945, als die Russen dann Berlin erreichten, das war ja ein Geschieße und Gemache. Da flogen die Granaten. Schon in dem Dorf in Oldenburg flogen die Granaten sichtbar über uns. Das war kaum zu sehen, aber zu hören. Die waren ja ziemlich schnell, da ja nix anderes war, hat man die gesehen. Wie die Deutschen und die Russen sich beschossen haben.

Wir waren darunter und haben es gesehen. Da hatte meine Mutter gesagt: Nu lasst uns wirklich abziehen. In Neu-Westend in dem Haus war nun der größte Beschuss und wir saßen im Keller. Der war ja läppisch, dieser Keller. Und mein Onkel ist mit seiner damaligen Frau los. Er wollte einkaufen gehen. Es war ja nichts mehr zu essen vorhanden. Er wollte Brot besorgen. Die haben Brot gekauft und sind über dem Stäuben Platz rübergegangen zum Fleischer. Eine Schlange außen vor dem Laden, die standen da an.

Und dann ist eine Granate auf der anderen Seite des Stäuben Platzes eingeschlagen und die Granatsplitter sind über den ganzen Platz geflogen. Und einer ausgerechnet trifft meinen Onkel ins Knie und ging noch weiter zu meiner Tante ins Knie und fetzte bei ihr noch die halbe andere Wade weg. Also, die hatte es noch schlimmer erwischt. Die waren dann also nicht vernehmungsfähig und lagen da rum und wurden in Krankenhäuser gebracht. Sie ins Paulinen Haus und er in ein anderes Krankenhaus. Das war früher mal `ne Schule, das war dann Lazarett. Und wir dachten, die kommen ja gar nicht wieder. Nach Stunden, die müssten doch längst wieder da sein. Nischt. Kam keener mehr. Da sind wa ein paar Häuser weiter, war `n Arzt, da sind wa hin, als mal wieder kein Beschuss war. Warn ja immer so Pausen zwischen. Als wir losgingen, war ooch `ne Pause, aber da ging`s wieder los, als wir gerade unterwegs waren. Sind wir zu dem Arzt. Und als wir dann zu dem Doktor kamen, war bei dem gerade Sekunden oder Minuten vorher eine Granate in das Behandlungszimmer eingeschlagen. Es sah aus wie die Hölle, da war nichts mehr an der Stelle, es war alles kaputt. Außen, wo das Fenster war, ein Riesenloch in der Wand. Das ganze Zimmer war total verwüstet. Der hat uns aber trotzdem Auskunft gegeben, obwohl er völlig durcheinander war. Sagt der: „Ja, es war ein Granateinschlag auf dem Platz. Und da sind viele Verletzte und wahrscheinlich sind die dabei gewesen." Weil wir ja wussten, die wollten dahin. Er sagte uns, die sind in dem und dem Krankenhaus gelandet.

Und dann sind wir, meine Mutter und wir beeden Kinder, losgelatscht. Das waren vielleicht 10 Minuten zu Fuß, in das Krankenhaus, die Westendallee runter bis Ecke Preußenallee. Er war schon operiert. Das Bein war abgenommen. Über dem Knie, weil das Knie ja gerade getroffen war. Die ganze Halle war voll mit Verletzten. Auf den Treppen, überall lagen da verletzte Leute auf der Erde, auf Matratzen. Im Keller brannte eine einzige kleine Funzellampe, die brannte immer Tag und Nacht, eine 15er Birne, sonst wäre es ja stockdunkel gewesen. Die mussten irgendwie die Nachttöpfe wegbringen und die Verbände wechseln oder denen was zum Essen oder zum Trinken geben. Es muss irgendein Aggregat gegeben haben, denn Strom gab es ja keinen. Die mussten ja auch operieren, die Operationssäle waren oben. Da sind auch Granaten eingeschlagen, wie man dann gehört hat. Einmal waren sie gleich alle tot. Das war Chaos.

Mein Onkel war noch gar nicht vernehmungsfähig und meine Mutter wollte zurück ins Haus. Und der Chefarzt sagte: "Sie können jetzt nicht zurück, es ist so ein Beschuss. Bleiben Sie hier." Und dann sind wir dort geblieben, 8 Tage glaub ich. Bis das Ganze zu Ende war. Bis der ganze Zusammenbruch stattgefunden hat.

Acksel: Dann habt ihr den Zusammenbruch dort erlebt?

Runkel: Ja dort. Vorher waren wir in dem Keller des Reihenhauses. Als wir gewartet haben, auf die beiden, die dann nicht mehr kamen, war dann großer Beschuss. Eine Granate flog hinten hin. Es gab so eine kleene Mauer direkt neben dem Haus. Die Granate flog direkt in die Mauer rein, und sämtliche Türen und Fenster flogen auf. Es war ganz hell plötzlich. Weil eben die Türen und Fenster aufsprangen. Die waren zwar nicht kaputt, aber sie sprangen auf.

Und kurz danach 'ne andere Granate, die flog vorne in die Pappel rein. Die Pappel fiel um. Auf das Haus. Im ersten Stock war ein Badezimmer, wir hatten Wasser eingelassen für alle Fälle. Das war vollkommen verdreckt, durch das Fenster. Das ging natürlich kaputt. In der Badewanne lag die halbe Pappel. Da war gar nischt mehr zu gebrauchen.

Durch den Druck flogen die Türen auf. Auch die Haustür. Das waren zwei Haustüren hintereinander im Abstand von 20 bis 30 Zentimetern. Die eine flog nach innen auf, und die andere war Trümmer. Dadurch wurde es noch heller. Wir saßen direkt darunter in dem Keller. Wir dachten: Nu is jut. Ein Knall, unvorstellbar. Einer und dann noch einer.

Acksel: Wo hab ihr da im Krankenhaus kampiert, die acht Tage?

Runkel: In einer Ecke neben einer winzigen, kleinen Treppe, die in den Keller führte, drei, vier Stufen, da war ein noch winzigeres, kleines Verließ – so eine Ecke. Und in der Ecke haben wir dann die acht Tage verbracht, meine Mutter und wir beide. Im Keller war ja gar kein Platz, aber die Ecke war nicht anders zu benutzen, da hatten wir unsere Wohnung. Wir kriegten von denen im Krankenhaus das Essen. Das war ja sehr gut. Die haben uns Essen und Trinken gegeben, wie die Kranken es auch bekommen haben. Der Onkel lag ein paar Meter weiter.

Später, als wir in dem Haus schon eine Weile gewohnt haben, haben wir alles unter die Lupe genommen und fanden unter einem Bett eine Unmenge von Champagnerflaschen. In dem großen Zimmer war ein Eisenbettgestell, und wir guckten da nach, haben das ja alles nach und nach erobert dort, und da war eine Unmenge, dutzende und aberdutzende Champagnerflaschen, die wir dann nach und nach dem Onkel mitgenommen haben. Meine Mutter hat ja nun nicht viel Champagner getrunken und die Kinder ja wohl auch nicht. Die meisten Flaschen haben wir mitgenommen und der hat die da wahrscheinlich irgendwie verteilt oder selber getrunken - wat weeß ick. Für seine Genesung war das sicher sehr hilfreich. Das war ja eine tolle Sache.

Als der Zusammenbruch zu Ende war, mussten wir wieder raus aus dem Krankenhaus und sind zurück zum Haus. Das war ca. 10 Minuten zu laufen. Und gleich neben dem Krankenhaus war ein riesiger Berg von Leichen auf einem Wagen, es war so ein Handwagen, ein Plattenwagen. Die Leichen waren so fünf, sechs Etagen hoch. Und da es Anfang Mai furchtbar warm war - wie im Sommer - tropften die ganzen Leichen vor sich her, und es war ein Gestank unvorstellbarer Art. Ich habe es immer mit den großen Gestänken. Und neben diesem stinkenden Wagen war ein sogenannter Löschteich. Das war ein gebautes Gefäß in der Erde - 20 x 20 Meter oder was - betoniert, so schräg nach unten, so ein bisschen wie so ein Trichter. Und das war ein Wasserspeicher, wenn es kein Wasser gab, das man damit löschen kann. Wie schon der Name sagt. Der war aber leer von Wasser, der war nur voll mit Leichen. Wir sind dann schnell, schnell weg auf die andere Straßenseite, aber es hat nichts genutzt, es war ein unendlicher Gestank.

Acksel: Das kann ich mir vorstellen.

Runkel: Und dann um die Ecke herum, in der Preußenallee/Ecke Heerstraße hing ein Mann an der Laterne - ein Toter. Also, diese Gegend war mit Toten sehr bestückt, obwohl es schon außerhalb war. Es war ja Neu-Westend, da war ja nicht so viel los. Wie es hier in der Innenstadt war, kann man sich ja gar nicht vorstellen.

Acksel: Das sind schon dolle Eindrücke.

Runkel: Dolle Eindrücke - für ein Kind besonders, mit den vielen Leichen. Erst in Schlesien, der auf dem Dach da, und überall war es voller Leichen.

Acksel: Hast du denn in Schlesien den auch gesehen?

Runkel: Den habe ich gesehen, ja. Wenn meine Mutter da oben Randale macht, mussten wir gleich hin: Wat ist da los, da oben? Dann kamen ja – wat weeß ick – von der Armee alle möglichen Leute, die den dann abgeschnitten haben und geguckt und gemacht und gefragt haben. Jedenfalls war es ja so 1945, als wir dann wieder in das Haus kamen, ich habe ja erzählt, da sind die Granaten vorne und hinten eingeschlagen. Und dann gab es ja keinen Strom, kein Wasser und kein Gas. Zuerst kam wieder Strom und dann wieder Wasser. Aber bis das Wasser kam, musste man auch etwas trinken, irgendwie. Die große Badewanne war ja voller Dreck von der abgedingsten Pappel da, von der umgebombten, das war ungenießbar. Und dann war in der Nähe - Nähe, wat weeß ick, 500 Meter damals - eine Pumpe. Nun war Neu-Westend ja ein größerer Ort, alle Leute mussten Wasser holen. Da waren endlose Schlangen an der Pumpe mit einem Eimerchen oder was und die mussten dann Wasser holen und pumpen, pumpen, pumpen. Die hat es mitgemacht, die Pumpe. Endlose Schlangen. Und dann musstest du anstehen wie nichts und das Wasser nach Hause schleppen. Meine Mutter hatte dann irgendwo einen kleinen Wagen organisiert, ich weiß nicht, wo der her war. Wir hatten jedenfalls einen Wagen und konnten zwei Eimer raufstellen und konnten mit dem Wagen fahren. Es waren auch schöne, asphaltierte Straßen, es ging sehr gut. So haben wir das Wasser nach Hause transportiert. Zuerst erst einmal tragen, das war furchtbar, aber dann hatten wir schon sehr bald den Wagen.

Dann gab es ja auch kein Gas. Und in diesem Haus war nur ein Gasherd in der Küche - Strom war da überhaupt nicht. Kein Gas! Da ist meiner Mutter etwas eingefallen. Sie hat im Garten ein Loch gebuddelt und die Platten von dem Gasherd oben, diese Gitter, diese gusseisernen Dinger, wo man die Töpfe raufstellt, in den Garten über das Loch gelegt. Ein Feuerzeug war ja noch da, auch Material, Kohle und Holz und alles, von der Zentralheizung, die dann nicht mehr ging, war alles viel da. Meine Mutter machte Feuer, kochte im Garten, in dem Loch. Sie war sehr einfallsreich, fand ich.

Acksel: Die Russen sind aber nicht in euer Haus rein. Zumindest hast du davon nie etwas berichtet.

Runkel: Das hatte auch einen Grund, warum die nicht in das Haus kamen. Für das Haus gab es einen Verwalter, der wohnte auch darin. Und dieser Verwalter wusste, dass die eigentlichen Besitzer in Schweden waren. Er kam auf die Idee: wir werden mal eine Schwedenfahne an das Haus ranhängen, damit die Russen nicht reinkommen. Das hat auch gewirkt. Der hat eine Schwedenfahne gemalt mit Buntstiften auf einem DIN-A-4-Zeichenblock und hat die mit Reißzwecken außen an die Tür geheftet. Und es kam kein einziger Russe. Die waren ja nicht lange in Berlin, nachher kamen ja die Engländer in den Bezirk Charlottenburg. Aber solange die Russen da waren, kamen die da anmarschiert und wollten gucken und rein und hin und her. Da kam keiner rein, diese Schwedenfahne hat die abgeschreckt, zumal das ja noch ein neutrales Land war.

Und die Margarete Schön mit ihrem Robert Dinesen, die hatten auch eine Fahne an die Tür gemacht - eine dänische, da der Robert Dinesen ja Däne war. Da war das sogar berechtigt. Der war ja da und wohnte da. Da kam auch keiner rein. Da hatten die eine dänische Fahne und bei uns war die Schwedenfahne, wo wir mit Schweden überhaupt nichts zu tun hatten. Aber das Haus gehörte ursprünglich Leuten, die nach Schweden abgerückt sind vor den NAZIs.

Acksel: Das war doch eine hervorragende Idee!

Runkel: Es gab einiges zu entdecken und zu finden... An dem Haus war so ein Vorgarten mit Beton und so Aussparungen für die Kellerfenster, ca. ein halber Meter oder 1 Meter. Und ich spiele in dem Sandhaufen, baue alle möglichen Sachen und gucke in diese Aussparungen, in dieses Loch rein und was liegt darin? Eine Pistole.

Acksel: Ach!

Runkel: Ich glaube, es war ein Revolver, da gibt es ja irgendwie einen Unterschied. Und das sah eben wie ein Revolver aus. Ich weiß nicht mehr genau, ob es ein Trommelrevolver war. Jedenfalls war ich ja sehr erstaunt, habe das Ding da rausgefischt, natürlich als große Eroberung, habe es meiner Mutter gezeigt und gegeben. Stell' dir vor, findest du da im Vorgarten eine Pistole rumliegen. Irgendwer hat die da reingefeuert und die SS-Uniform. Ist natürlich alles sehr schön.

General White lud ein

Runkel: Direkt vor unserem Haus in Neu-Westend, ging geradezu eine Allee weg, die Mecklenburger Allee. Die heißt jetzt Marathonallee. Auf der linken Seite der Allee war die Kommandantur der Kanadischen Militäradministration und auf der anderen Straßenseite die von der australischen Militäradministration. Die Generäle waren dort in einer tollen Villa untergebracht. Es war ja alles Commonwealth unter britischer Oberhand und die hatten ihre Hauptquartiere auf den verschiedenen Straßenseiten. Und meine Schwester lernte 1945 gerade die ersten Worte Englisch in der Schule und machte durch ihre neuen englischen Kenntnisse Bekanntschaft mit dem General White von dieser australischen Kommandantur, von der obersten Kommandantur. Wie das genau zustande kam weiß ich nicht mehr. Aber dieser General hat dann für die Kinder Sommerfeste im Garten veranstaltet und irgendwo anders noch. Und dann hat er fünf Kinder eingeladen zu einer Autofahrt. Er hatte einen riesigen, großen amerikanischen Schlitten. Mit einem Chauffeur, er selbst war nicht bei, er trat nicht in Erscheinung, hat er uns spazierenfahren lassen zur Havelchaussee, zum Wannsee, Grunewaldturm und überall hin. Für uns Kinder war das natürlich eine dolle Sache, so eine Autopartie zu machen. General White von der australischen Kommandantur...

Acksel: ...stellt sein Auto zur Verfügung. Ist ja toll.

Runkel: Das war natürlich eine tolle Bombe für uns Kinder damals.

Kaffeesüchtig

Runkel: In Neu-Westend, gleich nach 1945, wo es nichts gab. Wir hatten ja gar nichts, dennoch sind wir mal Kaffee trinken oder sogar essen gegangen ins Café Olympische Brücke. Als wir da waren, waren dann die Chinesen drin oder ein chinesisches Lokal.

Acksel: Ich erinnere mich.

Runkel: Und damals, 1945, war das Café Olympische Brücke also direkt an der Brücke. Die Eigentümerin, Frau Schaper wurde von den Engländern rausgeschmissen, rausgesetzt, das war ja völlig in Ordnung. Die haben daraus ein Casino gemacht, so ein Offiziers-Casino eingerichtet. Frau Schaper kriegte ein Zimmerchen in Untermiete. Die war nun irgendwie kaffeesüchtig und hat alles drangesetzt, um Kaffeemarken zu kriegen. Es gab ja alles auf Marken, ob das Kohlen waren, Kleidung, Schuhe, Kartoffeln, Kaffee, Tabak - alles auf Marken. Und die wollte unbedingt viele Kaffeemarken haben, damit sie sich Bohnenkaffee machen konnte. Meine Mutter hat keinen Kaffee getrunken oder brauchte ihn nicht zu trinken, die hat das gegen andere Sachen, gegen andere Marken eingetauscht mit der Frau Schaper, die sich überall Kaffeemarken organisiert hat, damit sie ordentlich Kaffee trinken konnte. Durch ihr Kaffeehaus war die verseucht.

Acksel: Da war sie dran gewöhnt, ja.

Runkel: Immer wollte die Kaffee haben.

Acksel: Das wäre für mich auch schlimm, so viel Kaffee, wie ich trinke!

Fußpedalbetrieb

Runkel: Ein paar Häuser weiter hatte ein Zahnarzt seine Praxis, Dr. Schiedrich. Irgendwie musste ich dort hin. Damals gab es unentwegt Stromsperren. Meistens wusste man ungefähr die Zeit, wann das Licht ausging, zu bestimmten Uhrzeiten, aber manchmal war es auch so, dass plötzlich das Licht ausging. Und ein Zahnarzt, der hatte ja nun seinen Bohrer. Und wenn der bohrte und das Licht ging aus, dann blieb der Bohrer stehen und des mitten in einer Zahnbehandlung! Dr. Schiedrich hatte sich irgendwie einen Bohrer organisiert, der mit dem Fußpedal zu bedienen war, so wie eine Nähmaschine. Also mit einem Tritt wie bei der Nähmaschine, den hat er fleißig getreten und der Bohrer drehte sich.

Acksel: Oh, Gott!

Runkel: Und Licht war vom Fenster, der Stuhl war nahe am Fenster und dann hatte er Tageslicht. Abends ging es natürlich nicht, da konnte er nichts sehen und mit der Kerze wäre es schwer geworden - die Kerze in den Mund halten! Jedenfalls hat der seinen Bohrer mit dem Fußpedal bedient. Auf was man so alles kommt und was es alles gab. Wo der den her hatte, das wusste ich nicht. Aber ich fand das sehr gut von dem Mann.

Kopftausch

Acksel: Wie ging es mit euch nach dem Krieg weiter? Ihr wohntet in der Villa da draußen und seit dann irgendwann nach Ost-Berlin gezogen?

Runkel: Ein Reihenhaus war das, aber mit vielen Zimmern. Mit den kleinen Dachkammern waren das 9 Räume. Dann sind wir, als die DDR gegründet wurde, fast auf den gleichen Tag nach Ost-Berlin gezogen.

Acksel: Also habt ihr vier Jahre dort gewohnt?

Runkel: Ja, vier Jahre. Erst mal hat ja mein Onkel dort gewohnt, der auch im selben Haus in der Skalitzer Straße, wie wir wohnte, und nachdem es ausgebombt war, diese Unterkünfte überhaupt beschafft hat. Das andere Haus war ja abgebrannt. Und dann wurde er wahrscheinlich dort einquartiert, wohnte erst alleine und dann wohnten wir auch dort. Er war ja dann verletzt durch die Granate.

Parterre war ein Versammlungsraum der SED oder was, die wurde dann ja bald gegründet. Die haben sich dort versammelt, die Genossen. Das war das größte Zimmer. Eigentlich hatte das Haus Zentralheizung, aber die war geplatzt, weil bei Frost das Wasser nicht abgelassen worden war. Es gab nun also den eisernen Kanonenofen. Und ich habe eingeheizt. Das war so, als ob das ganze Haus abbrennt. 25 Grad und höher hab ich das hochgetrieben. Die Genossen waren aber nur kurz im Haus. Als die raus waren, wurden immer mehr Leuten im Haus Zimmer zugewiesen. Lauter Untermieter. Viele Untermieter. Wir wohnten dann in zwei Räumen. Eins im Parterre und eins im Keller sozusagen. Hinten raus war es ebenerdig, vorne raus war es ein Stück höher. Hinten war der Garten und das sogenannte Gartenzimmer. Das bewohnten wir als Schlafzimmer und Parterre als Wohnzimmer. Diese komische Parteisache war dann weg. Dann wohnten dort Leute und im ersten Stock wohnten zwei Parteien. Und ganz oben noch, es war vollgestopft mit Leuten das Haus. Das hat meiner Mutter natürlich gar nicht gefallen. Das war ja so schwierig, es gab nur einen Gaszähler und auch nur einen Gasherd, darauf mussten alle kochen. Alle mussten, weil ja alles rationiert war, abrechnen. Für jeden einzelnen. Ganz penibel auf einer Liste, der Stand des Zählers, wann begonnen, wann beendet, wie viel verbraucht. Nun sind auf dem Herd aber vier Flammen drauf gewesen. Die konnten also kaum zusammen kochen. Wie willst du denn das auseinander rechnen? Mit dem Strom war es ja ähnlich. Ein Stromzähler für das ganze Haus. Alle mussten auf einem Zähler abrechnen. Das war vielleicht ein Spaß. Meiner Mutter hat das natürlich nicht gefallen. Das kann man verstehen. Dann immer treppab, treppauf. Dann waren die Stromsperren, das Licht aus, man musste in den Keller rennen ohne Strom. Also das waren ja Zustände.

In Neu-Westend waren ja auch viele Mietshäuser, so Alt-Neubauten wie man heute sagen würde, in den 20er und 30er Jahren gebaut, die hatten aber fast alle schon Zentralheizung. Nun gingen die aber alle 1945 nicht, komischerweise, die hatten wohl kein Brennmaterial, oder was weiß ich. Die Zentralheizungen gingen nicht. Und nun mussten die Leute alle - das sah sehr putzig aus - sich irgendwelche Öfen, kleine Kanonenöfen oder was, anschaffen und diese Schornsteine mit einem Ofenrohr gingen aus dem Fenster. Aus vielen Fenstern kamen diese Ofenrohre raus und es rauchte aus den Fenstern, da die keine Schornsteine hatten. Sie mussten aber irgendwie den Rauch aus dem Zimmer kriegen. Das sah ulkig aus. Die ganzen Häuser waren bepflastert mit Ofenrohren aus den Fenstern.

Wir hatten ja auch einen Herd, in der Küche gab es den einen Gasherd und einen großen Kessel für die Zentralheizung. Die ging nicht, weil sie geplatzt war wegen Frost. Und dann war noch ein zweiter

Schornstein vorhanden, wo der Waschküchenkessel angeschlossen war. Und in diesem Gartenzimmer, wo sich später unser Schlafzimmer befand, stand ein Kachelofen. Da war der zweite Schornstein.

Oben hatten wir, als da die Partei drin war in dem Zimmer - die SED hatte dort ihren Versammlungsort - einen Kanonenofen mitten im Zimmer und das Ofenrohr in diesen einen Schornstein gelegt, der da war für die Waschküche und den Kachelofen. Und von uns aus, das war daneben das Zimmer, unser Wohnzimmer, da hatten wir auch irgendwie - weeß ick, wie det heißt - eine kleine Kochhexe, und das wurde auch in diesen Schornstein reingelegt. Wir brauchten das nicht aus dem Fenster, weil das sehr kompliziert durch die Scheiben ging. Es gab damals auch kaum Fensterglas. Die Menschen behalfen sich mit abgewaschenen Röntgenbildern. Wir hatten da auch eine Möglichkeit, es durch den Schornstein abzuleiten. Aber es war sehr schwierig in dem Haus mit Öfen. Da war eben nüscht, vor dem Krieg war es ja ein modernes Haus mit Zentralheizung.

Acksel: Deswegen gab es nicht so viele Schornsteine, klar.

Runkel: Und da waren ja nachher die vielen Mieter, die mussten ja den vielen Rauch loswerden.

Acksel: Du hast neulich nach Rapsöl gefragt, weil dich das an die Nachkriegszeit erinnert.

Runkel: Rapsöl. - Es gab immer Aufrufe auf den Lebensmittelkarten. Im Osten war das bis '58 - '51 oder '50 war im Westen. Jedenfalls, als wir da wohnten, wurde aufgerufen. Es wurde angesagt, eine Ausgabe, im Olympia-Stadion gibt es Rapsöl, auf Fettmarken gibt es Rapsöl. Da war unter einer Treppe ein großer Eingang mit einer Riesenschlange, die nach dem Rapsöl angestanden hat. Wir haben auch angestanden, um Rapsöl zu bekommen, das haben wir dann auf die Stulle geschmiert mit Salz oder mit Zucker - beides ging - und es hat sehr gut geschmeckt.

Und dann haben wir auch einmal eine Eisdiele entdeckt am Richard-Wagner-Platz. Meine Mutter hat ja im Rathaus Charlottenburg gearbeitet. Und dort um die Ecke war eine Eisdiele. Eisdielen gab es nach dem Krieg überhaupt keene. Es war eine große Entdeckung.

Da gab es Eis, aber man musste für jede Eiswaffel 5 Gramm Zucker abgeben. Das war ein ganz komisches Eis, es waren lauter Kristalle, große Kristalle, nicht so ein Feines, es waren große Kristalle.

Acksel: Aber immerhin ein Eis.

Runkel: Aber wunderbar! Musste man auch anstehen, aber vor allem brauchte man Zucker auf der Lebensmittelkarte.

Acksel: Also nicht Fett-, sondern Zuckermarke, ja?

Runkel: Zucker, ja.

Acksel: 5g Zucker.

Runkel: Ja, 5g Zucker musste man abgeben. Die musstest du erst einmal haben. Und meine Mutter, die ja dann einkaufen war in der Reichsstraße beim Bäcker, 50g waren für eine Schrippe und 1.000g waren es für ein Brot. Jetzt hat die sich immer die Schrippen abwiegen lassen. Die war so verhasst in dem Laden, es war immer zu wenig. Da kriegte sie immer noch ein oder zwei Schrippen noch dazu, weil die immer zu klein waren und zu wenig Gewicht hatten; die Brote auch. Die mussten das abwiegen, und sie mussten was zulegen. Und die haben sie gehasst wie die Pest.

Acksel: Dann hat deine Mutter hier in Ost-Berlin eine Wohnung bekommen?

Runkel: Das war der sogenannte Kopftausch, den gab es damals noch. Aus dem einen Bezirk mussten zweie dahin ziehen und aus dem anderen zweie dahin. Wir zogen aus Charlottenburg aus und zwei, die in der Breiten Straße wohnten, zogen in Charlottenburg ein, das war der englische Bezirk und Mitte war der russische Bezirk. Berlin war ja unter den vier Besatzungsmächten aufgeteilt, und die hatten festgelegt, dass die Kopfzahl sich nicht durch Umzüge innerhalb Berlins verändern durfte - das war der Kopftausch.

Dann bekam meine Mutter - also wir bekamen - eine eigene Wohnung. Ohne Untermieter. Mit zwei Räumen. Aber auch eine Kaluppe, wie man in Berlin so schön sagt: Klo über`n Hof. Über`n Hof, stell dir mal vor und das bei Winter, Frost und Eis und allem, musstest darüber rennen, bei Regen und so weiter.

Acksel: Und welche Adresse war das?

Runkel: Breite Straße.

Acksel: Gegenüber vom Schloss? (Berliner Schloss, 1443 begründet unter Kurfürst „Eisenzahn", Friedrich II., dank Hofbaumeister Andreas Schlüter unter König Friedrich I. bedeutendster Profanbau des protestantischen Barocks, schwer kriegsbeschädigt, unter Ulbricht - Generalsekretär des ZK der SED - gesprengt vom 7.9.1950 - 30.12.1950.)

Runkel: Breite Straße, direkt am Schloss, das dann gleich gesprengt wurde. Mitten im Zentrum, in der besten Gegend, war es mal.

Acksel: Du hast mal von der Lange Straße mit dem Umzugswagen erzählt.

Runkel: Wir sind von Neu-Westend, Kaiserdamm, Bismarckstraße, - 17. Juni, den gab`s ja damals noch nicht, da hieß das was wees ick- durchs Brandenburger Tor ‚Untern Linden'. Ganz gerader Weg, nur ein- oder zweimal um die Ecke und dann waren wir da. Diese sogenannte Ost-West-Achse.

Und kamen denn an. Es war schon duster. Ach, du meine Güte. Vorher wurde schon die Hälfte geklaut und nachher ooch die Hälfte vergessen auf dem Wagen. Es fehlte jedenfalls die Hälfte. In Neu-Westend hatte meine Mutter gesagt, wir sollen draußen aufpassen, weil alles rausgetragen wurde. Wir haben aber lieber irgendwo gespielt. Nüscht aufgepasst. Nachher fehlte die Hälfte. Vermutlich haben die Untermieter sich bedient. Meine Mutter konnte ja nun nicht überall sein. Und den Rest werden die Leute, die beim Abladen geholfen haben, auf dem Wagen liegen lassen haben. Das störte meine Mutter, dass die Hälfte fehlte. Na ja.

Acksel: Gab es denn in Mitte auch schon wieder Gas? Mitte war doch viel mehr zerstört.

Runkel: Da war aber nun gar nichts, mit Gas. Gas gab es da überhaupt noch nicht. Da musste sich ja meine Mutter erst einmal einen elektrischen Kocher kaufen. Den gab es da komischerweise sogar. So 'n ganz schweres Ding war das, zum Kochen. In der Küche war zwar ein Herd, ein Kochherd, so 'n transportabler aus Metall und Schamottesteinen innen. Und dann hat die das elektrische Ding gekauft, damit sie kochen konnte. Im Sommer kann man ja nicht auf dem Herd Feuer machen. Ein Jahr später kam dann Gas. Dann war das wieder instandgesetzt, es war dann wieder Gas im Haus, dann musste sie sich einen Gaskocher kaufen. Dann hatte sie einen elektrischen und einen Gaskocher und einen Kochherd.

Acksel: Dann war sie für alle Eventualitäten vorbereitet.

Runkel: Aber Straßenbeleuchtung war gar nicht. Dann haben sie neue Straßenbeleuchtungen gebaut, und zwar aus Stämmen, aus kahl gemachten Baumstämmen. Da waren oben zwei Birnen drin, eine Glasglocke auf einer Seite der Straße nur und oben war eine Freileitung von Lampe zu Lampe. Da war nichts unterirdisch oder so, das war so in der ganzen Innenstadt. Da waren ja diese Lorenbahnen für den Abtransport des Schuttes. Das ging durch die ganze Innenstadt mit kleinen Schienen. Das war ein tolles Ding. Eindrücke gab es genug damals.

Acksel: Wie war das denn mit denn Schulen organisiert? Die Innenstadt war doch ein Trümmerhaufen.

Runkel: Ein unglaublicher Trümmerhaufen. In Mitte, wo wir ja jetzt wohnten hatte das zur Folge, dass es Schichtunterricht gab. Einmal Frühschicht und einmal Nachmittagsschicht. Das wurde abgewechselt. Ich musste also mal zur Frühsicht und mal zur Nachmittagsschicht in der Schule antreten. Das ging eine ganze Weile, aber dann irgendwann hatten sie auch einige neue Schulen gebaut. Da es kaum Häuser gab, die waren ja alle kaputt, zerbombt, wohnten nicht so viele in Mitte, also gab es auch nich so viele Kinder. Aber es waren immer noch so viele Schüler, dass eben die vorhandenen, benutzbaren Schulgebäude nicht ausreichten. Dann mussten sie Schichtunterricht machen. Das gab es auch, ja.

Acksel: Du mitten im Zentrum gegenüber vom Schloss. Warst du denn im Schloss noch drin, bevor das gesprengt wurde?

Runkel: Na ja, ich war mal so gucken. Das war ja zugemauert. Er war ja Ruine. Es war ja sehr viel Ruine. Es war ganz wenig noch ganz, also da konnte man nur sehr schwer rein. Och nur ein bisschen so. Man traute sich ooch nicht, es war ja eine Ruine eben. Ein paar Räume waren noch sichtbar. Es war ja auch verboten. Man kam nur schwer über irgendwelche Löcher rein. Es war zugemauert. Die Eingänge und die Türen, die noch waren, waren zu. Da kamste nicht rein. Anders war es im Schauspielhaus. Da war ich mit Gülde mal drin. Und ich bin dort in der Ruine vom Schauspielhaus, Gendarmenmarkt wirklich rumgekrochen. Man konnte ja noch rumgehen. Es war duster ziemlich, aber da das Dach der Bühne fehlte, gab es ein bisschen Licht. Wir haben uns das angeguckt, die Bühne, die bis unten durch war und der Zuschauerraum, das war ja alles kaputt. Wenn man vorsichtig war, konnte man da rumkrauchen.

Am Schauspielhaus war eine Besonderheit: Jemand fand es nicht groß genug - jemand, dem es nicht groß genug sein konnte hat die Rückwand des Hauses rausgebrochen und über die Charlottenstraße eine Brücke gebaut, so breit wie die Bühne. Auf der anderen Straße wurde die Vorderfront des Hauses dort rausgenommen und die Bühne bis in das Haus auf der anderen Straßenseite verlängert. Eine unendlich tiefe Bühne. Schinkel ist auf diese Idee sicher nicht gekommen, Spontini wäre es eher zuzutrauen, der hat doch einige seiner Monumental-Opern dort aufgeführt. Übrigens, der „Der Freischütz" ist dort uraufgeführt worden. Mit dieser Brücke hat es Folgendes auf sich: Das war die Brücke über die Charlottenstraße. Unten fuhren die Autos und da gingen die Leute entlang und die Straßenbahn fuhr darunter und oben war die Kunst.

Acksel: Und dann hast du ja auch noch dazu gesagt, dass bei Spontini sogar Elefanten auf der Bühne waren.

Runkel: Hörte man, ja. Ich war nicht dabei, aber man sagt es so, dass der sogar Elefanten brauchte für seine Musik. Zurück zum Schloss, im Schloss war weniger möglich, das konnte man leider nicht so gut besichtigen, wie die Ruine vom Schauspielhaus. Das Schloss wurde dann ja auch schnellstens gesprengt. Noch lange Zeit ging das.

Acksel: In der Breite Straße hast du schon öfters Klassik gehört.

Runkel: In der Berliner Musikbibliothek. Das war eine Unterabteilung der Berliner Stadtbibliothek, die ja heute noch in der Breite Straße ist, und vielleicht gibt es ja heute dort auch noch eine Musikbibliothek-Abteilung. Jedenfalls schräg gegenüber im Ribbeckhaus war die Berliner Stadtbibliothek mit der Unterabteilung Musikbibliothek. Und der Professor Bach war der Leiter. Jedenfalls, kurzer Sinn, lange Rede: ich habe mir dort immer und immer wieder die „Kleine Nachtmusik" vorspielen lassen. Erst war ich ja mit meiner Schwester zusammen und nachher bin ich ohne, bin da ruff und wenn die mich gesehen haben, haben die gleich die Platte uffgelegt. Die wussten: ach, der kommt der Verrückte mit der Nachtmusik. Die haben sich totgelacht, dass ein 10jähriger da so scharf drauf ist.

Acksel: Die „Kleine Nachtmusik" von Mozart. Dann bist du von der Breite Straße bald ausgezogen?

Runkel: Na ja, bald nicht. Das dauerte, glaube ich, sechs Jahre. Sechs Jahre haben wir da gewohnt mit dem Freiluftklo. Und dann sind wir in die Fischerstraße gezogen, das ist auch bald abgerissen worden. Alles abgerissen. Jetzt heißt es Fischerinsel. Da stehen jetzt riesige Hochhäuser.

Knochenmarkvereiterung

Runkel: Mit 12 Jahren hatte ich diese schwere Knochenmarkvereiterung in der Schulter. Damit lag ich 13 Wochen im Krankenhaus. Die Ärzte hatten die grandiose Idee, den Arm einzugipsen. Als meine Mutter das sah, ist die zum Arzt gegangen und hat darauf bestanden, dass der Gips sofort wieder abgenommen wurde. Das haben die auch gemacht. Dafür bekam ich dann eine Schiene, womit der Arm weit ab gestreckt war. Am Ellenbogen war ein Gelenk in die Schiene eingebaut, dass ich den Arm bewegen konnte. Das Ding musste ich über ein Jahr lang tragen. In der Schule und überall. Nachher die letzten Wochen nicht mehr nachts. Dann konnte ich das Gestell wenigstens nachts abmachen. Meine Mutter hatte als Kind so einen Gips am Bein tragen müssen und dadurch war das Bein zwei Zentimeter kürzer und das wollte sie mir für den Arm unbedingt ersparen.

Acksel: deine Mutter hat sich ja sehr bemüht.

Runkel: Die hat mich zweimal in der Woche in Buch besucht.

Acksel: Wo hat sie damals gearbeitet?

Runkel: Ich weiß das nicht mehr so genau, ob sie damals schon bei der GEMA war. AWA (Anstalt zur Wahrung der Aufführungsrechte) hieß das ja im Osten. Im Westen ist das die GEMA. Anfänglich ist sie ja zum Hufeland Krankenhaus gefahren. Da fuhr sie bis zur Weißenseerspitze mit der Straßenbahn, ist umgestiegen in einen Omnibus und dann endlos über die Rieselfelder nach Buch. Der Bus hielt zwar vor dem Krankenhaus, aber im Gelände musste sie auch noch sehr weit bis zum Kinderkrankenhaus laufen. Und das nun zweimal die Woche. Mittwochs und sonntags war Besuchszeit - das war früher ganz streng, immer nur eine Stunde, anderthalb, nachmittags von 3 bis 4 oder so. Es gab auch noch meine Schwester, die musste ja auch noch bedacht werden. Essen kochen, einkaufen und alles. Sie hatte schon mächtig zu kämpfen. Das war schon eine Höchstleistung, finde ich. Sie gearbeitet voll und hat es trotzdem so gedeichselt, dass sie das am Mittwoch noch konnte. Trotz der Arbeit hat sie mich besucht, und zwar in Buch - unvorstellbar.

Das Dollste aber war, als die Weltfestspiele der Jugend und Studenten 1951 stattfanden. Wir mussten alle aus der Kinderklinik Buch raus und ins Städtische Krankenhaus umgelagert werden. Und auf die Kinderstation durfte keiner rein, die Gäste mussten vor dem Fenster stehen. Alle Besucher standen vor den Fenstern. Nun war es glücklicherweise Sommer und es hat nicht geregnet, sonst hätten die eine Stunde im Regen stehen können. Es war nur ein kleines Zimmer, ein Junge und ich, so waren bei mir nur zwei vor dem Fenster. Und dann durfte meine Mutter zur Belohnung noch eine Stunde vorm Fenster stehen und den Hals hochrecken. Das hat die zweimal die Woche, mindestens vier oder sechs Wochen gemacht. So lange war ich ja in diesem Krankenhaus. Danach kam ich noch ins Waldhaus, wieder vier oder sechs Wochen. Es ist unglaublich, dass die das alles mitgemacht hat oder für mich etwas besorgt hat zum Essen - schönen Käse und so.

Als ich noch kleiner war, war ich vorher schon im Krankenhaus wegen Verhungeritis. Ich war so dünn wie schon ein Gespenst, weil ich nichts zum Essen hatte. Und deswegen kam ich ins Krankenhaus. Ich hatte eigentlich nichts, aber ich war einfach zu dünn und kam zur Aufpäppelung in das sogenannte Mosse-Stift, so hieß das Krankenhaus. Es war irgendwo in Dahlem. Ich war dort vier Wochen lang und kriegte nur irgendwelche Pampe zu fressen, die schrecklich schmeckte, die mir aber sehr gut getan haben muss. Und auch dort war es auch so: die Besucher durften nicht in die Zimmer hinein, nur bis zur Tür. Es waren aber sechs Betten in dem Zimmer und dann wurden alle Kinder an die Tür geschoben. Außen waren die Eltern oder die Besucher und innen waren die Betten so im Halbkreis. Das war einmalig - so ein Schwachsinn. Hier durften sie nicht in die Zimmer und dort durften sie nicht einmal in das Haus rein. Tolle Geschichten. Was meine Mutter alles mitgemacht hat.

Acksel: Gab es im Zusammenhang mit dem Krankenhausaufenthalt bezüglich der Knochenmarkentzündung nicht auch ein besonders Geschmackserlebnis?

Runkel: Am ersten Tag im Krankenhaus haben sie mich gefragt, was ich essen möchte. Ich konnte mir aussuchen, was ich will. Was auch immer, sie machten das für mich. Ich sagte, ich möchte Rühreier essen - haben die Rührei gemacht. Dann bekam ich mein Rührei und dachte, ich kotze gleich. Da war kein Krümel Salz drin. Bis zum Aufenthaltsende im Krankenhaus gab es in meinem Essen nicht einen Krümel Salz. Die Ärzte haben gesagt, der Junge bekommt so viele Penizillinspritzen - es waren 865(!!), erst alle 2 Stunden, später alle 3 Stunde eine - die werden das Herz schon derart schädigen, dann werden wir es durch das Salz nicht noch mehr belasten. Also: Alles ohne Salz. Und als ich dann aus dem Krankenhaus entlassen wurde, aß ich ja wieder normal. Da hab ich gedacht, jetzt kotz ich wieder, es ist alles völlig versalzen. Dabei war es vollkommen normal gesalzen. Mir kam es vor wie pures Salz.

Acksel: So entwöhnt warst du...

Runkel: So kann der Körper sich umgewöhnen. Erst ohne Salz und dann wieder mit dem Salz. Es ist wohl eine Gewohnheitssache. Man könnte wohl auch völlig ohne Salz essen. Aber Salz scheint doch auch wichtig zu sein.

Acksel: Du wurdest dann auch noch für einige Wochen in das Kindersanatorium im Feldberg verlegt, weil deine Mutter zur Kur fuhr. Da gab es doch die Krankenschwester, die ihr Kinder immer „Gummiarsch" genannt habt. Lustig finde ich aber auch deinen Brief an deine Mutter und die Folgen.

Runkel: Das Kindersanatorium im Feldberg und „Gummiarsch". Das hat uns sehr erheitert. Meine Mutter war, wie du sagtest, zur Kur und ich habe ihr brav geschrieben. Was ich nicht wusste, dass dort alle Briefe gelesen wurden, bevor sie in die Post gingen. Da gab es kein Briefgeheimnis. Die haben also auch meinen Brief, bevor sie ihn in den Briefkasten gesteckt haben, erst einmal gelesen. Und daraus hatten sie die Information.

Acksel: Du hast deiner Mutter geschrieben, dass du deine Musik vermisst.

Runkel: „Ich vermisse meine Musik". Und daraufhin war am nächsten Tag ein großes Radio im Treppenhaus aufgestellt und voll aufgedreht mit irgendwelchem Gedudle. Das war meine Musik, haben die gedacht. Ich dachte, jetzt wird es ja ganz schlimm. Da stand nur nicht, welche meine Musik ist und was ich mit „meiner" Musik meine.

Acksel: Das war ja auch außergewöhnlich, dass ein Junge, der noch sehr jung ist – wie alt warst du da? ...

Runkel: 12 Jahre.

Acksel: ...dass der klassische Musik hören wollte.

Runkel: Darauf sind die gar nicht gekommen. Die haben gedacht, ich brauche jetzt Schlager. Und da haben sie nun mit einem Radio in voller Lautstärke im Treppenhaus auf dem Stuhl das ganze Haus beschallt. Ich dachte, jetzt wird`s furchtbar.

Acksel: Was hast du denn mit 12 Jahren so gerne gehört?

Runkel: Vor allem viele Opern. Da war ich ja schon ein paar Mal in der Oper. Auch im Radio wurde viel Oper gespielt. Es gab da öfter

Opernsendungen und die habe ich gern gehört. Ich habe mir sogar einen Klavierauszug von „Carmen" gekauft, völlig irrsinnig, aber ich dachte: muss ich haben!

Acksel: Wie ist die Knochenmarkvereiterung entstanden, wie war der Verlauf, wie ist das entdeckt worden, wie hast du es überlebt?

Runkel: Überlebt gar nicht. Aber es war so: Ich bin ja da immer durch Berlin gewandert, weil ich neugierig war und wollte Berlin kennenlernen. So bin ich immer rumgekrochen bis beinahe, fast Wedding. Und auf einer dieser Wanderungen kamen hinter mir Bengels, Jungen so in meinem Alter, und ich war irgendwie ein Fremdling und da haben die Steine auf mich geschmissen von hinten, so Pflastersteine vom Bürgersteig. Und einer traf mich tatsächlich hinten am Schulterblatt, krachte ran. Hat wehgetan. Nun bin ich in ein Haus geflüchtet, habe überall bei sämtlichen Leuten geklingelt, die machten dann auch auf. Ich war einfach in einem Haus, das ich nicht kannte. Jedenfalls habe ich mich dann beruhigt.

Es war die Zeit kurz vor den Zeugnissen, Ende der 7. Klasse, ein paar Tage vorher. Und nach zwei, drei Tagen bekam ich furchtbare Schmerzen in der linken Schulter, im Arm. Es wurde jeden Tag schlimmer und ich bekam dann ganz hohes Fieber, ich hatte dann 41,2°, als ich ins Krankenhaus kam. Ich ging immer noch zur Schule, aber an irgendeinem Tage dachte ich, das geht ja gar nicht mehr, es tat ja auch so weh. Da ist dann meine Mutter nachmittags mit mir zum Doktor gegangen, das war ein Homöopath um die Ecke rum, und der hat gesagt, es wird wohl Jugendrheuma sein. Er hat dann einen Krankenwagen bestellt, eine Einweisung geschrieben. Das war am Nachmittag. Ich habe schon nichts mehr gesehen, es war alles völlig schwarz. Ich habe kaum etwas gehört, es war alles wie vom anderen Stern irgendwie - ich war vollkommen weggetreten. Abends um 22 Uhr kam ein Krankenauto, so ein kleiner F8, so ein Pappauto. Es war kein Krankenwagen, sondern ein Pkw. Wir fuhren raus nach Buch, es war ja unendlich weit.

Acksel: Von Mitte bis Buch ist ein Ende, ja.

Runkel: Wir sind rausgefahren, waren abends spät da. Meine Mutter musste dann wieder mit der S-Bahn schön nach Hause fahren.

Und bei mir war das hohe Fieber und sie haben mir Pyramidon sofort reingeflößt, haufenweise, dieses Mittel gegen Fieber, also fiebersenkend. Pyramidon war wie Wasser, aber bitter, das kann man sich nicht vorstellen. Aber es hat geholfen. Ich habe dann nach und nach ein paar Dinger davon trinken müssen und das Fieber ging dann sehr schnell runter. Am nächsten Tag bekam ich ja Penicillin. 865 Spritzen im Laufe des Vierteljahres. Die Verdachtsdiagnose war ja Rheuma. Gegen Fieber haben sie erst einmal in der Nacht behandelt. Am nächsten Morgen war Visite, Chefvisite. Ich lag da alleine in einem Zimmer und es kam ein Haufen Ärzte rein. Der Arzt hat Fragen gestellt und gesagt, ich soll doch mal den Arm auf die andere Seite legen. Dann habe ich den rechten Arm mit dem linken Arm genommen und rüber gepackt. Da sagte der: „Ach so, das tut dann nicht weh, wenn du den mit dem anderen Arm nimmst?" Und da kam der Arzt klugerweise auf die Idee, dass das wohl kein Rheuma sein könnte und tippte auf Knochenmarkvereiterung. Er hat das gleich zum Röntgen geschickt und nach dem Röntgen: Ja, Knochenmarkvereiterung. Das war am Schulterblatt.

Ich war über ein Vierteljahr im Krankenhaus. Alle zwei Stunden kriegte ich `ne Spritze, Tag und Nacht. Die letzten vier Wochen waren es dann alle drei Stunden. Nach kürzester Zeit habe ich dann die Schwester gefragt, habe ich denn nachts meine Spritze gekriegt? Ich habe das gar nicht mehr gemerkt. Die haben mir die Spritze gegeben, ich habe weitergeschlafen und habe es nicht gemerkt. Und dann musste ich aber über ein Vierteljahr zweimal in der Woche, nachher einmal in der Woche, zum Röntgen. Die haben unentwegt geröntgt, um zu sehen, wie dieses Penicillin anschlägt und ob es anschlägt, wie es anschlägt. Und im ersten Krankenhaus, im Hufeland Krankenhaus, war es sehr kompliziert, das waren lauter Pavillons. Jedes Ding hatte ein einzelnes Haus, was ja völlig irre ist eigentlich. Du musstest bei jeder Sache aus dem Haus raus, bei Winter, Sommer und Regen und sonst was. Ich musste also zum Röntgenhaus, auch das war ein extra Haus, also wurde ich durch die ganze Landschaft gefahren. Ich wurde auf der Trage hingeschoben und das war ein Ende. Ich wurde immer da draußen langgeschoben von einem Haufen Leuten, es war eine furchtbar umständliche Aktion, aber es war ja Sommer und schönes Wetter, dadurch war es ein schöner Ausflug für mich. Im Winter stelle ich mir das prekär vor. Wer so etwas erfunden hat? Das Penicillin hat jedenfalls gewirkt. Dann haben sie mich nachher entlassen, aber nicht als geheilt, sondern nur als gebessert. Sie haben gesagt: Aufpassen, da darf nie was an diesem Schulterblatt sein, es kann jederzeit wieder ausbrechen. Deswegen war das mit der Lehrstelle und diesem Riesenleitertragen nicht mehr so richtig alles.

Felsenstein

Acksel: Erzähl mir doch mal deine Begegnung mit Felsenstein.

Runkel: Oh 'ne, das war keine Begegnung, den habe ich zufällig auf der Treppe getroffen. Er kam aus seinem Büro runter, die alte Bühne. Das war alles sehr eng und ich wollte mich hochschleichen in den 1. Stock, dort war der Eingang zum Stellwerk. Ich bin da unentwegt rumgekrochen auf der Bühne. Und Felsenstein: „Wo willst du denn hin? Was machst du hier? Wer bist du denn?" Ich wusste überhaupt nichts, ich war völlig perplex.

Das Einzige, was ich wusste, **das** ist Felsenstein, den habe ich schon erkannt von Bildern. Aber ansonsten habe ich mich irgendwie herausgeredet und er hat mich gehen lassen.

Eines Tages, auch da auf der Treppe, kam mir mal ein ganz aufgeregter Maskenbildner entgegen und sagte: „Hol doch mal Abschminkpapier, hol Abschminkpapier!" Ich wusste gar nicht, was Abschminkpapier ist! Ich wollte fragen, was ist das denn? Und wo ist das denn? Wissen Sie, was gemeint ist? Da war der schon selber unterwegs und holte Abschminkpapier. Ich wusste ja von nüscht. Ich war ja vorher noch nie am Theater, mit 12 Jahren ungefähr. Ich denke, Abschminkpapier...für wat is das bloß? Hol mir Abschminkpapier! Der dachte, ich sei ein Kinderdarsteller, oder irgend wat. In Carmen ist ja ein Jungenchor. Also dachte der Mann, ich wüsste schon Bescheid. Abschminkpapier!

Acksel: Bei der Begegnung mit Felsenstein warst du also noch ein Junge?

Runkel: Wie alt war ich? 12 bis 13 Jahre - nicht mal 13 Jahre. Ich habe mich da unentwegt rumjedrückt. Dort lernte ich auch den Inspizienten-Beruf erstmals kennen. Ich fing an zu lesen, erst mal mit Programmen. Mit 12 Jahren war es das erste Mal in der Oper, ich stand vor der Komischen Oper und habe ich mich dann irgendwie reingeschlichen. Das war doll!

Acksel: Wie bist du da eigentlich reingekommen?

Runkel: Durch den Bühneneingang bin ich hineingegangen. Das mit dem abgebrochenen Prisma von dem Kronleuchter als Souvenir habe ich ja noch gar nicht erzählt. Das abgebrochene Prisma habe ich dort gefunden. Das habe ich heute noch.

Acksel: Nein, hast du noch nicht erzählt.

Runkel: Da war der Bühneneingang ‚Unter den Linden', riesige Einfahrt, es gab sicher irgendwo ein Pförtner oder was. Irgendwie bin ich vorbei, weiß der Deibel, mich hat keiner weiter gefragt. Ich konnte mich ungestört umsehen.

Ich erinnere mich gut an eine Begegnung mit einem Opernsänger aus Frankfurt, ein Tenor, Gast an der Komischen Oper und er sang eine ganz hohe Partie im „Zar und Zimmermann" Irgendwie wurde er von Bühnenarbeiter oder Beleuchter angesprochen. Dieser Tenor hat damals 10.000 Mark pro Abend verdient. Das war 1951, das war schon eine Riesengage. Und da haben die den tatsächlich gefragt, das habe ich gehört, wieso er so viel Geld am Abend verdient und sie nicht. Der hat gesagt: „Da hättet ihr Opernsänger werden müssen, und nicht Beleuchter." Ick dachte, ick hör nicht richtig. Das war 'ne Riesengage für damals, unglaublich viel. Das war Mark, Westmark schon. Die kriegten da ja Westgeld, diese Sänger aus dem Westen, aber an der Komischen Oper bei Felsenstein ging das irgendwie.

Acksel: Aber find ich doch toll, dass du dem persönlich begegnet bist mit 12.

Runkel: Ja, der hat sich sicher auch gesagt, der macht da irgendwas mit ...

Ich war oft auf dem Stellwerk. Das war damals auf der Bühne, auf dem Turm. Der Inspizient war rechts, das Stellwerk war links. Und die haben mich während der Vorstellung auf dem Stellwerk gelassen. Ist unwahrscheinlich. Und jedenfalls haben sie mich nicht verjagt, aber irgendwie verschoben in die Beleuchterloge. Die haben mich wunderbar die ganze Vorstellung gucken lassen. Ohne Geld saß ich da, hatte den besten Platz und hätte direkt auf die Bühne spucken können.

Acksel: Ist doch super.

Runkel: Ja. Da war ich oft, die waren für mich ganz eingeschnitten.

Acksel: Die fanden das wahrscheinlich gut, dass du dich so dafür begeisterst.

Runkel: Hab denen das auch beschrieben, wie meine Intention war, ich wollte unbedingt zum Theater. Na ja, als Schauspieler oder Sänger, das wird nicht gehen. Da musst du ja was irgendwie können. Das einzige, was geht, ist Beleuchter. Da habe ich gedacht, da müssen wir uns ja ein bisschen näher mit der Sache befassen. Jedenfalls war das die einzige Möglichkeit. Deswegen habe ich ja auch versucht, Elektriker zu lernen um dann Beleuchter zu werden. Stimmte damals zwar sicher auch nicht, und heute schon gar nicht. Aber ich dachte, so dran zu kommen.

Acksel: Aber dass du Felsenstein wirklich begegnet bist, hast du mir bisher noch nie erzählt.

Runkel: Nicht? Das war aber ja wirklich eine Begegnung der dritten Art, drei Sekunden lang.

Acksel: Schadet ja nichts, immerhin war er wirklich nun der Felsenstein, wenn man bedenkt.

Helene Weigel fährt vor

Runkel: Und so war ja auch die Begegnung mit der Weigel. Ich kam in das Büro und dann saß die Weigel zufälligerweise auf 'm Tisch.

Sonst hätten die anderen vielleicht gesagt: „Na ja." Weil das so ungewöhnlich war. Aber die Weigel hat das interessiert und gesagt: „Was ist denn das?"

Acksel: Manchmal muss man ja auch mal Glück haben. Wann hast du denn Frau Weigel das erste Mal gesehen?

Runkel: Ha! Ganz ungewöhnlich - nicht auf der Bühne. Das war, bevor ich ins Theater ging. Wir sind ja '49 da in diese Breite Straße gezogen, direkt am Schloss, Breite Straße 5, in diese Halbruinen da. Wir wohnten in dem Seitenflügel, der da noch übrig war, im Hinterhaus sozusagen. Das Hinterhaus war völlig in Ordnung, das waren lauter große Etagen. Und da war eine Firma drin, eine An- und Verkaufsfirma. „Genießer" hieß das Ding. Gehörte einem Juden sicher, aber das macht ja nichts. Die handeln ja gerne mit so 'nem Gerümpel, und das hatte irgendwie die Weigel herausgekriegt, wahrscheinlich. Die war ja überall zugange, wo es alte Möbel und alte Sachen gab. Da kam ab und zu mal ein großes Auto, ein graues Auto, eine Limousine auf den Hof gefahren, bis hinten direkt zum Eingang. Sonst fuhr nie ein Auto auf diesen langen Hof, die hielten alle vorne auf der Straße. Aber dieses Auto hielt hinten und es entstieg eine Dame. Da war so ein ganz kleiner Chauffeur dabei, wie sich später herausstellte: Lindemann. Der war so 1,50 m oder 1,20 m - wat weeß ick. Die Weigel ging in den Laden und schwirrte wieder ab. Das passierte ein paar Mal. Da habe ich irgendwie später mitgekriegt: das war die Weigel. Weil ich sie dann erkannt habe und das Auto natürlich, mit dem Lindemann...

Acksel: Das hatten sie ja noch eine Weile in Betrieb das Auto.

Runkel: Das hatten sie noch ein paar Jahre in Betrieb. Das war so 'n alter, österreichischer Steyr. Das Auto gibt es jetzt gar nicht mehr, also diese Marke.

Acksel: Da hast du die Weigel sozusagen gesehen.

Runkel: Da habe ich die später erkannt. Ich wusste, als die da kam, nicht, wer das ist. Nur das Auto, das bis hinten vorfuhr. Und dann bin ich zwei Jahre oder ein Jahr später nach ihrem letzten Dortsein ins Theater gegangen, nämlich ins Berliner Ensemble, was da gerade an den Schiffbauer Damm gezogen war. Da spielten sie „Courage". Ich dachte, ach, das ist ja die Dame, die im Hof aus dem Auto stieg. Natürlich habe ich sie erkannt und dann nachher, als ich engagiert war, das war ja auch ganz kurz danach, als ich das Auto und den Chauffeur sah, konnte ich mir das alles zusammenreimen. Sie hat da immer fleißig ein-gekauft, vielleicht sogar meine Möbel, die oben stehen, die beiden Dinger, die ich später vom BE bekam, da war sie ewig tot. Die Weigel hat das ganze BE mit Möbeln ausgestattet. Vor allem das Foyer, wunderbare alte Möbel standen dort, eine Kollektion von alten Möbel, das ist alles jetzt weg.

Acksel: ...Verschwunden.

Runkel: ...Verschwunden. Und grässliche Sachen stehen jetzt dort.

Stalins Tod

Runkel: Herr Zabel war mein Musiklehrer, in der siebenten und achten Klasse. Mit dem war ich etwas befreundet und später sehr befreundet. Herr Zabel lud mich ein in die Komische Oper. Wir sind da pünktlich zur Vorstellung hingegangen und das Theater ist zu. Keine Oper. Was war passiert? Stalin (1878-1953, sowjetischer Diktator) war gestorben. Aber am selben Tag ist Prokofjew gestorben - davon hat keiner geredet! (Sergei Sergejewitsch Prokofjew, 1891-5.3.1953, russischer Pianist und Komponist)

Lehrling beim Elektriker

Acksel: Wie war das mit der Elektrikerlehre? Gab es da einen Laden oder eine Werkstatt?

Runkel: Es gab eine Werkstatt und vorne einen kleinen Laden. Wenn der Chef, der Meister nicht da war, mussten wir in dem Laden bedienen. Verkaufen oder auch Sachen annehmen zur Reparatur. Für mich war das fürchterlich mit dem Verkaufen. Meistens hatten die Kunden mehrere Sachen und dann musste ich das zusammenrechnen und aus der Kasse das Wechselgeld rausgeben. Ach, du meine Güte, war das für mich furchtbar. Besonders mit dem Wechselgeld. Das im Kopp ausrechnen! Ich wollte ja nun keinen Zettel benutzen, das musste ja auch stimmen. Dass die nicht sagen, ich bescheiße sie.

Dann musste man auch irgendwelche Lampen usw. entgegennehmen, vor allen Radios, weil die kaputt waren. Das waren ja damals noch Röhrenradios. Da musste dann ein Zettel reingelegt werden, was genau kaputt war. Wir haben die Radios repariert und dafür wurde mit einem Röhrenprüfgerät geprüft. Das war ein großer Kasten mit lauter Steckdosen für Röhren drin. Es gab ja die verschiedensten Röhrensorten. Da konnte man genau sehen, was da kaputt war, oder ob die kaputt war. Das war ein interessantes Gerät. Das hat mir Spaß gemacht.

Einmal hatten wir einen Großauftrag zu bewältigen, hunderte Deckenkronleuchter aus Holz. Damals waren die eben aus Holz. Das waren aber alles Einzelteile und wir mussten die zusammenschrauben. Das Holz und die Fassungen, dann waren da Gewinde dran, und die Leitungen installieren. Wochenlang haben wir nur diese Dinger zusammengeschraubt.

Um unser Essen mussten wir uns auch selber kümmern. Da gab`s keine Kantine. Da musste sich jeder seine Stullen selbst mitbringen. Wenn wir in der Werkstatt gearbeitet haben, habe ich mir beim Bäcker Amerikaner oder Streuselschnecken gekauft.

Acksel: Kaufen ist ein schönes Stichwort. Habt ihr Lehrlinge nicht auch für den Laden eingekauft?

Runkel: Und wie! Es gab da Großhandelsgesellschaften. Eine an der Jannowitzbrücke und eine an der Warschauer Straße. Da mussten wir zum Beispiel Isolierrohre abholen. Das waren immer so zwanzig Stück à 2 Meter zusammengebunden, die waren sauschwer. Oder auch Glasglocken für Lampen, für Küchenlampen, aber auch größere für Läden. Alle möglichen schweren Sachen, die eben gebraucht wurden. Das Schönste an der Sache war, dass der kein Auto hatte. Wir mussten das mit der U-Bahn transportieren. Von der Warschauer Straße erst mal das lange Ende bis zur U-Bahn schleppen, auch von der Jannowitzbrücke mit der U-Bahn. Die fuhr ja da noch, denn die Mauer gab es da noch nicht. Also: man konnte fahren bis zum Alexanderplatz und dann umsteigen mit diesem Gelumpe. Die Glasglocken durften ja nicht kaputt gehen und diese schweren, langen Isolierrohre, die braucht man heute gar nicht mehr. Die gibt es auch nicht mehr. Und mit dem Zeug dann in die U-Bahn rein, die meistens voll war. Und sich als vierzehnjähriger Lehrling durchzukämpfen. Ich war ja meistens alleine unterwegs, selten mit dem zweiten Lehrling, manchmal natürlich auch mit dem Meister. Der hat natürlich gar nüscht getragen, außer der Verantwortung und ich durfte den ganzen Mist da schleppen. Es war alles schön. Besonders für mein Schulterblatt.

Acksel: Es ist ja unvorstellbar, so ein Meisterbetrieb ohne Auto.

Runkel: Heutzutage unvorstellbar. Der hatte kein Auto. Vermutlich auch keinen Führerschein. Jedenfalls war von einem Auto nie die Rede.

Die Versöhnungskirche

Runkel: Ich hatte also eine Lehre angefangen als Elektroinstallateur. Es war gar nicht einfach, solche Lehrstelle zu kriegen, auch damals nicht. Mein Onkel hatte das arrangiert, weil der in der Handwerkskammer war, ging das. Die kleine Elektrowerkstatt befand sich in der Brunnenstraße, ganz kurz vor der Bernauer Straße. Da war diese kleine Werkstatt mit einem Laden vorne dran. Es gab noch einen zweiten Lehrling und den Meister. Und wir haben in der ganzen und Umgebung immer gearbeitet, überall in den Wohnungen und Geschäften. Und wir hatten auch öfter Aufträge in der Versöhnungskirche zu erledigen. Das war eine Kirche in der Bernauer Straße, eine völlig intakte Kirche. Ich erinnere besonders einen Auftrag oben im Turm der Kirche. Es war ein hoher Kirchturm und oben, wo die Glocken hingen, waren Öffnungen, damit der Schall rauskam, große Öffnungen. Es war Winter, es war schön kalt und der Wind pfiff da durch. Und es ging eine Leiter an den Glocken vorbei, so 4, 5 Meter hoch, eine Eisenleiter zu den Schaltkästen, die darüber waren für die Glocken und für die Uhr. Das war ja alles da oben. Da mussten wir irgendwas reparieren und an dieser Leiter hochkrauchen und das mitten im Winter bei Wind und Wetter. Das war nicht angenehm, diese Eisenleiter. Es musste ja das Werkzeug mit hoch und das Material und alles über diese scheußliche schräge Eisenleiter hochschleppen. Und ich gehe da hoch, denke nichts Böses. Mit einem Mal ein Knall! Da ging eine der Glocken los, direkt neben mir. Das war aber nicht einmal eine der großen Glocken, sondern eine kleine für die Uhr. Ein- oder zweimal schlug die an. Aber wenn du neben der, direkt ein Meter davon weg bist - ich dachte, ich fliege von der Leiter. Du kriegst einen Schrecken, weil du ja nicht vorbereitet bist. Bum-Tata-Ging - ich dachte, das überlebe ich nicht. Und dann diese Leiter bei Wind und Wetter. Der Winter damals war eiskalt. Ich bin dann trotzdem oben angekommen. Da haben wir viel, viel bohren müssen. Da waren manchmal so 30 cm dicke Wände zu durchdringen für die Leitung. Aber das hat dann der Meister selber übernommen, der hatte nämlich eine Bohrmaschine und hat so schön gebohrt mit seiner Maschine. Wir Lehrlinge mussten aber schön per Hand stemmen. Das waren nicht so 'ne Riesendinger, aber für größere Dübel mussten wir das per Hand stemmen. Das war vielleicht eine Sauarbeit.

Acksel: Das kann ich mir vorstellen.

Runkel: Das waren ja dann auch 5, 10 cm lange Riesendübel, schwere Leitungen. Das mussten wir mit einem sogenannten Rallbohrer – so hießen die, es waren so Metalldinger, die hatten vorne eine verdünnte Metallspitze, die war ganz spitz.

Acksel: Mit Einkerbungen.

Runkel: Und da musste man hinten mit dem Hammer ordentlich raufhauen und dann drehen ein Stücken. Raufhauen, drehen, raufhauen, drehen. So ging das stundenlang, bis die nötige Tiefe erreicht war. Dann waren wir in der Strelitzer Straße. In einer Fabrikhalle, es waren ganz hohe Fabrikräume. Hier mussten wir an der Decke Löcher bohren für irgendeine Leitung und das ganz oben, auf der zwölfsprossigen Leiter, über Kopf da oben mit dem Rallbohrer stundenlang. Es war auch eiskalt da drin. Nein, habe ich gedacht, das ist ja toll.

Acksel: Ungesichert, wenn du da runtergeflogen wärst...!

Runkel: Und mit dem über Kopf arbeiten. Der Meister hat ja immer schön mit seiner Bohrmaschine losgelegt. Aber wir durften ... oh, oh, oh. Man hatte ja auch keine Kantine oder was in so einer winzigen Werkstatt.

Einmal haben wir in einer Tischlerei in der Brunnenstraße gearbeitet. Im Keller war irgendwas zu reparieren und dort stand 5 cm das Wasser, also mussten wir in dem Wasser stehen und bei 380 Volt Drehstrom etwas fummeln. Aber das wurde nicht ausgeschaltet, weil die Maschinen oben weiterlaufen mussten. Unter Strom durften wir in dem Wasser stehend an diesen Dingern fummeln. Ich dachte, das ist das Ende. Da ist ja kaum eine Isolierung. Für einen anderen Auftrag haben wir in einer Glasbläserei gearbeitet, auch in der Brunnenstraße, und dort war es glühend heiß. In der Fabrikhalle war es eiskalt und auf der Turmspitze und in der Glasbläserei war es heiß durch das Feuer.

Und mit der Kirche, das ist natürlich auch ein Witz. Die Kirche stand ja direkt an der Mauer, und der Bürgersteig war West-Berlin. Die Hauswand, bzw. die Mauer von der Kirche war in Ost-Berlin. Also, wenn du aus der Tür getreten bist, dann warst du im Westen, und wenn du rein bist, warst du im Osten. Und nun kam ja der Mauerbau, daraufhin hat die DDR alle Häuser, die da standen, abgerissen. Das waren ja die Häuser, wo die aus dem Fenster Menschen gesprungen sind und sich abgeseilt haben usw., das habe ich natürlich selber nicht miterlebt. Das zeigen sie manchmal im Fernsehen, genau diese Häuser waren das in der Bernauer Straße neben der Kirche.

Anfangs haben sie die ganzen Fenster erst einmal zugemauert und die Häuser entmietet, weil die Leute da getürmt sind. Und dann haben sie alle Häuser abgerissen. Etliche Jahre später dann auch die Kirche. Die war ja total ganz. Die hat den Krieg unversehrt überlebt, aber die DDR hat sie nicht überlebt. Da war sie im Wege und musste weg. Die wurde gesprengt, das habe ich im Fernsehen gesehen. Da gibt es ja Bilder, wo sie die sprengen und der Kirchturm fällt so um und ich dachte: Ach, da oben habe ich ja meine Löcher gebohrt. Das war was. Unglaublich.

Acksel: Ich kann mich erinnern, dass ich das auch im Fernsehen gesehen habe im Zusammenhang mit einem Interview von der Regine Hildebrandt, weil sie in der Kirche immer zugange war und es ihre Heimatkirche war.

Runkel: Die Hildebrandt hat um die Ecke gewohnt in Rheinsberger Straße, auch ganz nahe an der Mauer.

Acksel: Sie hat auch erzählt, wie sie das berührt hat, dass diese Kirche, die völlig intakt war, gesprengt wurde für ein freies Schussfeld. Das war ja auch ziemlich spät erst, dass die gesprengt wurde.

Runkel: Ja, da stand schon eine Weile die Mauer. Das ging ja alles nach und nach. Erst zu-mauern und entmieten und dann sprengen sie die Häuser, sprengen sie die Kirche, damit die freies Feld haben. Es war ja ein Haufen intakter Häuser, in denen ich überall gearbeitet habe. Die ganzen Wohnungen, da war ich überall drin.

Acksel: Alles, was man jetzt als Museum da betrachten konnte, wurde abgerissen.

Runkel: Da waren wirklich viele intakt. Da war an der Ecke Brunnenstraße, Ecke Bernauer so schräg der Eingang, direkt an der Ecke war ein Geschäft, es war, glaube ich, ein Bilderladen. Man kennt ja von Ladentüren, dass da oben eine Klingel dran ist oder Kontakte. Und da war der Kontakt im Fußboden. Wenn du da auf eine Fußmatte getreten bist, hat es da geklingelt. Das hat mich so beeindruckt. Ich dachte: Das habe ich ja noch nie erlebt. Wenn du da hin-trittst, dann klingelt es da drin, damit sie wissen, es kommt einer. Von dieser kleinen Elektrowerkstatt aus haben wir ja auch z.B. in Lichtenberg gearbeitet. Da hatte der auch einen Kunden, das war eine Bäckerei, ganz in der Nähe vom Theater der Freundschaft, Parkaue, die Bäckerei. In der Backstube war es wieder schön heiß und da krochen Hunderte und noch mehr Schaben umher. Alles kroch da.

Acksel: In der Bäckerei, ja?

Runkel: In der Backstube!

Acksel: Nein!

Runkel: Die krochen in der Spritzkuchenmaschine rum, drauf rum – nicht drin. Es war so etwas von ekelerregend. Es war ganz furchtbar, sage ich dir. Wir mussten ja auch manchmal nach Mahlsdorf, dort bewohnte der Meister sein Haus. Für irgendwelche Kunden, die da draußen ihr Haus bauten, mussten wir dahin. Aber das war mir so ganz ekelhaft, denn nach Mahlsdorf ist das ja ein Ende zu fahren. In die Werkstatt bin ich meistens gelaufen, es war auch weit von der Breite Straße, Schloss-Ecke. Bahnhof Börse, damals hieß er Marx-Engels-Platz, jetzt heißt er Hackescher Markt. Und darüber – Rosenthaler Platz – fast an der Grenze, da ist auch der U-Bahn-Eingang gewesen.

Wenn schlechtes Wetter war, bin ich mit der U-Bahn gefahren. Da war auch ein großes Kino. Und nach Mahlsdorf mussten wir natürlich hinkommen. Nun musste ich aber erst mal von der Wohnung zum Alex oder Jannowitz-Brücke hinlatschen, das war schon erst einmal 'ne Viertelstunde. Da war ich schon halb in der Brunnenstraße. Dann fuhrst du da endlos weit bis Mahlsdorf, und da musst du in die Straßenbahn steigen, wieder warten, bis die kommt und dann noch ein unendliches Ende latschen. Es war ja nun nicht, dass es da später anfing, man musste trotzdem zu den richtigen Zeiten antreten. Ich musste unendlich früh los, es war alles immer im Winter. Das Dreivierteljahr spielte sich ja im Winter ab. Das war alles wunderbar.

Acksel: Hast du das denn gemerkt in der Schulter bei der Arbeit?

Runkel: Bei den längeren Arbeiten schon, die war ja endlos, diese Stemmerei. Bis du da 5 cm... Nur der Meister konnte mit der Bohrmaschine, die lag in seiner Verwaltung. Bei dieser Elektrikerlehre war ein großes Betätigungsfeld, in den Häusern waren überall in den Aufgängen Treppenautomaten. Das waren ja Dinger, die waren noch vom vorm Kriege und die waren nun dauernd überall kaputt. Das gibt es ja heute überall noch, da drückst du auf den Knopf, das Licht brennt und nach einer Weile geht es wieder aus. Da waren eben diese Automaten mit einer Schaltuhr, die sprang an und dann schaltet das so eine Quecksilber-Sache wie eine Eieruhr, und die waren immerzu kaputt. Und die haben wir ausgebaut, dann wurden sie eingeschickt, wurden repariert und dann kamen sie nach endloser Zeit wieder. In der Zeit durften die Leute dann im Dustern die Treppen hoch- und runtergehen. Wenn jemand im vierten Stock wohnte und alt und gebrechlich war, war das eine schöne Expedition – ohne Licht! Es war ja um 4 Uhr dunkel im Winter. Da konnten die da rauf- und runtertappern ohne Licht. Bei den meisten war es so, wenn das abgebaut war, dann ging nichts mehr. Manche konnten das irgendwie umschalten auf Dauer, aber das ging auch nicht lange. Dann haben sie dann von 5 bis 9 oder wat auf Dauer geschaltet. Das brauchte natürlich viel Strom und kostete viel Geld. Meistens war es aus und nach ewigen Zeiten haben sie das Ding dann wieder eingebaut. Aber da waren viele Dinger kaputt, weil die so alt waren und neue gab es da gar nicht.

Acksel: Konntet ihr nicht einfach austauschen und Ersatz einbauen?

Runkel: Das gab es gar nicht – das war nicht. Jedenfalls war es dann ja so, dass ich das gar nicht mehr machen konnte, wegen meiner ehemaligen Krankheit, die ich hatte. Und dann musste ich da diesen schönen Beruf aufgeben.

Lebensmittelkarten

Acksel: Nach dem Krieg gab es Lebensmittelkarten. Welche hattest du denn?

Runkel: Als Elektroinstallateur-Lehrling hatte ich die Lebensmittelkarte C. Es gab A, B, C zu der Zeit, ich hatte also die schlechteste. Und am BE bekam ich gleich die Karte B, das war schon ein Stück höher, ich bekam nun ein bisschen mehr. Und Lebensmittelkarten waren damals was ganz, ganz Wichtiges. Wenn du die verloren hast oder die geklaut wurden, dann standst du da. Die bekamst du nicht ersetzt. Wenn sie alle hingegangen sind, sind geklaut worden, gab es nichts, nichts. Du konntest gucken, dass die nächsten kamen, einen Monat später. Solange konntest du Luft und Liebe essen. Das war ganz, ganz wichtig. Für Geld gab es ja sozusagen gar nichts. Ich habe mir zu meinem Geburtstag ein kleines Weißbrot gewünscht. Das bekam man irgendwie, aber es kostete 80 Mark, so ein kleines Weißbrot. Meine Mutter hat es mir tatsächlich geschenkt und ich durfte das dann alleine essen. Es war ohne Karte ganz schwer. Und es war überhaupt eine irrsinnige Bürokratie und ein Riesenaufwand mit den Lebensmittelkarten, denn die mussten von einem sogenannten Hausvertrauensmann, so hießen die damals, auf der Kartenstelle abgeholt werden für viele Mieter, für etliche. Die Lebensmittelkarten wurden abgeholt und dann hatte der Hausvertrauensmann die Karten und die Mieter mussten zu dem gehen und dort die Karten für sich abholen. Und alle Händler, also Bäcker, Fleischer, Lebensmittelhändler und so, die mussten immer die kleinen Schnipselchen - 5 Gramm-, 10 Gramm-, 50 Gramm-Marken - abschnipseln, also mit der Schere abschneiden. Die hatten dann so ein großes Ding mit Schlitzen, wo sie die für die einzelnen Schnipsel reingeworfen haben. Und am Ende des Monats wurden die ganzen Schnipsel auf vorgedruckte Bögen aufgeklebt, aber richtig, dass man sofort sieht, dass das soundso viele sind. Die konnten nicht anfangen zu zählen, die mussten genauestens aufgeklebt werden, wie was von welcher Sorte und wie viel Gramm. Und diese Bögen mit den wieder aufgeklebten Schnipseln mussten sie dann einmal im Monat zur Kartenmarkenrücklaufstelle, so hieß das, bringen. Dort wurde kontrolliert, ob das alles stimmt.

Acksel: Danach wurde die Ware zugeteilt.

Runkel: Ein Irrsinnsaufwand. Ich weiß das deshalb so genau, weil meine Mutter ja da gearbeitet hat. Die hat erst einmal auf der Kartenstelle gearbeitet und nachher auf der Markenrücklaufstelle. Und sie hat immer erzählt, was für Riesenschlagen da standen zum Zurückbringen der aufgeklebten Marken. Die hatte ja da zu tun.

Acksel: Erst abschnipseln und das dann alles wieder Aufkleben. Da war ja einer alleine mit beschäftigt.

Runkel: Ja, und dann war es natürlich so, wenn man wie ich z.B. im Krankenhaus war, über ein Vierteljahr mit meiner Knochenmarkvereiterung, oder im Urlaub mit dem FDGB, dann musstest du für die Zeit die Marken wieder abgeben. Du kriegtest also die Lebensmittelkarten und diese Gemeinschaftsverpflegung, wie das hieß... für die Zeit mussten genau die Marken, die da entsprechend waren, zurückgegeben werden. Gemeinschaftsverpflegung hieß das. Es war ein ganz komplizierter Irrsinnsaufwand. Man kriegte dafür wirklich wenig. Aber ohne kriegtest du gar nichts.

Die sind alle tot

Acksel: Wie war denn dein erstes Jahr am Berliner Ensemble?

Runkel: Daran kann ich mich kaum erinnern.

Acksel: Es gab ja verschiedene Personen mit denen du zu tun hattest.

Runkel: Die sind alle tot.

Acksel: Vielleicht kannst du ja beschreiben, was das für Menschen waren. Wie das so war damals. Du warst bei der Weigel und hast gesagt, du willst Inspizient werden.

Runkel: Ja, was schon eine Irrsinnsidee ist. So was gab es überhaupt nicht und das hat ihr gefallen.

Acksel: Es war ja 1. Mai, die waren alle marschieren, und dann war 2. Mai und dann ging es los für dich. Hat die Weigel dich zum Güldemeister gebracht?

Runkel: Ich weiß nicht, sie wird das sicher nicht gemacht haben. Das wird irgendeine Dame vom KB gemacht haben. Ich werde mich wohl dort gemeldet haben. Und dann haben sie mich vorgestellt, dem Güldemeister, der da gerade Kreidekreis probiert hat. Und dann ging die Sache mit dem Wind los. Als ich anfing Wind zu machen.

Acksel: Wie muss ich mir das vorstellen? Die Lehre ging dann 3 Jahre oder sogar noch länger.

Runkel: Das ist ja kein Lehrberuf. Das ist aus Spaß gemacht worden. Die haben gesagt, das wollen wir mal probieren. Es ja eigentlich unvorstellbar, dass ich dort nach kürzester Zeit markiert habe, für

Busch (Ernst Busch, 1900-1980, deutscher Sänger, Schauspieler und Regisseur) und auch für Beneckendorff. (Wolf von Beneckendorff, 1891–1960, deutscher Schauspieler.) Das war ja alles in den ersten Monaten. Der Busch hatte mit seinen Schallplatten irgendwas, war nicht da, war beurlaubt. Es ging um die Panzerreiter, im 2. Bild vom 4. Akt. Eigentlich wollte Brecht mit den Panzerreitern probieren, mit den Dreien. Da kommt ja der Ansdak rein, wird reingeführt am Strick vom Dorfpolizisten Schorwa. Und weil der ein paar Stichworte zu geben hatte, haben die gedacht: Na, wen nehmen wa? Runkel! Obwohl das ja nun völlig...mit 15 Jahren...für Herrn Busch markieren. Und dann fing der ja an, mit mir zu probieren.

Acksel: Brecht?

Runkel: Brecht! Und die Kilian (Isot Kilian, 1924-1986, deutsche Schauspielerin, Dramaturgie- und Regieassistentin) sagt zu ihm: "Der spielt das doch gar nicht."

Acksel: Ist ja herrlich.

Runkel: Und dann hat er sich wieder auf die Panzerreiter... Das war „Kreidekreis" (Brecht: „Der kaukasische Kreidekreis; BE 1954). Aber das andere war „Galilei" (Brecht: „Leben des Galilei", BE 1957). Da hatte der Erich Engel (1891-1966, deutscher Film- und Theaterregisseur) wahrscheinlich ein tolles Vergnügen dabei, mich das spielen zu lassen, markieren zu lassen.

Ich spielte doch den Begleiter des alten Kardinals. Und auf einmal war eine Probe und es ging um die Prälaten, um die Kirchenfürsten in der Ecke. Einer war erkrankt und es musste umbesetzt werden. Engel probierte also - da lebte der Engel noch -. Er machte selbst die Probe. Irgendwer war krank. Und in der Szene kommt der Auftritt von dem alten Kardinal. Aber der war völlig unwichtig, es ging ja um die Kirchenfürsten und nicht um den alten Kardinal. Der hatte fast eine Seite Text runterzuleiern. Und Beneckendorff kam nicht, aus welchen Gründen auch immer, ich weiß es nicht, er war nicht da. Ich dachte: Was machst du denn? Und da habe ich einfach einen Krückstock genommen aus der Requisite und bin aufgetreten als alter Kardinal und sein Begleiter gleichzeitig. Ich habe mich gleich selbst begleitet. Ich bin rausgegangen und wollte den Auftritt nur markieren. Denkst du, die unterbrechen die Regie? Nein, Herr Engel nicht. Der ließ mich da raus, ich sagte den Text vom Beneckendorff, diese 3/4 Seite, ein langes Ding. Ich konnte das ja wunderbar. Er hatte den größten Spaß daran, sich das anzuhören von mir. Er hat nicht gesagt: Jut, jut - danke, wir sprechen uns - nüscht! Ich durfte mich dann wieder selbst abbegleiten. Eure Eminenz haben sich zu viel zugemutet. In dem Moment ja. Das war wunderbar, ja.

Acksel: Das kann ich mir gut vorstellen. Vor allem Beneckendorff hatte ja so eine Knatterstimme.

Runkel: Doll ja. Der hatte so ein ganz komisches Organ. Sehr einprägsame, markante Stimme, die gleich durch alle Häuserwände ging.

Der hat mich ja mal, also der Beneckendorff, die Brummerhoff (Charlotte Brummerhoff, 1905-1986, deutsche Schauspielerin) und der Schwabe (Willi Schwabe, 1915-1991, deutscher Schauspieler, Sänger und Moderator) im Krankenhaus besucht, als ich Blinddarmentzündung hatte, mit 17 Jahren. Ich lag in einem Saal mit 40 Betten in der Charité. Und mit einem Mal höre ick, was ist den dat, das ist doch Beneckendorff. Ich lag an dem einem Ende und die Tür war am andern Ende, und da kamen die da rein. Fand ich natürlich toll, dass die drei Stars sozusagen, Schwabe, Brummerhoff und Beneckendorff mich da besuchen kommen. Fand ich ganz toll.

Acksel: Ist ja auch toll.

Runkel: Mit dem kleinen Volkswagen von der Brummerhoff sind sie dahin gefahren. Und die anderen beiden - Schwabe und Beneckendorff - die hatten ja kein Auto, die hat die dahingeschafft. Das fand ich schon toll. Ich war ja vier Wochen im Krankenhaus. Die Blinddarmentzündung war nach acht Tagen eigentlich geheilt, die Narbe war schon zu, die war verheilt. Aber ich hatte immer, immer, immer Fieber. Die wussten gar nicht, was los ist, warum ich immer Fieber hatte. Der Blinddarm konnte das gar nicht mehr sein. Und dann haben sie das geprüft und geprüft und festgestellt: Ich hatte eine Nierenbeckenentzündung. Durch das Krankenhaus! Die haben einen verdreckten Katheder benutzt. Eine Stunde lag ich nackend auf dem Operationstisch, bis sich überhaupt etwas tat. Von 10 bis 11 lag ich da rum, es war kein Mensch da, ich war war ausgezogen und nicht zugedeckt. Und dann ging das erst los, bis die alle zusammenkamen, abends. Sie mussten erst eine Notbesetzung zusammensuchen. Ich bekam die Nierenbeckenentzündung und musste noch drei Wochen länger als mit der Blinddarmgeschichte da bleiben. Ein Assistenzarzt mit einem Holzbein erzählte mir unter dem Siegel der Verschwiegenheit, was schief gegangen war... Das durfte der eigentlich gar nicht sagen, woran das lag. Ich musste ein ganzes Jahr lang diese chronisch gewordene Nierenbeckenentzündung behandeln lassen, also zweimal in der Woche in die Poliklinik und für eine Spritze: Cephalmilch. Es sah wirklich aus wie Milch und dazu noch Kurzwelle. Das ganze Jahr lang, stelle dir das mal vor!

Acksel: Unfassbar!

Flusspferd

Acksel: Beneckendorf hat doch auch so einen schönen Ausspruch gemacht, als der Eine mal gegähnt hat.

Runkel: Ach ja. Ja. Das war ziemlich kurz vor Brechts Tod. Muss ja, er probierte schon Galilei. (Galileo Galilei, 1564-1642, italienischer Philosoph, Mathematiker, Physiker und Astronom.) Das war ziemlich kurz davor. Das war 'ne Abendprobe. Der Tragelehn war, (Bernhard Klaus Tragelehn, *1936, deutscher Schriftsteller und Regisseur, Meisterschüler von Brecht und Engel) der war da irgendwie so, wie heißte denn das? Protestant, 'ne, na wie heißen denn die beim Präsidenten unterm Tisch? Wie heißen denn die?

Acksel lacht: Praktikanten?

Runkel: Ja so was. War der Praktikant. Praktikant war der da. Tragelehn. Wie gesagt Abendprobe. Ich hab da noch nicht den Begleiter des Alten Kardinals gespielt, das war noch Friedrichson. Damals ein junger Schauspieler, der hatte das zuerst gespielt. Und der Beneckendorff hatte den Auftritt mit dem auf der kleinen Probebühne. Und Tragelehn saß irgendwo bei der Regie. Ich saß da auch irgendwo. Und da gähnte der beim Auftritt von Beneckendorf wie ein Flusspferd so groß. Und Beneckendorff: „Wenn wir Sie derart langweilen, können wir ja nach Hause gehen."

Acksel: Da war er wach.

Runkel: Der war dann wach. Die ganze Regie hat gelacht. Das ist natürlich vor versammelter Mannschaft sehr unangenehm.

Acksel: So etwas gesagt zu bekommen...

Und sie bewegt sich doch!

Runkel: Da war auch eine sehr schöne Sache noch. Mit Brecht. Das war auch in der kurzen Zeit, wo er Galilei probierte. Busch probierte das 1. Bild. Da ist ja so ein großer Tisch. So ein Arbeitstisch von ihm. (Busch spielte den Galilei.) Lauter Bücher lagen drauf. Das waren eben Requisitenbücher für die Probe. Nicht die echten Bücher, die nachher aus Leder und mit Einband und Pergament und alles echt, das war ja wunderbar gemacht nachher. Und der Busch blätterte in den Büchern rum und sagt zum Brecht, was er hier Schönes gefunden hat. Ein Buch. Es war Goldschnitt. Von Karl Gerok, (Karl Friedrich von Gerok, 1815-1890, deutscher Theologe und Lyriker) ein Gedichtband. Kennt heute keen Mensch mehr. Karl Gerok. Und das Ding hieß: „Und sie bewegt sich doch" Und es ging um Galilei. Passend zur Probe und dem Stück. Und der hat das ganze Gedicht vorgetragen. Das war sehr lang. Die haben sich alle tot gelacht. Über das Gedicht von Karl Gerok.

Acksel: Wie passend.

Runkel: Das war sehr gut.

Ernst Buschs „Aurora"

Runkel: Kurz nachdem ich am BE angefangen habe, fand irgendeine Probe statt, vermutlich eine „Kreidekreisprobe". Jedenfalls gab es eine Unterbrechung, eine Pause. Wir standen alle auf der Bühne, also die Schauspieler und so weiter. Und da war der Busch kurz davor enteignet worden. Der hatte ja seit 1947 eine Schallplattenfirma, die „Lied der Zeit Schallplatten-Gesellschaft mbH", das Label „Aurora" hatte mit Kampfliedern und Arbeiterliedern aufgebaut. 1954 wurde er enteignet und irgendwie kam auf dieser Probe das Gespräch darauf und da wurde der so wütend, man kann sich das gar nicht vorstellen, wie der losgelegt hat. Der hat getobt und geschimpft auf die Regierung, auf die Partei, auf Ulbricht. Die Umstehenden versanken alle in den Bühnenboden und er hat losgelegt. Das war enorm. Donnerwetter, das war nicht schlecht.

Und Brecht und Weigel wollten ihm dann ein bisschen helfen, weil er ja nun kein Studio mehr hatte. Und da haben sie versucht, das Foyer zu einem Schallplattenstudio umzurüsten, damit er da Aufnahmen machen kann. Sie haben im Foyer riesige Drahtseile eingezogen und auf diese Drahtseile Tücher und große Stoffsachen gespannt, damit die Akustik ein bisschen besser wird. Da ist ja eine Akustik wie in einer Badeanstalt. Dann haben sie aber festgestellt: es geht trotzdem nicht richtig. Das hat immer kollidiert mit Proben auf der Bühne. Da waren dann Geräusche und so weiter, außerdem sind da oben im Foyer nur einfache Fenster. Also die Straßengeräusche waren natürlich viel zu laut, das ging gar nicht. Das haben sie dann gleich wieder aufgegeben. Die Drahtseile hängen heute noch, also zumindest, als ich da aufhörte waren sie noch da. An die haben sie alles Mögliche dann angehängt. Die waren so fest, das war für die nächsten 1000 Jahre gemacht.

Acksel: Das ist natürlich interessant. Keiner weiß, warum die da mal ursprünglich angebracht worden sind. Ich finde das bemerkenswert, dass sie ausgerechnet Busch enteignet haben. Der hat ja nun Kampflieder und Arbeiterlieder veröffentlicht und war der Vorzeige-Kommunist.

Runkel: Und dann wurde er enteignet. Das konnte er aber nicht vertragen, irgendwie. Er hat sehr getobt.

Machen Sie`s doch selber

Runkel: BE-Probe im Deutschen Theater, als das BE noch nicht am Schiffbauer Damm war, hat mir der Eddy Schrade erzählt – mein Chef, also der Oberinspizient, aber andere haben es mir auch erzählt: Da war ein Riesenkrach. Der Schrade auf der Bühne, Brecht am Regiepult und hatten einen furchtbaren Krach, schrien sich an von unten nach oben von oben nach unten...

Acksel: Ist ja unfassbar.

Runkel: Haben sich furchtbar angebrüllt. Und die Auseinandersetzung hat sich so gesteigert, da hat der Schrade das Inspizierbuch wie ein Diskus geschmissen zum Brecht ans Regiepult und sagte: „Machen Sie`s doch selber!" - und ist gegangen. Weg war er. Kein Eddy mehr zur Probe, fuhr nach Hause. Und die Probe ging nicht weiter, weil der Inspizient verschwunden war. War anscheinend `ne größere Probe, die nicht ohne Inspizient zu bewältigen war. Jedenfalls hat der Brecht die Kilian, seine 1. Assistentin hinterhergejagt. Die hat sich ins Auto gesetzt, ist schnell hingefahren und noch bevor der zu Hause war, weil er ja mit der U-Bahn fuhr und zweimal umsteigen musste, war die schon mit dem Auto da und stand schon vor der Tür, als der kam und hat den beredet. Dann fuhren sie wieder zusammen ins Deutsche Theater - da war er wieder da. „Machen Sie`s doch selber!" Das ist natürlich sehr schön. Aber er hat nie mehr mit Brecht ein Stück gemacht. Er machte mit anderen Inszenierungen, aber nie mehr eine mit Brecht. Aber das war ja nicht mehr sehr lange, zwei drei Jahre...

Konsequent

Acksel: Ein berühmter Schauspieler konnte doch angebrüllt werden gar nicht vertragen.

Runkel: Erwin Geschonneck (1906-2008, deutscher Schauspieler), war ja bei uns anfänglich engagiert und spielte große Rollen am BE, u.a. „den Matti" in Brechts „Herr Puntila und sein Knecht Matti", den

„Dorfrichter Adam" in Kleists „Der zerbrochene Krug" Er ist aber von sich aus weggegangen vom BE. Viel später habe ich in einem Interview im Fernsehen gehört, als er schon lange weg war, wieso der eigentlich weggegangen ist von Brecht. Und da hat er gesagt: „Ich wollte nicht mehr von Brecht angebrüllt werden. Ich wurde im KZ oft genug und viel angebrüllt, das brauche ich jetzt nicht mehr." Das hat er als Grund angegeben. Das war vielleicht ein Grund. Aber auf jeden Fall hat er gesagt: „Ich wollte von Brecht nicht mehr angebrüllt werden. Der hat doch gerne mal Leute angebrüllt, wenn ihm so war."

Der eingegipste Inspizient

Runkel: Auch im Deutschen Theater, das hat mir allerdings mein Kollege Güldemeister erzählt. Ich habe es natürlich nicht selber erlebt, aber es sprach sich schnell herum, es war noch alles vorm Mauerbau. Um den Chefinspizienten Tümmler vom Deutschen Theater geht es da. Der wohnte in West-Berlin und hatte mit seinem feinen Auto irgendwie einen Unfall, er kam dort ordentlich zu Schaden. Da haben die dem den ganzen Rumpf in Gips gelegt, vom Hals bis zum Hintern, irgendwie alles in Gips. Aber nun stand beim Deutschen Theater „Faust" auf dem Spielplan und das konnte kein anderer inspizieren. Das ging ohne ihn nicht, die hätten die Vorstellung ausfallen lassen müssen. Dann haben die ihn ins Theater gefahren und haben ihn mit dem Gips ans Pult gesetzt. Wie bei Egon Olsen in dem Olsenbande-Film. Er hat dann die „Faustvorstellung" im Gipsmantel inspiziert. Vollverkleidet! Ich habe es nicht gesehen, aber es war ja glaubhaft erzählt von dem Kollegen.

Waldmann, wo sind Sie denn?

Acksel: Irgendwann ist doch mal einer verschwunden.

Runkel: Verschwunden sind verschiedene. Brecht probierte Winterschlacht. Das sollte ja erst ein tschechischer General inszenieren. Im BE wurde er nur der General genannt, Burian. (Emil Frantisek Burian, 1904−1959, tschechischer Offizier, Komponist, Dramatiker, Regisseur.) Dann hat Brecht das wohl mal angeguckt, oder man hat es ihm hinterbracht. Das war also ganz furchtbar, was der gemacht hat. Da hat Brecht gesagt: „Nee, kommt nicht in Frage!" Da hat er gesagt: „Da mach ich das selber, wahrscheinlich besser!" Brecht wurde dazu verdammt. Jedenfalls der Burian war nach kürzester Zeit verschwunden. Und Brecht inszenierte selbst die „Winterschlacht" von Becher (Johannes Robert Becher, 1891-1958, deutscher expressionistischer Dichter, Politiker, Minister für Kultur und erster Präsident des Kulturbundes der DDR, Texter der Nationalhymne der DDR).

Das war schon ganz am Ende der Proben, fast Hauptprobe, jedenfalls schon auf der Bühne, mit originalem Licht, mit originaler Dekoration, original Ton. Alles war original. Es muss eine Hauptprobe oder so was gewesen sein. Jedenfalls war irgendwas, was Brecht nicht passte. Die Bühne war sehr düster. 2. Bild. Es standen in dem Bild drei Panzer so perspektivisch groß, klein, mittel auf der Bühne und da ruft der Brecht: „Waldmann!" (Inspizient am BE). Das war mein älterer, alter Kollege, der hat das Stück eigentlich gemacht. Ich war ja damals Assistent und Eleve. „Waldmann!" Ja, Waldmann geht um die Ecke, vom Portal nach vorne zur Mitte, mit einem Mal war er weg. Völlig verschwunden. Nicht mehr sichtbar. Brecht: „Waldmann, wo sind sie denn?" Und da ist der Waldmann in den Souffleurkasten gefallen. Der war ja in der Mitte der Bühne vorne. Und da es so duster war, Schummerlicht und Waldmann guckte nur auf Brecht und das Regiepult, ging nach vorne und schwupp, war er im Souffleurkasten und saß bei der Souffleuse auf`m Schoß. Und war nicht mehr sichtbar. Keiner wusste, wo er steckt, wo er so schnell geblieben ist. Und dann krabbelt er wieder raus und dann waren sie alle zufrieden. Ist er doch wieder da. Er hat sich nüscht getan. Aber das war `ne sehr ulkige Sache.

Acksel: Hat er Glück gehabt.

Runkel: Ja. Na, wenn die da nicht gesessen hätte, der wäre ja fünf

Meter tief gefallen. Das ist ja fünf Meter tief. Das ist ja der eigentliche Orchestergraben gewesen. Dann war unten erst nach fünf Metern der Betonfußboden.

Herzlichen Glückwunsch

Acksel: In den zwei Jahren Brecht hast du ja dann doch noch 'ne ganze Menge Inszenierungen von ihm mitbekommen.

Runkel: Na ja, nicht so viel. Kreidekreis eben am Anfang, dann Winterschlacht. Aber immer nur als Eleve. Dann wurde noch „Katzgraben" wiederaufgenommen.

Acksel: Zumindest hast du Brecht, wie er gearbeitet hat, erlebt. Das ist doch eine tolle Erfahrung, dass du ihn persönlich wirklich kennengelernt hast.

Runkel: Ja, das allerdings. Ich meine natürlich in der Entfernung. Mit mir hatte der nicht viel zu tun. Außer zu brüllen: „Welcher Idiot ist da am Wind?" Das war natürlich das einschneidende Erlebnis. Prägend für mein ganzes Leben. Aber sonst natürlich waren die eigentlichen Inspizienten dran. Ich war ja da immer nur im Hintergrund. Außer beim ersten Auftritt. Da war ja ich dran. Das wurde dann ja runtergespielt und ein neuer Nagel reingesteckt und dann war die Maschine wieder im Gang und ich konnte wieder Wind machen wie ein Wahnsinniger.

Acksel: Wie war denn die Situation, als Brecht starb? Das war ja sehr unerwartet.

Runkel: So plötzlich ist das nicht passiert. Der war ja vorher schon ziemlich lange krank. Das ging ja zum Sommer zum Urlaub hin. Da hat er schon zwei Monate oder so, nur halb probiert. Der hat nur drei Stunden oder sogar nur 2 Stunden probiert. Von zehn bis zwölf und dann war nüscht. Konnte er nicht mehr. Da war er schon krank und das wussten alle und er wusste es wohl genauso. Er wollte im Sommer zur Kur in die Schweiz fahren. Am 10. August hat er das letzte Mal am BE probiert, am 14. August 1956 starb er.

Acksel: Stand da nicht 'ne große Tournee an?

Runkel: Ja, die London-Tournee war vorgesehen. Da war ich nicht als Mitfahrer vorgesehen. Weil ich ja noch ganz neu da war. Die fand dann auch statt. Kurz nach dem Tod von Brecht war die Tournee.

Acksel: Ich kann mich erinnern, dass ich danach mal gefragt habe.

Runkel: Danach bestimmt nicht. Viel später, als wir uns kennengelernt haben. Kurz danach hast du mich nicht gefragt.

Acksel: Ja, nach der Situation, wie die Weigel reagiert hat. Da hast du erzählt, dass die Weigel gesagt hat, es muss weiter gehen, auch wenn Brecht tot ist. Wir fahren auf Tournee. Sie muss 'ne Rede gehalten haben.

Runkel: Alle Mitglieder des BE waren auf dem Hof versammelt. Barbara kam auf den Weg in den Hof beim Pförtner vorbei. Da hat jedenfalls der Pförtner zu Barbara, der Tochter von Brecht und Weigel (Maria Barbara Brecht-Schall, Künstlername: Barbara Berg, *1930, deutsche Schauspielerin, Kostümbildnerin, Haupterbin Brechts) gesagt: „Herzlichen Glückwunsch!" Aus Versehen. Das war natürlich sehr unangenehm. Der wollte sagen „Herzliches Beileid" und sagt „Herzlichen Glückwunsch". Das ist doch sehr schön. Das sind alles Sachen, sag ich dir.

Acksel: Er wollte kondolieren und dann das...

Runkel: Wir alle versammelt auf dem Hof, das ganze Ensemble, gerade als es passiert war. Da sagt der Pförtner das. Ich hab es wirklich gehört, ich stand ja ganz in der Nähe. Aber die hat das nicht irgendwie übelgenommen. Die hat schon gemerkt, dass der sich vertan hat.

Alle sind Brechtschüler

Acksel: Wie hast du Brecht wahrgenommen? Er war ja für dich erst *mal ja auch ein Unbekannter. Du wusstest sicher, wer er war. Aber wie war er?*

Runkel: Aus der der Schule wusste ich, wer Brecht ist. So nah erlebte ich ihn nur manchmal. Das war kurz und zufällig. Richtig zu tun gehabt habe ich mit ihm ja selten. Wenn da von ihm Anweisungen kamen, kamen die an den Inspizienten. Ich bin da nur im Hintergrund rumgewuselt. Hab natürlich auch vieles gesehen und mitgekriegt. Der hat nicht mit mir die Sachen da besprochen. Außer, wenn ich markiert habe für Herrn Busch, dann hat er es mit mir besprochen, was da zu ändern wäre.

Acksel: Ja. Genau. Wie hat Brecht gearbeitet? Wie ist er mit den Leuten umgegangen? Wie er da saß im Zuschauerraum mit der dicken Zigarre und dann immer die Feuerwehr dabei sein musste.

Runkel: Brecht, der durfte ja, was eine Riesenausnahme war: im Theater im Zuschauerraum rauchen. Der hat immer Zigarren geraucht und hatte dafür einen großen Aschenbecher aus Metall auf dem Regiepult mit Wasser drin und dann noch einen Eimer mit Wasser am Regiepult stehen. Es war sogar davon die Rede, dass immer ein Feuerwehrmann anwesend sein sollte. Das war dann aber nie so. Die beiden Wassertöpfe haben gereicht. Der hat fleißig geraucht. Aber der war nun nicht immer da am Pult, er ging ja auch mit der Zigarre auf die Bühne. Aber das hat er irgendwie durchgesetzt. Immer schön Zigarre – hat wunderbar geduftet. Aber ein Eimer Wasser stand immer neben ihm da am Regiepult, falls er da in Flammen aufgeht, das sie ihn gleich mit Wasser übergießen können.

Acksel: Er hat immer in der Mitte vom Zuschauerraum gesessen?

Runkel: Regiepult war immer achte Reihe. Achte Reihe Mitte.

Acksel: Mit wem hat er damals Regie geführt? Wekwerth? (Manfred Wekwerth, 1929-2014, deutscher Theaterregisseur, Brecht-Meisterschüler, 1960 bis 1969 Chefregisseur am BE, 1977 bis 1991 Intendant des BE). Wer waren seine Schüler damals?

Runkel: Das waren verschiedene. Zu verschiedenen Stücken waren es verschiedene. Wekwerth war ein Hauptlehrling. Besson

(Benno Besson, 1922-2006, Schweizer Schauspieler, Regisseur und Theaterleiter) war ganz wenig, der hat eigentlich selber Regie geführt. Der war zwar auch Brechtschüler im eigentlichen Sinne, aber der war nicht Regieassistent, der war eigenständiger Regisseur. (Brecht inszenierte mit ihm 1954 Molières Don Juan.) Dann waren da noch ganze Heerscharen von anderen Assistenten. Wenn ich die ganzen Namen aufzähle, wird es eine Enzyklopädie.

Da war Frau Kilian (Isot Kilian), das war seine persönliche Assistentin, die war immer ganz nah um ihn rum. Mit der hat er alles besprochen. Frau Rülicke (Prof. Käthe Rülicke-Weiler, 1922-1992, Dramaturgin, Regieassistentin), Herr Königshof (Regieassistent, vermutlich Meisterschüler), Herr Küchenmeister (Claus Küchenmeister, *1930, deutscher Schriftsteller), „Charly" Weber (Carl-Maria Weber, *1925, deutscher Regisseur, Theaterwissenschaftler), Heinz Kahlau (1931-2012, deutscher Lyriker), dann auch später ganz kurz mal Tragelehn teilweise, als Hospitanz sozusagen, Peter Voigt (*1933, deutscher Regisseur) als Regie- und Dramaturgie-Assistent. Viele Leute. Er hatte immer einen Riesenschwarm von Leuten um sich herum.

Acksel: Weil sich heute so viele als Brechtschüler ausgeben...

Runkel: Das waren ja auch viele. Viele, die ich auch gar nicht kenne. Vielleicht waren die vor meiner Zeit am Deutschen Theater. Also am BE sind die vielen, die da sagen, sie sind Brechtschüler, nie aufgetaucht. Vielleicht ja vorher, als das BE am Deutschen Theater war. Vielleicht war es da. Aber es gibt viele, von denen ich noch nie jehört oder sie je am BE jesehen habe. Aber Brechtschüler sind sie heute alle.

Acksel: Und wie ist er mit seinem Personal umgegangen?

Runkel: Der ist eigentlich ganz freundlich mit ihnen umgegangen. Aber auch streng, er konnte auch böse werden natürlich. Wenn irgendwas nicht so geklappt hat, konnte er böse werden, siehe der Idiot am Wind. Den er gar nicht ausgemacht hat, wer es war. Er meinte nur Idioten, aber soweit ich das mitgekriegt habe. In einer „Kreidekreisprobe" brüllte der Brecht mal zu einem Schauspieler, der eine winzige Rolle zu spielen hatte:" Spielen sie nicht so tuntig." Ansonsten hatte Brecht ja in der Dramaturgie viele Gespräche mit allen, Vorbesprechung, Nachbesprechung. Im sogenannten Turmzimmer im Brechtzimmer. Neben dem Foyer war ja so ein Zimmer. Das sogenannte Brechtzimmer und dort waren immer die Besprechungen und Konferenzen. Da war diese ganze Mannschaft dann versammelt. Im Zuschauerraum natürlich auch, das hat man ja auf der Bühne nicht mitjekriegt. Das haben die ja leise besprochen, das hat man nicht mitjekriegt.

Eine Vorstellung auf dem Hof

Acksel: Du wolltest noch von einer schönen Begebenheit mit Busch erzählen.

Runkel: Galilei-Probe kurz vor seinem Tod war das. Galilei-Probe auf der kleinen Probebühne, da haben sich Busch und Brecht furchtbar in die Wolle gekriegt. Haben sich gezankt und angebrüllt. Killian hat uns dann auf Anweisung von Brecht alle rausgeschickt. Alle mussten raus, bis auf Busch, Brecht und Killian. Das Schönste war, es war ja war draußen sehr warm und alle Fenster der Probebühne standen offen. Alle mussten raus und sind natürlich vor die Tür gegangen und standen direkt unter den offenen Fenstern und haben das so genau mitjekriegt, als wären se drin. Haben jedes Wort verstanden, weil die ja gebrüllt haben. Das war ganz doll diese Brüllerei. Irgendwann schoss die Killian raus, vielleicht hat Brecht sie geschickt, vermutlich ist sie selber los und hat die Weigel aus ihrem Büro geholt. Die kam dann und hat die Sache geschlichtet. Dann war Ruhe und dann durften wa wieder rein.

Acksel: Aber alle bekamen eine Vorstellung auf dem Hof.

Runkel: Haben alles mitjekriegt. Wort für Wort. Und die dachten, die sind jetzt unter sich und können richtig loslegen. Nichts war. Die haben sich natürlich köstlich amüsiert Alle draußen. Das rausschicken hat nichts genützt, die haben das nicht bedacht, das da offene Fenster sind.

Erich Engel – Klöppeln Sie?

Acksel: Wie war das Arbeiten mit Erich Engel?

Runkel: Erich Engel (1891-1966, deutscher Film- und Theaterregisseur), war ja immer sehr ruhig. Und einmal, ich habe den so zweimal, glaube ich, brüllen gehört nur. War ganz ungewöhnlich. Der ist mit den Schauspielern auf der Bühne auf und ab gegangen. Mit der Regine Lutz im Galileo und hat mit denen geredet und wie gesagt, brüllen war da überhaupt nicht. Das war absolut unmöglich. Mit einem Mal hat er gebrüllt, und zwar in einer Umbesetzungsprobe für die Dreigroschenoper. Da war eine Schauspielerin, die das übernehmen sollte und hat probiert einen Tag vorher und am nächsten Tag wieder probiert – dieselbe Szene. Und die probiert, und mit einem Mal fängt der an zu brüllen: „Sie können ja nicht fixieren, was soll denn das? Sie können ja nicht fixieren!" Also janz laut jebrüllt. Die hat am Tag vorher irgendwas gespielt, was er am nächsten Tag wieder sehen wollte, aber die hat anscheinend was janz anderes jespielt. Und er sagte: „Sie können ja nicht fixieren!" Das war sehr unangenehm. Daraufhin hat die auch bald gekündigt.

Acksel: Das hat gereicht, ja.

Runkel: Das hat gereicht. Das war ihr dann doch ein bisschen zu viel. Ein zweites Mal, da hat Erich Engel gebrüllt, in der Galileo-Probe, im zweiten Bild. Da war ein alter Schauspieler schon, der spielte da eine kleine Rolle. Mit einem Mal brüllt der auf die Bühne zu dem: „Sie wollen Schauspieler sein?" Vor allen, vor der ganzen Bühne, war ja voller Leute. Der ist fast im Boden versunken. Sie wollen Schauspieler sein? Hm…

Acksel: Ist ja hart.

Runkel: Ist ja hart. Aribert Grimma, spielte den Direktor der Universität im Galilei. Er hatte einen stummen Auftritt, hinten Mitte und musste abgehen Vorbühne links. Stummer Auftritt. Wir probierten diese Szene. Der Direktor der Universität ging an dem Galilei und seiner Tochter vorbei, die hatten da die Discorsi unterm Arm, der wollte eben so tun, als wenn er ihn überhaupt nicht sieht. Der Direktor wollte nichts mit ihm zu tun haben, Galilei war Persona non grata, da war nüscht zu wollen. Aribert Grimma tritt dann hinten auf, geht über die Bühne und macht immer so mit den Fingern, fummelt so rum. Da rief der Erich Engel nach unten: „Was machen Sie denn da, Herr Grimma, klöppeln Sie?" Da war der ganz empört und sagt: „Nein, ich putze meine Brille." Der hatte aber gar keine Brille in der Hand. Der dachte, das kann man sich so vorstellen. Als Klöppeln kam das unten an. Das war zum Totlachen. Zum Klöppeln brauchst du ja irgendwelche Geräte und alles Mögliche. „Herr Grimma, klöppeln Sie?" Wir haben gelacht. Herr Grimma hat nicht so gelacht, aber es war sehr ulkig. Sehr gut war das.

Und eine andere Sache - das war dann aber schon ein bisschen später - das war die Straßenszene aus dem Galilei, dieses Straßenbild. Die Szene auf dem Jahrmarkt, die ganze Bühne voller Leute, offene Balkons und da guckten Leute raus. Es war ein Leben und Treiben auf der Bühne. Inszeniert von Jean Soubeyran, also ein Schüler von dem Marcel Marceau war das, der hat das inszeniert und der Besson, die beiden haben das inszeniert. Und am Anfang hat der Schall diesen Balladensänger gespielt. Jedenfalls war irgendwas... dieser Mann war umzubesetzen. Dieser Sänger, der Balladensänger, der hatte endlos viele Strophen zu singen. Und während der singt, müht sich da alles ab, Charmeure und allet rennt da rum, auch was ich da gespielt habe, die Erdkugel. Und da haben die einen engagiert, der da spielen sollte als Ersatz für Schall .Wat weeß ick. Besson hat den Ersatz engagiert und das war der Herr Menninger vom Deutschen Theater. Und dann probierten wir, und mit einem Mal unterbricht Herr Menninger und sagt: „Wenn ich singe, muss auf der Bühne totale Ruhe herrschen, da darf überhaupt nichts sein, darf sich keiner bewegen, keiner sprechen - gar nichts." Damit war diese Rolle für ihn beendet und er trat nie wieder in Erscheinung. Das war ja so inszeniert mit einer Jahrmarktszene. Die sollten für Herrn Menninger alle stille stehen und gucken. Er konnte nicht vertragen, wenn sich irgendwas bewegt hinter ihm, das war für ihn untragbar. Es wurde unterbrochen. Danke schön, Wiedersehen.

Acksel: Das ist natürlich sehr schön. Wenn ich singe, darf nichts passieren auf der Bühne, ist sehr gut.

Runkel: Das war eine ganz kurze Probe und dann war das Gastspiel beendet, was gar nicht stattgefunden hat.

Dieses Geschlurfe auf den Gängen ist unerträglich

Acksel: Du hast kürzlich im Buch von Peter Bause eine Begebenheit gelesen, die dir auch - nur viele Jahre früher - genauso widerfahren ist.

Runkel: Am Anfang, noch zu Beginn der Galileo Proben, es waren aber schon Engel-Proben, probierten wir die Papst-Szene. Das sollte ursprünglich Langhoff (Wolfgang Langhoff, 1901-1966, deutscher Schauspieler und Regisseur), spielen, wat nachher der Fuhrmann (Ernst Otto Fuhrmann, 1924-1986, deutscher Schauspieler) gespielt hat. Und das sollte Langhoff spielen, und der war auch da und probierte ein-, zweimal nur. Und der hat diesen Text so überzeugend gemacht, dass ich jedes Mal einen Schock gekriegt habe, der musste sagen: „Dieses Geschlurfe auf den Korridoren ist unerträglich. Kommt denn die ganze Welt?" Der hat janz wenig Text hingelegt. Aber diesen Satz musste er am Schluss sagen. Und das hat er so überzeugend gesagt, dass ich immer gedacht habe, der meint das im Leben. Das war sein Text. Sehr, sehr überzeugend hat der das vorgetragen. Er war Intendant, Regisseur und Schauspieler. Der wusste gar nicht, was er zuerst machen sollte. Aber er hat die Rolle am BE probiert.

Acksel: Und sehr überzeugend gespielt, dass du es bis heute weißt.

Runkel: Bei den Proben denke ich, was ist denn uff dem Flur? Ich höre ja gar nüscht. Und ich kam deswegen darauf, weil ich das Buch von dem Bause gelesen habe und da beschreibt der ja auch eine Sache, wo diese Papstszene mit dem Naumann probiert wird in dem anderen „Galilei", in dem Wekwerth-Galilei. Und der Bause musste hinten über die Hinterbühne gehen, hinten nur durch den Stoff getrennt. Weil er auf der Probebühne immer probierte, musste er sich aber irgendwie die Probenkostüme anziehen in der Garderobe, musste da hinten rüber und schlich da langsam und vorsichtig. Und da kam gerade der

Text. Das finde ich ja nun sehr komisch, dass nun ausgerechnet da auch dieser Text kam mit dem Geschlurfe und dem Krach. Und der kriegte genau denselben Schreck. Weil der Naumann sagte, was denn der Krach da soll. Und er fühlte sich sofort angesprochen. Der wollte nun noch leiser sein und wusste gar nicht, was für 'n Krach ist. War ja gar keiner, er schlich ja noch rüber. Und das hat mich sofort an die Sache mit dem Langhoff erinnert. Ich denke: Nanu, genau dasselbe ist dem passiert auf der Hinterbühne, wie uns.

Acksel: Wir haben ja nun gerade über die Bücher gesprochen, die wir zufälligerweise gelesen haben. Ich das von Manfred Wekwerth und du das von Peter Bause und du hast ja eine Gemeinsamkeit mit Bause festgestellt, nämlich eine Inszenierung die auch dir besonders gut gefallen hat und ein bestimmter Schauspieler. Wer war denn das?

Runkel: Na, er war ja begeistert, ebenso wie ich begeistert war oder bin oder was, von dem Herwart Grosse (Herwart Willy Grosse, 1908-1982, deutscher Schauspieler, Sprecher und Theaterregisseur), vom Deutschen Theater. Ein herrlicher Schauspieler, ich konnte mich nicht sattsehen an dem – und er auch. Er war begeistert von Grosse. Und da habe ich das gerne gelesen, dass er eben auch begeistert war. Ich wusste das nicht. Und dann hat er auch geschrieben, dass er die Inszenierung „Purpurstaub" (von Sean O`Casey, Regie: Hans-Georg Simmgen; Manfred Wekwerth. BE 1966) viele Male, 10 Mal oder was gesehen hat, weil er die so großartig inszeniert fand. Und das fand ich ja auch so wunderbar. Die Inszenierung war richtig Theater pur, das war wunderschön, das war herrlichstes Theater. Wekwerth hat sowieso sehr gute Inszenierungen gemacht. Zum Beispiel die „Optimistische Tragödie", ob man das Stück liebte oder nicht, aber die Inszenierung war hervorragend – und viele, viele, viele Sachen. Aber den „Purpurstaub" fand eben Bause sehr gut, und ich fand es auch sehr gut. Es waren so viele Einfälle, die haben sich da getürmt.

Acksel: War ein Feuerwerk sozusagen?

Runkel: Ja, wunderbar.

Acksel: Das ist ja schön.

Runkel: Das ist schön.

Inspizient mit Holzlatschen

Acksel: Hier passt doch wunderbar das Erlebnis mit dem Kölner Inspizienten.

Runkel: Das war viele Jahre später, aber auch wunderbar. Wir hatten ein Gastspiel in Köln, probierten im Kölner Schauspielhaus. Es gab natürlich einen Inspizienten vom Dienst, der Stallwache machte. Und der gute Mann hatte Holzpantinen an, so diese Holländer-Dinger. Als Inspizient! Und die Bühne war ohne Teppich. Bei uns war ja immer Boucle-Teppich überall, da war nur Boden, also Dielen. Und der tap - tap - tap, det hat das ganze Haus gehört. Ich denke, ein Inspizient muss doch für Ruhe sorgen unter anderem, aber der machte den meisten Krach. Ich bin bald verzweifelt und war drauf und dran, dem zu sagen: „Gehen Sie raus, kommen Sie bitte nicht herein, das stört die Probe derartig." Aber dann ist er glücklicherweise irgendwie verschwunden. So etwas. Ich habe gedacht: Das kann ja nicht sein!

Acksel: Hat den Beruf richtig gelernt.

Einfach abgereist

Runkel: Bei dieser Begebenheit war ich nicht mal dabei, das habe ich eben nur gehört, als sie zurückkamen von dem Gastspiel, das war ganz am Anfang meines Daseins/Dortseins /Hierseins. Das BE gastierte mit „Galilei" in Flensburg und es erreichte Regine Lutz, welche die Virginia spielte, die Nachricht, dass ihr Vater gestorben ist, in der Schweiz. Die Lutz war ja aus der Schweiz. Und dann ist Regine Lutz Knall auf Fall abgereist. Ohne Virginia konnten sie die Vorstellung ja gar nicht spielen. Sabine Thalbach, die Mutter von der Katharina Thalbach, hat dann in allerkürzester Zeit die Rolle übernommen, eine ziemlich große Rolle, und hat die Virginia gespielt, damit die Tournee nicht abgebrochen werden muss.

Acksel: Ist ja eine tolle Leistung.

Runkel: Das war natürlich auch schon happig, die konnte sowieso nichts mehr für ihren Vater tun, er war ja tot. Beerdigt wurde er noch nicht, aber wat wollte se denn da machen – gucken, wie er tot ist? Aber die waren natürlich alle ziemlich baff, dass die da abgefahren ist. Die hätten das Gastspiel abbrechen müssen.

Acksel: Im Theater geht das eigentlich nicht.

Runkel: Aber ich meine, so 'ne Gefühle, da kann man gar nicht drüber urteilen.

Alles bestens

Runkel: Erich Franz, nach ihm ist der legendäre Franz-Club benannt in der Schönhauser Allee in Berlin.

Acksel: Auch ein Schauspieler?

Runkel: Erich Franz war ein Schauspieler Der ist schon lange, lange, der ist schon lange tot (1903-1961). Der hatte bei Brecht 'ne Rolle. Aus irgendeiner Laienspielgruppe bei Köthen haben die den da irgendwie aufgegabelt. Er war Mitglied des Dramatischen Zirkels von Manfred Wekwerth in Köthen und wurde mit Wekwerth 1951 am BE engagiert, vorher war er Dreher. Erich Franz war ein sehr guter Schauspieler mit einer wunderbaren Stimme. Er hat so ein bisschen polnisch gesprochen, so wie Pelz von Felinau aus dem Westen (Josef Pelz von Felinau, 1895-1978, Schriftsteller, Schauspieler, Drehbuch- und Hörspielautor) - den kennst du nicht, aber der hatte eine wunderbare Stimme. Im Radio, im RIAS, hat der immer gesprochen. Wunderbar, er hat viel synchronisiert. Und der Erich Franz hatte auch so eine wunderbare Stimme und war ein sehr guter Schauspieler, obwohl er aus dem Laienspiel kam. Er hat auch, soweit ich weiß, keine Schauspielschule je gesehen. Wunderbar. Er war auch ein sehr netter Mensch, Parteivorsitzender und so. Jedenfalls hat der sich ganz kurz vor Weihnachten krankgemeldet. Der hat in vielen Stücken viele Rollen gespielt. Das Theater war nun wie lahm gelegt. Und die mussten über Weihnachten umbesetzen noch und noch und noch, denn wir mussten ja irgendwas spielen. Und dann hörte Weigel: Erich

Franz hat zwei Drehtage bei der DEFA gemacht. Er hat ja auch in vielen Filmen mitgewirkt. Die von der DEFA haben den so bekniet, die haben gesagt, wenn wir das nicht bis zum Jahresende gedreht haben, bis zu irgendeinem Termin bis Jahresende...die mussten irgendwas fertigbekommen - wat weeß ick - die zwei Drehtage mussten noch erledigt werden in dem Jahr. Und der hat sich breitschlagen lassen und hat die zwei Drehtage gemacht. Und die Weigel hat das gehört – natürlich! – und hat ihn fristlos entlassen.

Acksel: Das kann ich verstehen.

Runkel: Der kam kein einziges Mal mehr ins Theater, der war fristlos entlassen.

Acksel: Ist ja doll, obwohl er so viele Rollen...

Runkel: Obwohl der Partei-Vorsitzender war und viele große Rollen gespielt hat. Die Weigel war da eisern, die hat den rausgeschmissen ohne Pardon. Das geht ja nun nicht: krankschreiben und dann drehen bei der DEFA.

Acksel: Und das ganze Theater steht Kopf deswegen. Wenn es mit ihr abgesprochen gewesen wäre, wenn er dahingegangen wäre und gesagt hätte: Was können wir machen? Das muss so und so gemacht werden oder irgendwas...

Runkel: ...aber den ganzen Spielplan lahmlegen und dann drehen, das geht ja nun überhaupt nicht. Und dann ist der ja, er war schon nicht mehr bei uns, das hat man dann wieder gehört, gerüchteweise, mit seiner Frau zu einem Gesundheits-Check ins Krankenhaus, um sich untersuchen zu lassen. Der Arzt sagte zu ihm: „Alles bestens" - er verlässt mit seiner Frau das Arztzimmer und fällt auf der Treppe tot um.

Acksel: Alles bestens.

Runkel: Den Franz-Club gibt es ja immer noch in der Schönhauser Allee. Der hieß damals Erich-Franz-Club. Zu DDR-Zeiten war das der Jugendclub Erich Franz, und jetzt heißt es Franz-Club, der heißt, glaube ich, heute noch so unter den Fachleuten, den Jugendlichen, das ist eine Diskothek. Aber es geht immer mehr in Vergessenheit. Es weiß keiner mehr, wer Erich Franz war.

Acksel: Was hat denn der für Rollen gespielt, weißt du das noch?

Runkel: In der „Winterschlacht", Oberkofler, den Kellner – und viele, viele Rollen. Nicht ganz große Rollen, aber er hat auch im „Kreidekreis" gesungen. Der konnte sehr gut singen, hatte eine Tenorstimme. Im zweiten Teil hat er gesungen. Er hatte viele Rollen.

Ich habe den sehr gerne spielen sehen. Er war auch ein netter Kollege. Der wollte unbedingt, dass ich auf die Schauspielschule gehe, weil der meine Künste beim Markieren da für Busch gesehen hat und alles. Kam aber nicht durch. Es war auch ein Gerücht, aber das war ja im Theater direkt, wenn keiner dabei war.

Erste Abstecher

Acksel: Wie war deine erste Tournee für dich? Du warst ja vorher auch nie im Ausland.

Runkel: Nee. Die ersten Tourneen waren innerhalb der DDR, wenn man das als Tournee bezeichnen will. Das waren bessere Abstecher, das war ja auch mit Übernachten irgendwie. Im Ausland glaube ich, war ich das erste Mal in Paris. Das war natürlich ein überwältigender Eindruck. So 'ne Stadt, wie diese Stadt, das siehste nicht alle Tage. Das war ja noch lange vor der Mauer. Aber selbst das. Man kannte ja West-Berlin natürlich.

Acksel: Ich meine, bis zur Mauer, nach der Mauer wurde das doch anders, wegen der Pässe.

Runkel: Na ja, das wurde ooch nicht anders. Mit Pass einreichen ja. Aber die haben das ja arrangiert, die Weigel und so. Das war schwierig, aber die hat das durchgesetzt. Das war ja damals sozusagen unmöglich, wenn einer so wie ich, nicht verheiratet, nach dem Westen fahren sollte. Die mussten ja alle fünf Mal verheiratet sein, gleichzeitig und sonst was für Haken hier haben, dass die ein bisschen sicher sein konnten, dass die auch wiederkommen. Das war auch keine Sicherheit, aber die haben vielleicht gedacht: Na endlich bin ich die Olle los. Aber das war sozusagen eine Hürde, die nicht zu überwinden war. Jemand, der nicht in der Partei ist, der hatte gar keene Chance.

Acksel: Und dazu noch Verwandtschaft im Westen...

Runkel: Und alles so was. Die Schwester und die ganzen anderen im Westen und ich nicht verheiratet. Aber das hat die Weigel wahrscheinlich ohne weiteres durchgekriegt und da war nie 'ne Frage. Das war ja mit diesen Reisekadern ins kapitalistische Ausland sehr, sehr schwierig. Also, wer das geschafft hat, der musste schon sehr wichtig sein. Anscheinend war ich`s. Sonst hätten se das wahrscheinlich nicht so gut hingekriegt. Denn wer das kann, dieses Stück kennt, der ist schon sehr wichtig. Auf Tournee ist das ja zehnmal so schwer, wie zu Hause. Da muss man ja alle möglichen Einfälle haben. Und das hat die wahrscheinlich klar erkannt und gesagt: „Na ja...!"

Mit einem Taxi nach Schwerin

Runkel: Ganz am Anfang meiner Tätigkeit beim BE, ich war wirklich erst sehr kurze Zeit dort, hatten wir ein Gastspiel in Schwerin, und zwar mit zwei ganz kleinen Stücken: „Schuster Pill in Bredouille" und Martinus Hayneccius „Hans Pfriem oder Kühnheit zahlt sich aus" (BE 1954), hießen die beiden Stücke. Das weiß kein Mensch mehr heute, dass das jemals im BE gespielt wurde. Zwei Einakter, Komödien. Jetzt fahren wir da hin mit dem Bus, das war damals sehr schwierig, es gab ja keine Autobahn dahin. Und die Inge Herbrecht (1925- 2012, deutsche Schauspielerin), die da in dem einen Stück 'ne große Rolle spielte – die Hauptrolle – hat gesagt, sie ist aus West-Berlin und kommt mit ihrem eigenen Auto gefahren, mit 'nem Käfer. Aber nur fuhr der Käfer leider gar nicht, es war nichts zu wollen, das

Ding in Gang zu kriegen. Und sie hat dann gesagt, sie kommt mit der Taxe. Die fuhr dann wirklich von West-Berlin mit 'ner Taxe, musste erst einmal eine finden, die in die DDR fahren wollte und konnte und hat dafür 500 West-Mark bezahlt. Kam dann zu spät an, denn die war eigentlich im ersten Stück dran. Und dann haben wir das umgedreht, haben das Erste als Zweites gespielt und es war dann so, dass die das noch gerade schaffte, zum zweiten Stück war sie denn da. Mussten wir die Dekoration abbauen und umstellen, das ging noch. Dann haben wir das Zweite als Erstes gespielt, dann war Pause, dann haben wir umgebaut und dann war sie da. Aber die musste ordentlich in die Tasche greifen.

Acksel: Die musste das selber zahlen?

Runkel: Natürlich musste sie das zahlen. Sie hätte ja mit dem Bus fahren können, wie alle anderen. Aber wenn sie nun fahren wollte mit dem eigenen Pkw?

Acksel: Aber hattet ihr mit dem Bus nicht auch manchmal irgendwie Spaß, dass der nicht fuhr oder irgendwas?

Runkel: Hatten wir auch...das war viel, viel später. Wir haben dieses 1 Personen-Stück mit Minetti (Hans-Peter Theodor Minetti, 1926-2006, deutscher Schauspieler) gespielt - Helmut Baierl „Stolz auf 18 Stunden" (BE 1973) - über Thälmann in Hamburg ist das und da ist ein großes Grammophon auf der Bühne mit einem Riesentrichter. Und der Minetti, der Erzähler oder wie de willst, der schlüpfte in verschiedene Rollen und erzählt vor allen Dingen die ganze Story und spricht mit dem Grammophon. Und das Grammophon bewegt sich, der Trichter bewegt sich, ich musste ihn mit einem langen Baudenzug hin- und herbewegen. Jedenfalls sollte das stattfinden in einer Kaserne für Soldaten. Das war kein Theater, sondern eine Kaserne. Nun waren alle Soldaten da, wir waren da, nur die Dekoration kam nicht. Die ist umgekippt irgendwo, auf der Autobahn lag sie im Straßengraben. Es war also kein Grammophon da und keine anderen Dekorationsteile. Und da hat der Minetti den Soldaten das Ganze erzählt. Das war auch nicht anderes, als mit dem Ding. Es war so auch eine Erzählung von einer Person, er kamen ja keine anderen Personen vor. Na ja, das war die Story mit dem „Stolz auf 18 Stunden" in Schwerin. Der hat es dahingehend gerettet, dass er denen das erzählt hat.

Die Leiche kam nicht

Acksel: Die Dekoration zum Galileo Galilei, muss ja auch `ne ganz dolle Sache gewesen sein. Das hat doch Brecht angeordnet, was er da haben will, also Kupfer usw.

Runkel: Das weiß ich nicht, wie das entstanden ist. Das war jedenfalls ein Bühnenbildvorschlag von Caspar Neher. (1897-1962, deutsch-österreichischer Bühnenbildner), Caspar Neher, der bei uns nicht war, aber der hatte ja Verbindung mit Brecht und hat ihm das vorgeschlagen, dass das so sein sollte, könnte. Von ihm stammt eigentlich das Bühnenbild, aber gemacht hat es dann Karl von Appen (1900-1981, deutscher Bühnenbildner, ab 1954 Chefbühnenbildner des BE). Das war ganz doll. Das waren Seitenwände, große, bis ganz oben hin, bis fast an den Schnürboden und eine Hinterwand, alles kupferbeschlagen. Das sah doll aus. Und der Fußboden aus Eternitplatten, die es heute wegen Asbest gar nicht mehr gibt. Eternitplatten waren wie Stein. Das hörte sich toll an wenn da jemand mit eisenbeschlagenen Schuhen rumlief. Wunderbar. Und aus dem Schnürboden kamen immer wunderschöne Dinge runter. So `n Astrolat, ein riesiges Gestell, tolle Sachen, von Rom kam so eine große Tafel runter mit den Wölfen, eine Halbplastik. Das war alles rein dekorativ. Als es dann wieder aufgenommen wurde, später mal mit Wolfgang Heiz (bürgerlich Wolfgang Hirsch, 1900 -1984, deutscher Schauspieler, Regisseur) in der Hauptrolle, da war alles viel reduzierter. Vom Schnürboden gab es gar nichts mehr, aber auch in der Dekoration wurde viel gestrichen. Leider.

Acksel: In der Inszenierung, die Brecht gemacht hat, hast du noch nicht mitgespielt?

Runkel: Nein. Brecht hat die ja gar nicht gemacht. Er hat die angefangen und starb dann. Richtig gemacht hat sie Erich Engel (Erich Engel,

1891-1966, deutscher Film- und Theaterregisseur, Oberspielleiter am BE). Brecht hat nur die ersten Proben gemacht, den kleineren Teil. Das Leben des Galilei hat Engel mit dem Choreografen Jean Soubeyran (Prof. Jean Soubeyran, 1921-2000, französischer Pantomime, Schauspieler, Regisseur, Choreograf), bis 1957 fertig inszeniert. Jean Soubeyran wurde noch von Brecht beauftragt, die Fastnachtsszene zu choreografieren. Erich Engel hat sozusagen auf Wunsch der Weigel, Brechts begonnene Arbeit fortgesetzt und zur Premiere am 15. Januar 1957 geführt.

Acksel: In welchen Stück hast du denn zuerst mitgespielt? Du hattest ja Spielverpflichtung.

Runkel: Spielverpflichtung stand da drin. Spülverpflichtung. Ich weiß es nicht. Man kam da ja manchmal wie die Jungfrau zum Kind. Galilei war ja 'ne richtige Rolle. Die da im Rollenverzeichnis drin stand. Es waren ja vier Sätze zu sprechen. Der Begleiter des alten Kardinals stand direkt im Personenverzeichnis drin. Aber ich weiß nicht, ob das vorher..., oder? Da musste man ja oft ganz schnell irgendwas machen. Irgendwie einspringen. Das war zwar dann später, da war Brecht schon 'ne ganze Weile tot, bei der „Frau Flinz" (Baierl, Frau Flinz, BE 1961), als ich da oben hing und den Beinen gezappelt habe. Die verschiedensten Sachen. Man musste ganz plötzlich einspringen. Dann habe ich als der Galilei fertig war und auf Tournee ging nach Paris, etliche Sachen spielen müssen.

Acksel: Es gibt doch 'ne schöne Anekdote mit der Weigel, wo du als Leiche auf die Bühne getragen wurdest.

Runkel: Das war so 'n Ding, wo ich einspringen musste, ganz schnell. Derjenige, der das spielen musste, die Leiche, kam nicht. Die Leiche war nicht da. Das Stück lief ja schon. Das war ziemlich am Ende von „Die Gewehre der Frau Carrar" (Brecht, BE 1952). Das war so ein Stundenstück. Eine Stunde dauerte das. Ziemlich am Schluss wird der erschossene Sohn der Frau Carrar reingeschleppt. Der kam nicht. Ja, wen soll man da...? Ja, Lothar macht das! Ich glaube, da hat Waldmann das Stück inspiziert, dadurch ging das, war auch nicht so viel zu inspizieren. Lothar wird reingeschleppt, auf so einem groben, verstaubten Leinentuch, ganz blutig war das, weil der ja erschossen wurde auf dem Meer. Ich wurde dahin gepackt. Weigel, Sohn tot, erschüttert. Sohn Leiche musste leider Gottes husten. Seit wann husten Leichen?! Das ist ja was Seltenes. Und die Weigel hat das sofort erkannt. Sie musste neben mir knien, neben meinem Gesicht, neben meinem Kopf. Hat gemerkt, das wird nicht gut gehen mit dem Husten und hat sich ganz schnell vor mich gekniet. Und hat sich halb tot gelacht, aber von hinten sah das aus wie Schluchzen, zum Publikum hin. Die fand das natürlich sehr komisch, dass die Leiche plötzlich hustet. Aber hat das gut gelöst. Hat geschluchzt rückwärts, ich konnte husten. Keener hat`s gemerkt. Hab mich halb totgehustet. Das war so `n schneller Einspringer. Die dollsten Sachen gab`s, sag ich dir.

Oh, Blindheit der Großen

Acksel: Was war denn mit dem Kreidekreis?

Runkel: Im Kreidekreis, ziemlich am Anfang des 1. Aktes, die Bühne ist ganz hell, die beiden Tore stehen da - also in der Brecht-Inszenierung, (Brecht: „Der kaukasische Kreidekreis, BE 1954). Kein Mensch ist auf der Bühne und Busch sitzt ganz links und singt den Text: „Oh, Blindheit der Großen, gewandelt..." Und genau auf die Textstelle „Oh, Blindheit der Großen", fällt von der Beleuchterportalbrücke eine Brille runter. Auf die total leere Bühne - mitten auf die Bühne. Ich fand das so komisch. Ich meine, so viele Zuschauer werden es gar nicht gemerkt haben. Auf der großen Bühne merkst du nicht, wenn da eine Brille runterfällt. Aber manche werden es schon gemerkt haben. Donnerwetter, das ist aber günstig inszeniert, derart mit dem Text. Da ist dem Beleuchter die Brille von der Nase gerutscht. Der war oben und hat sich ein bisschen zu weit vorgebeugt und - wutsch - rutschte die Brille von der Nase. „Oh, Blindheit der Großen" - heute würden sie sagen: „Gehen Sie zu Fielmann." Aber da war eben „Oh, Blindheit der Großen" von Brecht vorgesehen. Ich fand das so komisch. So richtig auf Stichwort: Wenn das mit der Blindheit kommt. Da ist schon die Brille griffbereit, es soll gar nicht so weit kommen.

Acksel: Wunderbar.

Besuch bei Steckel

Acksel: Ich kann mich erinnern, dass dir das mit dem Eleven-Dasein irgendwann auf den Keks ging, und dass du dich an einem anderen Theater beworben hast - und dass es doch spaßig ausging.

Runkel: Ja. Ich wollte nun irgendwie mal selber ran an die Sache und nicht nur Eleve sein oder Assistent. Von meinem Kollegen habe ich gehört, dass am Kurfüstendamm-Theater ein Inspizient wegging. Das Kurfürstendamm-Theater war zu der Zeit ein sehr renommiertes, gutes Theater. Es war kein Boulevard zu der Zeit. Die Komödie Kurfürstendamm war Boulevard, das Theater am Kurfürstendamm, die sind ja nebeneinander, war seriöses Theater. Steckel hat das Theater geleitet. (Leonard Steckel, 1901-1971, deutscher Schauspieler, Regisseur.) Ein berühmter Schauspieler. Der hat bei uns den Puntila gespielt davor. (Brecht: „Herr Puntila und sein Knecht Matti".) Als ich gehört habe, dass der Inspizient weggeht, habe ich mir gedacht: Versuch es doch mal, mach doch mal! Und bin nach West-Berlin gefahren und habe mich da angemeldet. Steckel hat mich empfangen, mit mir gesprochen und so weiter. Ja nu, warum ich denn weg will vom BE? Der war ja nun am BE sehr bewandert, weil er ja dort gespielt hat. Ja, und er wird sich melden. Dann fuhr ich wieder zurück. Ich war kaum wieder da, ruft die Weigel mich in ihr Büro und sagt: „Was willste denn am Kurfürstendammtheater? Was willste bei Herrn Steckel?" Da hat der sofort die angerufen und gesagt: „Wieso will denn euer Inspizient da weg?" Also damals war ja telefonieren schon nicht mehr möglich, eigentlich war ja alles schon getrennt. Aber die müssen 'ne Leitung gehabt haben, dass die sofort informiert war. Hat se gesagt: „Wat willste denn? Wieso? Gefällt`s dir hier nicht?" usw. Und dann kriegte ich gleich einige hundert Mark mehr Sofortgage und wurde hochgestuft in der Rangordnung. Das hat da in der Hinsicht gut geholfen, aber ich bin ja ganz froh, dass ich dort nicht hingegangen bin, das war ja ganz günstig, dass die mich da zurückgehalten hat. Von Steckel habe ich nichts mehr gehört. Aber bei der Weigel, da hat das gewirkt.

Einmal habe ich ja eine Annonce aufgegeben im Theater der Zeit, das war so 'n Heftchen, das gab's da jeden Monat oder jede Woche. Man konnte da Stellengesuche und Stellenangebote aufgeben. Und ich habe die Stelle „Inspizient" gesucht und da habe ich geschrieben- „nur große Häuser" Kam keine einzige Antwort. Die großen Häuser haben sich nicht gemeldet.

Postbote

Runkel: Als ich ein, zwei Jahre erst am BE war, bekam ich die ehrenvolle Aufgabe, die blauen Briefe zu verteilen.

Acksel: Wie schön.

Runkel: Die innerbetriebliche Post wurde zum Pförtner gelegt und jeder kriegte das dann ausgehändigt. Die blauen Briefe aber musste man persönlich aushändigen, und mich hat man ausgewählt. Ich habe herausgekriegt, was da drin ist, und es war irgendwie die Kündigung. Das war mir sehr unangenehm, weil ich denen diese Schreckensnachricht übergeben musste. Der Überbringer der schlechten Nachrichten. Unter anderem musste ich auch mal einem eigenen Kollegen diesen blauen Brief überreichen. Ich wusste, was drin ist und musste ihm das vorher überreichen. Das war also nicht sehr gut.

Acksel: Das kann ich mir vorstellen, ja.

Runkel: Der war ja dann gekündigt. Dem haben sie dann in Halle eine Stelle verschaffen wollen und 'ne Wohnung und alles. Der ist aber in Berlin geblieben. Er war ja nun schon älter und war dann in der Brecht-Bibliothek, als die gerade anfingen, als Verkäufer. Dort hat er dann gearbeitet.

Die Musik kenn ich doch...

Runkel: Ich weiß nicht, wie wir jetzt drauf kommen. Ich ging ins Kino irgendwann. Früher bin ich ja oft ins Kino gegangen und sah den Film „Bel Ami" (österreichische Literaturverfilmung von Louis Daquin, 1955). Mit einem Mal höre ich in dem Film Musik aus unserer Inszenierung „Winterschlacht", Eisler hat für „Bel Ami „ und für „Winterschlacht" die Musik geschrieben. Da hat er sich bei sich selbst bedient.

Acksel: Ist ja witzig, war sicher überraschend im Kino.

Runkel: Das war sehr überraschend, weil „Winterschlacht" und „Bel Ami" nun gar nicht zueinander passen. Aber Eisler hat es genommen, wo es ging, irgendwie. Ist vernünftig, haben andere auch gemacht. Von Rossini bis sonst wohin haben sie sich alle selbst beklaut. Das wusste ja gar kein Mensch, wer nicht in die „Winterschlacht" gegangen ist, hat das gar nicht gemerkt. Es passte auf alle Fälle überall hin.

Messi Mecker

Acksel: Und wer war das mit Messi Mecker?

Runkel: Mecki Messer.

Acksel: ...die das immer falsch gesagt hat.

Runkel: Anneliese Reppel. (1899-1967, deutsche Schauspielerin.)

Acksel: Das muss doch auch in dieser Zeit gewesen sein.

Runkel: Das war nach Brechts Tod. Da wurde dann bald die Dreigroschenoper von Erich Engel inszeniert. 1959 glaub' ich, 1960 kam die raus. Anneliese Reppel, die war immer leicht beschwipst. Messi Mecker. Sagte Erich Engel: „Anneliese, das heißt Mecki Messer!"

Die Reppel: „Sag ich doch. Messi Mecker." Nein. Unfassbar. Aber die hat das ja nie gespielt. Die wurde ja einen Tag, oder zwei Tage vor der Premiere krank. Die hat ja die Peachum gespielt, also 'ne riesige Rolle. Und dann haben se die Brummerhoff (Charlotte Brummerhoff (1905-1986, deutsche Schauspielerin, Opernsängerin) genommen. Die war sehr gut. Die hat das innerhalb ein, zwei Tagen übernommen. Die konnte ja gut singen, die war ja auch an der Komischen Oper und so weiter tätig. Die hat das lange gespielt. Die May (Gisela May, *1924, deutsche Schauspielerin) hat das gespielt und die Ritsch (Felicitas Ritsch, 1926-2000), deutsche Schauspielerin) hat das auch gespielt. In der ersten Inszenierung. In der Wekwert Inszenierung (BE 1981) hat ja dann seine Frau Renate Richter (*1938, deutsche Schauspielerin) die Rolle gespielt. „Wo bleiben Sie denn, wo bleiben sie denn, ich hab sie doch schon gesehen"...„improvisiert" von Mecki Messer (Stefan Lisewski, *1933, deutscher Schauspieler) in einer Vorstellung, als Frau Peachum, die ihn im Bordell überraschen sollte, ihren Auftritt verpasst hatte. Aber mit der Reppel das war ja einmalig.

Die Brummerhoff habe ich überhaupt sehr geliebt. Die kannte ich ja zuerst nicht aus dem BE, sondern aus der Komischen Oper, genau wie den Beneckendorff. Den Beneckendorff, den kannte ich allerdings auch schon vorher, der war am Schiffbauerdamm-Theater, da hat der gespielt, bevor das BE dort einzog. Der ist dann aber nicht mit dem alten Ensemble mitgegangen zur Volksbühne, der ist dann zum BE gewechselt. Und die Brummerhoff, die kannte ich zuerst, aber da habe ich sie einfach nicht so bewusst wahrgenommen, weil ich da auch kein Programmheft hatte. Ich saß da in der Beleuchterloge der Komischen Oper und habe „Orpheus in der Unterwelt" einmal gesehen. Da spielte sie die „öffentliche Meinung". Sicher wunderbar, aber mir ist die ganze Inszenierung und die ganze Aufführung da gar nicht richtig bewusst geworden. Die war sicher sehr gut, ist aber in meinem Gedächtnis nicht richtig gespeichert. Und dann spielte sie in dem „Pariser Leben" die Nichte. Da war sie auch schon wieder herrlich. Drum kannte ich die. Und dann kam sie zum BE und hat ja da wunderbare Rollen gespielt. Frau Peachum in „Die Dreigroschenoper" und die Hausbesitzerin in „Der gute Mensch von Sezuan" und die Gouverneursfrau im „Kreidekreis". Das hatte zuerst die Reichel (Käthe Reichel, 1926-2012, deutsche Schauspielerin) gespielt, diese Gouverneursfrau, als erste Besetzung. Und dann spielte, glaube ich, die Weigel als zweite Besetzung und dann spielten noch die Brummerhoff und die Goebel (Elisabeth Hedwig Goebel, 1920-2005, deutsche Schauspielerin) diese Rolle.

Mittags waren se alle blau

Acksel: Der Erich Engel hatte doch eine wunderbare Angewohnheit, seinen Kreislauf in Schwung zu bringen.

Runkel: Ja, da gab es diese wunderbare Sache, die hat Erich Engel eingeführt. Erich Engel brachte sich immer für den Kreislauf eine ganz kleine Flasche Sekt mit - so 'ne ganz kleinen gibt es, so winzige Flaschen.

Acksel: Piccolo.

Runkel: Ja, Piccolo, nicht die halben Flaschen. Immer zu den Proben so 'nen kleinen Piccolo Sekt und ein Glas und einen kleinen Quirl. Er quirlte sich immer diese Kohlensäure raus, weil er nicht rülpsen wollte. Und das sahen natürlich die Schauspieler von der Bühne, dass Erich Engel sich immer als Erstes ein kleines Gläschen Sekt genehmigte. Der war für sie das große Vorbild. Jedenfalls haben die alle, sobald sie von der Bühne frei waren, in der Kantine gleich Sekt getrunken. Und mittags um 12 war die halbe Mannschaft halb blau, denn das Vorbild, das leuchtende, trank ja Sekt am Regiepult, und da haben sie sich das gleich zu eigen gemacht und haben dann auch in der Kantine gleich erst einmal einen Sekt bestellt, aber nun nicht einen kleinen Mini, sondern wahrscheinlich etwas größer. Jedenfalls waren sie mittags alle sehr heiter, da ging das sehr gut. Das war natürlich nicht so schlimm, denn mit der ewig heiteren Reppel Messi Mecker…

Acksel: Die Reppel hatte aber auch noch ein anderes, besonderes Talent.

Runkel: Die konnte rückwärts sprechen und schreiben. Wir haben das nicht geglaubt. Dass die rückwärts sprechen kann, also genau was wir vorwärts sprechen, konnte die rückwärts. Also haben wir ein Experiment gemacht und gesagt: „Anneliese, wir nehmen das jetzt mal auf, mit dem Tonmeister". Dann hat die das gesprochen und wir haben das wieder andersherum abgespielt. Und es war wie das Original gesprochen. Hörte sich zwar ein bisschen eckig an, aber original hat die den Text gesprochen, rückwärts, so aus dem Stegreif. Die konnte auch rückwärts schreiben. Unwahrscheinlich war das. Sie war die Tochter von der Hermine Körner. (1878-1960, deutsche Schauspielerin, Regisseurin und Theaterleiterin). Eine berühmte Schauspielerin vor dem Krieg, im Krieg. Die Reppel hat kein gutes Ding an ihr gelassen, weil sie sie vermutlich vernachlässigt hat wegen ihrer Karriere.

Wenn sie jetzt noch lebt...

Acksel: Es gab doch eine schöne Begebenheit mit Eurem Betriebsarzt.

Runkel: Ja.

Acksel: Ich weiß nicht, wann das war.

Runkel: Das weiß ich auch nicht mehr, zumindest war es vor der Mauer. Wir hatten einen Betriebsarzt Doktor Hampel, der war Nervenoberarzt an der Charité. Das war seine eigentliche Tätigkeit. Nebenbei hat er den Betriebsarzt fürs BE gemacht, das war ja als Nervenarzt sehr richtig. Mein Kollege, der Güldemeister, hatte eine Freundin, das war unsere Chefmaskenbildnerin. Die war ein Ende älter, 10-20 Jahre als der Güldemeister. Und die war nu auf den ganz eingeschnitten. Ganz...! Der hatte 'nen Schlüssel und war bei der immer usw. usw. ... Die war geschieden. Der hatte am Theater mindestens drei solcher Freundinnen. Jedenfalls war er bei ihr oder fuhr hin zu ihr, was wees ick, irgendwie. Ich war jedenfalls schon im Theater, da kommt der Güldemeister und sagt: „Stell dir mal vor, die liegt zu Hause fast tot im Bette. Die hat sich wahrscheinlich mit Schlaftabletten umgebracht. Die rührt sich nicht." Und zufälligerweise war der Hampel (der Betriebsarzt) im Theater und aß gerade Mittag. Kommt der Güldemeister: „Wir müssen sofort zu ihr fahren, die ist vergiftet." Darauf der Doktor Hampel: „Wir fahren, aber erst mal esse ich mein Schnitzel zu Ende und wenn die jetzt noch lebt, lebt sie dann auch noch." Und dann fuhren wir tatsächlich dahin, als der Doktor mit dem Essen fertig war. Aber dass der Güldemeister zu ihr hingefahren ist und die da halb tot fand, und dass der nicht die Feuerwehr oder einen Arzt gerufen hat, sondern ins Theater fuhr und dann zufällig den Hampel vorfand...! Also ich hätte doch gleich von da angerufen und gesagt: Kommse mal her, hier is was... Das war ja im Wedding, da hat die gewohnt, oder Reinickendorf, also ein Ende weg. Nein, da kommt der her. Wenn der Hampel nicht da gewesen wäre, wat hätte der denn dann gemacht? Wenn der nicht zufällig im Theater gewesen wäre, Doktor Hampel... Den habe ich nach dem Mauerfall, zufälligerweise auf der Brücke an der S-Bahn getroffen. Also so lange später. Da war die ganze Mauerzeit zwischen. Inzwischen war die Mauer gefallen. Und der hat mich erkannt und ich hab den auch wiedererkannt. Das waren mindestens 28 Jahre oder fast dazwischen. Der hat mich sofort erkannt und ick den ooch. Und dann haben wir uns einen Moment unterhalten.

Wenden Sie doch mal

Acksel: Wie war denn das mit der Schauspielerin, mit der du öfter Auto gefahren bist?

Runkel: Bella Waldritter (1886-1974, deutsche Sopranistin und Schauspielerin).

Acksel: Die war doch auch am BE?

Runkel: Die war am BE. Die war prächtig am BE. Die war ja schon über 80 Jahre alt und war 'ne gute Schauspielerin, richtige Knattercharge so.

Acksel: Mit der hast du dich dann befreundet?

Runkel: Ich habe mich nicht mit der befreundet. Mit der Bella Waldritter bin ich Auto gefahren. Ich hatte gerade meinen Führerschein gemacht und wollte nun irgendwie Autofahren. Aber ich hatte ja keen Auto. Das war ja noch bevor ich Jaap kennenlernte. Die hatte ein Auto, aber fuhr nicht Auto. Die hat ja noch mit 75 ihren Führerschein gemacht, mit zehntausend Fahrstunden. Aber wollte niemals. Die hat sich nicht getraut zu fahren. Führerschein hatte sie, aber sie fuhr nicht. Die suchte nun verzweifelt jemand, der sie fuhr mit ihrem Auto. Und als sie mitbekam, ich hatte gerade den Führerschein, hat se mich dann irgendwie geschnappt und mir das versüßt, dass ich da Autofahren darf, mit ihrer Karre. Das war natürlich besonders schön, weil das ein unsynchronisiertes Auto war und ich auf einem synchronisierten gelernt hatte. Das war ein Spaß. Na, es waren die tollsten Geschichten.

Die größte Geschichte war, als ich mit ihr nach Briesetal fuhr, in den Wald rein. Dachte ich: Na ja, kann se ja mal ein bisschen fahren, ist ja keen Verkehr, ist ja nur ein Waldweg. Fuhren wa, fuhr sie. Dann hab ich zu ihr gesagt: „Jetzt kannste doch mal wenden. Das ist ja eine besondere Prüfung." Die wendete auch, aber wendete mit viel Schwung. Und da war hinten neben dem Weg ein Graben, aber vor dem Graben war ein kleiner Hügel. Die fuhr rückwärts auf diesen Hügel und blieb auf diesem Hügel hängen. Die Vorderräder und die Hinterräder hingen in der Luft. Und das Auto hing fest. So. Ich hatte abends Vorstellung. Also das war ja schon nachmittags. Ich sagte: „Bella, wir müssen das Auto wieder in Gang kriegen." Darum hab ich die Bella, das Auto hatte ja Vorderradantrieb, auf die Motorhaube gesetzt irgendwie, ich war ja am Steuer. Auf die Motorhaube, damit das Auto vorne runtergeht. Damit es wieder Bodenkontakt kriegt, die Räder. Hat nicht geklappt. Dann hab ich irgendwo einen riesigen Stock gefunden, also so 'n halben Baum und den hinten unter das Auto irgendwie geklemmt, das das vorne runtergeht und hinten hoch. Und das hat dann ooch geklappt. Aber das hat 'ne Stunde gedauert. Wo die gar keine Praxis hatte, will ich die im Wald wenden lassen. Also völlig bescheuert muss ich da gewesen sein.

Acksel: Warst halt noch sehr jung.

Runkel: Na ja, aber so was, Mensch...!

Acksel: Das war vor der Mauer.

Runkel: Das war vor der Mauer. Das Schönste war, ich hatte wie gesagt Vorstellung und sah aus wie eine Wildsau von den ganzen Machenschaften mitten im Wald. Erstmal musste ich die Bella nach Hause fahren, dann das Auto, das war ein Stückchen weg, in die Garage bringen und dann dreckig wie eine Wildsau mit der Straßenbahn in Theater fahren. Ich sah ja aus, das kann man sich nicht vorstellen. Und völlig verdreckt, aber rechtzeitig kam ich im Theater an.

Erste Begegnungen mit Jaap

Acksel: Wie hast du denn Max Jaap (1902-1978, deutscher Filmregisseur) kennengelernt? Das war ja dann auch vor der Mauer.

Runkel: 1959 glaube ich. Das hing zusammen mit der Dreigroschenoper. Das haben wir ja zweimal angesetzt mit der Dreigroschenoper (Brecht/Weill: „Die Dreigroschenoper"; Regie: Erich Engel, Premiere BE 1960). Der erste Versuch, den Erich Engel gemacht hat, der wurde dann abgebrochen. Das sollte ja ursprünglich sogar die Hilde Hildebrand (Emma Minna (1897-1976, deutsche Schauspielerin) spielen, die Rolle der Frau Peachum. Diese berühmte Schauspielerin aus West-Berlin sollte das spielen. Die war dann krank und kam nicht. Und dann wurde das wieder fallengelassen, diese Proben, das fing ja gar nicht richtig an, ein bisschen war da. Und dann nachher haben wir das wirklich in Angriff genommen. Dann war die Premiere mit Wolf Kaiser (Wolf Kaiser, 1916-1992, deutscher Schauspieler), Charlotte Brummerhoff usw. Da kam die DEFA Wochenschau. Max Jaap war Regisseur bei der DEFA-Wochenschau. Die haben da Teile, irgendwelche Ausschnitte gebraucht. Und da hat der das eben gefilmt und mich nicht kennengelernt. Kennengelernt habe ich ihn sogar schon vorher mal kurz. Und zwar hat der Jaap zwei Filme gemacht im BE. Einmal „Katzgraben" (BE Premiere 1953) eine Brechtinszenierung von dem Strittmatter Stück , das ganze Stück. Und „Die Mutter" (Brecht: „Die Mutter", Regie: Wekwerth, künstlerische Leitung

Brecht, BE Premiere 1953), mit der Weigel in der Hauptrolle. Da wurde das ganze Stück auch dokumentarisch aufgenommen. („Katzgraben"; „Die Mutter" DEFA-Studio für Dokumentarfilme 1957 Regie: Jaap/Wekwerth). Fast immer nur Totale, also ganz klein. Solche Filme hat der Jaap eben gedreht als Regisseur. Da hat er mich schon kennengelernt, aber nur ganz flüchtig. Nachher bei dieser Dreigroschenoper Premieren -Ausschnittverfilmung, da haben wir uns wieder kennengelernt. Das war auch so, der war auch scharf, der hatte ja ein Auto, konnte nicht Auto fahren und wollte nun mit seinem Auto mal gefahren werden. Da suchte er verzweifelt jemanden, der Auto fahren kann und will.

Acksel: Das sprach ja dann sehr für dich, weil du ja einen Führerschein hattest. Aber dass er diese beiden Stücke abfotografiert hat, ist ja hochinteressant. Die müssen ja in irgendeinem Archiv sein, es sind ja noch Original-Inszenierungen von Brecht, die müssen ja irgendwo herumschwirren.

Runkel: Garantiert, die sind dann noch da. Da wir gerade von Jaap reden - mit einem Bekannten von Jaap und ich, wollten wir mal Kaffeetrinken gehen in Karlsbad - Karlovy Vary. Wir wohnten in einem Hotel in Karl Marx Stadt und wir sind von dort losgefahren und waren dann nachmittags oder so an der Grenze, oben auf dem Fichtelberg, dort fährt man ja rüber. Und mit einem Mal, ich weiß nicht, ob das schon direkt an der Grenzkontrolle war und die Grenzer das monierten oder er es selber vorher bemerkte, dass er einen Haufen Geld bei sich hatte. Es war nicht erlaubt, so viel Geld über die Grenze mitzunehmen. Jedenfalls - Max Jaap ließ uns ein Stück zurückfahren und sagte: „Jetzt legen wir das Geld mal unter einen größeren Stein, und wenn wir nachher zurückkommen, dann holen wir uns das wieder. Das weiß ja kein Mensch, kommt ja keiner drauf, dass ausgerechnet hier unter dem Stein Geld liegt. Wir müssen uns nur merken, wo es war." Das hat der auch gemacht. Und nachher, als wir abends zurückfuhren, hat er es wieder zurückgenommen. Ich dachte, meine Güte, das ganze Geld unter dem Stein. Aber das wusste ja kein Mensch. Wenn sie gesucht hätten, in der ganzen DDR unter allen Steinen, hätten sie es gefunden.

Mit Jaap in der Oper

Acksel: Du warst ja mit Jaap viel unterwegs.

Runkel: ja. Wir haben viel unternommen. So war ich mit ihm mal in Dresden in der Oper. Was an diesem Abend gespielt wurde, erinnere ich nicht. Während der Aufführung fing Jaap allerdings furchtbar an zu lachen, obwohl überhaupt nichts zu lachen war an der Oper. Er lacht und lacht. Warum lacht denn der so? Die Leute haben alle böse geguckt, schon drum herum wegen der Lacherei. Und als dann Pause war, habe ich ihn gefragt: Wieso hast du denn derart gelacht, wat war denn los? Da hatte der Jaap das Programmheft, das große Programmheft, einstecken wollen in die Innentasche vom Jackett, hat es aber hinter den Hosenträger gesteckt und den so mit runtergedrückt. Wenn er losließ, hat der Hosenträger das ganze Programm wieder nach oben geschossen. Und jedes Mal schoss es ihm wieder hoch, ins Gesicht beinahe. Und das fand der so komisch und hat sich halb totgelacht. Es wusste ja kein Mensch, warum. Ich fand das auch so ulkig. Es war rätselhaft, auf der Bühne war nichts zu lachen, die hatten da gar nichts zu lachen. Dass der Hosenträger diese Kraft hat, das ganze Programm rauszuschießen, bis er das gemerkt hat.

Rühmann und Jaap

Runkel: Max Jaap hat ja - Tatsache - nach dem Krieg 1946 für Rühmann (Heinz W. Rühmann, 1902-1994, deutscher Schauspieler), beim Entnazifizierungsausschuss ausgesagt, dass der eben kein Nazi war und hat ihm ein gutes Zeugnis ausgestellt. Er war ja ein Mitläufer erster Ordnung, aber eben kein Nazi in dem Sinne. Also konnte Jaap guten Gewissens aussagen.

Acksel: So konnte Jaap Rühmann helfen, dass er wieder arbeiten durfte und sein Auftrittsverbot aufgehoben wurde.

Runkel: Er hat ja sicherlich noch viele andere Aussagen bekommen von anderen Mitarbeitern und anderen Kollegen, aber einer zum andern.

Acksel: Kannst ja noch ein bisschen etwas zu Max Jaap erzählen, dass man weiß, wer er war. Wann ist denn der geboren und was hat er gelernt?

Runkel: Geboren ist er 1902. Gelernt hat er Schneider. Er hatte auch vor dem Kriege ein Atelier hier in der Leipziger Straße irgendwo – so ein Modeatelier, ein kleineres. Gelernt hat er am Hausvogteiplatz, dort gab es vor dem Krieg lauter Textilfirmen in der Gegend. Und dann irgendwie kam er zum Film, zur UFA. Durch Rühmanns Vermittlung wurde Jaap 1942 Zweiter Aufnahmeleiter bei der Terra-Filmkunst in Babelsberg. Rühmann wusste, das Jaap Halbjude (seine Mutter war jüdischen Glaubens) war und nur mit falschen Angaben über seine Herkunft in diese Position gekommen war. Er deckte Jaap und beförderte ihn sogar zum Ersten Aufnahmeleiter. Nach dem Krieg hat er bei der DEFA als erfolgreicher Dokumentarfilmer gearbeitet.

Acksel: Und gestorben ist er wann?

Runkel: 1978. – Ja, dem verdanke ich sehr viel. Dem und Zabel (Musiklehrer) verdanke ich sehr viel. Von den beiden konnte ich wirklich etwas lernen. Sie waren entschieden älter als ich. Und weil ich mit großen Augen und vor allen Dingen großen Ohren zugehört habe. Es war immer alles sehr spannend und interessant. Ich habe in der Schule usw. nichts gelernt, aber da habe ich viel, viel gelernt. Es war auch immer lustig - sie waren beide sehr lustig, jeder auf eine völlig andere Art, aber es war für mich sehr fruchtbringend.

Acksel: Und Zabel war dein Musiklehrer, nicht wahr?

Runkel: Zabel war mein Musiklehrer, ja.

Acksel: Ich kann mich daran erinnern, dass du mit Jaap im Kino warst, in West-Berlin, als die Mauer gebaut wurde. Die Eintrittskarten, die hast du ja, glaube ich, sogar noch.

Runkel: Ja, das Kino am Steinplatz. Wir hatten jedenfalls gleich Karten gekauft vor der Vorstellung für den nächsten Tag - „Der kleine

Prinz". Es war Nachtvorstellung, die fing um 10 an und war dann - weeß ick - um halb 1, 1 zu Ende. Und da Jaap nie mit dem Auto nach West-Berlin fahren wollte, sind wir mit der S-Bahn zum Zoo gefahren und sind dann hingelaufen zum Steinplatz. Als wir zurückfuhren, sind wir Friedrichstraße ins Auto gestiegen, das hatten wir da abgestellt. In der Schönhauser Allee, weil er ja in Niederschönhausen wohnte. Alle 100 Meter stand ein Polizist oder Soldat oder irgend so etwas. Wir dachten: Was ist denn das für ein Aufmarsch hier? Am nächsten Tag wussten wir es: Es war am 13. August. Ick habe gepennt in einem Rumpelzimmer, und da kommt der Jaap vormittags rein und sagt: Stell dir mal vor, nüscht is mit Kino heute, es ist eine Mauer gebaut, es ist alles zu, man kommt gar nicht mehr nach West-Berlin durch, es ist alles aus. Unser Kino ist ins Wasser gefallen oder an die Mauer gerannt.

Alles Gute, alles Liebe, der Berliner Runkelrübe

Runkel: Wolfgang Gans Edler Herr zu Putlitz. (1899-1975, deutscher Diplomat). Den habe ich ja durch Jaap kennengelernt. Das war ein hochinteressanter Mann aus dem märkischen Adelsgeschlecht Gans zu Putlitz in der Prignitz. Gelebt haben die ursprünglich auf Schloss Laaske, ein um 1900 erbautes Herrenhaus. Sein abenteuerliches Leben zu erzählen würde jetzt zu weit führen. Ich war mit dem in der Premiere von „Ritter Blaubart". (Oper von Jacques Offenbach, Komische Oper Berlin, Regie: Walter Felsenstein, Premiere 24. September 1963). Dem hat es nicht sehr gefallen, aber mir hat es sehr gefallen. Jedenfalls war der dann auch bei mir. Aber das war nicht so das Entscheidende, das Entscheidende war: Er hat ja ein kleines Buch geschrieben, seine Memoiren („Unterwegs nach Deutschland. Erinnerungen eines ehemaligen Diplomaten", Verl. der Nation, Berlin 1956, 1974). Das hat er mir geschenkt und da hat er vorne den Satz reingeschrieben: „Alles Gute, alles Liebe der Berliner Runkelrübe". Das fand ich besonders nett vom feinen Herrn zu Putlitz.

Unbewusste Prägungen

Runkel: Ich habe den Eindruck, und das glaube das auch, dass dadurch, dass ich in der Kindheit in Neu-Westend schon so viele interessante Leute kennengelernt habe, sich das auf mich irgendwie ausgewirkt hat, in irgendeiner Form. Gerade die Kindheit ist ja prägend.

Margarete Schön (1895-1985, deutsche Schauspielerin), die war schon ein Stummfilmstar, Filmschauspielerin, hatte schon in Fritz Langs Nibelungen mitgespielt, in Heinz Rühmanns „Feuerzangenbowle" war sie als die Frau des Schuldirektors zu sehen und hat unglaublich viele andere Filme gedreht und auch als Theaterschauspielerin am Deutschen Theater viel gespielt. Ihr Mann war der berühmte Regisseur und Pionier des europäischen Kinos Robert Dinesen (1874-1972, dänischer Schauspieler und Stummfilmregisseur). Als wir, meine Schwester und ich, ihn kennenlernten, hatte er sich der Malerei zugewandt und uns seine Bilder gezeigt und erklärt. Das waren „Riesen-Schinken", wie meine Schwester zu sagen pflegte.

Kate Kühl (geb. Elfriede Katharina Nehrhaupt, 1899-1970, deutsche Kabarettistin, Chansonnière, Schauspielerin), die wohnte zwei Stockwerke höher, die hat sich auch öfter mit mir unterhalten, wenn sie mit ihrem kleinen Hund Gassi ging. Kate Kühl gehörte zur Erstbesetzung der Uraufführung von Brechts Dreigroschenoper 1928 im Theater am Schiffbauerdamm. Sie hat die „Lucy" gespielt. In den Anfangsjahren des BE spielte sie in mehreren Inszenierungen mit. Kate Kühl hatte mit Friedrich Hollaender, Werner Richard Heymann und besonders natürlich mit Kurt Tucholsky gearbeitet, nach 1945 mit Curth Flatow. Mit Ernst Busch und Joachim Ringelnatz verband sie eine Freundschaft.

Marcus Behmer (1879-1958, deutscher Illustrator, Graphiker und Maler), der war sehr berühmt, gerade als Grafiker.

Lotte Reiniger (1899-1981, deutsche Scherenschneiderin, Silhouetten-Animationsfilmerin und Buchillustratorin). Sie war sehr berühmt für ihre Scherenschnitte und vor allem für die Scherenschnittfilme. Sie hat mir eine Okarina geschenkt und zehn Minuten später wieder abgenommen. Das nenne ich „pädagogisch wertvoll"...!

Und mit all diesen Persönlichkeiten waren wir alle dauernd zugange, mal bei dem und bei dem und die zeigten uns dies und das. Vor allen Dingen durch meine Schwester kam das. Da waren wir oft in den Wohnungen. Das war von meinem 6. bis zu meinem 10. Lebensjahr.

Acksel: Wolfgang Gans Edler Herr zu Putlitz war ja auch so eine interessante Persönlichkeit.

Runkel: Das war zwar viel später, aber der hat ja auch eine interessante Geschichte und die ganze Familie ist ja uralter, hugenottischer Adel. Ich habe das damals als Kind gar nicht so empfunden, aber so im Nachhinein weiß ich, dass die berühmt waren. Das hat sich doch irgendwie prägend ausgewirkt, ein bisschen wenigstens. Irgendwas muss dabei gewesen sein.

Man gönnt sich ja sonst nichts

Acksel: Lass uns noch etwas an Max Jaap erinnern. Es gibt so schöne Sachen zu berichten. Ich sag nur: Man gönnt sich ja sonst nichts.

Runkel: Max Jaap. Ich war mit ihm in Rostock im Hotel und wir haben Eis bestellt .Er hat ja auch sehr gerne Eis gegessen und in Rostock gab es wunderbares Eis, also das beste überhaupt, was man sich vorstellen kann. Und sogar etliche Sorten, was ja im Osten sehr, sehr selten vorkam, dass es viele Eissorten gab, also mindestens sechs Sorten ab es. So wie bei der Reklame: Man gönnt sich ja sonst nichts. Ich habe so zwei, drei Kugeln ausgesucht und Jaap hat die ganze Latte gleich zweimal bestellt, also in einem riesengroßen Glas, in so einem Berliner-Weiße-Glas, das war ganz vollgetürmt. Jetzt waren wir in dem Lokal und saßen ziemlich am Rande, das ganze Lokal hatte einen Blick auf uns. Und da schämte Jaap sich so, dass er, der alte Mann, der ganz dicke Mann, so 'n Eis frisst, so ein riesiges Ding mit 12 Kugeln. Und das wollte er verhindern und darum hat er einfach die Speisenkarte genommen, das war so eine ganz große Speisenkarte, eine hohe, die hat er einfach so als Sichtschutz, als

Paravent vor sein Eis gestellt. Dann konnte keiner das große Eisglas sehen, welches er da mit großem Appetit gegessen hat.

Acksel: Der hat ja öfter so schöne Sachen gebracht.

Runkel: Er einen Film gedreht. Der hat ja angefangen bei der UFA als Regieassistent mit Zarah Leander und Rühmann. Und nach dem Krieg war er ja Mitbegründer der DEFA. Erst einmal hat er für die Kino Wochenschau „Der Augenzeuge" gearbeitet und dann wechselte er zum DEFA-Dokumentarfilm. Da hat er verschiedene, große Filme gedreht, „Ludwig van Beethoven" (1954), „Friederich Schiller" (1956). Dafür hat er einen Nationalpreis bekommen, den Vaterländischen Verdienstorden und den Heinrich-Greif-Preis usw., usw. Und dann nachher ging er von dem DEFA-Dokumentarfilmstudium weg und ging zum Fernsehen als Spielfilmregisseur und auch Dokumentarfilmer. Er hat den „Mord an Rathenau" (1961) gedreht, „Der tanzende Stein" (1964) usw., aber auch so andere Dokumentarfilme. „Das Neueste von gestern." Das war sehr lustig im Fernsehen, so eine Serie, es waren mehrere Dinger. Er hatte irgendwie einen Film über die DDR (1959, „Interview mit Berlin - 10 Jahre Deutsche Demokratische Republik 1949 – 1959"), gedreht und da waren Kornfelder zu sehen. Ränder von Kornfelder, mit Kornblumen und Mohn - das sieht ja sehr gut aus, der rote Mohn, das war alles in rauen Mengen da. Es wurde nicht erlaubt, das musste er rausschneiden, weil das nicht den LPG-Verordnungen der DDR entsprach. DDR-Kornfelder haben keine Unkrauträner.

Acksel: Sozialistische Kornfelder.

Runkel: Es ging nicht, dass da Kornblumen und Mohn dort wuchsen. Das hat in Ordnung zu sein, da gibt es kein Unkraut. Diese Passagen mussten sie herausschneiden. Unfassbar, ja. Bei den Dreharbeiten haben wir uns ja kennengelernt, bei dem Film, auch als er die „Dreigroschenoper" aufgenommen hat. Zu diesem Film hat er auch Aufnahmen in der Staatsoper gemacht von der Premiere einer Oper. Und da sprach der Minetti den Text unter dem Film. Und da wurde gesagt, die und die Oper ist von Prokofjew. Der Film war abgenommen, völlig fertig, da zeigt er mir den Film in einer Vorführung und da sage ich: „Nee, das stimmt nun nicht. Diese Oper ist nun nicht von Prokofjew, sondern von Rimski-Korsakow!" Da fiel Jaap aus allen Wolken und sagte: „Um Gottes Willen, der Film ist fertig und abgenommen. Das können wir ja nicht so drin lassen, das geht nicht, obwohl der abgenommen ist." Kein Mensch hatte das bisher gemerkt - keiner! Und der Mann, der den Text geschrieben hat dazu, der hat das völlig falsch geschrieben. Diese Passage musste noch einmal gemacht werden, eben diese Passage. Jaap musste noch einmal ins Studio, der Minetti musste noch einmal für den einen Satz ran und es musste diese Stelle neu besprochen werden, damit das stimmt. Heute sind ja solche falschen Aussagen jeden Tag 30 Mal im Fernsehen, dass sie so 'nen Quatsch erzählen.

Acksel: Das war schon sehr genau.

Runkel: Da hat er gesagt: „Das kann ich nicht machen, das geht nicht." Mussten die alle noch einmal ran. Das war ihm sehr peinlich, vor allem auch für den, der den Text geschrieben hat. Der kann ja nicht irgendwas daher reden, der muss doch mal gucken, ob es stimmt, was er dann erzählt.

Acksel: Schön ist doch auch, wo ihr eine Panne auf der Autobahn hattet. Ihr wart ja viel mit dem Auto unterwegs.

Runkel: Ja, mit dem Auto unterwegs. Und ich hatte ja vom Auto keine Ahnung. Ich dachte, die Räder fahren immer. Da waren die Leinwände zu sehen an den Rädern, so abgefahren waren die. Wir fuhren und fuhren auf der Autobahn, mit einem Mal – pschhhhh. Kaputte Reifen. Damals war wenig Verkehr. Wir fuhren auf der linken Spur und waren halb auf der Mittelpromenade. und da mussten wir den Reifen wechseln, was heute ein Ding der Unmöglichkeit wäre, auf dem linken Streifen halb stehend, halb auf dem Mittelstreifen. Und da setzt sich Jaap auf den Campingstuhl - wir hatten vorher irgendwo einen Spankorb voller Kirschen gekauft. Er setzte sich mitten auf die Autobahn auf den Grünstreifen und isst seine Kirschen, und ich konnte auf dem Grünstreifen diesen Reifen wechseln. Das war wunderbar. Das war sehr schwer auf dem Mittelstreifen, denn man musste ja den Wagenheber ansetzen, es war ja Sand. Das rutschte immer wieder alles runter und ich musste irgendwie das Auto da hochkriegen. Nein, nein.

Einmal fuhren wir Richtung Prenzlau und mit einem Mal fing der Hinterreifen an zu brennen. Ich weiß nicht, was da war. Jedenfalls kam hinten Rauch irgendwie raus. Dann haben wir angehalten, das ging damals, da fuhr überhaupt keiner auf der Autobahn. Da brannte der Hinterreifen. Da habe ich gesagt: Wat denn jetzt? Dann habe ich mit dem Wagenheber das Rad abgemacht, dieses Rad war ja direkt unter dem Tank, und habe es in ein Wasser geschmissen, da war irgendwie ein Graben. Ich konnte es natürlich nicht wegschmeißen, ich musste es mitnehmen, es gab ja damals keine Räder. Es war ja das ganze Rad. Ich habe dann das Reserverad rangeschraubt, aber das brennende Rad musste ich erst einmal löschen. Ich konnte es ja nicht brennend in den Kofferraum packen. Ich konnte es in dem Graben löschen und wieder in den Kofferraum laden. Es hätte ja immer weiter gebrannt.

Gib dem 10 Mark, damit er uffhört

Acksel: War das nicht bei der Aufzeichnung der Mutter mit dem Leierkasten?

Runkel: Das war bei der „Mutter" (1957) mit dem Leierkasten, ja. Da mussten wir unentwegt unterbrechen, die Aufzeichnung. Erst mal war es so, wir mussten unentwegt unterbrechen, denn auf der Spree fuhren andauernd Dampfer lang. Die hupten da immer an der Stelle, weil da ein Knick in der Spree ist, an der Brücke, an der Weidendammer Brücke sahen die nicht, was von vorne kam. Die haben immer hupen müssen, damit die anderen wissen, da kommt was. Darum haben wir unentwegt unterbrochen. Wir sind bald wahnsinnig geworden. Bei den Proben im Theater merkste das nicht, da stört es ja nicht. Aber das war ja nun Film mit Ton. Und dann war plötzlich ein Leierkastenmann zu hören. Da war ja 'ne Mauer, eine kaputte, der spielte im Nachbarhof. Und da sagte die Weigel - die wollte das nun unbedingt beenden: „Geht mal und gebt dem 10 Mark, damit der uffhört". Und irgendwie hat sich das bei den Leierkastenmännern rumgesprochen. Nächsten Tag waren da dann einige Leierkastenmänner. War alles voller Leierkästen. Da kann man was verdienen, fahrt mal dahin. Das war natürlich ein Schuss in den Ofen. Statt uffzuhören, waren es dann viele Leierkästen. Ich wees nicht, wie wir das geschafft haben, die wieder loszuwerden. Aber irgendwie waren die dann wieder weg. Wir konnten ja nicht mehr drehen, nur unter Leierkastenmusik.

Gülde, Vorhang!

Acksel: Du hast ja gerade eine schöne Erinnerung gehabt an die Voraufführung der Dreigroschenoper.

Runkel: Ja. In der Dreigroschenoper spielte ich ja mit. (BE 1960) Im Vorspiel, wo die Moritat von Mecki Messer gesungen wird. (Brecht schrieb diesen Text in der Nacht vor der Premiere 1928 und Weill vertonte ihn über Nacht) Und dazu war so Jahrmarktsleben, vor Beginn des eigentlichen Stückes. Da ging ich ab. Ich hab da so Flyer verteilt. Ab, in die Garderobe rauf, mich umziehen wieder. Zivilist. Ich hatte den Lautsprecher an zum Mithören. Und mit einmal höre ich „Gülde Vorhang", nachdem schon das Peachumbild angefangen hat. Peachum 1. Das fängt an mit dem Morgenchoral des Peachum, der singt da ein paar Strophen. Danach geht er zur Tür von seinem Laden, schließt auf und danach soll sofort der Filch auftreten, der ihn anbettelt, dass er bei ihm arbeiten darf, als Bettler. Er geht hin, schließt auf, die Tür geht aber nicht auf. Er hat zwar aufgeschlossen, aber die Tür geht nicht auf. Herr Filch konnte also nicht eintreten, Herr Hollenbeck (Fritz Hollenbeck, *1929, deutscher Schauspieler), nüscht. Das dauert nun anscheinend endlos. Und Erich Engel, der in der Regie wahrscheinlich saß, sah das und rief dann: „Gülde Vorhang" Ich höre den Vorhang zu rauschen und denke: Was ist denn da los gewesen? Nach `ner Weile ging es dann los. Komm ick runter und frage: „Was war denn los? Wieso war denn der Vorhang? Warum haben sie den Vorhang zugemacht?" Tja. Die Tür war zwar aufgeschlossen, mit so `nem großem Schlüssel, an einem großem Schlüsselbund, aber an diesem Schloss, an diesem Kastenschloss war unten noch so ein kleiner Riegel und der war irgendwie zugeschoben worden. Es wusste kein Mensch von diesem Riegel. Weder Norbert Christian (Christian Hegst gebürtig, 1925-1976, deutscher Schauspieler), noch irgendwer anders wussten von dem Riegel und das Ding war zu. Erst, als die dann den Vorhang zu hatten, haben sie das Ding überprüft und dann haben sie den Riegel überhaupt entdeckt. Den haben sie dann irgendwie präpariert.

Acksel: Deshalb ging die Tür nicht auf. Nein! Aber das ist live. Das ist Theater.

Ein Gastspiel in Wolfen bei Bitterfeld

Acksel: In Wolfen konntest du es ja gerade noch verhindern...

Runkel: Wir fahren nach Wolfen. Diese VEB Filmfabrik Agfa Wolfen, später ORWO. Damals hieß es noch Agfa zu der Zeit. Wir fuhren mit dem Bus dahin und spielten „Hirse für die Achte" (Altes chinesisches Volksstück: „Hirse für die Achte", BE 1954). Der erste dolle Knaller war mein Knaller. Es gab in dem Stück eine kleine Einspielung vom Tonband, irgendwas, ob Musik oder Geräusch - ick weeß det nich mehr. Dort gab es ein Tonbandgerät in diesem Kulturhaus, wo wir spielten, es konnte abgespielt werden das Ding. Mir haben sie das mitgegeben - leichtsinnigerweise! Wir stiegen dort aus, alle Mann, an einer nahen Stelle, aber der Bus konnte dort nicht parken. Als der Bus weg war, fällt mir ein: Ja, das Tonband liegt im Bus. Ich habe es beim Einsteigen irgendwo oben in dieses Netz reingetan, was es früher noch gab. Und der Bus war weg, und ich wusste ja nicht, wo ist der Bus. Der war wieder bestellt für irgendeine Zeit nach der Vorstellung, wenn wir da fertig waren.

Acksel: Also musste der Bus wieder her.

Runkel: Der musste nicht her, ich musste den finden. In Wolfen, so kleen war der Ort nun ooch wieder nich. Ich habe den Bus gesucht wie ein Wahnsinniger, denn ich war ja nun verantwortlich für das Tonband und habe den Bus tatsächlich gefunden nach einiger Sucherei. Glücklicherweise war der ooch da, der Chauffeur. Hätte zugeschlossen sein können, oder er zum Mittagessen oder sonst wo.

Ich hatte das Ding wieder. Dass war eine Sache, die mich eigentlich gar nichts anging, mit Ton hatten wir Inspizienten sonst nichts zu tun. Ich hätte es natürlich in eine Tasche tun sollen und nicht da in ein Netz schmeißen. Aber, da kriegst du einen Schreck, wenn sie dir das mitgeben zu treuen Händen und da ist nichts da zu treuen Händen. Dann kam die Vorstellung, die war auch wunderbar. Fritze Gnaß (Friedrich Gnaß, 1892-1958, deutscher Schauspieler) spielte eine ganz kleine Rolle, einen Bauern, kleiner Auftritt von einer halben Seite, zum Schluss, ziemlich zum Schluss des Stückes. Und der war ja nun ein Suffkopf vor dem Herrn, der war ja immer besoffen, wenn es geht. Wir spielten und spielten und dann kam die Sache näher, dieser Auftritt von dem. Da habe ich ihn natürlich gesucht und geguckt: Wo ist er? Nicht in der Garderobe, nirgendwo, der war nirgendwo auffindbar. Es war nicht möglich, den Mann zu finden. Da haben wir gemerkt, es kommt keiner, es tritt keener uff, dann sind sie gesprungen über die Szene, einfach rübergesprungen und haben weitergespielt, als wäre nichts, weil: Er war ja nicht da. Und nachher haben wir dann festgestellt, wo der war. Der war auf Schnapssuche und hat tatsächlich welchen gefunden: Im Erfrischungsraum für Zuschauer, hinter dem Zuschauerraum. Da war er, in Kostüm und Maske, alles schön und als chinesischer Bauer, hatte da auch seinen Schnaps. Da war er. Aber nun war leider die Vorstellung ohne ihn gelaufen.

Acksel: Ja, na, das ist ja sehr schön. Mitgekommen in Kostüm und Maske, aber saufenderweise irgendwie im Foyer.

Runkel: Da kriegste aber wirklich das Grübeln. Wenn du den nicht findest. Darauf kommste gar nicht, dass er in Kostüm und Maske hinter dem Zuschauerraum verschwindet. Der muss das geahnt haben oder er hatte Erfahrungen, wo könnte man Schnaps kriegen. Da gab es welchen. Friedrich Gnaß. Fritze Gnaß, der war ein bekannter Schauspieler zu der Zeit, der hat schon bei der UFA gespielt vor dem Krieg und so, große und kleine Rollen. Aber der war sehr bekannt, der Mann. Auch im Theater war er in der ersten Kategorie.

Acksel: Na, sonst hätten sie ihn ja auch gar nicht mehr beschäftigt bei der Sauferei, wenn er nicht so bekannt gewesen wäre.

Runkel: Aber der war ja West-Berliner. Am Theater waren ja viele

West-Berliner. Einmal haben wir probiert „Optimistische Tragödie", und er kam zu spät, jedenfalls war die Probe schon im Gange. Das Bühnenbild war bis zur hinteren Bühne durchgebaut im 3. Akt, da war die Bühne bis zur hinteren Wand offen. Und Fritze wollte ja nun uff die Garderobenseite. Der hätte zwar bis zum 3. Stock gehen können, oder um den ganzen Zuschauerraum rum, aber über die Bühne war es kürzer. Er ist auf allen vieren hinten langgekrochen auf der Erde. Hat gedacht, so wird er nicht gesehen. Da sagte der Wekwerth: „Fritze, wir sehen dich!" Er dachte, er wird unsichtbar, wenn er sich kleinmacht.

Was ganz Neues

Runkel: Einmal sagt der Güldemeister zu mir nach der Vorstellung: „Pass mal auf, wir könnten doch jetzt mal zum Bahnhof Zoo fahren, da ist 'ne Bude, da gibt es was ganz Neues. Da gibt's Currywurst."

Acksel: Currywurst?!

Runkel: Das war völlig neu, das kannte kein Mensch. Der sagt, das schmeckt gut, da fahren wir mal hin. Das war abends nach der Vorstellung, sind wir dort hin und aßen eine Currywurst. Und ich sah, was heute nicht mehr üblich ist, dass die auf die Currywurst ein bisschen Worcestersauce draufgemacht hat. Also Currypulver, Ketchup und Worcestersauße. Ich beschloss, das kann ich zu Hause selber und habe mir dann sehr oft Currywurst gemacht. Mit dem Ketchup war das ja nicht so einfach, das zu bekommen.

In der Renaissancezeit unterwegs

Acksel: Wie war das mit den Besetzungen für die Tourneen?

Runkel: Als wir auf Tournee waren, mit „Die Tage der Commune" (Brecht, 1962 BE) in Paris, wurde man natürlich für die Tournee besetzt. Da habe ich ja nur mitgespielt, nicht inspiziert. Aber andere Stücke inspizierte ich und war dabei und wurde natürlich sofort eingesetzt, weil die Statisten von Berlin nicht mitfahren durften. Dadurch habe ich in der Commune etliche Sachen gemacht.

In dem Galilei, auf Tournee in Paris, bin ich ja fast in Ohnmacht gefallen. Ich dachte, so was kann nicht sein. Ich spielte, es waren ja fünf oder sechs verschiedene Sachen, die ich da spielte, unter anderem die Erdkugel in der sogenannten Straßenszene. Es spielte, glaube ich, Besson (Benno Besson, 1922-2006, schweizer Schauspieler, Regisseur) damals. Da kommt so eine Ballade mit vielen Strophen, eingebettet in ein Jahrmarkttreiben mit vielen Leuten, die gucken da aus den Fenstern, die Bürger usw. auf die Bühne, die gucken da zu. Und ich machte die Erdkugel. Das war eben ein riesiges Pappmaschee-Ding, mit so einem komischen Hemd an. Die Erdkugel hatte Augen, die man bewegen konnte. Große Augen, die konnte man auf- und zu klappen. Ganz große Wimpern. Diese Augen konnten auch weinen.

Das war alles sehr schwierig zu machen. Rechts und links unter den Armen hatte ich so Gummidinger mit Wasser geklemmt und musste mit den Armen an der richtigen Stelle drücken, dann kam das Wasser aus den Augen. Tränen. Das war aber nicht das, was ich erzählen wollte. Erzählen wollte ich die Schande von mir. Dass ich da auf der Bühne war, und das Hemd von dem Kostüm ging ja nur bis über den Ellenbogen, dieses Leinenhemdchen. Und ich gucke und mit einem Mal sehe ich, dass ich die Uhr um habe. Die Armbanduhr. Weil ich ja nun auch inspiziert habe, teilweise. Mein Kollege war da zwar der Eigentliche, aber ich habe auch einiges gemacht, und weil ich immer zur Uhr gucken musste, habe ich die Uhr nicht abgemacht. Und als Inspizient, das ist ja eine Schande. Ein Inspizient muss natürlich darauf achten, dass die Schauspieler ihre Uhren abhaben, unter anderem. Ich war ja so geknickt. Ich dachte, das überlebe ich gar nicht. Da kam ich völlig geknickt wieder auf die Seite und die Dolmetscherin sagte: „Was ist denn mit Dir, was haben Sie denn? Was ist denn los?" Sag ich: „Na ja, ich war mit der Armbanduhr in der Renaissancezeit unterwegs." Sagt sie: „Na, das spielt keine Rolle in Paris. Da spielen die alles von der Urzeit bis heute mit Armbanduhr und mit Ringen. Da machen Sie sich mal keine Sorgen. Das ist nicht so schlimm hier." Die hat mich getröstet und dann war ich beruhigt.

Die sagt: „Das machen alle Schauspieler, da gucken die gar nicht hin, wo sie sind." Das wird zwar nicht ganz stimmen, aber passiert wohl doch schon manchmal.

Mit dem Zug nach Paris

Runkel: Ganz am Anfang, meine erste Paris-Tournee. Fand statt mit der Eisenbahn. Also wir fuhren mit der Eisenbahn hin und zurück. Das war eine lange Fahrt. Es gab ja damals Abteilzüge und wir hatten so ein schönes Abteil und Güldemeister, Paula, Völz und ich, glaube ich, wir waren in einem Abteil. Der Zug hielt noch einmal am Bahnhof Zoo und der Güldemeister kam auf die glorreiche Idee. Ach wir könnten doch Rotwein trinken, ein Fläschchen. Der hat das auf dem Bahnhof noch schnell gekauft und wir fuhren los. Ich war auserkoren, den Rotwein einzuschenken, in Pappbecher. Ich schenkte ein und als ich gerade schön dabei war, machte der Zug einen ordentlichen Ruck und der Rotwein schoss auf die Hose von Güldemeister.

Acksel: Nein!

Runkel: Ein riesiger Fleck auf dem Oberschenkel. Eine mittelgraue Hose hatte der an. Der war so wütend, ich dachte der zerfleischt mich. Er hatte nämlich nur diese eine Hose mit. Ein Riesenfleck. Da sagt der: „Ich häng dich mit dem nackten Arsch aus dem Fenster, wenn dieser Fleck nicht rausgeht!" Durch diese Drohung oder meine Stoßgebete, irgendwas hat geholfen. Jedenfalls: Dieser Fleck ging raus ohne die geringste Spur. Ein Rotweinfleck auf einer grauen Hose. Wir haben alle an ein Wunder geglaubt. Der war weg. Man sah keinen Rand mehr - nichts, nichts. Ich hätte es für ein Märchen gehalten, wenn ich es nicht selber erlebt hätte.

Das erste Mal in Paris

Runkel: Als ich das erste Mal in Paris war, war ich doch überrascht im höchsten Maße, dass es da automatische Ampeln gab. Das hatte ich noch nie vorher gesehen. Hier gab es so was noch nicht, dass die vollkommen von alleine schalten und walten. In Deutschland gab es überall Polizisten, der saß oder stand in einem Häuschen und hat geschaltet. In Paris ging das automatisch, ich hab gedacht, das ist ja toll.

Acksel: Es gab für dich viel zu entdecken und zu lernen.

Runkel: Ja. Wir wohnten bei der ersten Tournee in einem schönen Hotel, da gibt`s auch noch `ne Postkarte von. Ich kam jedenfalls in dieses Hotel und die Kollegen saßen da im Foyer und tranken Rotwein. Ich dachte: Na ja, Rotwein werde ich mal nicht trinken, ich werde mal `ne Selters bestellen, ich will mal ein bisschen sparen. Nachher, als es ans Bezahlen ging, habe ich fast doppelt so viel für die Selters bezahlt, als ich für einen Rotwein hätte bezahlen müssen.

Acksel: Das passiert einem aber auch nur einmal. Ich erinnere, dass dein Rasierer doch auch aus Paris ist. Da gibt es doch bestimmt `ne Geschichte dazu.

Runkel: Ja die gibt es, wenn auch nicht so spektakulär. Wir kamen in Paris an und ich habe mich da rasiert. Wie man das so machte, habe ich den Rasierapparat auseinandergeschraubt und zum Trocknen auf den Rand aufs Waschbecken gelegt, hinter die Wasserhähne. Und Güldemeister wusch sich die Hände oder hat sich auch rasiert, jedenfalls schwupps mit einem Mal verschwand ein Teil von meinem Rasierapparat im Loch. Im Abflussloch vom Waschbecken. Da war nur ein Loch, ohne Kreutz und Gitter. Nun war der Rasierapparat nicht mehr zu gebrauchen. Und darum haben wir in Paris einen Neuen gekauft, einen sehr schönen, den ich heute noch habe. Der war schön gefertigt aus Metall, der andere war ja aus Plaste. So wurde das Malheur behoben.

Das geht gar nicht.

Acksel: Na, da passt ja wunderbar deine Begegnung mit Frau Weigel in Bezug auf das Rasieren.

Runkel: Ja, das war in Berlin, ich war relativ unrasiert. Jeden Tag meiner Tätigkeit am BE bin ich immer frisch rasiert erschienen. Einmal habe ich es nicht geschafft. Das siehste ja gar nicht, dachte ich. Frau Weigel hat das sofort gesehen. Auf dem Hof vom Theater kam sie mir entgegen. „Das will ich aber nie wieder erleben, so etwas." Ich dachte: Nein, die muss nun gerade ankommen. Sonst trifft man die ja nicht gerade auf dem Hof. Normalerweise sitzt sie ja sonst im Büro, aber irgendwie, wat weeß ick, da nu gerade eben nicht.

Zufällig kam se lang und sieht, dass ich einmal nicht rasiert bin. Nein! Ich war einfach spät dran und hatte es nicht mehr geschafft. Sie hat mir gleich, zwar nicht den Kopf gewaschen, aber definitiv dargestellt, dass das nicht wieder vorkommen soll.

Früher bin ich ja mit Schlips und Kragen, also weißes Hemd und 'nen Schlips und 'ner Jacke zur Vorstellung gegangen. Das war zwar nicht Vorschrift, aber für den Fall das man doch vor den Vorhang gehen muss, habe ich das sehr lange so gemacht.

Frau Weigel gibt Tipps

Acksel: Wir waren bei Helene Weigel.

Runkel: Helene Weigel, die Große. Wir waren mit dem Theater im Ausland und ich fuhr mit ihr in einem Fahrstuhl. Also: Helene Weigel und ich. Ich weiß nicht, wie sie darauf kam oder was der Anlass war, jedenfalls sagt sie zu mir: „Wenn du in einem Hotel wohnst, und du hast die Absicht, da irgendwann mal ein Trinkgeld zu geben, dann gib das immer ganz am Anfang. Denn wenn du das am Schluss gibst, wenn du abreist, dann hast du davon gar nichts. Dann bist du weg und siehst die nie wieder. Aber wenn du das am Anfang gibst, dann hast du die gut gestimmt und kannst dadurch punkten. Das musst du solang machen."

Acksel: Das ist doch sehr schön.

Leider war Frau Tebaldi nicht da

Runkel: Als ich das erste Mal in Paris war, wollte ich ja unbedingt in die große Oper (Opéra National de Paris) gehen. Es war ja nun für mich ein Prunkbau und Prachtpalais, das ich von innen mal sehen musste und wollte. Und ich habe mir eine Karte gekauft, schön brav. Wir hatten einen spielfreien Tag, und gehe ich schön wohlgemut da hin. Und Frau Tebaldi (Renata Ersilia Clotilde Tebaldi, 1922-2004, italienische Sopranistin), sollte singen, also die Konkurrentin von Frau Callas. Die war eine weltberühmte Starsängerin. Und ich gehe hin, aber Frau Tebaldi hatte abgesagt - nüscht! Die spielten eine andere Oper, „Rigoletto" (Giuseppe Verdi), eine ganz gewöhnliche Repertoire-Aufführung, eine ganz langweilige, völlig verstaubte. Aber das war auch nicht der eigentliche Grund. Ich wollte die Oper von innen sehen, dieses prächtige Machwerk. Das habe ich ja gekonnt, aber nun war leider nicht Frau Tebaldi da.

So schlafend kannst du dich gar nicht stellen

Acksel: In Paris hast du dir mit Güldemeister das Hotelzimmer geteilt?

Runkel: Als wir das erste Mal nach Paris fuhren, also für mich das erste Mal, wohnten wir in einem kleineren Hotel. Ich hatte mit dem Güldemeister zusammen ein Zimmer. Und der Güldemeister wollte ja nun immer seine Flamme, die auch vom Theater war, in der Nähe haben, sagen wir`s so. Und er hat die abends irgendwie mitgeschleppt ins Hotelzimmer und lag dann mit der im Bett neben mir. Es war so `n großes Pariser Bett, also es war eine Matratze, ein Ding, da hast du jede Bewegung des anderen bemerkt. Und die hatten ihre Liebesspiele und ich lag daneben. Es war sehr unangenehm – es war mir sehr unangenehm da im Dustern.
Und dann bei der nächsten Paris-Tournee, wohnte ich wieder zusam-

men mit Güldemeister in einem anderen Hotel, natürlich wollte der die nun wieder mitschleppen. Aber die Rezeption sagte: „Kommt nicht in Frage, die Frau wohnt hier nicht im Hotel." Güldemeister: „Das ist eine Kollegin." Die Rezeption blieb hart: „Das spielt keine Rolle, hier unten ist das Foyer, aber mit auf das Zimmer kommt nicht in Frage." Da war aus. Es gab einen Riesenkrach mit Getobe und Gemache, aber es half nichts. Güldemeister ist dann einfach ausgezogen aus diesem Hotel. Er hatte ja West-Geld und ist privat in ein anderes Hotel gezogen, wo das ging. Da hatte er ausgekundschaftet, dass das möglich war. Der verschwand dann, war weg aus dem Hotel, und ich hatte dadurch ein Einzelzimmer. Das war natürlich sehr gut.

Acksel: Das ist natürlich sehr intim dann.

Runkel: Das war mir richtig unangenehm.

Acksel: So schlafend kannst du dich ja gar nicht stellen.

Runkel: Im Dustern und dann auf einer so 'ner Matratze und es schwabbert und wabert...nee!

Acksel: ... Das gefällt mir!

Runkel: ... viel, viel später, waren wir wieder auf Paris-Tournee und wohnten in der Nähe von Vallee Village. Dort hatten wir ein kleines Hotel. Ich wohnte mit einem jungen Schauspieler zusammen. Der hat sich unentwegt die Zähne geputzt, den ganzen Tag, das weeß ick noch. Jedenfalls, als wir wieder in Berlin waren, sollte der im „Schwejk" einen SS-Mann spielen und er hatte ganz lange Haare, bis zur Schulter so beinahe. Und das Theater verlangte: „Sie müssen die Haare abschneiden, ein SS-Mann mit langen Haaren, das geht überhaupt nicht. Schneiden Sie die Haare ab! Sie müssen als Schauspieler so flexibel sein und mit Ihrer Frisur müssen Sie das machen, Sie müssen die Rolle spielen. Wir haben keinen anderen" Und der hat sich geweigert, die Haare abzuschneiden. Daraufhin wurde er fristlos entlassen.

Acksel: Das ist klar.

Runkel: Und als er das nicht gemacht hat, haben sie den rausgeschmissen.

Pariser Entdeckungen

Acksel: Zurück nach Paris Ende der fünfziger Jahre, hier hast du ja wohl auch eine deiner Lieblingsspeisen kennengelernt?
Runkel: Kann man so sagen. Nach der Vorstellung mussten wir vom Theater immer zum Hotel ein Stück laufen und auf dem Weg gab es eine Fressbude, ich habe immer „Pommes frites avec Saucisses" bestellt. Pommes mit Würstchen hieß das schlicht. Das habe ich abends immer gegessen mit größten Vergnügen, das war ja schon fast Mitternacht meistens. Wir fingen ja sehr spät an und haben eben entsprechen spät aufgehört. Und die Pommes waren dafür sehr gut.

Acksel: Na, Pommes frites waren doch damals hier noch völlig unbekannt.

Runkel: Völlig unbekannt. Und die habe ich gern gegessen und esse sie immer noch gern. An anderen Abenden sind wir nach der Vorstellung in die sogenannten Hallen gegangen. Die Hallen in Paris. Das waren Markthallen, keine fünf Minuten vom Theater entfernt. Riesige Hallen, Großhandelshallen. Die waren also nicht für die normalen Leute, sondern die Händler gingen dorthin um einzukaufen. Es gab ja viele kleine Läden in Paris. Das war nun nah am Theater und ungeheuer interessant. Das war ein Leben und ein Krach, ein Gerenne und Gemache. Es gab 'ne Fischhalle und 'ne Fleischhalle und 'ne

Gemüsehalle, 'ne Blumenhalle und alles... Wir haben immer eine Zwiebelsuppe gegessen. Das war dort unser Leibgericht. Das war ja nachts und es fing gerade erst an, wenn wir kamen. Die ersten waren Händler schon da und der Trubel ging los. Ungeheuer. Das muss man erlebt haben. Inzwischen sind die ja leider längst abgerissen, für irgendwelche neuen Viertel, irgendwas haben sie da hingebaut. Die U-Bahnstation heißt immer noch so. „Les Halles" Die Markthallen. Es gibt keine Hallen mehr, aber die U-Bahnstation heißt noch so. Oder hieß jedenfalls noch so, als ich das letzte Mal da war, vielleicht haben sie sie ja inzwischen umbenannt.

Acksel: In Berlin haben sie die alten Markthallen am Alexanderplatz ja leider auch abgerissen.
Runkel: An meinen freien Tagen, oder oft auch in der freien Zeit vor der Vorstellung, bin ich verschiedentlich nach Versailles gefahren (Schloss Versailles, größten Teils für „Sonnenkönig" Ludwig den XIV. im siebzehnten Jahrhundert errichtet). Ich fuhr mit einer kleinen Bummelbahn hin. Es gab so einen kleinen Bahnhof direkt an der Seine, von dort ging es los und der Zug fuhr eine Stunde ungefähr, hat hundert Mal gehalten, also es war endlos. Und erst beim letzten Parisaufenthalt habe ich mitgekriegt, dass es eine ganz andere Verbindung gibt, von „Gare de l'Est". Vom großen Fernbahnhof fuhr der Zug nur eine viertel Stunde, der hielt überhaupt nicht an, der fuhr durch. Der kam an einem anderen Bahnhof an in Versailles, der noch näher am Schloss war. Aber das andere Gezuckel war ja auch ganz gemütlich.
Als ich die kleine Bahn noch benutzt habe, war das ein Stückchen zu laufen. Direkt aufs Schloss ging es zu, unterwegs gab es einen Stand mit Pommes Frites und ich habe mir dann immer welche gekauft, so eine kleine Tüte und wenn ich am Schloss ankam, war die gerade alle. Das war dann mein Mittagbrot.
Die Pommes Frites habe ich natürlich auch nachgekocht in Berlin. Aber das war natürlich Blödsinn, weil das so aufwendig ist. In Ost-Berlin gab`s damals noch keine Pommes Frites. Erst mal die Kartoffeln schälen, schneiden und so weiter und dann das Öl. Man braucht

dafür ja viel Öl. Wenn du nur einmal im Jahr Pommes Frites machst, wo lässt du dann das Öl. Das habe ich nur einmal gemacht und nie wieder. In Paris wollten wir nach der Probe etwas essen. Um diese Zeit war das sehr schwer, denn alle Lokale hatten dann zu. Die sind immer von mittags um zwei bis nachmittags um fünf alle zu. Nur ein ganz kleenes Lokal war offen und da habe ich immer Omelett gegessen. Das kannte ich bis dahin auch nicht. Was ich auch nachgekocht habe in Berlin. Das musst du auch können, aber das war wunderbar. Mit meinem Drehschneebesen habe ich das schön luftig geschlagen, bestand nur aus Schaum und dann auf die Pfanne. Immer ohne Füllung, aber das habe ich sehr gern gemacht und gegessen.

Und in diesem kleinen Lokal musste ich austreten, das kommt ja mal vor. Das Klo war im Keller. Ich bin runter und es war die Beleuchtung kaputt, es war nur so 'n Halbschatten von woanders. Ich geh rein und tappe rein. Das war nun ein Uralt-Klo mit so Tritten, mit einer Art Trichter in der Mitte, so ein Metall Ding. In der Mitte war ein großes Loch und es gab zwei Fußtritte, wo man sich hinstellen oder hinhocken sollte. Ich nun rein, dachte, das wird schon richtig sein. Es war nass, vermutlich weil einer vor mir gespült hatte. Ich bin gleich ins Rutschen geraten und tappe nach Halt und greife unglücklicher Weise an den Spülgriff für die Wasserspülung. Ich war in diesem Trichter drin. Bis zum Knöchel stand ich in der Spülung. Das war ja wunderbar. Das war wirklich herrlich. Aber die Omeletts haben gut geschmeckt. Ich kannte so ein Klo überhaupt nicht. So etwas hatte ich noch nie gesehen vorher.

Acksel: Ich kann mich auch erinnern, als wir in Frankreich waren und ich so etwas das erste Mal sah. Ich dachte, ich gucke nicht richtig.

Flugzeugsuche in Paris-Orly

Runkel: Paris. Als ich das erste Mal nach Paris mit dem Flugzeug kam.

Das erste Mal sind wir ja mit dem Zug gefahren, und bei der zweiten Tournee flogen wir hin. Paris-Orly war das damals, einen anderen gab es damals noch nicht. Paris-Orly. Ich steige aus - Passkontrolle. Ja, Herr Runkel hat seinen Pass nicht dabei. Herr Runkel hatte seinen Pass in der Jackentasche, in der Innentasche und die lag in dem Ablageding im Flugzeug, und beim Rausnehmen der Jacke ist der Pass rausgerutscht. Hat kein Mensch gemerkt, auch ich nicht. Bei der Passkontrolle habe ich mich gewundert: Aha, er wird wohl da sein, denke. Wat nu? Ohne Pass konnte ich nicht durch. Jetzt musste ich das Flugzeug suchen. Die haben mich tatsächlich durchgelassen, also wieder zurück auf das Flugfeld. Wo ist das Flugzeug hin? Das war ja ein Riesenflugplatz. Wo findest du das und wie kommst du da rein? Ich bin über den ganzen Flugplatz getigert, das sind ja Entfernungen – unvorstellbar! Das stand ja nicht mehr da, wo wir ausgestiegen sind, es war ja inzwischen ganz woanders. Ich habe es dann endlich gefunden, es war ja unverkennbar. Und es war auch noch die Treppe dran, zum Glück waren die Putzfrauen drin. So konnte ich reingehen und mein Pass lag in der Ablage. Dann konnte ich wieder über das Flugplatzgelände zurücktigern zur Passkontrolle. Was ich schon für Schrecken erlebt habe. Ohne Pass.

Acksel: Das ist anderen Kollegen aber auch passiert.

Runkel: Genau so 'n Ding, aber nicht in Paris, sondern in Rom, hat ja der Arno Wischnewski gemacht. Von Rom wollen wir wieder zurückfliegen, aber mit einer Chartermaschine, und sind da - Passkontrolle! Der Arno hat seinen Pass nicht dabei. Arno hat seinen Pass ins Gepäck gesteckt, in den Koffer. Der Koffer war bereits im Flugzeug. Es ging nun nicht weiter. Das war nun nicht ganz so schlimm, weil es 'ne Chartermaschine war. Jetzt musste der Arno, genau wie ich, auf das Flugfeld tanzen. Dann mussten die die Koffer wieder ausladen, bis se seinen hatten und uffmachen und den Pass rausholen. Die ganze Prozedur war eben noch schlimmer, weil der Pass ja im Koffer war und das alles ausgeladen werden musste. Er hatte den Pass in den Koffer gepackt. Ich weiß aber nicht mehr zu hundert Prozent, ob der Pass nicht sogar weg war, von Arno. Wekwerth hat sowas erwähnt in seinem Buch „Erinnern ist Leben. Eine dramatische Autobiographie" Ich erinnere, dass es endlos gedauert hat, dann aber doch weiterging.

Der erste Döner

Runkel: Auf meiner vorletzten Paris Tournee, also - als ich das vorletzte Mal mit dem Theater in Paris war, entdeckte ich an einer Fressbude etwas für mich Neues, was mich interessierte. So eine Art Döner. Das kannte ich ja auch gar nicht: Döner. Das wollte ich natürlich ausprobieren und habe mir so ein Ding gekauft. Und ich esse den Döner und mein Mantel war von oben bis unten mit der Soße..., vollkommen voll. Die lief da unten natürlich gleich raus. Später habe ich es dann natürlich ohne Soße bestellt. Aber die Soße von meinem ersten Döner war vor allen Dingen auf meinem Mantel. Und das war ganz am Anfang von diesem Gastspiel. Ich trug diesen verdreckten Mantel die ganze Zeit, weil ich ja nun nicht einen zweiten mit hatte.

Lothar, du latscht!

Acksel: Du hast ja mitgespielt im Galileo Galilei, als der Diener vom Kardinal. Wann warst du denn das erste Mal dabei? Weißt du das noch? Du hast irgendwann mal erzählt, dass ihr die Szene so proben musstet. Es ging um das Anziehen und das richtige Laufen.

Runkel: Das Anziehen und Laufen war nicht für den Begleiter des alten Kardinals. Das war für die Tournee in Paris. Da musste ich ja viele Sachen, unter anderem die Erdkugel spielen, aber auch einen Ankleider vom Papst. Papst-Ankleider, das war schwierig. Da hat sogar Ekkehard Schall (1930-2005, Schauspieler) so einen Ankleider gespielt und alle möglichen Leute wie Dieter Knaup (Heinz-Dieter Knaup,*1929, deutscher Schauspieler), C.M. Weber (deutscher Schauspieler) und Ralf Bregazzi (1925-1984, deutscher Schauspieler). Handel (Wolfram Handel, 1929-1987, deutscher Schauspieler, laut Programmzettel 5.4-10.4.1957 Spectacles au Théatre des Nations) da noch nicht. Aber es waren ein Haufen Schauspieler, die große Rollen eigentlich spielten, die mussten alle die Statisterie mitmachen, weil eben die richtigen Statisten nicht mit auf Tournee gingen. Das war sehr schwer. Damals haben wir probiert wie die Wahnsinnigen. Und Swinarski (Konrad Swinarski, 1929-1975, polnischer Theaterregisseur), der ja später ein großer, berühmter Regisseur wurde, im Westen vor allem am Schillertheater und so. Einer aus Polen. Den haben se sich gefasst, weil der sehr firm war in der katholischen Kirche und mit allem, was es da zu wissen galt. Der war wohl in seiner Jugend Messknabe und so. Der wusste also genau Bescheid. Wir mussten natürlich laufen auf der Bühne mit unseren Sachen. Und da hat der gesagt zu mir: „Lothar, du latschst! Du gehst nicht, du latschst!" Und er mir das vorgemacht, wie man gehen muss auf der Bühne.

Und dann habe ich in einer Vorstellung beim Papst - leider Gottes - die Schuhe verwechselt. Also: Nicht ich hab es, sondern die Requisite hat se verwechselt. Es gab so ein großes Kissen, auf dem standen die beiden Schuhe vom Papst drauf. Und ich hatte die Handschuhe für ihn, aber erst mal die Schuhe. Ich musste mich hinknien mit einem Knicks und so und dann vor ihm knien. Der Papst saß auf dem Stuhl, er hatte ja da nichts zu sagen. Es gab `ne riesige Rede vom Kardinalinquisitor, zwei Seiten lang. Der Papst hörte nur zu und ich musste ihm die Schuhe anziehen. Mit einem kleinem Schuhanzieher. Und ich ziehe ihm die Schuhe an. Mit einem Mal: bum! Bumst der mit dem Fuß. Ich denke: Was will der denn, was hat der denn? Und dann merkte ich: Die Schuhe waren vertauscht. Die waren sehr ähnlich, aber sie waren vertauscht hingestellt. Der Linke war auf dem Rechten. Und ich zog dem den falschen Schuh an. Und er merkte das. Er musste gleich danach aufstehen, musste nach vorne gehen und die Klamotten annehmen. Im Stehen. Diese Sachen wurden ihm angezogen, sein ganzer Ornat wurde im Stehen angezogen. Die Schuhe waren ganz am Anfang. Er war irritiert, der konnte gar nicht mit den vertauschten Schuhen irgendwie. Ich habe ihm die Schuhe schnell wieder ausgezogen und weil ich vor ihm saß, hat das keener gemerkt, was ich da schnell gemacht habe. Und dann war er beruhigt und konnte nach vorne gehen. Aber so was...!

Acksel: Live is Live.

Runkel: Live is Live. Aber so was...! Da denkste: „Was macht der denn da?" Na ja.

Acksel: Das ist Theater.

Runkel: Auch in der Inszenierung – irgendwann, ich in der Rolle des Begleiters des alten Kardinals. Und Beneckendorff steht vorne, hatte einen Riesentext loszulassen mit großen Gesten. Dabei reißt er das große, goldene Kreuz von seiner Kette ab. Es war so eine große, goldene Kette und daran hing das große, goldene Kreuz. Das war da nur mit einem großen Haken eingehängt, und er reißt das raus und - klatsch - lag es auf der Bühne. Ich habe gedacht: Was ist denn jetzt los? Was machst du? Lässt du den alten Mann los und er fällt um, eigentlich rollenmäßig? Oder hältst du ihn fest und lässt das Kreuz da liegen? Es ging alles nicht. Und dann habe ich mich aber doch entschlossen, ihn kurz loszulassen und das Kreuz aufzuheben. Mir erschien es irgendwie so: So auf dem Weg, wenn ich das Kreuz auf der Bühne liegen lasse, hätte es nachher die ganze Vorführung über dort gelegen. Da kommt nie einer hin, um das wegzumachen. Die Schauspieler hätten das nicht weggenommen - wahrscheinlich. Dann habe ich es schnell hochgehoben, wusste aber nicht, wohin damit, ich hatte ja keine Tasche in dem Kostüm. In dem Mönchskostüm war keine Tasche. Mönche haben so eine Kordel mit Knoten um, dann habe ich das reingedrückt, es war eng, und dadurch war es an meinem Bauch das Ding. Und ich hatte das Kreuz am Bauch. Ich dachte auch: Mensch, wenn das da liegt - wer nimmt das mit? Wie kommt das? Die treten da rauf, das geht doch alles gar nicht.

Acksel: Ja, da muss man eben in der Sekunde reagieren und das einbauen. Herrlich!

Runkel: Ja, da musste ich richtig entscheiden, was ich mache.

Vom Eleven zum Ausbilder

Acksel: Kannst du dich noch erinnern, welches das erste Stück war, was du alleine inspiziert hast?

Runkel: Das weiß ich nicht mehr. Richtig aktuell und prekär wurde das natürlich am 13. August. Bau der Mauer. Da waren ja gerade Spielzeitferien, aber danach waren die beiden West-Berliner Kollegen weg. Der Waldmann war ja schon nicht mehr da. Da wurde es richtig prekär. Ich habe ja schon vorher irgendwelche Stücke, zum Beispiel die „Winterschlacht" inspiziert (von Johannes R. Becher;

Regie Brecht/ Wekwert Premiere 1955.) Die wurde nach Brechts Tod wieder aufgenommen. Der Regieassistent Lothar Bellag (1930-2001, deutscher Schauspieler und Regisseur) hat das gemacht. Nachdem der Waldmann weg war - der eigentliche Inspizient und älterer Kollege - habe ich das Stück inspiziert. Das war vielleicht das erste Stück das ich selber und allein gemacht habe. Bei den anderen Stücken war ich Assistent, bei der „Courage", beim „Kreidekreis", bei „Pauken und Trompeten", usw. Nachher auch „Die Gewehre der Frau Carrar", „Der zerbrochene Krug". Am 13. August waren die schlagartig weg, die West-Berliner.

Acksel: Dann musstest du.

Runkel: Dann musste ich ja sämtliche Stücke machen. Sämtliche Proben. Ich habe ein viertel Jahr lang alle Proben und alle Stücke gemacht. Bis sie dann die Pivy (Margret Wolfshohl) irgendwo aufgetrieben hatten, vom Fernsehen, die war damals Produktionsleiterin beim Fernsehen. Und die war nicht Inspizientin, der musste ich das erst beibringen.

Acksel: So wurdest du sozusagen von dem Eleven zum Ausbilder.

Runkel: Ja. Da war ich nicht mehr Eleve, da war ich schon Inspizient. Nicht mal mehr Assistent. Kurz vor dem 13. August war ich schon Inspizient, weil ich ja schon Stücke selber gemacht habe. Aber ein eigenes Stück, von der ersten Probe bis zur Premiere, welches da das erste war, das weiß ich nicht mehr.

Acksel: Als die Mauer gebaut wurde, warst du auch noch sehr jung.

Runkel: 1961 als die Mauer gebaut wurde war ich 22 Jahre alt. Ja.

Acksel: Also warst du sieben Jahre am BE.

Runkel: Ja.

Acksel: Also vom Lehrling bis du alleine da arbeiten musstest, waren ja nur sieben Jahre vergangen.

Runkel: Na ja. Das reicht ja auch. Also, wenn man derart begabt ist wie ich, reicht das unbedingt...!

Acksel: Dann warst du 22.

Runkel: Das sagte ich ja gerade. 22 war ich.

Acksel: Mit 22 alle Stücke zu inspizieren ist doch 'ne dolle Sache.

Runkel: Ja. Das war schon ganz schön doll. Ich kannte die ja meistens gut. Aber diese Belastung war so ungeheuer, weil ich ja auch alle Proben machen musste. Wir spielten ja weiter, als wäre nichts passiert. Es waren natürlich ungeheuer viele Proben notwendig, es mussten ja fast alle Schauspieler umbesetzt werden. Die ganzen West-Berliner. Es war ja mindestens die Hälfte West-Berliner Schauspieler. Die kamen alle nicht mehr. Der Einzige, der noch kommen konnte, war Erich Engel. Und er musste bezahlt werden. Der kostete ja Westgeld. Das wurde dann in West-Berlin umgetauscht. Zumindest bis zum 13. August war das so. Irgendwie gab`s da so 'ne Regelung. Ein Teil Ost- und den größten Teil in Westgeld kriegten die. Wie das im Einzelnen war, weiß ich nicht. Jedenfalls: der kam. Der hat dann den Schweyk inszeniert (Brecht: Schweyk im Zweiten Weltkrieg). Nach dem 13. war das ganz und gar irrsinnig, denn die ganzen Umbesetzungsproben waren plötzlich nötig. Es war ja kein weiterer Inspizient da. Da haben die dann irgendwie die Pivy (Margret Wolfshohl) vom Fernsehfunk hin gelotst.

Acksel: Welche Leute waren denn vor dem Mauerbau da? Die Drexel zum Beispiel. (Ruth Drexel, 1930-2009 , bayerische Volksschauspielerin, Regisseurin.) Das muss ja vor dem Mauerbau gewesen sein.

Runkel: Regine Lutz, die ja auch heute noch zum Teil spielt. Soll ich dir die ganzen Namen jetzt erzählen? Mir fallen sie auch gar nicht alle ein.

Acksel: Was hat denn die Drexel gespielt?

Runkel: Die hat zum Beispiel gespielt: Die Frau Dullfeet im „Arturo Ui", (Brecht: „Der aufhaltsame Aufstieg des Arturo Ui", Regie: Wekwerth/ Palitsch, BE 1959), nach der Hurwicz die Kommissarin in der „Optimistischen Tragödie", (Wsewolod Wischnewski: „Optimistische Tragödie", Regie: Wekwerth/ Palitsch, 1957). Die erste Besetzung war die Hurwicz und dann kam die Drexel. Die war sehr gut, war die. Ja natürlich, war 'ne gute Schauspielerin. Nachher hat es die Ritsch gespielt (Felicitas Ritsch, 1926-2000, deutsche Schauspielerin). Das haben wir ja sehr lange gespielt und wiederaufgenommen und alles... Die war auch gut, die Ritsch. Ich weiß gar nicht genau, die Kraus (Agnes Kraus, 1911-1995, Berlinerin Schauspielerin) hat das auch mal probiert.

Acksel: Agnes Kraus?

Runkel: Agnes Kraus. Das war ein Spaß. Die hat ja auch probiert „Der Besuch der alten Dame." Ja, das haben wir auch mal probiert mit Agnes Kraus. Sie war ja 'ne gute Schauspielerin. Wenn sie den richtigen Regisseur hatte und die richtige Rolle, dann war die manchmal unübertroffen.

Am Flügel

Acksel: Die Sache mit Hans Eisler muss nach der Mauer gewesen sein, bei der du als Pianist tätig wurdest.

Runkel: Das war mit Paul Dessau. Das war die Musik für „Coriolan". (William Shakespeare: „Die Tragödie des Coriolan" Regie: Wekwerth/ Tenschert, Premiere BE 1964.) Im „Coriolan", gab es Chöre usw., die Pantomimen und die Schlachtszenen, da war ja überall Musik drunter. Da waren wir zur Aufnahme im Rundfunk in der Nalepastraße, Rundfunkhaus, im großen Sendesaal. Die Schauspieler vom „Coriolan" mussten nach Noten singen, das war ja einstudiert. Sprechen, Singen, Sprechgesang und Geschreie und Gemach. Jedenfalls hat das Dessau selber geleitet. Instrumente usw. Ich hatte da nüscht zu tun. Ich saß da im großen Sendesaal und hab zugeguckt, wurde da nur mitbestellt, damit ich ein paar Mark verdiene. Dessau hat mich gesehen und kam auf die wunderbare Idee, jetzt muss noch ein Instrument mehr besetzt werden. Und hat eine große Leiste gesehen und hat gesagt: „Das machen wa mal." Er mich an einen Flügel gebeten und hat gesagt: „Hauen Sie bitte nur mit der großen Leiste, wenn ich das Zeichen gebe auf alle Tasten. Klaster bitte." Habe ich dann jemacht Klaster, sogenannte Klaster. Ich hab gesagt: „Ich hab doch keene Ahnung, ich wees doch von nüscht." Dessau: „Das spielt keene Rolle. Hier mit der Leiste rum."

Acksel: Am Flügel: Lothar Runkel.

Runkel: Ja. Sie hörten am Flügel; Lothar Runkel. Meine Klasterstücke. Ja. Nein.

Acksel: Das ist doch sehr schön.

Runkel: Dessau hat`s gefallen. Wurde nicht gestrichen.

Acksel: Finde ich wunderbar.

Runkel: Dass das nicht im Programm vermerkt wurde, fand ich ja furchtbar. Da müsste doch mindestens „Am Klavier hören sie nicht: Herrn Runkel" stehen. Das Klavier haste gar nicht gehört. Weil das so ein Krach war, aber Dessau brauchte noch diesen besonderen Ton.

Reichstagspräsidentenpalais

Runkel: Viele Jahre später haben wir mal `ne Aufnahme gemacht, das war in der „Deutschen Schallplatte", so hieß das Ding. VEB Deutsche Schallplatte, die hatten ihre Studios in dem ehemaligen Reichs... - wie hieß dit?

Acksel: Reichskanzlerpalais?

Runkel: Nee, nee, nee - wie heißt denn det Ding da?

Acksel: Präsidenten....?

Runkel: Ja, Präsidenten ja, aber wie heißt denn dit, wo die da alle rumsitzen und quatschen?

Acksel: Ja, das ist der Bundesrat.

Runkel: Ja, aber Reichs....tag, so! - Reichstagspräsidentenpalais, das ist gleich neben dem Reichstag. Eine dolle, große Villa ist das. Und die war verbunden oder ist heut auch noch verbunden mit einem Gang zum Reichstag. Dort wohnte früher der Reichstagspräsident und konnte rübergehen, quer unter der Straße durch, ist nur eine Straße zwischen. Und dort stand die Mauer, direkt an dem Haus verlief die Grenze. In diesem Haus war zu der Zeit die „Schallplatte" drin, die haben Aufnahmen gemacht, weil es schön leise da war. Es fuhren keine Autos, die Schiffe fuhren auch nicht, weil alles zu war.

Acksel: Also kein Getute.

Runkel: Kein Getute. Nichts. Und dort haben auch wir die Aufnahmen gemacht, ein paar Nächte lang. Immer nachts. Alle Schauspieler aus dem Stück "Johanna der Schlachthöfe" waren dort. Aufgenommen wurden die „Schreichöre" aus „Johanna der Schlachthöfe", (Brecht: „Die heilige Johanna der Schlachthöfe", BE 1968). Mich hatten sie auch wieder engagiert und ich hatte überhaupt nichts tun, ich musste nur Kaffee kochen, jede Menge, immer Kaffee kochen, Kaffee kochen, kriegte das aber immer schön bezahlt. Das hat ja immer der Wekwerth arrangiert, dass ich nach Möglichkeit ein bisschen Geld extra kriege. Da war eigentlich gar nichts weiter, aber es war immerhin interessant, sonst kam man dort überhaupt nicht hin, weil es so direkt an der Grenze war. Dafür musste man einen irrsinnigen Papierkrieg mit Stasi und mit Innenministerium einreichen, dass man dort durchkam, dass man da überhaupt hinkam für die Aufnahmen. Alle, die da beschäftigt waren, mussten durch diese Riesenbürokratie und dann wurde das genehmigt und wir konnten mit einem besonderen Ausweis dort hin. Das Haus war unmittelbar am Westen, eben an der Grenze. So war das da. Und das war eigentlich dort das Ganze.

Acksel: Es weiß doch heute kaum einer mehr, dass in diesem Haus die Plattenproduktion der VEB Schallplatte stattfanden. Weil es nun besonders leise war, durch die Mauer.

Runkel: Das war ja eben noch ein sehr massives Haus und so. Das war innen toll ausgestattet.

Acksel: Reichstagspräsidentenpalais, ist ja auch ein schönes Wort. Aber das gibt es ja heute noch.

Runkel: Irgendwas ist da wieder drin.

Acksel: Es ist heute Sitz der Deutschen Parlamentarischen Gesellschaft (DPG).

Begleiter des alten Kardinals

Acksel: Was ich jetzt begriffen habe ist, dass du in allen Inszenierungen vom Galilei dabei warst.

Runkel: Außer in der derzeit aktuell letzten, da war ich ja nicht mehr am BE.

Acksel: In der Inszenierung von Erich Engel warst du schon dabei.

Runkel: Anfänge inszenierte Brecht, als er starb, hat Erich Engel das zu Ende gemacht.

Acksel: Eigentlich hat Brecht den Galilei nur deinetwegen gemacht.

Runkel: Das war Zadek. (Peter Zadek, 1926-2009, geboren in Berlin, gestorben in Hamburg, deutscher Regisseur).

Acksel: Da kommen wir noch zu. Wann wurdest du der Diener des Kardinals?

Runkel: Das wurde ich ziemlich bald. Am Anfang spielte das der Friedrichson, ein Schauspieler und junger Kollege. Ich weiß nicht, aus welchen Gründen er aufgehört hat. Als er weg war, hat der Erich Engel mich mit dieser kleinen Rolle betraut. Dann wurde ich das.

Acksel: Also hat Erich Engel dich inszeniert?

Runkel: Ja. Das hat er. Aber nur bei der Umbesetzung. Bei der Inszenierung vor der Premiere und einige Zeit nach der Premiere spielte der Friedrichson. Ich weiß nicht, wo der herkam und wo der hinging. Der war da und dann war er weg. Und darum musste das eben wieder besetzt werden. Und irgendwie sind se auf mich gekommen. Ich weiß nicht, warum. Also: Ich habe mich darum selber nicht beworben, das habe ich bei der Wekwerth-Inszenierung gemacht. (Berthold Brecht: „Galileo Galilei" in dänischer Fassung, Regie: Wekwerth/ Tenschert, BE 1978). Zu Wekwerth sagte ich: „Die Rolle spiele ich seit 150 Jahren, das möchte ich jetzt wieder spielen." Er meinte: „Na denn, wenn`s so ist, machen wa des." Hab ich dem direkt gesagt, ich will das machen. Das hat er ooch gemacht. Hat zwar zwei Sätze gestrichen, aber das war die Strafe.

Acksel: Eure Eminenz haben sich zu viel zugemutet.

Runkel: Das waren vier Sätze und zweie hat er gestrichen. Wahrscheinlich wegen der Länge des Stückes.

Acksel: Ja. Genau.

Runkel: Weil es dann entschieden kürzer wurde.

Acksel: Kriegste die vier Sätze noch zusammen?

Runkel: Das war immer mit der Eminenz. Mit den verschiedenen Eminenzen waren ja die dollsten Sachen im Laufe der vielen Jahre. Wie heißt der Mann?

Acksel: Wer war denn der Kollege, der den Namen vergessen hatte?

Runkel: Wolfgang Heinz als Galilei in der Wiederaufnahme von Bennewitz, (Fritz Bennewitz, 1926-1995, deutscher Theaterregisseur) ein paar Jahre später. Da wurde die alte Inszenierung wiederaufgenommen, mit einigen Veränderungen in der Dekoration. Der Wolfgang Heinz hat im dritten Bild - ein riesenlanges Bild mit viel, viel Text - und in der Szene muss er seinen Partner ansprechen, Herrn Sagredo. Seinen Freund Sagredo. Mit dem Namen ansprechen. Der Wolfgang Heinz wusste aber nicht mehr, wie der Freund heißt. Das fiel ihm nicht mehr ein. Und da stürzt er auf die Seitenbühne und sagt zu mir am Pult: „Wie heißt der Mann? Wie heißt der Mann?" Aber ich wusste gar nicht, welchen Mann er meint. Ich konnte ihm keine Auskunft geben. Weil sich nicht richtig klar und deutlich ausgedrückt hat. Er hätte `ne längere Rede halten müssen, wen er meint. Ich weiß nicht, wie er sich da gerettet hat. Ob er den angeredet hat oder gar nicht. Irgendwie muss er einfach du sagen, dann geht's schon. Aber ‚Sagredo' hätte ich sagen müssen. Aber das kam mir nicht in den Sinn. Ich guckte bloß wie so 'n angestochenes Huhn, was er will von mir.

Acksel: Das ist ja auch sehr überraschend.

Runkel: Das war sehr überraschend. Wenn da einer, wo gar nüscht ist, plötzlich raus stürzt.

Acksel: Oder wie Brecht gesagt hat: „Was gestrichen ist, kann nicht durchfallen!"

Runkel: Das war nicht Brecht, sondern Wolfgang Heinz: "Was nicht gestrichen ist, kann nicht durchfallen!", hat er gesagt und dann hat er noch gesagt: „Ein echter Komödiant lässt sich noch vom Galgen abschneiden, um zu spielen."

He?

Acksel: Ernst Busch als Galilei in der ersten Inszenierung hatte mit seinem Text auch seinen Spaß.

Runkel: Das muss man ja mehr vormachen eigentlich. Im letzten Bild hatte Ernst Busch seitenweise Text. Und er war etwas schwerhörig und etwas vergesslich. Hat nicht gewusst, wie es weiter geht, des Öfteren. Und er saß schon zwei Meter direkt vorm Soufflierkasten, in der Mitte der Bühne, ganz vorne in seinem Stuhl. Er redete mit dem Adoptivsohn. Wusste aber seinen Text oft nicht. Und dann rutschte er immer näher an die Souffleuse ran, er war schon fast in dem Kasten nachher, am Schluss des Bildes. Und wenn er nu gar nüscht wusste, machte er: „He, he?" Ohne Scham ging der auf die Souffleuse los. Er hat immer mit einem Riesenohr am Soufflierkasten gehorcht, damit er das noch besser hörte. Und wenn er nicht verstand, kam immer: „He, he?" Das ist so wie - ich will jetzt keene Namen nennen - in den Blauen Pferden (Michael Schatrow: „Blaue Pferde auf rotem Gras", Regie: Christoph Schroth, BE 3. Oktober 1980), da sagten die alle: „Heute war es ja wieder so: Sie sahen Herrn so und so und hörten Frau Leipold." (Frau Leipold, Souffleuse am BE.) Der hat das gespielt, aber es war synchronisiert von der Souffleuse.

Acksel: Wunderbar.

Runkel: Ja. - Ich habe acht Kardinäle verbraucht

Acksel: Wie viele Kardinäle hattest du denn?

Runkel: Ich habe acht Kardinäle verbraucht. Der erste war Beneckendorff, der ermordet wurde (Wolf von Beneckendorff (1891-1960), deutscher Schauspieler, Adoptivsohn von Paul von Beneckendorff und von Hindenburg (1847-1934, Generalfeldmarschall, Reichspräsident), dann haben sie Bienert geholt vom Deutschen Theater (Gerhard Bienert, 1898-1986, deutscher Schauspieler), der hat`s ein bisschen gespielt, dann kamen noch Haußmann (Erich Haußmann, 1900-1984, deutscher Schauspieler), wunderbar, Vater von Ezard Haußmann. Mit manchen habe ich ja sehr gerne zusammen gespielt. Bause (Peter Bause, *1941, deutscher Schauspieler), Kalisch (Peter Kalisch, 1921-1992, deutscher Schauspieler), Axel Werner, *1945, deutscher Schauspieler, Dissel (Werner Dissel, 1912-2003, deutscher Schauspieler, Regisseur), Weiß (Siegfried Weiß, 1906-1989, deutscher Schauspieler), lange, gerade in der Inszenierung von Wekwert. Der war ja da Premierenbesetzung .Bause hat das übernommen, innerhalb von wenigen Stunden. Wir waren uff Tournee nach Paris, und Siegfried Weiß konnte nicht mitfliegen, er war krank. Und dann sollte er nachkommen, aber er wurde nicht gesund und kam nicht nach und so hat das der Peter Bause übernommen, ganz schnell, weil wir das Stück ja spielen mussten... Im Laufe der Jahre war es teilweise so, dass der alte Kardinal nachher jünger war als der „junge" Begleiter. Bei Axel Werner war es so und bei Bause war es auch so.

Acksel: Na, ist doch sehr hübsch. Du hast das ja solange gespielt.

Runkel: Ja, ja. Diese beiden Inszenierungen. Es wurde ja nachher noch mal inszeniert, als ich nicht mehr am BE war. Die hätten mich ja als Gast holen können. Als junger Begleiter mit 80 für den alten Kardinal, der 60 ist. Aber das haben sie leider versäumt.

Nach dem Mauerbau

Acksel: Was spielte sich konkret ab, als die Mauer gebaut worden ist? Ich weiß, dass du mit Max Jaap am Abend vorher im Kino am Steinplatz in West-Berlin warst und Karten für den nächsten Tag den 13. August gekauft hattest. Die Karten hast du ja noch. Was spielte sich am Theater ab? Wie war das?

Runkel: Im Theater war gar nüscht los, es waren Spielzeitferien. Die Mauer wurde am 13. August gebaut, da war das Theater zu. Am 1. September fing die neue Spielzeit an und es fanden sich dann alle ein. Zwischendurch war nüscht. Es hätte ja auch keiner die zusammentrommeln können. Es waren ja Ferien. Nachher ging`s los. Da war viel. Also an dem Tag selber, das war ja ein Sonntag, und auch die Tage danach war theatermäßig gar nüscht los. Aber dann natürlich waren die West-Berliner, alle eigentlich, nicht mehr verfügbar. Die konnten `ne ganze Weile kommen.

Acksel: Tatsächlich?

Runkel: Die konnten noch rüber. Nur die aus dem Osten durften nicht mehr nach dem Westen. Aber West-Berliner, die konnten noch kommen. Nicht sehr lange, aber doch etliche Zeit ging`s noch.

Acksel: Das wusste ich gar nicht. Ich dachte, dass generell niemand mehr rüber konnte. Galt das nur für Künstler oder galt das für alle?

Runkel: Alle West-Berliner konnten noch rüberkommen. Und dann nachher wurde das schwieriger. Für die Theater haben die das irgendwie noch ein bisschen laufen lassen, man konnte die vielen West-Berliner Künstler und Theaterleute ja nicht alle so schnell ersetzen. Die Hälfte der Ensembles waren ja West-Berliner. Jetzt machten sie den West-Berlinern ein Angebot, dass sie nach dem Osten ziehen. Sie hätten eine Wohnung bekommen, wo sie wollten, wie sie wollten, was sie wollten. Hätten die sofort bekommen, ist aber keiner rüber gezogen. Aber die hätten die dollsten Wohnungen haben können.

Acksel: Ist ja doll.

Runkel: Die zogen alle nicht rüber, aber die hatten die dollsten Angebote.

Acksel: Also hat der Staat versucht, die mit allen Mitteln hier zu halten.

Runkel: Weil es eben so schwer war, auf die Schnelle so viele Leute zu ersetzen. Die halbe Berliner Künstlerschaft bestand aus West-Berlinern, die Musiker, die Sänger, die Schauspieler – die kamen ja alle aus West-Berlin. Das war ja sehr, sehr schlimm. Und die mussten ja die Spielzeit eröffnen. Die hätten ja nicht schreiben können: Wegen Mauerbau sind alle Theater vorläufig geschlossen, wie bei Goebbels 1944: „Wegen Kriegszuständen ist kein Theater mehr." Und jetzt mussten die nun ganz schnell Ostleute finden. Und das ging ja nicht von einem zum andern Tag. Das war ja sehr schwierig.

Auch die Opernhäuser und so weiter waren davon betroffen. Bis auf die Komische Oper. Felsenstein (Walter Felsenstein, Gründer und Intendant der Komischen Oper von 1947 bis zu seinen Tod 1975), der war ja sowieso außen vor. Da blieb alles wie es war.

Acksel: Du hast ja bereits erzählt dass du dann alle Stücke inspizieren musstest. Haben die sich dann nicht mehr rüber getraut?

Runkel: Die durften dann ja nicht mehr kommen. Ab einem bestimmten Zeitpunkt. Das ging nur 'ne kurze Zeit, dass die noch durften. Eben nur eine gewisse Zeit. Ich kann mich erinnern, wir haben noch inspiziert, Güldemeister und ich, den „Artur Ui", das weeß ick noch. Und dann haben wir gesagt: Heute ist der letzte Tag. Er hat mich nach Hause gefahren und ist dann rüber. Wir wussten von da an ist nüscht mehr. Ick stehe dann alleene auf weitem Flur und kein Güldemeister weit und breit. Und auch der Schrade ja nicht, der war ja auch West-Berliner. Und nun mussten sie schnell Neue herbeischaffen.

Dann haben sie ja Pivy geholt, die hatte ja vom Inspizieren keine Ahnung und ich habe es ihr schnell beigebracht. Das ging dann sehr gut. Die hat sich sehr gut geeignet und war sehr hinterher und hat das sehr gut gemacht. Sie war sehr nervös, aber das ist ja eine Sache zum nervös werden. Damals ist sie vom Fernsehen zu uns gekommen und hat dann viele Jahre schön gearbeitet.

Acksel: Du hattest es ja von der Pike auf gelernt. Vom Lehrling zum Lehrmeister.

Runkel: Vom Idioten zum Oberidioten.

Acksel: Zum 1. Inspizient erst mal. Bei der Weigel gab es den Titel ‚Chefinspizient' noch nicht.

Runkel: Am BE gab es keinen Titel „Chefinspizient", da konnte man bestenfalls 1. Inspizient werden, aber z.b. bei den Maskenbildnern gab es einen Chefmaskenbildner. Aber die Maskenbildner und die Garderobiers waren zu Anfang des BE`s einige Jahre lang nicht Mitglieder des BE`s, sondern Mitglieder der Staatsoper und mussten dort zu Betriebsversammlungen. Die waren sozusagen als Gäste am BE. Und so wurden die auch Chefmaskenbildner. Da ging das aber, und bei den Originalmitgliedern wurde man, wenn man Glück hatte, 1. Inspizient.

Acksel: Das ist ja auch eine Kuriosität.

Runkel: Das ist eine Kuriosität. Es hat sich so merkwürdig entwickelt und war den Anfangsjahren in der DDR geschuldet. Das neu gegründete BE, spielte anfangs als Gast im Deutschen Theater. Nachher bekam der Brecht selber ein Haus, das „Theater am Schiffbauerdamm". Es blieb aber komischerweise bei der Ausgliederung der Maskenbildner und Garderobiers, die blieben Mitglieder der Staatsoper, arbeiteten aber im BE. Sie mussten eben, wenn in der Staatsoper Betriebsversammlungen oder dergleichen schöne Veranstaltungen stattfanden, dort hin. Erst ganz viel später wurden die dann auch Mitglieder des BE`s.

Gleichstrom

Acksel: Hast du spezielle Tourneeerinnerungen? Ich denke an Stromausfälle...

Runkel: Ausgefallen ist der Strom in Berlin ein paar Mal. Aber selten. Zwei- bis dreimal nur, im Theater. In Paris war das so, dass die hingefahren sind, zur Vorbesichtigung, Hotelzimmer bestellen und das Theater zu besichtigen, auch der technische Direktor. Und als wir dann ankamen, stellte man fest, dort ist Gleichstrom und wir hatten alles mit Wechselstrom. Vor allem die Drehscheibe, die ging nur mit Wechselstrom. Nun war die gar nicht zu gebrauchen. Also mussten se von einer Filmgesellschaft irgendeinen Generator holen und den dann auf der Straße aufstellen, was dort sehr schwierig war, die Straßen waren ja voll mit Autos. Wenn de da was hinstellst, was sich nicht wegrührt, verursacht das Komplikationen. Aber sie haben es ja geschafft. Der Generator lief dann so lange wir spielten, den ganzen Abend, damit Wechselstrom hergestellt wird, damit die Drehscheibe und alle anderen Geräte, vielleicht Tongeräte oder was da war, die unbedingt Wechselstrom brauchten, eingesetzt werden konnten. Na, das war ein Reinfall, muss ich sagen. Technischer Direktor muss man sein, um das nicht zu erkennen. Die haben vielleicht auf alles geachtet, bloß nicht auf das Naheliegendste.

Acksel: Da sind sie nicht draufgekommen.

Runkel: Das es so was überhaupt noch gibt. In Europa. Das war natürlich manchmal sehr kompliziert, auch wenn man rein privat im Ausland war und dann gab es eben Gleichstrom. Das war aber nicht das Schlimmste. Oftmals gab es andere Steckdosen in den Ländern. Dann haben se uns später in den Vorbesprechungen gesagt, nehmt da irgendeinen Adapter mit oder irgendwelche Sachen haben se denn geraten. Für Rasierapparate, oder Kaffee kochen, also Tauchsieder. Da kommst du in die Steckdosen nicht rein. Da waren andere Steckdosen mit irgendwelchen verzwickten Sachen. Das haben wir dann hinbekommen. Aber beim ersten Male da standen wa da, wie die Kuh vorm neuen Tor. Was ist denn jetzt los?!

Der Knubbel, ein Schiffsausflug in Norwegen

Acksel: Ihr habt ja viele Tourneen unternommen, da gibt es bestimmt noch einiges zu berichten.

Runkel: Da fällt mir spontan ein, dass wir auch in Bergen waren, in

Norwegen. Das dortige Ensemble im Theater in Bergen hat unser Ensemble eingeladen zu einer Schiffspartie, zu einer Schiffsfahrt aufs Meer, auf den Atlantik raus. Dieses Ensemble und unser Ensemble. Sie haben sich eine Fähre, eine Autofähre gemietet und dann fuhren wir los. Wir fuhren und fuhren und fuhren und durften sogar auf die Brücke. Dann kamen wir auf das offene Meer, da war kein Land mehr in Sicht und nichts. Und dann kamen größere Wellen irgendwelcher Art sowie Dünung, so ganz lang-gestreckte Wellen, und das Schiff machte ganz merkwürdige Bewegungen, so Dünungsbewegungen, so janz langsame, und wir alle wurden grün und blau. Nicht alle, aber etliche. Und die Berghaus, die damals Intendantin war, sagte zum Kapitän: „Halt, stopp, umkehren! Wir haben heute Abend Vorstellung und ich will nicht, dass die alle kotzend auf die Bühne gehen oder was!" Und der Kapitän ist umgekehrt, zurückgefahren. Einige haben`s bedauert, die nicht grün waren, aber die anderen, die größten und tollsten Kerle, hielten sich an der Reling fest und dann ging es zurück.

Der oberste Kapitän von ganz Norwegen, ein alter, so wie der von der Titanic, wollte uns noch einen Gefallen tun und sagte noch als kleine Entschädigung für die abgebrochene Fahrt: „Wollen wir mal in so einen kleinen Nebenfjord reinfahren, da steht das Haus von Edvard Grieg." Das wollte er uns zeigen noch einmal in Bergen. Er fuhr rein in den Fjord. Auf einmal ein Krach, ein Bums, alles flog vom Tisch, manche Leute flogen um, das Schiff war festgekeilt. Das Schiff stand ganz schief und fest, es rückte sich keinen Millimeter mehr. So, da waren sie auf irgendeinen Knubbel gefahren unter Wasser, so 'n Stein. Und mich verwunderte es, dass der oberste Kapitän den nicht kannte, den Knubbel. Außerdem ist er sicherlich auf jeder Seekarte angezeichnet. Und dann stand det Ding still, es war nicht mehr zu bewegen. Wir hatten ja Vorstellung. Dann hat der Kapitän uns auf die linke Seite geschickt, uff die rechte, nach hinten, nach vorne, um das Ding wieder irgendwie loszukriegen, war nicht zu wollen, es war fest. Und dann haben wir gesagt: „Wir müssten ja irgendwie nach Bergen zurückkommen." Und Ecke Schall war gar nicht mitgekommen, weil er eine große Rolle im „Coreolan" spielte. Der war schon mal nicht grün. Jedenfalls haben sie dann gefunkt, dass irgendwelche Schiffchen kommen und uns abholen. Dann kamen lauter kleine Äppelkähne angefahren, es war ja sehr nah am Ufer, es war nur so ein schmaler Fjord. Und dann haben sie Busse bestellt, die auch kamen. Wir wurden mit den kleinen Booten abgeholt. Zuerst, sagten sie, gehen die Nichtschwimmer runter und die, die Vorstellung haben.

Ich hatte Vorstellung und war Nichtschwimmer und war einer der Ersten von Bord, einer der Ersten, die gerettet wurden. Aber es war unglaublich scheußlich, denn es war nur eine Strickleiter an dem hohen Schiff; auf der Strickleiter an einer langen Schiffswand runterzuklettern, war sehr unangenehm, wenn du gar nicht schwimmen kannst und denkst, da unten ist so viel Wasser. Dann bin ich jedenfalls runter in das Schiffchen und dann also an Land und in einen Bus rein. Als der voll war, sind wir losgefahren. Stundenlang sind wir gefahren – unendlich kam mir das vor. Auf dem Wasser ging das ganz schnell, da fährst du zweimal um die Ecke und dann bist du in Bergen. Aber über Land musst du endlos fahren, es ist ja immer Wasser zwischen. Du musst bis Halb-Oslo fahren, dass du nach Bergen kommst. Es war fürchterlich lang, aber wir kamen gerade so zur Vorstellung an, so ein bisschen vorher kamen wir an und dann haben wir die Vorstellung gemacht. Das war unser Ausflug.

Acksel: Das war ja ein erlebnisreicher Ausflug.

Runkel: Ich sage dir, das war vielleicht spaßig. Ich fand`s ja ganz spaßig. Ich war da gerade in dem Restaurant, ich saß uff `n Stuhl; ich bin nicht umgefallen. Die Gläser sind vom Tisch gefallen. Aber das war natürlich ein großer Schock. Die haben dann irgendwelche Klappen zugemacht unten, damit das Wasser nicht reinläuft. Es war dann schon gesichert und es ging auch gar nicht unter, es war ja festgemacht, das Schiff. Das war unser Ausflug in Bergen.

Dann kriegten wir nach ein paar Tagen von der Reederei oder weeß ich, vom Theater, ein Schriftstück ausgehändigt – alle, die uff dem Schiff waren. Da stand drauf: „Für gute Seemannschaft ..." und so `n Text usw., aufgrund dieser Rettungsaktion, dass wir da so brav mitgemacht haben.

Acksel: Das hast du doch bestimmt noch.

Runkel: Das habe ich.

Acksel: Ist doch ein schönes Erlebnis, sonst hätte sich das nicht so eingebrannt.

Runkel: Nee, das hat man ja nicht jeden Tag, dass so 'n großes Schiff da auf einen Knubbel fährt. Wie jetzt dieses Ding da, die Costa Concordia vor der Insel Giglio im Mittelmeer.

Acksel: Wo der Kapitän versehentlich ins Rettungsboot gefallen ist.

Runkel: Ja, mit dem Computer unterm Arm.

Russische Selters

Runkel: Als ich das zweite Mal in Moskau auf Tournee war, wohnten wir so 'n bisschen außerhalb, hinter dem Ende der U-Bahnstrecke schon. Es war ein ganz neues Hotel – ganz modern und in der Nähe, ein paar Schritte entfernt, war ein Supermarkt. Ich musste mir irgendetwas zum Trinken holen. Ich brauchte ja etwas zu trinken nach der Vorstellung. Also bin ich in den Supermarkt und es gab gar nichts zum trinken, also keinen Saft, keine Brause oder Cola oder so etwas - das gab es überhaupt nichts. Da dachte ich: Guck mal nach Selters. Es gab ein Regal, das war 50 Meter lang. Das ganze Regal war voller Flaschen. Alle Flaschen mit weißem Inhalt. Ach, dachte ich, das ist Selters - wunderbar. Jetzt kaufte ich mir drei Selters-Glasflaschen, ziehe damit ins Hotel und unglücklicherweise stoße ich irgendwo mit den Flaschen an. Und dann roch ich es: Das ist ja gar keine Selters, das ist Essig. Essig war das! Ich dachte: Na ja, dann kann ich ja den Essig ins Klo schütten, den kann ich ja nicht als Selters trinken. Also gieße ich den Essig ins Klo und es kommen Dutzende oder Hunderte von Schaben auf einmal in das Klo. Die stürzten aus dem Klobecken; das ganze Badezimmer war voller Schaben. Die konnten den Essig nicht vertragen. Die habe ich alle aufgescheucht, das ging ihnen gegen den Strich.

Acksel: Das ist ja doppelt komisch.

Runkel: Das sind so die Erlebnisse. In Moskau war ich ja clever. Das habe ich sonst nie gemacht, aber da bin ich auf diese glorreiche Idee gekommen und habe die Dolmetscherin gebeten, mir einen Zettel zu schreiben: „Ich bin vom Berliner Ensemble, wir geben Gastspiel im Wachtangow-Theater und ob sie mir eine Eintrittskarte verkaufen können." Das hat sie gemacht und ich habe den überall vorgelegt, wo Riesenschlagen waren, am Fernsehturm und an diesem Gasometer, diesem 1812-Ding da. Überall waren ja verschiedene Sachen, wo man keine Aussicht gehabt hätte, da je reinzukommen, weil eben die Schlagen unendlich waren. Manchmal haben die mir sogar umsonst eine Karte gegeben. Ich bin gleich vorn rangegangen und habe den Zettel vorgelegt. Das war natürlich ein bisschen gemein gegen die Wartenden. Aber wenn ich da gewartet hätte, würde ich heute noch da stehen.

Acksel: Oh, dann hättest du keine Vorstellung mehr geben können.

Wind sieht man nicht

Runkel: Eine andere Tournee. Im Flugzeug auf dem Weg nach Toronto. Das war irgendwie hinter Irland über dem Atlantik. Ich war gerade auf dem Klo, mit einem Mal fing das Flugzeug furchtbar an zu zittern. Aber so etwas von Zittern, in sich wackelte es. Ich dachte: Jetzt ist das Ende da. Ich ging vom Klo herunter – es war ja hinten, das Klo - und guckte nach vorne. Das ganze Ding wackelte, alle Klappen gingen auf und es fiel alles raus. Und von den Tischen flog alles runter. Ich dachte: Was ist denn jetzt? Es war unfassbar, die Leute waren entsetzt. Nach zwei Minuten war wieder Ruhe, es war bestes Wetter, die Sonne schien. Es war gar nichts. Keine Lampen gingen an – Bitte Anschnallen – nichts! Die waren da vorne genauso überrascht wie alle anderen. Das merkst du ja nicht, wenn dann irgendwelche Wackelwinde kommen. Die haben immer erzählt: „Wind siehst du nicht." Aber so etwas, wie in dem Flugzeug, das habe ich noch nicht erlebt. Ich dachte, das Flugzeug hält das gar nicht aus, dass es so in sich wackelt. Fand ich doll, aber die Sache war sehr beängstigend.

Premiere von Wekwerths „Dreigroschenoper" Inszenierung in Athen 1981

Runkel: Athen, Athen, Athen. Athen war ja so – es war ja dort so heiß, wie ich es in meinem Leben nur einmal noch in Jerusalem erlebt habe. Athen war das Heißeste aller Zeiten. Als ich aus dem Hotel trat, dachte ich, mir haut einer mit 'nem Hammer auf den Kopf. Das Hotel war klimatisiert, aber außerhalb des Hotels? Wir fingen mit den Proben schon um 8 Uhr an und um 11 Uhr hörten wir auf. Später konnte man nicht mehr – das war eine Freilichtbühne, es war so ein altrömisches Amphitheater direkt unterhalb der Akropolis, und die Sonne knallte da wunderbar rein, es war wunderbares Wetter. Die haben gesagt, wir müssen um 8 Uhr anfangen und um 11 Uhr aufhören, das war auch richtig.

Die Vorstellung begannen wir auch sehr spät um 21.00. Dann saß ich und sah die Akropolis direkt vor meinen Augen auf 'm Berg, es war immer schön kitschig beleuchtet grün und rot und blau und gelb, es wechselte dauernd. Es war eine interessante Sache. Wir brachten die Premiere der neuen „Dreigroschenoper" in der Inszenierung von Wekwerth in Athen raus. Wir haben in Berlin probiert bis Generalprobe, und dort in Athen haben wir die Premiere gespielt. Und nun ist ja die Berliner Bühne 8 Meter breit und da sind es ungefähr 30 oder 35 Meter, und die Tiefe ist nicht sehr, das ist kurz, aber nach vorne kam ein Riesenorchesterraum von 15 Metern oder wat. Da standen zwar Stühle, es war eine Umstellung erster Art. Da stimmt ja nichts, kein Auftritt. Das waren alles Wege von einer halben Stunde, bis du an die Stelle kamst, wo du sein musstest. Die mussten also schon um viertel nach 8 losgehen, wenn sie abends um 8 da sein wollten, uff der Stelle. Es war ganz, ganz umständlich. Und von hinten waren gar keene Ufftritte möglich, die mussten wir dann irgendwie verlegen. Da war eine Mauer, in der Mitte war ein Durchgang. Da haben wir gemacht und geknurrt. Es ging ja vor allen Dingen um die Wege, um die Gänge und die ganz anderen Längen und Breiten, die da waren. Und das Hotelzimmer, das ich mir mit Riemann teilte, war klimatisiert. Nur leider war die Klimaanlage erst einmal kaputt. Die war eingebaut ins Fenster, in so 'nen Kasten, war nachträglich eingebaut und ging nicht. Es war eine Glut. Ich denke: Was ist denn da los? Und dann bin ich hochgeklettert, es waren hohe Räume, det war janz oben am Fenster. Ich da hoch: Warum geht das Ding nicht? Und dann merkte ich: Es war ausgeschaltet! Also schalte ich die Klimaanlage ein, und da kam ein Geräusch raus wie aus einem Panzer, ungeheuer laut. Das habe ich aber so gelassen und habe gedacht: Da muss der Riemann sich dran gewöhnen. Der reißt ja auch immer das Fenster uff, dann lass ich jetzt mal die Klimaanlage uff Panzer laufen. Die ganze Nacht lief das Ding, so laut. Aber wenn das gleichmäßig laut ist, wird man schon einschlafen. Es lief die ganze Nacht, es war unvorstellbar.

Schalten die da die Klimaanlage aus!

Acksel: Wegen der Lautstärke.

Runkel: Das müssten sie doch reparieren, ist doch nicht normal, dass 'ne Klimaanlage so 'nen Krach macht. Deswegen haben die die einfach ausgeschaltet und nicht repariert. Das ist billiger – ausschalten. Aber nicht mit mir! Wurde sofort eingeschaltet.

Acksel: Da hast du doch darüber deine Getränke gekühlt dann?

Runkel: Getränke ... mit meinem kleinen Ost-Netz da, es ist ja so witzig. Da habe ich meine Büchsen - so 'ne Cola-Büchse oder irgendwat - da reingemacht und das dann rangehängt an das Ding, genau vor dem Ausgang vor der kalten Luft. Eisgekühlte Getränke hatte ich dadurch. Musste zwar immer hochsteigen und ranklettern, aber eisgekühlte Getränke waren das. Es war ja keen Kühlschrank drin, also habe ich das selber als Kühlschrank umbenutzt. War sehr gut, war das!

Dann war ja noch was sehr Spaßiges in Athen. Wir hatten probiert, abends war die Vorstellung, am Tage frei. Da bin ich spazieren gegangen in die Umgebung von Athen, da sind ja Berge, mehr oder weniger hoch. Und bei einem Berg dachte ick: Da möchte ich doch mal hochgehen. Den habe ich auf der Karte auch gesehen, da war ein Weg da hoch. Bin ich hoch, und oben uff diesem Plateau - da war so 'n kleenes Plateau - da war kein Mensch, außer einem Fotografen, der nun die Touristen da fotografieren wollte. Der war nun janz scharf darauf, ein Foto von mir zu machen. Und ich versuchte, ihm immer klarzumachen, dass das mit mir schwer ist, weil ich aus der DDR komme, ich habe kein Geld, das Hin- und Herschicken der Fotografie und Geld - ist alles schwer. Das hat der überhaupt nicht begriffen. Also habe ick nachher jesagt, na lass mal fotografieren. Dann hat der mir irgendeinen Zettel in die Hand gedrückt. Sein Schaden, wenn er es nicht begreifen will. Ich habe mich gesträubt mit Händen und Füßen, dass er von mir ein Bild macht, aber ich habe dann nichts mehr gehört davon. Es ist schwer, ja. Der sprach nur Griechisch und so mit Englisch war es auch schwer, bei dem gar nicht und bei mir sowieso wenig. Der hat das gar nicht begriffen, der wusste wahrscheinlich gar nicht, was die DDR ist.

Ein öffentliches Bier in Kanada

Acksel: Irgendeiner ist doch verhaftet worden, weil er Bier getrunken hat.

Runkel: Micha Kind, da waren wir in Toronto. Kanada. Wir machten einen Ausflug, es war ein freier Tag, denn die Bühne musste umgebaut werden für ein anderes Stück. Also sind wir zu den Niagarafällen gefahren. Eine beeindruckende Geschichte, sage ich dir. Und in dem Ort Niagara oder in irgendeinem Ort haben wir 'ne Pause gemacht, das war nicht so sehr weit weg von Toronto, so genau auf der Grenze Amerika/Kanada, da sind die Niagarafälle. Mit einem Mal merken wir, sehen wir oder kriegen mit, dass Micha Kind (*1953), unser junger Schauspieler, verhaftet wird, auf offener Straße! Der hatte sich eine Büchse Bier gekauft und die getrunken. Aber in Kanada ist es verboten, in der Öffentlichkeit Alkohol zu trinken. Und der wurde verhaftet. Weg war er. Wir hatten ja Vorstellung, wir mussten ja zurück. Und es war gar nicht einfach, den wieder loszukriegen von der Polizei. Das ist so schwierig, wenn man erst einmal verhaftet ist. Und ohne den wäre das nicht gegangen. Wir mussten also alles dransetzen - es war ja nicht in Toronto, das war ja ein Ende weg. Wenn der nicht gleich mitkam, musste der ja irgendwie dahin transportiert werden. Das war äußerst schlimm, eine brenzlige Situation. Wir haben es dann irgendwie geschafft, ihn da loszueisen. Es wurden alle Hebel in Bewegung gesetzt.

Acksel: Bis sie dann mal in Bewegung sind, das dauert.

Runkel: Ja, na und Behörden sind ja überall langsam. Wir konnten ja nun nicht gleich die Botschaft in Gang setzen. Ich weiß gar nicht, ob da eine war von der DDR. Ein Konsulat wahrscheinlich, ja. Aber das hätte ja Wochen gedauert. Das haben die da vor Ort irgendwie diplomatisch mit der Polizei hingekriegt, aber es hat gedauert und gedauert und gedauert, bis man denen alles klarmachte. Das war eine brenzlige Sache. Der hat das gar nicht gewusst und das haben sie uns auch nicht gesagt. Die hätten uns bei der Einweisung sagen müssen: Also, passt uff, in der Öffentlichkeit Alkohol - geht nicht! Nicht einmal ein Bier, kein Tropfen Alkohol. Das passierte da wirklich.

Jerusalem

Runkel: Jerusalem - wo diese Riesenhitze war. Als ich aus dem Bus stieg, bin ich bald umgefallen, weil die Hitze mich so erschlagen hat. Ich bin nur ein paar Schritte gerannt. Es gab so 'ne große Mauer, die bis zum Eingang des Theaters ging. Und da war so ein Schlagschatten, der war so ein Meter. Ich bin an der Mauer entlanggerannt, so schnell ich konnte zu dem Eingang des Theaters, weil: Im Theater war es gekühlt. Ich dachte: Das überlebe ich nicht, so eine Hitze. Das war für mich, als wenn mir die Luft wegbleibt. Der Bus war gekühlt und dann raus in die Hitze. Die anderen waren noch am Aussteigen, ich war da raus und weg - schnell ins Theater.

Acksel: Wie lange wart ihr denn in Israel? Habt ihr nur in Jerusalem gespielt?

Runkel: Nur in Jerusalem. Und da wollte die dann unbedingt in die Altstadt, die schöne, aber es war aber gerade Intifada.

Acksel: Deinetwegen?

Runkel: Meinetwegen. Und am ersten Tag, war alles offen. Ich vormittags unterwegs. Da war ein Riesengerenne. Das war ja ein Leben in diesen engen Gassen, das ist ja dort nur 1,5 Meter breit und ein kleines Geschäft am anderen, es war ungeheuerlich, dieser Eindruck von Leben, wie man es hier nicht kennt. Das war faszinierend. Leider hatte ich nur ganz wenig Zeit und bin ich am nächsten Tag wieder hin und da war eben Intifada ab 12 oder wat. Totenstille, es war nichts, kein Mensch in der ganzen Altstadt. Ich bin da alleine langgetippelt, alles war zu - nüscht. Totale Ruhe. Das war ein Unterschied wie Tag und Nacht. Ich denke: Nein, wie kann das bloß sein, so etwas?

Acksel: Warst du denn in der al-Aqsa-Moschee mal drin?

Runkel: In der al-Aqsa-Moschee war ich drin und auch in der anderen Moschee, die da noch heiliger ist, dies Ding mit der goldenen Kuppel. Die al-Aqsa-Moschee ist rechts, so eigentlich eine unscheinbare Sache. Da muss man rein und die Schuhe ausziehen, da irgendwo hinstellen.

Acksel: Der Felsendom, auf dem Tempelberg.

Runkel: Das ist die ganz, ganz, ganz heilige Stätte. Da kommt man nur schwer rein. Man darf eigentlich da überhaupt nirgendwo rein. Und wenn, dann muss man die Schuhe ausziehen. Da waren ja auch Riesendinger, wo man sich die Füße waschen sollte und konnte und alles, wo immer das Wasser läuft und die sich alle fleißig gewaschen haben, die Käsebeene. Aber Schuhe ausziehen war natürlich Pflicht. Für 'n Fußpilz günstig. Das war so 'ne berühmte Stätte, das hat mich sehr interessiert. Ich bin rein und als Nächstes wollte ich in das Ding mit der Goldkuppel unbedingt. Sie haben mich reingelassen, aber nicht sehr tief, ein paar Meter nur, so zum Eindruck. – Was war noch? Das war das Gegenteil von dem, quasi gleich unterhalb von dem Ding: die Klagemauer von den Juden. Wo die ihr Papier immer in die Wand stecken. Man kriegte man so ein kleines Ding auf den Kopf zu setzen, das kriegte man da für ein paar Pfennige, aus Pappe, so 'ne Haube, eine Kippa. Da war der Eingang, so eine große Toreinfahrt links hinten in der Ecke, da sind ganz, ganz weit kilometerweit Gänge unter dem Berg, wo die anderen Dinger oben drauf stehen, die Moscheen.

Acksel: Und da warst du drinnen in den Gängen?

Runkel: Da kam nun einer und wollte unbedingt von mir Geld haben.

Acksel: Wofür das denn?

Runkel: Ja, nur haben - er wollt 's haben. Ich sagte: Ick hab' keen Geld, habe versucht das wieder darzustellen mit DDR und keen Geld und so wat. Der ließ nicht von mir ab. Das war ganz unheimlich, die ganze Sache mit diesen Gängen und so. Ich bin da ein Stückchen rein, aber dann wieder zurück und hab dem dann 50 Pfennige Ost gegeben.

Acksel: Da wird der sich aber gewundert haben.

Runkel: Das war wahrscheinlich sein Bestreben, irgendwas zu kriegen, nehme ich an.

Acksel: Und in der Grabes- und Geburtskirche warst du dann sicher auch?

Runkel: Da waren wir auch.

Acksel: Das ist sehr beeindruckend in Jerusalem, das alles zu sehen.

Runkel: Diese Straße, Dolorosa, wo der sein Kreuz angeblich langgeschleppt hat und so.

Acksel: Via Dolorosa und die 14 sogenannten Leidensstationen. Ist doch eine tolle Stadt.

Runkel: Na ja, das ist schon sehr beeindruckend, dass man da hingekommen ist überhaupt.

Acksel: Und wo habt ihr da gespielt? Und wann habt ihr da gastiert?

Runkel: Na, in dem Staatstheater. Ein großes Theater. Klimatisiert, das war das Wichtigste. Das war kurz vor der Wiedervereinigung.

Alle eingeladen

Acksel: Wo haben die denn an die Tür gehämmert?
Runkel: Du meinst Spanien, Barcelona. Das war ja putzig.
Acksel: War das auch noch zu Weigels Zeiten? Oder war das später?
Runkel: Das war später, viel später und so ulkig. Es hat mich sehr erinnert an eine Begebenheit, die ich selber erlebte habe, da war ich in derselben Situation. Die Premiere Dreigroschenoper, erste Voraufführung - „Gülde Vorhang". Und in Spanien hat mich das so daran erinnert, auch ich habe ich den Vorhang zumachen müssen, an derselben Stelle beinahe. In Spanien war der Wekwerth einen Tag vor der Vorstellung an der Universität und hat allen, die da zu diesem Symposium, zu diesem Gespräch eingeladen waren, allen Studenten, gesagt: Kommt doch morgen in die Vorstellung. Das haben die tatsächlich gemacht. Die hatten natürlich keine Karten. Die Vorstellung war ja ausverkauft. Es war ja ganz voll. Die „Eingeladenen" standen alle vor der Tür draußen. Das war so eine ehemalige Markthalle oder so was, wo wir spielten. Ein Amphitheater aufgebaut innen. Nun hörten „die Eingeladenen" plötzlich, die Vorstellung geht los. Sie waren draußen, waren aber eingeladen. Und da waren zwei ganz große Rolltore, mit Metall aus Wellblech. Und als die merkten, es geht los und sie sind draußen, fingen die an, gegen diese Metalltüren zu donnern mit den Fäusten. Es waren ja viele Leute da. Also 100 oder mehr. Die wollten nu rein. Und donnerten so gegen die Türen, dass auf der Bühne kein einziges Wort zu verstehen war. Der Morgenchoral des Peachum war zu Ende, der Wyzniewski (Arno Wyzniewski, 1938-1997, deutscher Schauspieler) hat das gespielt damals. Der hat seinen Text gesprochen. Es war nichts mehr zu verstehen. Nichts, nichts, nichts. Da habe ich gedacht: Mensch, das kannste doch nicht

bis zum Ende der Vorstellung durchmachen. Das wäre sinnlos. Ein Stummfilm, oder wie? Ich habe dann auf die Bühne gerufen, das hat Arno gar nicht verstanden, weil es zu laut war. Vorhang zu. Also habe ich den Vorhang zugemacht. Und da rauschte wieder einmal fast an derselben Stelle der Vorhang zu. ‚Gülde Vorhang' war dann bei mir. Das war sehr gut.

Acksel: Und was habt ihr dann gemacht? Habt ihr die Studenten reingelassen?

Runkel: Na ja, dann war erst mal zu und dann hat der Wekwerth irgendwie verhandelt mit denen und hat die alle reingelassen. Weil er sie eingeladen hatte, hat er sie alle reingelassen. Das war zwar ausverkauft, aber es waren ja so 'ne Treppen da. Drei Treppen, bis ganz nach oben. Da haben die sich alle auf die Treppen gesetzt, das war natürlich auch schön zum Sitzen, war nur ein bisschen unbequemer vielleicht, aber die haben alle zugeguckt. War nun noch voller. In Deutschland wäre das völlig unmöglich gewesen. Die Feuerwehr hätte gesagt: Das kommt nicht in Frage, die Treppen, das sind Fluchtwege. Das geht nicht. Aber da ging das. Und dann waren die alle drin und wir haben noch mal angefangen. Das war sehr schwierig, mit dem Stück noch mal anfangen. Denn in diesem Haus gab es keine Rufanlage, keine Mithöranlage. Gar nüscht. Die Garderoben waren ganz weit hinter dem Zuschauerraum, also nicht zur Bühne, es war gar nüscht vorhanden. Nur hinter dem Zuschauerraum. Jetzt musste ich Boten aussenden und auch selber überall hinrennen, zum Stellwerk und allen möglichen Leuten sagen, dass wir noch mal anfangen. Die Darsteller mussten sich teilweise wieder umziehen. Auch technische Dinge waren nötig, natürlich. Es musste ja wieder zurückgebaut werden. Alles, ich sage dir. Das dauerte 'ne ganze Weile, bis es dann nun wieder losgehen konnte. Umgeschminkt konnten se teilweise gar nicht werden.

Da war eine Sache am Anfang des Stückes, zwei so Diener, Rokoko Diener mit Allonsch-Perücken, die den Vorhang so aufhalten, wie ein Wagnervorhang. Die waren nun schon umgezogen und umgeschminkt. Im Bordell treten dieselben Schauspieler als Polizisten auf. Jetzt mussten sie wieder runter und kamen aber als Polizisten auf die Bühne und haben nicht als Rokoko Diener den Vorhang aufgehalten, sondern als Polizisten. Die haben geklatscht die Leute und haben sich totgelacht, die haben sich gleich gedacht: Na, bei der Sache sind jetzt Polizisten notwendig, englische, Bobbys.

Acksel: Und die haben den Vorhang aufgehalten.

Runkel: Und die haben den Vorhang aufgehalten. Und die Leute haben das gleich richtig verstanden. Jetzt seid mal vorsichtig. Beim nächsten Mal greifen wir ein.

Acksel: Das ist doch sehr schön.

Runkel: Das war sehr ulkig ja. Ich habe erst gar nicht gewusst, wieso lachen die denn so? Warum ist denn so ein tumultartiger Spaß da unten? Das war eben, weil es so ein Unterschied war, zwischen den Rokoko-Dienern und den Polizisten. Das war sehr ulkig.

Acksel: Das passte ja dann wie die Faust aufs Auge.

Runkel: Das war mit dem Vorspiel sehr schwierig, es waren ja viele Leute, die da rumkrochen. Da war ja 'ne Pantomime nur mit dem Moritatengesang. Und die waren ja teilweise schnellstens umgezogen und mussten es auch manche sein, oder sie waren dann halb umgezogen oder gar nicht. Das war totales Chaos.

Acksel: Das ist eben Theater, wie Theater es sich gehört.

Runkel: Jedenfalls musste ich da ordentlich rennen, um das da publik zu machen und hab dann auch irgendwelche Helfer gefunden, die als Boten ausschwärmten und den entsprechenden Leuten Bescheid sagten. Es musste ja an allen Abteilungen, in der Garderobe, in der Maske, bei der Beleuchtung, Ton - überall musste ja Bescheid gesagt werden. Die nicht unmittelbar an der Bühne waren, haben das gar nicht gemerkt. Da hinten war Ruhe. Die wussten gar nicht was los ist.

Auf die Betonung kommt es an

Acksel: Hattest du nicht auch mal einen schönen, unfreiwilligen Erfolg in Madrid?

Runkel: Ja, in Spanien in Madrid gastierten wir mit Baal (Brecht: „Lebenslauf des Mannes Baal", BE 1993, Regie: Peter Palitzsch). Vor der Tournee sagt der Palitzsch (Peter Palitzsch, 1918-2004, deutscher Theaterregisseur) mit einem Mal zu mir: „Hier hast du einen Text und den sagst du auf der Bühne auf Spanisch auf." Das gab es in Berlin überhaupt nicht. Den Text, diesen ganzen Auftritt gab es nicht. Und dann haben sie mir den spanischen Text genau auf ein Band gesprochen und ich musste das lernen. Spanisch ist sehr schwer. Ich habe fleißig gelernt zu Hause vom Tonband mit Lautsprache und so weiter und so weiter. Nun waren wir also in Spanien. Es kommt ziemlich zum Schluss des Stückes ein einzelner Spot, also ein einzelner Scheinwerfer auf mich, ich trete einen Meter raus vom Pult, gehe wieder ab und nichts weiter. Ich gehe in Madrid raus und sage das schön auf Spanisch und auf einmal ein riesiger Lacher. Ich denke: Was ist denn da los? Was für ein Lacher kann das denn sein? Dann habe ich die Dolmetscherin gefragt: „Wieso haben die denn so gelacht?" Sagt die: „Ja, das ist eine ganz kleine Winzigkeit. Das ist eine Kleinigkeit. Wenn man das so sagt, heißt das was völlig anderes. Das ist sehr komisch." Dann hat sie mir ganz detailliert das noch einmal erklärt: „Baal abandona a la madre de su hijo no nacido. So muss das sein, dann ist das richtig." Das war äußerst schwierig. Ich habe einen Riesenlacher ungewollt in den Baal reingebracht. Ich weiß heut` noch, was da los war. Kannst ja Sachen erleben, sage ich dir, am Theater, da bist du wirklich platt.

Ein Stecker in Budapest

Acksel: Irgendwo hat euch doch ein Hauptstecker mal Freude gemacht. Ich weiß nicht, ob du da inspiziert hast.

Runkel: Das war bei Piwy in Budapest. Mahagonny (Brecht/Weill:

"Mahagonny", BE 1963), das kleine Mahagonny. Der Inspizient saß, in dem Falle Piwy, mit dem kleinen, transportablen Inspizientenpult auf der Bühne, direkt neben einem fahrbaren Podest, auf dem gespielt wurde. Und beim Rausfahren dieses Podestes und dem Bringen des kleinen Tisches und des Pultes, haben die Bühnenarbeiter irgendwie die Verbindung unterbrochen. Vermutlich blieb das Kabel irgendwie hängen und der gesamte Stecker mit allen Zeichen, und da waren ein Haufen Zeichen zu geben, war raus. Es war gar nichts mehr. Und komischerweise war es nicht möglich, diesen Stecker wieder reinzukriegen, dann wäre es ja wieder gegangen. Und die Piwy saß da an ihrem Pult und konnte gar nichts machen, und ich war zufälligerweise anwesend, ich hatte ja mit der Vorstellung nichts zu tun. Ich habe das von der Seite gesehen und denke: Was ist denn jetzt los? Ist ja alles zu Ende. Irgendwie habe ich dann so ein bisschen geholfen, soweit das möglich war. Aber die haben das dann nachher wieder hingekriegt, also diesen Stecker wieder reinzubekommen. Ich weiß nicht, warum das passiert ist, aber der Anfang war erst mal gar nicht möglich, denn sie konnte sich da draußen gar nicht bemerkbar machen. Und da habe ich Himmel und Hölle in Bewegung gesetzt, dass die weiterspielen konnten. Sonst hätten se ja aufhören müssen und noch mal anfangen. Wäre ooch gegangen. Sieht man ja.

Acksel: Es sind eben die schönsten Sachen die passieren können. Bei Live ist live ist das so.

Wegen des Trödels eher da

Runkel: Ein anderes Gastspiel in Paris. Wir wohnten in der Innenstadt, ganz in der Nähe von dem Folies Bergère, dem berühmten Cabaret. Ich will die Komische Oper in Paris sehen und kaufe mir eine Karte, es war eine Nachmittagsvorstellung. Und sie spielten „Werther" von Jules Massenet, eine grauenvolle Oper - für mich jedenfalls. Ich war also drinne und habe getrödelt und gemacht und geplaudert und geguckt. Jedenfalls, der Bus, der uns dann von den Hotels abholte, um uns zum Spielort zu bringen, war weg. Nun musste ich ja irgendwie dort hinkommen. Dachte ich: Na, werde ich mal mit dem Zug fahren. Erstmal brauchte ich eine Fahrkarte. Ich habe der Verkäuferin gesagt: „Saint-Denis." Die hat nicht verstanden, was ich wollte, obwohl das genauso ausgesprochen wurde, wie ich das aussprach. Aber irgendwas passte nicht. Jedenfalls hat es 10 Minuten gedauert, bis die mitgekriegt hat, wo ich hin wollte. Alle haben sich eingemischt und mir geholfen. Alle sagten „Saint-Denis", genau wie ich. Ich sage dir! Die Quintessens war jedenfalls, dass ich ankam. Das Ding fuhr ruck zuck, ohne zu halten dahin, und ich war eine Viertelstunde vorher da. Der Theaterbus kam nach mir an, solange hat der da gebraucht, um da rauszuzuckeln mit den vielen, vielen Ampeln usw. Ich war schon da, als die ankamen.

In Saint Denise spielten wir von Brecht „Die Tage der Commune". Ich habe das nicht inspiziert, sondern musste nur mitspielen. Und wie auf Tourneen üblich, blieben die Statisten in Berlin, und wir wurden alle irgendwie eingesetzt. Unsere Kaderleiterin, Frau Rudolph, war auch mit auf dieser Tournee und wurde natürlich auch eingesetzt. Sie musste eine Nonne spielen.

Acksel: Das ist natürlich sehr schön. Die Kaderleiterin als Nonne auf der Bühne!

Der Kardinal Inquisitor wird bewacht

Acksel: Ihr musstet euch ja manchmal auch was einfallen lassen, damit die Vorstellung nicht gefährdet war...

Runkel: Arno war so sehr gefährdet mit dem Saufen in Paris. Wir spielten Galilei und er spielte den Kardinal Inquisitor. Darum habe sie im Hotel jemanden hingesetzt vor oder ins Hotelzimmer, das der nicht rauskonnte, um sich Schnaps zu besorgen. Der Kardinal Inquisitor wurde bewacht sozusagen, damit er nüchtern bleibt und spielen kann.

Acksel: Hat er nicht auch auf einem Flughafen für Abwechslung gesorgt? Dass er nicht da war oder nicht kam?

Runkel: Die Geschichte mit dem Pass in Rom habe ich ja schon berichtet. Irgendwie kamen aber immer Leute nicht. Einmal in London der Weißbrot, der hat sich absetzen wollen. Wir saßen alle im Bus. Nur Herr Weißbrot war nicht da. Der wollte eben im Westen bleiben und blieb dann auch da. Erst einmal war er nicht auffindbar. Wir flogen dann ohne ihn ab. Und wir hörten später, der ist da geblieben. Und dann kam er wieder freiwillig zurück in die DDR und dann hat er sich das Leben genommen.

Acksel: Ach wie schön... du hast ja dann in späteren Zeiten oft die Reiseleitung gemacht.

Runkel: Na ja. Das kann man ooch nicht so direkt sagen. Das war nicht so. Das habe ich nie gewollt und mich geweigert, wo es ging. So`n bisschen ja, wenn man so will. Es gab die Hauptreiseleitungen und auch so eine Art Unterreiseleiter. Die betreuten zwölf, fünfzehn Leute, zahlten das Geld aus oder sammelten die Pässe für das Hotel ein. Solche untergeordneten Dienste waren zu erledigen. Die wurden dann verteilt an irgendwelche Leute. Da war ich dann so einer. Mit der Hauptreiseleitung war ich einmal nur befasst, als wir irgendwie nach Caracas flogen. Da ich ja nun nicht englisch spreche, sondern nur so drei bis fünf Worte, wollte ich das sowieso nicht. Da kannste nebenbei nicht noch Inspizient sein und dann Reiseleitung machen, das ist nicht möglich. Also der von der Komischen Oper hat das immer gemacht. Der war immer Reiseleiter und Inspizient.

Jüdisches Gastspiel

Runkel: Eine Schauspielerin aus Israel gibt ein Gastspiel, ein Soloabend. Nur die Frau. Und das auf Hebräisch. Das war ein Ding mit Pause und irgendwann sollte der Vorhang zugehen. Und da habe ich gefragt, per Dolmetscher: „Wann soll denn nun der Vorhang zugehen? Ich kenn das Stück nicht, ich kann nicht hebräisch, ick wees von nüscht." Da hat die gesagt: „ Wenn ich dreimal so mache (mit den Armen rudern), danach geht der Vorhang zu." Na ja. Und ich nun aufgepasst wie ein Schießhund, wann macht die dreimal so. Das war ja nicht klar, die hat ja nicht angeben könne, ob das nach 'ner halben Stunde ist oder 'ner dreiviertel Stunde oder zwanzig Minuten. Nichts. „Dreimal so!" So nu pass mal uff! Nu musst du ja unentwegt hingucken, du musst ja das Zeichen erst mal anmachen, damit du es wieder ausmachen kannst. Und der Vorhangzieher, wenn das nur an und ausgeht, da sieht der das gar nicht. Du musst also noch einen kleinen Vorlauf haben. Also es war fürchterlich. Jetzt gucke ich und gucke ich und mit einem Mal macht die „dreimal so" Und ich nun hurtig den Vorhang zugemacht. Hurtig, hurtig, das stimmte schon mal, aber alles andere stimmte nicht. Die kommt auf mich zu, ich dachte, die erwürgt mich. Über die Dolmetscherin lässt sie ausrichten, sie macht ja zweimal in dem Stück so. Das war das erste Mal. Zum zweiten kam se gar nicht mehr, da war der Vorhang ja zu. Nu war die Hälfte von dem ersten Teil schon mal weg. Ich denke, na ist das furchtbar. Das war mir nun unangenehm, aber woher soll ich es wissen, wenn mir keener sagt, dass die zweimal „so macht", das wäre schon ein Anhaltspunkt gewesen. Macht se zweimal so. Die war außer sich. Verstehe ich ja, die Hälfte war weg. Das ging nun nicht mehr.

So. Nun war also Pause und ich war völlig am Boden zerstört und dachte, ich muss mir jetzt 'nen Strick nehmen. Nein. Da kommt die Weigel auf die Bühne. Die war nun da, weil die ja Jüdin ist und die ist auch Jüdin, also musste die Weigel sich das angucken. Die kommt zu mir und fragt: „Was hast du denn? Was ist denn los?" Und da habe ich der das erzählt, das ist noch gar nicht zu Ende gewesen, die Hälfte war erst. Hab ihr das geschildert. Sagt die Weigel: "Ach, Mensch. Mach dir doch keine Sorgen. Weiß sowieso kein Mensch, was da vorgeht. Und es hat auch keinen weiter interessiert. Das war nicht so schlimm. Mach dir da mal keine Kopfschmerzen. Hat sowieso kein Mensch was verstanden" Und ging heiter zu der Frau in die Garderobe. Sie hat`s nicht gemerkt. Keiner hat`s gemerkt, meint sie. Also was soll`s.

Schön, dass ich das auch noch erfahre!

Acksel: Du hast ja auch mal eine schöne Durchsage im Theater gemacht: „Schön, dass ich das auch noch erfahre." Was die Weigel sehr erfreute.

Runkel: Das war auch, als sie noch lebte. War aber nicht so lange bevor sie starb, war schon ziemlich nahe daran. Da spielten wir ‚Coriolan'. Kurz vor Beginn, ich gucke und stehe und mit einem Mal sehe ich, das Licht geht ja an auf der Vorbühne, es kommen Leute raus und sprechen irgendwat. Ick denke: Wat ist den nu? Geht die Vorstellung schon los? Ein anderes Stück, oder was? Ich wusste gar nicht, was geschieht. Und war so wütend, dass ich von nichts wusste, dass ich durch das Mikrophon, durch den Generalruf, durch das Haus, durchgesagt habe: „Ist ja schön, dass ich das auch mal erfahre! Dass ich nichts erfahre, oder irgendwas, das das Stück losgeht! Also, böse Sachen habe ich durchgesagt.

Die Weigel hört das natürlich. Und ick hab noch nicht janz ausjesprochen, den Knopp noch nich losgelassen, da schoss die Weigel wie eine Rakete von der anderen Seite aus ihrer Garderobe, halb angezogen, halb geschminkt, die ist ja gleich am Anfang dranne, und stürzte auf mich zu und sagte: „Komm mal mit, komm mal mit, komm mal mit!" Und da musste ich in ihre Garderobe. Und da hat se die Maske und die Garderobe rausgeschickt, aber dann war se schon wieder ziemlich friedlich, und hat mir da gesagt: "Also, wenn so was ist, wenn irgendwas ist, dann kommste in meine Garderobe und sagst mir das. Aber schreist das nicht durch das Hausmikrofon. Das geht gar nicht!" Da hatte se ja recht eigentlich. Aber ich war so wütend, das mir kein Mensch sagt, dass auf der Vorbühne vor der Vorstellung noch irgendwas geschieht, irgendwelche Ansagen oder was da war. Sie hat mir ordentlich Feuer gegeben. Als ich bedient war, konnte ich wieder gehen, dann konnte ich die Vorstellung anfangen.

Acksel: Man hätte dich informieren müssen. Als Inspizient solltest du das wissen. Aber ich glaube, dass sie dich sehr gemocht hat, irgendwie.

Runkel: Ja, scheint ja doch so gewesen zu sein, sonst hätte die mich ja nicht so lange behalten. Dann hätte die mich schnellstens wieder los sein wollen.

Hopp, da sind se da

Acksel: Einen ähnlichen Spaß hast du doch auch mal mit Studenten erlebt.

Runkel: „Blaue Pferde auf rotem Gras". (Schatrow: „Blaue Pferde auf rotem Gras", Regie: Christoph Schroth; BE Premiere 3.10.1980; mit den Studenten der Schauspielschule Berlin). Das fing so an, dass es eigentlich gar nicht anfing. Die Türen zum Zuschauerraum blieben offen und nur ein paar Schauspielschüler traten von links aus der Loge raus und fingen an, Text zu sprechen. Aber es war keine Veränderung, weder Licht auf der Bühne, noch irgendwas. Und es spielte eine neue Besetzung von Schauspielschülern. Und dann haben wir den eingebläut: Wenn ich ein Zeichen gebe, Licht an, Licht aus, dann geht ihr los, dann fängt das an. Und ich gehe immer vor der Vorstellung zur Kasse, um zu sehen, ob es leer ist, ob alle drin sind und die Türen vom Zuschauerraum waren alle offen. Und als ich zurückging von der Kasse, guckte ich durch die offenen Türen vom Zuschauerraum, und mit einmal sehe ich, die stehen da auf der Vorbühne und sprechen Text, da hat det angefangen ohne mich. Das Stück ging los ohne mich.

Acksel: Ohne, dass der Inspizient ein Zeichen für den Beginn gibt.

Runkel: Aber das war nur eine knappe halbe Seite Text und dann ging`s richtig los, dann gingen die Türen zu, das Licht aus, die Bühne wurde hell und alle merkten die riesigen Veränderungen. Dann ging es richtig los, mit mindestens 10 Zeichen. Und ick dachte: Nun mach mal, dass du uff die Bühne kommst und die Zeichen noch ankriegst, bevor der Text alle ist. Ick dachte: Dat kann doch noch ja nicht sein, die fangen an ohne Zeichen - hopp, sind se da. Ich dachte nur: Schauspielschüler - wat willste machen? Aber ich hab`s gerade geschafft. Ich musste die Zeichen erst mal anmachen, damit ich sie wieder ausmachen konnte. Die müssen ja ein paar Sekunden wenigstens stehen. Det jeht ohne mich los.

Ein Lacher für das ganze Haus

Runkel: Zu dem Stück „Blaue Pferde auf rotem Gras" gibt es noch eine schöne Begebenheit. Die Vorstellung läuft und auf der Hinterbühne war irgendwelches Gepolter und Gemache, also Krach. Und da habe ich durch die Lautsprecheranlage durchgesagt: „Wer bumst da so laut auf der Hinterbühne?" Das war ein Riesenlacher im ganzen Theater. Nur die, die es eigentlich zu interessieren hätte, können, müssen - haben's nicht gehört, weil sie auf der Hinterbühne waren und da hört man Durchsagen nicht. Da gibt es keine Lautsprecher für Durchsagen. Die einzige Handhabe die es gab war, hingehen und für Ruhe sorgen. Als ich vom Pult weg konnte, also das Stück es zuließ, war dann Ruhe. Aber dat janze Theater hat gelacht: „Wer bumst denn da so laut auf der Hinterbühne?" Das war ein Lacher für das ganze Haus. Völlig irrsinnig war es – die, die es angegangen wäre, hat es gar nicht erreicht.

Sternstunde

Runkel: Einmal hatte ich ja auch eine Sternstunde für einen Inspizienten. Da hatten wir eine Matinee an einem Sonntagvormittag. Ende Mai. Es war herrliches Wetter, die Sonne schien. Das war ein Gastspiel. Ein großes Orchester saß auf der Bühne, dazu ein großer Chor. Die ganze Bühne war voller Menschen. Da waren 120 Leute da drauf. Und dann war die Pause. Nach der Pause klingele ich fleißig die Leute für die Bühne wieder ein, den Chor und das Orchester und alles. Helmut Koch war - glaube ich - damals noch der Chef von dem Chor. Und sage ihm: „Jetzt geht es gleich los." Die hielten schon alle die Luft an, und der hielt schon fast die Arme hoch. Und mit einmal drehe ich, weil es eben meine Art war, die Mithöranlage laut, damit ich den Zuschauerraum höre - und im Zuschauerraum war Totenstille! Denke ich: Was ist denn da? Wieso schweigen die denn alle? Keiner unterhält sich, keiner hustet, nüscht. Ich denke: Nanu!? Da fiel mir siedeheiß ein, dass ich die Zuschauer gar nicht eingeklingelt hatte. Die waren alle an der Spree und draußen im Garten. Zuschauer waren vielleicht zwölf, fünfzehn Leute im Zuschauerraum. Weil so schönes Wetter und es warm war. Wenn ich angefangen hätte, und die hätten gesungen und das Orchester hätte gespielt und keener wäre im Zuschauerraum gewesen, das wäre ja was geworden! Ich hätte den Vorhang wieder zumachen müssen und sagen: „Entschuldigung." Aber ich bin zum Helmut Koch hingegangen und habe gesagt: „Aus technischen Gründen müssen wir doch noch einen Moment warten." Aus technischen Gründen. Ja. Ich wollte natürlich nicht sagen, dass ich zu dämlich war. Niemals ist das passiert. Aber das eine Mal. Aber das hat genügt. Monometer!

Acksel: Das ist doch schön.

Runkel: Es war ganz voll, das Theater. Und es dauerte auch sehr lange, bis ich die reinkriegte. Denn die waren ja draußen. Ich hätte mit der Klingel rumgehen müssen. Das hat ja endlos gedauert. Ich denke: Kommt doch nu endlich mal. Die standen ja auf der Bühne wie angenagelt. Die gingen da ja nun nicht mehr weg. Hab ja nicht gedacht, dass das so lange dauert, dass die noch mal `nen Kaffee trinken gehen können. Oh Gott. Oh Gott. Peinlich. Merkwürdig ist es für mich heute noch, denn das Stellwerk ist hinter dem Zuschauerraum. Wenn ein Zeichen kommt zum Weitermachen, das da heißt: „Zuschauerraum dunkel, Bühne hell", müssten die Herren eigentlich bemerken, dass der Saal völlig leer ist. Entweder wollten sie mich reinrasseln lassen, oder sie haben es verpennt oder verträumt.

Saubere Bühne

Runkel: Aber noch viel peinlicher war eine andere Situation. Das war auch ein Gastspiel. Lemper, Ute Lemper (Ute Gertrud Lemper,

*1963, deutsche Chansonsängerin und Schauspielerin), hatte einen Abend, einen Soloabend bei uns im BE. Sie hat probiert, eine Verständigungsprobe und legt ein zusammengeknülltes Papier kurz neben das Portal auf die Bühne. Und sagt: „Dieses Papier muss da liegen, wenn ich anfange, hat das Spiel und Text." Sie hatte also mit dem Papier irgendwas zu tun und das muss da unbedingt liegen. Sage ich: „Ja, natürlich liegt das da." Und Herr Runkel, 'ne halbe Stunde vor Beginn, geht noch mal schön auf den Hof oder irgendwo hin. Und kommt fünf Minuten vor zum Klingeln rein, guckt dahin und kein Papier war da. Ich denke: Was ist denn jetzt? Aber so einen eklatanten Fehler zu machen. Das ist nicht verzeihlich. Wie soll ich denn der Frau klar machen, das Papier ist weg? Die hat es ja dann noch gesehen, die war außer sich vor Wut. Die hat das zwar sehr kaschiert, aber das ist ja nun wirklich für einen Profi das Peinlichste, wat es jibt.

Acksel: Hat irgendjemand weggeräumt.

Runkel: Der dachte die Bühne ist ja dreckig, da liegt ja Papier rum, das müssen wa Mal wegnehmen. Und dann war Einlass, dann kamen die Leute rein und als ich das merkte, war ja der Zuschauerraum voll. Man hätte das zwar hinlegen können, aber dann wäre es erst richtig aufgefallen. Jedenfalls hat die das dann ohne Papier gespielt, irgendwie. Aber so was Unangenehmes. Das war auch nicht zu reparieren. Mein Fehler, das war schandbar, muss ich sagen.

Acksel: Du hättest ja sonst die ganze Zeit daneben sitzen müssen.

Runkel: Nö, da hätte man 'nen Bühnenarbeiter hinstellen müssen und sagen: „Hier sitze oder stehste und guckste, dass das Papier nicht wegkommt." Das wäre ja ganz einfach gewesen. Waren ja genug da. Die haben ja nüscht zu tun. Die hätten ja Wache stehen können für das Papier. Das war doof, dass man auf so was nicht gekommen ist. Das war ein absoluter Fehler, das darf nicht sein.

Wo ist bloß der alte Käse auf der Bühne?

Acksel: Aber da gibt es auch so 'ne schöne Begebenheit, das muss aber weit nach der Weigel gewesen sein. Du hast auf der Bühne die Quelle gesucht, die intensiv roch.

Runkel: Roch? Ach so! Ja, das. Das kann man gar nicht erzählen. Da hatten wir Fernsehaufzeichnung vom Kreidekreis. (Brecht: „Der kaukasische Kreidekreis", 1. Inszenierung Regie: Brecht BE 1954; Fernsehfilm der DDR 1973; 2. Inszenierung Regie: Peter Kupke Premiere BE 1976) Das war eine endlose Produktion, tagelang. Das ging den ganzen Tag bis spät bis Zehne, Elfe, um Zwölfe. Und dann schon wieder morgens los. Den ganzen Tag war Aufzeichnung. Draußen 40 Grad Hitze und drinnen im Theater natürlich auch, es gab ja keine Klimaanlage.

Und da stand ich einmal am Inspizientenpult nach zwei, drei Tagen und ich denke: Was stinkt denn hier in der Ecke? Das ist ja furchtbar! Ich hab geschaut und gesucht. Es war nicht zu finden. Ich habe sogar eine Kollegin gefragt. Die hat auch nichts gefunden. Und dann kam ich drauf. Ich war das selber, der so stinkt! Ich war der faule Käse. Nein - habe ich gedacht! Ich war zum Baden in den vergangenen Tagen der Aufzeichnung einfach zu müde gewesen. Es war mir zu spät in der Nacht, da wollte ich nicht duschen und baden, sondern ins Bette. Aber das war dann doch ein bisschen UhUhUhUh …

Ein ganz normaler Tag

Acksel: Beschreib doch mal so einen Tag am Theater, wie war der Ablauf für dich?

Runkel: Beschreib doch mal … wie soll ich das beschreiben?

Acksel: Na ja, wie das so war. Du kamst da hin zum Pförtner und dann zur Kantine und dann ein Buch rausnehmen und so. Wie war der normale Ablauf für dich als Inspizient?

Runkel: Wie war der Ablauf? Man sollte möglichst nicht zu spät kommen. Nein, ein bisschen vor den Darstellern und vor der Regie eintreffen sollte man möglichst.

Ganz früher war es so: Also, in den ersten Monaten und Jahren war mein erster Gang in den HO-Laden. Wir hatten im Theater einen eigenen kleinen HO-Laden, wo wir und der Friedrichstadtpalast einkaufen konnten. Den haben vor allem die West-Berliner benutzt. Die konnten dort nämlich Fleisch bestellen für das Wochenende, kilo- und zentnerweise haben sie es bestellt, bekamen das da geliefert. Wunderbares Fleisch. Also ging ich jeden Morgen hin und ließ mir von der netten Verkäuferin eine Schrippe aufschneiden. Und eine dickere Scheibe Leberwurst draufknallen. Ja, das habe ich als Frühstück gegessen, weil ich zu Hause nie was gefrühstückt habe. Oder auch manchmal zwei Wiener. Da gab es so herrliche, halbe Meter Wienerwurst.

Dann ging ich in die Kantine, gleich daneben bei uns und dort habe mir einen Kaffee geholt. Ganz am Anfang nicht, aber dann kam ich irgendwie auf Kaffee und habe Kaffee mit auf die Bühne genommen. Ich holte mein Inspizierbuch aus dem Schrank und harrte der Dinge, die da kommen. Geguckt... - sind denn alle da? Wenn`s eine große Menge von Darstellern war, musste man sehr aufpassen, dass man wirklich alle zusammen hatte, wenn es losging. Und dann sagte man: „Da fehlt einer." Ja, wenn man dit nicht gemerkt hat, war es schon schlecht. Musstest vorher schon einleitend irgendwie anrufen oder ergründen, wo der sein könnte oder diejenige. Der Regie Bescheid sagen: Wir können noch nicht anfangen.

Meistens waren sie ja da. Es kam auch schon vor, dass sie nicht da waren. Z.B., als Beneckendorff ermordet wurde, konnte man feststellen: Er ist nicht da. Wo ist er denn? Stellt sich heraus, er ist ermordet worden. Das war wirklich so. Tatsächlich, ohne Scherz.

Kann einfach nicht, hat sich verspätet, wahrscheinlich S-Bahn ausgefallen ... Der hatte ja kein Auto, der ist mit der S-Bahn gefahren. Denkt man, da kann irgendwas sein mit der S-Bahn. Aber nein. Ist ermordet worden. Das ist was Seltenes. Und dann musste natürlich auch Herr Runkel wieder ran, weil ich ja mit ihm gespielt habe im Galilei und jetzt war mein erster Kardinal nicht mehr da. Schlagartig. Schlagartig verschwunden war er - und da haben sie den Bienert vom Deutschen Theater schnell geholt. Mit dem habe ich einige Vorstellungen gespielt. Bei den acht Kardinälen, die ich verbraucht habe, gab es ja welche, mit denen ich sehr gerne zusammen gespielt habe. Es gab auch welche, mit denen ich weniger gerne zusammengearbeitet habe. Selbst bei so einer winzigen Wurzenrolle, selbst da kann man feststellen, war es jetzt mit dem angenehm? Ich will keine Namen nennen – aber es gab welche, wo ich gesagt habe: Uäääähh ...

Die kauft gerade in der Greifswalder ein

Acksel: Da fällt mir gleich eine Geschichte ein, die du mir neulich mal erzählt hast, die Vorstellung lief schon und eine Darstellerin fehlte noch.

Runkel: Ach so. Die Vorstellung habe ich gemacht, also inspiziert wie immer. Das war eine Vorstellung von „Pauken und Trompeten". (George Farquhar: „Pauken und Trompeten", Regie: Benno Besson, Premiere BE 1955). Frau Thalbach, die Mutter von Katharina, Sabine Thalbach (Sabine Thalbach, 1932- 1966, deutsche Schauspielerin, Frau von Benno Besson) Sie hatte ein Lachen, das war einmalig.

Jedenfalls: Sabine Thalbach spielte in „Pauken und Trompeten" mit, trat aber erst im vierten Bild auf. Und da dachte man: „Na gut." Die war zu Beginn noch nicht da. Eigentlich sollte man nicht anfangen, aber man konnte anfangen. Also, wir haben angefangen und sie kam nicht. Es war eine Nachmittags-Vorstellung. Wat denn nu? Als es sich rumgesprochen hatte, haben einige Leute gesagt oder zumindest einer hat es gesagt, die haben Sabine Thalbach vor der Vorstellung in der Greifswalder Straße rumkrauchen sehen. Und da haben alle, die ein Auto hatten, sich aufgemacht und sind zur Greifswalder Straße gefahren, um Frau Thalbach zu suchen. Das waren etliche Leute mit einem Auto. Und tatsächlich: Sie wurde gefunden. Mitten am Nachmittag in der Greifswalder Straße. Das musste dir mal klarmachen. Und sie haben die gefunden und angeschleppt.

Wir waren natürlich längst im 3. Bild und mussten eine Pause machen. Nach dem dritten Bild eine Pause! Eigentlich war nach der siebten Pause. Und dann war eben nach dem 3. Bild schon Pause. Die Leute dachten: Ach ja, schön, Pause. Und dann gab es drei Bilder später schon wieder Pause. Die Pause musste aber sein, weil die technisch nötig war, da gab es einen Umbau auf der Bühne. Wir konnten nicht durchspielen, wir mussten zwei Pausen in dem verhältnismäßig kurzen Stück machen.

Acksel: Aber ist doch unglaublich, dass sie die gefunden haben.

Runkel: Das ist das Tollste. Das hielt ich für völlig ausgeschlossen. Aber die haben sich gesagt: Wir werden sie schon finden. Es waren ja Musiker, die hatten ja alle aus dem Westen ein Auto und auch ein paar aus Ostdeutschland. Sind da rumgefahren in der Greifswalder Straße und haben sie gesucht und gefunden.

Acksel: Klasse.

Runkel: Das war für mich sehr erstaunlich.

Acksel: Das ist doch eine schöne Anekdote.

Runkel: Das sind Geschichten, die sind ja nicht mal am Theater wirklich.

Acksel: Das gefällt mir aber.

Runkel: Und die Leute haben sich gewundert, dass schon wieder Pause ist. Das Stück besteht nur aus Pausen. Und Sabine hat sich dann schnellstens umgezogen und ein bisschen geschminkt, und dann war sie da. Aber ohne sie wär es nicht gegangen – dafür war die Rolle zu groß.

Nachmittagsvorstellungen

Runkel: Ein so 'n Ding war auch eine Vorstellung mit der Gloger (Christine Gloger. *1934, deutsche Schauspielerin). Auf dem Spielplan: „Die Gewehre der Frau Carrar" (Brecht: „Die Gewehre der Frau Carrar", Regie: Brecht BE 1952; Neuinszenierung BE 1971) und in dieser zweiten neuen Inszenierung hat sie die Carrar gespielt. Das war nur leider auch eine Nachmittagsvorstellung, und die hat sie vergessen. Die musste ausfallen. Die Rolle konnte man nicht irgendwie schnell ersetzen. Die Carrar ist nun mal die Hauptrolle in diesem Stück. Sie dachte, das ist eine Abendvorstellung und hat sich auf den Abend vorbereitet. Es war aber nachmittags. Und leider haben wir sie nicht zufällig in der Greifswalder Straße gesehen. Da war nichts zu machen. Am Theater passiert`s, du. Ich habe diese Inszenierung nicht inspiziert, es aber natürlich erzählt bekommen.

Acksel: Aber das ist eben menschlich, was?

Runkel: Das ist schon eher unmenschlich, ja.

Acksel: Kann passieren, aber eine Vorstellung vergessen, das ist ja tödlich, ja.

Runkel: Das ist ja ein Albtraum, sag ich. Aber das war ja wirklich im Ernst eine Verwechselung. Nachmittagsvorstellung war etwas ganz Seltenes. Das ist eben der Pferdefuß an der Sache. Ja, da hat sie da reingeritten. Abends wäre sie ja gekommen.

Acksel: War nur keiner mehr da.

Hast nicht hinkiecken können

Runkel: So wie mit meiner Mutter und meiner Schwester. Ich war so ungefähr sieben Jahre alt. Wir wohnten noch in Neu-Westend. Unsere Mutter hatte irgendwie Karten fürs Theater am Schiffbauerdamm aufgetrieben. Das war damals auch noch Märchentheater in Berlin. Also Kindertheater. Irgendwie hatte sie drei Karten aufgetrieben für die Märchenvorstellung.

Wir kommen zum richtigen Datum da anmarschiert, abends. Da haben die jesacht: „Ja, das war heute Nachmittag! Die Kindervorstellung ist immer nachmittags." Wir sind dann wieder nach Hause. Dit war dann die Abendvorstellung, da waren die Karten nicht mehr gültig. Die galten nur für die Märchenvorstellung.

Acksel: Das ist ja ärgerlich.

Runkel: Das war ärgerlich. Hat mich sehr geärgert, ja. War nüscht. Wenn de dran denkst, kommst ins Theater, da ist nüscht, kannst wieder nach Hause fahren, das ist schon sehr unangenehm.

Ich hab für alles meiner Mutter die Schuld gegeben. Ich habe gesagt: „Hast nicht hinkiecken können oder dich erkundigen müssen, wann fängt denn dit an und so? Muss man schon machen."

Acksel: Das war eine Lehre fürs Leben.

Runkel: Hat uns da hingeschleppt, ist ja nun sehr weit bis Friedrichstraße von Neu-Westend und dann is nüscht.

Acksel: Herrlich.

Wenn Honecker sitzt, geht`s los

Acksel: Die Staats- und Parteiführung war doch auch hin und wieder bei euch im Theater?

Runkel: Was wolltest du wissen? Von Wilhelm Pieck? Der Pieck und der Grotewohl, die sind noch ziemlich oft ins Theater gegangen. Die waren des Öfteren da, der starb ja dann sehr bald, der Pieck. Grotewohl lebte etwas länger, aber die beiden sind oft gekommen. Bei Ulbricht wurde es weniger und bei Honecker war es sozusagen ganz und gar aus. Das war nicht so seine Sache, anscheinend. Aber er ist einmal gekommen in eine Festveranstaltung des Berliner Ensembles. Und er saß nicht in der Mittellounge, in der Regierungslounge. Aber diese Mittelloge, diese sogenannte Regierungsloge, wurde ja erst nach dem Krieg eingebaut. Die war ja anfänglich gar nicht vorhanden und ist heutzutage auch nicht mehr da. In der Peymann-Zeit wurde die glücklicherweise wieder rausgerissen und da sind jetzt wieder die Reihen, wie sie vorher waren. Und dahinter ist das Stellwerk bzw. die Tonloge war da. Diese Loge war eine Missgeburt, da waren Wände rechts und links eingezogen, damit die Herren und Damen dort ungestört sitzen konnten und nicht vom Volke belästigt und behelligt werden könnten, damit sie schön abgeschirmt waren vom Volke. Also Honecker saß in der 1. Reihe Mitte. Und da habe ich mir meinen Ablaufplan geschrieben: Wenn Honecker sitzt, geht`s los! Das waren für mich diese Punkte. Und wenn die Kollegen am Pult vorbeigegangen sind und das lasen, haben sie alle gelacht oder gelächelt über diese merkwürdige Formulierung. Ich hätte ja auch schreiben können: Wenn Genosse Honecker Platz genommen hat, beginnt die Vorstellung! Aber nein, bei mir hieß es eben so.

Acksel: Ist doch schön. Und nach der Wende kam da nicht auch Schäuble oder so ins Theater? Irgendwer war doch da?

Runkel: Könnte sein, ich weiß es gar nicht mehr genau. Aber irgendwie, ja. Zu DDR-Zeit kam ja einmal Diepgen, der regierende Bürgermeister und war im „Bezahlt wird nicht". Ist aber in der Pause komischerweise gegangen. Es gefiel ihm nicht oder was weiß ich, warum, vielleicht hatte er andere Termine. Der war dann weg. Das war noch zu DDR-Zeiten. Aber danach - weeß ick nicht. Ich könnte jetzt nichts Genaues sagen. Ich will ja keine Märchen erzählen. In der späteren Zeit war von Weizsäcker bei uns im Theater. Und in der Pause kam er nach hinten, vermutlich war er in der Intendanz gewesen, es war, glaube ich, zur Wekwerth-Zeit, für Häppchen, Schnittchen und Schlückchen ein bisschen. Er kam dann am Bühnengang vorbei, in der Pause waren wir da ja meistens, und hat sich dann mit uns ein bisschen unterhalten, hat dann irgendwas gefragt und gesagt usw., das war sehr nett.

Acksel: War er da schon Bundespräsident?

Runkel: Da war er Bundespräsident. Das war irgendwie schön, ja. Er machte einen sehr angenehmen Eindruck, der Mann.

Acksel: Und da hat er sich mit dir unterhalten?

Runkel: Mit mir und auch mit den anderen. Es waren ja noch ein paar andere Kollegen aus der Requisite dabei.

Wir haben uns schon Sorgen gemacht

Runkel: Ist dann auch zu vergleichen mit dem schönen Satz von Bause in „Bezahlt wird nicht" (Fo: „Bezahlt wird nicht!", BE 1978). Die Vorstellung hatte bereits begonnen. In der Mitte, wo der Honecker vorher saß, mit seiner lila Dame, waren zwei Plätze frei in der 1. Reihe! Und das sieht der Bause. Mit einem Mal kommen Leute rein und kommen genau in die 1. Reihe Mitte. Da sacht er: "Schön, dass Sie doch noch kommen, wir haben uns schon Sorgen gemacht!" Alle haben sich totgelacht, das Publikum, die ganze Bühne, alles war am Lachen. „Schön, dass Sie doch noch kommen!", ich fand das so komisch.

Acksel: Daran kann ich mich auch sehr gut erinnern, das war zu meiner Zeit als Schließer. Wunderbar. Das war die letzte Vorstellung von „Bezahlt wird nicht", Silvester 1988.

Runkel: Und ein andermal Bause, auch bezahltaktisch. Ich habe während der „Bezahlt"- Vorstellung oftmals so Büroarbeiten gemacht. Honorarabrechnungen und so was musste ich machen. Und im ersten Teil des Stückes war ganz wenig zu tun, ich konnte dann meine Schreibsachen machen am Pult. Ich war damit fertig und nehme die Dinge unter den Arm, die Bücher und will auf den Flur gehen, um das in den Schrank zu packen. Von der Bühne sieht der Bause das und sagt zu seinen Kollegen: „Lothar geht schon." Das war ein Lacher, aber nur für die uff der Bühne, das Publikum konnte damit nüscht anfangen. „Lothar, geht schon." Na, ich musste auch lachen, du. Der hat ja vor nichts zurückgeschreckt. Der hat ja, wie gesagt, das hab ich nur gehört, ich hab die Vorstellung nicht gemacht, in „Mann ist

Mann" (Brecht: „Mann ist Mann" BE 1981, Musik: Paul Dessau, Regie: Konrad Zschiedrich) hat er gesagt: „Der Mann muss totgeschissen werden.", statt: „Der Mann muss totgeschossen werden." Also hier offenbar richtig versprochen, irgendwie, dat hat er nicht absichtlich gemacht, glaub ich. „Der Mann muss totgeschissen werden." Hat man mir natürlich brühwarm erzählt. Was da alles passiert...!

Acksel: Der Bause war ja sowieso einer, der sehr engagiert war, soweit ich mich erinnern konnte. Immer, wenn irgendwo etwas gespielt werden musste, ist der eingesprungen und hat auch Kontrabass gespielt, nicht?

Runkel: Ja. Einmal war „Dreigroschenoper", ausverkaufte Vorstellung und Lisewski (Stefan Lisewski, *1933, deutscher Schauspieler) hatte irgendwas, der war im Krankenhaus vor der Vorstellung. Der Arzt hat gesagt, er kann nicht spielen. Ich weiß nicht, was der hatte, er konnte nicht spielen - das war eine halbe Stunde vor Beginn der Vorstellung. Es war ausverkauft. Und da haben wir beraten. Da hat Bause gesagt: „Ach, da spielen wir den Kontrabass - wer es sehen will, bitte!" Da haben wir einfach die Dekoration von der „Dreigroschenoper" – die war ja schon aufgebaut – ein bisschen beiseite gerückt, damit Platz war und haben das Bühnenbild vom Kontrabass hingestellt. Es war ja ganz wenig auf dem Podest, nur an der Wand und dann hat der das gespielt. Er hat die Leute vorher gefragt: „Wir können die ‚Dreigroschenoper' nicht spielen wegen Krankheit und so, wenn Sie bleiben wollen, gucken Sie sich das Kontrabass an. Wer nicht will, kann gehen und bekommt das Geld zurück wegen ausgefallener Vorstellung." Aber das war für die Leute auch ganz interessant, weil wir ja gar nicht so schnell fertig wurden mit dem Aufbau. Das war ja so kurz. Und dann haben wir gesagt: „Wir müssen noch ein bisschen bauen, hier und da können Sie zugucken." – War ja offen, die ganze Bühne -. „Wenn es denn losgeht, klingeln wir. Sie können bleiben, gucken Sie sich das an, was und wie das hier passiert." Dann waren die Leute drin und haben sich das angeguckt usw., es war ja halb so lang wie die ‚Dreigroschenoper', da hatten sie da schon noch ein bisschen mehr von. Das war sehr, sehr gut.

Acksel: Um so dramatischer ist ja eigentlich, wie er dann gegangen worden ist, nicht?

Runkel: Wie man das hört – ja.

Acksel: Das war ja irgendwie kurz vor der Unkündbarkeit, oder?

Runkel: Na, überhaupt. Er war ein guter Schauspieler und war überall einsetzbar, war immer bereit. Aber der passte irgendwie irgendwem nicht oder passte nicht ins Bild, wat weeß ick, was da war. Das kann man alles nicht nachvollziehen, weil man ja in diesen hohen Kreisen nicht verkehrt hat.

Acksel: Er hat ja selber auch erzählt, dass die gesagt haben: „Sie können gerne ins BE kommen, aber als Zuschauer." Das finde ich irgendwie ziemlich dramatisch.

Spontane Fragen

Acksel: Und dann haste doch mal so einen Abend begleitet als Inspizient, wo spontane Fragen der FDJler gestellt werden sollten.

Runkel: Oooh, ja! Harry Tisch. Unser Harry Tisch, von der Partei, Mitglied des Politbüros war Gast, da wurde ein Geschiss von der Stasi gemacht, unvorstellbar. Rechts und links Stasi auf der Bühne, oben auf der Bühne, oben auf der Galerie rechts und links Stasi, der halbe Zuschauerraum. Alles war voll. Man kam in das Bühnenhaus nur mit einem Sonderausweis rein. Und dann wurde nachmittags probiert. Die spontane Abendveranstaltung wurde probiert, nachmittags. Es war eine Hausvermietung, der Zentralrat der FDJ war Ausrichter der Veranstaltung. Und auf der Bühne ein Präsidium, 5-6 Leute, und in der Mitte Herr Tisch. Und am Nachmittag wurde probiert mit den Leuten, die am Abend spontan die Fragen an Herrn Tisch stellen mussten. Ja, so 5-6 FDJler, die standen und saßen auf diesen Plätzen, wo sie dann abends auch saßen. Es war ja voll, das Theater abends mit FDJlern, die dann aufstanden und ihre Fragen an den Herrn Tisch stellten. Und das lernten die nachmittags ganz systematisch auswendig, weil das abends ja ganz locker spontan kommen musste. Die mussten ja genau den Text bringen, denn der Herr Tisch hatte das ja auf seinem Zettel, der wusste ja ganz genau, was gefragt wird und konnte dann auch ganz spontan antworten. Das war ein Spaß, sag ich dir. Ich denke: Was ist denn jetzt? Da haben se das richtig auswendig studiert und vor denen gesprochen. Da saß in der Probe irgendeiner anstelle von Herrn Tisch, der hatte dann nicht geantwortet, aber so konnten die FDJler richtig probieren und das war am Abend alles spontan. Nein, habe ich gedacht: Na wunderbar! Das sage ich dir, du! Gibt`s denn so was? Es ist alles gesagt!

Acksel: Ist alles gesagt?

Runkel: Denk ich auch so. Du musst ja die Fragen stellen – nicht ich. Ich weiß von gar nischt.

München, Olympiade 1972

Acksel: Springen wir doch mal zurück in das Jahr 1972 - Olympiade in München. Das BE gastierte.

Runkel: Das BE gastierte in München, in den Kammerspielen und wir haben „Arturo Ui" gespielt (Brecht: „Der aufhaltsame Aufstieg des Arturo Ui", BE 1959, Regie: Peter Palitzsch/ Wekwerth).

Und dann, am nächsten Tag war das Attentat auf die jüdische Olympiamannschaft. Alle dachten schon, das würde abgesagt, der Rest der Olympiade, wurde aber nicht. Nur an diesem Tag fand die Vorstellung nicht statt. Da war nüscht. Am nächsten Tag haben wir wieder gespielt. Und an dem Tag selber, so etwas hatte ich eigentlich noch nie erlebt, im Osten gab es so was ja gar nicht, gab es sofort Extrablätter. Die wurden auf der Straße verteilt, also nicht verkauft, sondern nur verteilt an die Leute. Mit großem Geschrei: „Extrablatt, Extrablatt!" Mit riesengroßen Überschriften. Es waren ja nur zwei Seiten. Aber die gab es sofort.

Einen Tag vorher waren Willy Brandt und Scheel im Theater, also der Bundeskanzler und der Außenminister. Ansonsten war nichts weiter.

Acksel: Da hast du ja auch mit denen geredet?

Runkel: Nee. Die sind an mir vorbeigegangen im Parkett, in der Pause hab ich die mal gesehen. Geredet nicht.

Acksel: Hast du in München nicht auch ein Angebot bekommen, dass sie dich gleich als Inspizient engagieren wollten?

Runkel: Das allerdings, von Everding, ja. (August Everding, 1928-1999 ,deutscher Regisseur, Intendant, ab 1993 sogar Staatsintendant).

Everding sachte: „Wollen Sie nicht hier als Inspizient anfangen?" Damals war er Intendant von den Münchner Kammerspielen. Er kroch auch rum auf der Bühne und hat mich da eben öfter arbeiten sehen. Wat weeß ick wat. Das hat er zu mir gesagt, Everding wollte mich damals tatsächlich abwerben.

Acksel: Ist ja ein tolles Angebot!

Runkel: Das war ein netter Mann, der Everding, soweit ich das kennengelernt habe. Ja, war schon ein gutes Angebot, ja. Muss ich sagen.

Acksel: Na, sie hätten ja Bauklötze gestaunt, wenn du gesagt hättest, du machst die Vorstellung noch und dann bleibste da in München. Du bist aber dennoch für ein paar Minuten in Österreich gewesen.

Runkel: Auf der Zugspitze, aber da gibt es eigentlich nichts zu berichten. Oben ist ja genau auf der Zugspitze die Grenze zu Österreich. Das war spaßig. Wir sind privat hochgefahren und ich bin über die Grenze gegangen und habe aus Österreich eine Karte geschickt. Also war ich auch noch in Österreich, nicht nur in Westdeutschland, sondern auch noch in Österreich. Es waren bloß 5 Meter. Es gab dort ein Restaurant, in dem habe ich die Karte gekauft und gleich in Österreich in den Briefkasten gesteckt und dann bin ich wieder eingereist. Aber das ging mit dem DDR-Pass ohne weiteres. Die haben ja kaum hingeguckt. Da war der DDR-Pass noch gültig, also der Reisepass. Und als ich zurück in Berlin war, habe ich festgestellt, dass ich meinen Kulturbeutel im Hotel vergessen hatte. Wir wohnten in einem Hotel in der Nähe der Wies`n. Ich habe dort angerufen und die haben gesagt: „Ja, das schicken wir Ihnen nach Berlin." Die haben wirklich diesen Kulturbeutel nach Berlin geschickt. Wahrscheinlich war das Porto dreimal so teuer wie der ganze Inhalt. Es war nur Seife und so `n billiges Zeug drin, das hätte ich für 2,50 neu kaufen können, aber die haben es mir tatsächlich geschickt.

Persönliche Betreuung

Acksel: Na, aber bei einem war`s doch so, der auch im Westen geblieben ist, dass du sagtest, irgendwie leichtfertigerweise: „Das habe ich mir gleich gedacht."

Runkel: Das war ein Bühnenarbeiter, in Spanien. Und der ist weggeblieben. Und das ist natürlich besonders unangenehm gewesen für unseren technischen Direktor, der hat sich immer aus allem herausgehalten. Aber wie man nach der Wende feststellte, war der ein ganz hohes Tier bei der Stasi. Das war natürlich sehr unangenehm dann, wenn ausgerechnet einer von seinen Leuten im Westen blieb.

Das erzählte mir dann ein Referent von der Intendanz und ich sagte: „Ja, das habe ich mir gleich gedacht." Er darauf: „Was? Wieso?!!" Der wollte mich gleich festnageln, was wusste ich schon vorher? „Nee", habe ich gesagt, „wir haben uns unterhalten, der kam mir schon immer ein bisschen so…" Das war auch einer von der Stasi und der war gleich scharf zu erfahren, ob ich nicht auch dahinterstecke. Ob ich was wusste, was ich nicht gemeldet habe, all die schönen Sachen. Höchstgefährlich.

Acksel: Das war doch sicher für dich überraschend, als du in deiner Stasi-Akte gelesen hast, wer dich da betreut hat.

Runkel: Ja, das war ja der technische Direktor, da war ich ja ganz hoch angebunden beim technischen Direktor, und der war Oberst bei der Stasi, was keiner wusste. Der war nicht mal in der Partei. Und der hatte die persönliche Betreuung für mich übernommen. Das war für mich sehr interessant nachher, ich wäre nicht drauf gekommen.

Ich habe mir den Klarnamen raussuchen lassen - es gab ja eine Klarnamendatei - und sie haben mir das dann mitgeteilt, dass der dahinter steckte.

Acksel: Das war für dich dann ja eigentlich eher wie ein Lebenslauf, was du lesen konntest, in der Akte.

Runkel: Ja, na ja, Lebenslauf...

Acksel: Lothar hat das und das gesagt ...

Runkel: Ja, ja, das schon. Es gab ja auch in dem Haus in dem ich wohnte, einige Leute, die fleißig berichteten. Als meine Nachbarin mal am Strausberger Platz neben mir saß und ich sage: „Ich habe meine Stasi-Akte gelesen", fiel der gleich der Unterkiefer runter.

Acksel: Hahaha.

Runkel: Hat se gedacht: Na ja. Ich sagte: „Ich weiß das jetzt alles. Ich kenn die Namen alle." Ohwohwoh, das war gar nicht so gut, die Mitteilung. War ganz schön. In der Akte standen ja Sachen! Diese Dame war ja auch in unserer Wohnung. Wenn ich nicht zu Hause war, ist die zu meiner Mutter in die Wohnung geschlichen. Meine Mutter hat die reingelassen, sie war ja so naiv, sie hat die Olle reingelassen. Und nachher stand in der Stasi-Akte, welche Möbel ich eventuell außer Landes bringen lassen will. Das war ja immer so, dass ich in den Westen fahren konnte, und dass die immer Angst hatten, ich bleibe im Westen. Meine Mutter zog nun nach West-Berlin, die janzen Umzugskisten standen schon in der Wohnung. Dat waren ja 80 Kisten, oder wat. Und da hat die Nachbarin nu schon geguckt, da ist ein Biedermeier-Sekretär usw., und das hat die alles genau aufgeführt, weil sie dachte, das kommt nach dem Westen und das Zeug wird wahrscheinlich mitgehen. War ja alles nicht so, aber das hat die alles genauestens notiert und berichtet, welche Möbelstücke da stehen und was alles so vorhanden ist ... NEIN! Du kannst dir das nicht vorstellen. Wenn du das nachher liest, dann wie`s gekommen ist, dass das ja nu ganz spaßig ist. Aber es war ja zu der Zeit gar nicht spaßig.

Man hat`s ja gar nicht gewusst, die ist ja nie gekommen, wenn ich da war, weil ich das überhaupt nicht wollte. Meine Mutter hatte eine gebraucht zum Klatschen, sowas. Die Nachbarin hat das natürlich ausgenutzt, die war dann in der Wohnung mehr als ich, oder was. Nein ...

Acksel: Ist schon doll, ja. Na ja, aber schlechte Sachen konnte se über dich nicht schreiben. Hast dir ja nichts zu Schulden kommen lassen.

Runkel: Nee, das nicht. Aber man hat schon einiges gelesen, was man von sich selber gar nicht wusste.

Acksel: Hahahaha, kannst jetzt sozusagen als Gedächtnisprotokoll benutzen.

Runkel: Ja, einige Stellen aus dieser 120 seitigen Stasiakte habe ich mir kopieren lassen. Da zählen zum Beispiel welche dazu, die so besondere Bonbons waren. Das fand ich ja ganz komisch, manche Dinger.

Acksel: Ist doch herrlich, oder?

Runkel: Ja.

Ein schöner Effekt

Runkel: Es gibt noch eine Story zum „Arturo Ui". Wir spielen „Arturo Ui" und da kommt das Bild „Garage" vor. Das ist eine Adaption zur Röhm-Ermordung - Ernst Röhm, Stabschef der SA, wurde 1934 auf Befehl Hitlers in Stadelheim, in seiner Gefängniszelle ermordet. Am Schluss dieses Bildes (Ui lässt Roma und seine Gefolgsleute in der Garage des Mammoth-Hotels ermorden), stürmen Ui`s Leute rein, haben Maschinenpistolen und schießen die anderen über den Haufen. Die legen an und schießen. In der Vorstellung kommt aber kein Maschinengewehrgeräusch, sondern Orgelmusik. Also, da habe ich mich halb tot gelacht. Mit Orgelmusik wurden die erschossen! Das war so komisch. Die Zuschauer werden gedacht haben: Aber das ist ja sehr um die Ecke gedacht, eine sehr moderne Inszenierung, dass die mit Orgelmusik erschossen werden...! Der Tonmeister hatte eine Nummer zu weit gespielt auf der Maschine, auf der diese Effekte waren, statt der Maschinenpistolenschüsse hat er gleich aus dem übernächsten Bild der Beerdigung von Dullfeet die Orgelmusik gespielt.

Acksel: Das ist eben Theater.

Runkel: Das war ein Effekt, sag ich dir. Die auf der Bühne konnten sich gar nicht mehr halten. Die einen waren tot. Die konnten unten tot lachen.

Acksel: Sich totlachen.

Runkel: Und die anderen standen alle mit dem Rücken zum Publikum, die konnten herzhaft lachen. Das war nicht so schlecht.

Mauerfall

Acksel: Kannst du dich noch an die Wende im Theater erinnern? Das heißt, als die Mauer wirklich gefallen ist, also an die Tage, irgendwie, wie das im Theater war? Du hattest doch sicher Vorstellung, wie ich mich erinnere.

Runkel: Ich hatte an dem Tag der Wende, an dem 9. November 1989, Vorstellung. „Blaue Pferde auf rotem Gras." Man hat schon irgendwas gehört, aber nur ganz flüchtig in der Vorstellung, aber es war gar nicht konkret irgendwie. Die Vorstellung war zu Ende, so kurz vor zehn und ich bin nach Hause gefahren. Ich habe ferngesehen und das dann direkt gehört mit der Bornholmer Straße. Die haben die ersten Bilder gezeigt. Ich saß zu Hause und habe das am Fernseher miterlebt. Wie die alle rüber sind. Die Wachen überrumpelt wurden, das war schon sehr schön zu sehen.

Acksel: Aber im Theater war das nicht? Ich dachte, dass während der Vorstellung irgendwie gesagt wurde, die Mauer ist auf.

Runkel: Nee, das kam ja ziemlich spät erst durch in Ost-Berlin. Ausgelöst durch diese Pressekonferenz mit dem Schabowski. Und bis sich das rumgesprochen hat, brauchte es seine Zeit. So eine Theatervorstellung ist ja sowieso eine abgeschottete Sache, da kommt gar nicht so viel durch. Im Vorbeigehen hat man was munkeln gehört, aber das war so ein schwaches Gerücht, dass man das gar nicht wahrgenommen hat. Da ist ja kein Radio oder Fernsehen auf der Bühne, auch in den Garderoben nutzten das die Schauspieler nicht. Als das richtig klar wurde, was da passierte, waren wir schon nicht mehr im Theater.

Acksel: Ich kann mich da noch genau dran erinnern, ich hatte ja auch Vorstellung im Scaramouche in München mit der „Bleiernen Zeit" mit Elisabeth Vondrak (Schauspielerin und Intendantin des Scaramouches) in der Hauptrolle. Die Regisseurin des Stückes, Heike Anna Koch, hatte Verwandtschaft in Amerika. Die haben aus Amerika angerufen, dass das schon in den News war, die Mauer ist gefallen, mit dem Auszug von der Pressekonferenz. Und das war kurz vor 20 Uhr. Also kurz bevor wir anfingen. Die Vorstellung ging ja erst um 20 Uhr los.

Runkel: Na ja, diese Pressekonferenz mit Schabowski war irgendwie so um sieben Uhr. Und da musste es sich erst langsam rumsprechen. Und da es 'ne Pressekonferenz war, waren die natürlich schnell, die Presse war ja dabei.

Acksel: Die Weltpresse. Ich dachte, dass das im Theater eher angekommen wäre.

Runkel: Nee. Bei uns nicht.

Acksel: Und wie war das einen Tag später, waren dann alle da, oder waren im Westen?

Runkel: Nee, da war irgendwie gar Nischt. Ich kann mich überhaupt nicht erinnern, dass da irgendwas war. Dit lief da allet, gloob ich, weiter wie gehabt.

Sozialistisches Klo nur für harte Dollar

Acksel: Ich weiß aber, dass du mal über Versammlungen und große Reden im Zusammenhang mit dem Mauerfall geredet hast.

Runkel: Das ging um eine Tournee nach Mexiko. Die Tournee sollte in den Theaterferien stattfinden. Das bedeutete, auf unseren Urlaub zu verzichten. Eine Kollegin war dazu nicht bereit, sie hatte schließlich einen Urlaubsplatz und da fuhr sie hin. Sie spielte in dem Stück eine größere Rolle. Natürlich wurde nicht die Tournee abgesagt, sondern die Rolle umbesetzt. Diese Tournee 1989 war ja das dollste Ding der Weltgeschichte.

Acksel: Warum?

Runkel: Wir sollten nach Mexiko - Mexiko City fahren zum Theater-Festival. Wir sollten die Eröffnungsvorstellung die Dreigroschenoper spielen, nur leider hat unser Verwaltungsdirektor versäumt, ein Durchreisevisum für die USA zu besorgen.

Acksel: Ach?

Runkel: Mir ist das eigentlich unklar, normalerweise ist man ja am Flugplatz in einem Transitraum. Man braucht keine Einreise und geht dann ins nächste Flugzeug. Das ist also staatenloses Gebiet. Komischerweise brauchten wir ein Durchreisevisum. Als wir im Theater ankamen, fertig zur Abreise, konnten wir wieder nach Hause gehen. Wir flogen nicht, ohne Durchreisevisum für die USA ging es nicht. Ohne wurden wir nicht reingelassen. Uns wurde gesagt: „ihr könnt die Koffer alle dalassen im Theater." Wir die Koffer alle dagelassen. „Irgendeine andere Möglichkeit wird sich finden, dahin zu kommen. Geht mal alle nach Hause und wir rufen euch dann an, wenn wir was wissen." Irgendwann kam der Anruf tatsächlich. Am nächsten Mittag sollten wir losfliegen. Von Schönefeld mit einer Linienmaschine nach Havanna.

Acksel: Von Schönefeld nach Havanna.

Runkel: Nach Havanna. Linienmaschine nach Havanna Il18! (viermotoriges Passagierflugzeug des sowjetischen Herstellers Iljuschin). Wir sind eingestiegen in Schönefeld, standen zwei Stunden auf dem Rollfeld und saßen in dem vollbesetzten Flugzeug. Det ging einfach nicht los. Gluthitze, es war ja mitten im Sommer, es gab kein Licht und keine Klimaanlage. Solange die Il18 nicht flog, war da nüscht - nur Hitze, Hitze, Hitze. Die Sonne prallte voll drauf, wir saßen wie angewurzelt. Durchs Fenster konnten wir sehen, die laden alle Koffer aus und nach 'ner Weile alle Koffer wieder ein. Nach zwei Stunden war es dann soweit und wir konnten endlich losfliegen. Über Gander (Gander International Airport, auf der kanadischen Insel Neufundland), natürlich über Kanada zum Auftanken, landen, auftanken und dann weiter nach Havanna.

In Havanna dachte ich, sind wir auf einem Feld gelandet. Es war stockduster. Wie der Kapitän irgendwas finden konnte, war mir unklar. Normalerweise sind Flughäfen hell erleuchtet. Wir kreuzten auf dem Flugplatz rum und irgendwie hat er das Gebäude gefunden, da war so ein Gefunzel. Wir sind ausgestiegen, dann in dieses Gebäude, eine Abfertigungshalle. Das war anscheinend der Transitraum, eine große Halle voller Menschen.

Es gab keine Klimaanlage in der Halle und es war heiß in Havanna. Die Luft zum Schneiden, unfassbar. Die Leute standen wie die Ölsardinen und dann noch wir auch noch rein. Und düster, es ist alles düster, düster. Später haben wir erfahren, das waren Russen, die auf ihre Flüge nach Russland warteten. Dort war so voll, so was habe ich noch nie erlebt. Und dann mit einem Mal kriegten wir raus, wenn man Dollar hatte, konnte man in die VIP-Lounge. Irgendwie hatten alle klugerweise Dollar, oder haben sich wat gepumpt von denen, die welche mit hatten. Ich hatte, weiß nicht warum, glücklicherweise Dollar mitgenommen. Und Westmark, aber Westmark wollten se nicht nehmen. Wer Dollar hatte, konnte in die VIP-Lounge. Klimaanlage, eisgekühlte Getränke, man konnte aufs Klo. In der überfüllten Halle unten war's unmöglich, man kam gar nicht rein ins Klo. In der VIP-Lounge war's wunderbar, schön sitzen, sich erholen. Für harte Dollar ging das sofort - im sozialistischen Kuba.

Nach zwei, drei Stunden kam endlich die Maschine nach Mexiko

City. Mit einem Tag Verspätung kamen wir nun endlich im Mexiko City an. Eigentlich sollten wir das Theater-Festival eröffnen. Diese Eröffnung fiel aus, weil das Berliner Ensemble nicht da war. Mitten in der Nacht, so gegen drei, vier Uhr sind wir gelandet und die Technik wurde gleich im Bus ins Theater gefahren, ausladen und aufbauen und so weiter. Und die anderen konnten noch ins Hotel, drei bis vier Stunden schlafen. Die hatten dann um 11 Uhr eine Verständnisprobe, abends Vorstellung. Das war eine Tournee mit Hindernissen, sag ich dir.

In Mexiko-City war kurz vorher ein ganz großes Erdbeben. Und es gab furchtbar viele Häuser, die waren nur noch Ruinen, die waren an manchen Stellen ganz krumm. Und auf der Straße war plötzlich der Bürgersteig ein Meter tiefer, und dann ging es weiter. So wie das aussah, so etwas habe ich überhaupt noch nicht gesehen. Es war alles noch ganz schrecklich anzusehen. Ich dachte: Na, wenn ich da langgehe, wird das nächste Erdbeben mir sicher sein.

Acksel: So stellt man sich eine Tournee vor. Zurück seid ihr über New York geflogen.

Runkel: So ist es.

Acksel: Euer Mann hat das dann wohl klären können.

Runkel: Ja, der Verwaltungsdirektor ist erst während wir in Mexiko City gastierten, nach New York geflogen, ins PAN AM-Gebäude, zu der Fluggesellschaft, die es schon lange nicht mehr gibt und hat diese Durchreisevisa dort besorgt. Er kam mit diesen Durchreisevisa für die USA wieder. Rückflug, wie es eigentlich auch für den Hinflug geplant war, ging über New York, also Umsteigen in New York und nicht Umsteigen in Havanna.

Haltet den Dieb!

Acksel: Wo hast du das erlebt?

Runkel: In Bogota – ja! Sie haben uns ja schon in Berlin gewarnt. Es gab vorher eine Zusammenkunft aller, die hinfahren. Es wurde gesagt: „Ihr müsst ganz vorsichtig sein, nehmt nichts, kein Geld und keinen Schmuck und nichts mit auf die Straße, die überfallen euch bei lebendigem Leibe auf der Straße." Und in dem Hotel im Eingang standen zwei Soldaten oder Polizisten mit Maschinenpistolen im Anschlag – im Eingang des Hotels! Und alle mussten die Taschen vorzeigen, was sie reinschleppen, wurde kontrolliert. Wir gehen spazieren durch die Stadt, `ne große Straße, es war irrsinniger Autoverkehr, die standen eigentlich nur stille, die fuhren gar nicht. Und dann gingen wir und mit einem Mal denke ich: Meine Güte, was ist denn hier los, wer fummelt denn mir am Hintern rum? Irgendein Bursche von 14, 15 Jahren versuchte, den Reißverschluss meiner Gesäßtasche zu öffnen, weil er sah, dass ein Portmonee drin war. Nun klemmte glücklicherweise dieser Reißverschluss, aber zuerst einmal dachte ich: Der hat mir das geklaut. Ich habe es aber sofort gemerkt, da hinten tut sich was. Habe mich umgedreht, und der raste los wie ein Wahnsinniger durch die Menschen und dann durch die Autos, und ich immer hinterher. Ich brüllte immer: „Haltet den Dieb!" Kein Mensch verstand das. „Haltet den Dieb!" - in Bogota!! Der rannte, war natürlich über die Autos rüber, über die Motorhauben, der Junge kannte natürlich die Verhältnisse. Ich musste mich ja durchschlingeln, war immer ziemlich hinterher: „Haltet den Dieb!" Mit einem Mal fasse ich nach hinten und merkte, es ist ja alles noch da, das Portmonee ist noch da. Dann habe ich gedacht: Na, haltet den nicht, lasst den mal rennen und bin wieder zurück. Aber da hatte ich ja Glück, es war mein ganzes Geld für die Tournee drin. Ich habe das ja wie ein Idiot mitgeschleppt, trotz Anweisung und gutem Ratschlag, das im Safe des Hotels abzulegen. Danach, als ich zurückkam, habe ich es ja nun gemacht, das Geld dann, bis auf ein bisschen, abgegeben. Die haben ja dringend empfohlen, das alles bei der Rezeption abzugeben.

Reinicke (Hans-Peter Reinecke, 1941-2005, deutscher Schauspieler), der war unterwegs mit zwei, drei Kollegen, auf der Straße spazieren. Mit einem Mal stürzen sich zwei junge Leute auf ihn und reißen ihm die Goldkette vom Hals. Zwischen allen Leuten! Das war eine richtige Bande, ein Alter, der hat es denen gezeigt, dass Reinicke die trug, und schon war er seine Goldkette mit dem Kreuz los. Echtes Gold, weg war es! Das war nicht schlecht, da erlebst du was. Es gab ja, als wir ankamen, gleich eine Auszahlung der Diäten für die ganze Zeit, für 8 Tage oder wat, es wurde für alle das Geld ausgezahlt. Und sie waren so ängstlich: Es wurde in einem Hotelzimmer von irgendeinem ausgezahlt. Das war eine Riesenmenge Geld und es wurden große Schutzmaßnahmen getroffen, dass keiner kommt und sich das Geld raubt. Es waren ja da überall Gangster. Darum waren Sicherheitsketten vom BE aufgebaut, damit keiner dahin gelangte. Es war sehr interessant, wie das abgesichert wurde, damit die nicht unsere Diäten klauen, denn wir hätten dann kein Geld mehr dort gehabt.

Acksel: Das wird ja eine große Summe gewesen sein, wenn das ganze Tournee-Ensemble dort war.

Runkel: Die haben ja gesagt: Bloß nicht das Geld mitnehmen, schließt das in den Hotelsafe ein und alle anderen Wertsachen. Nichts im Zimmer lassen und vor allen Dingen nichts mitnehmen, das wird sofort geklaut!

Freiwillig in der Holzklasse

Acksel: Jetzt können wir ja mal nach New York reisen.

Runkel: Wir mussten in New York umsteigen. Aber komischerweise kamen wir nicht in einen Transit rein, sondern mussten einreisen nach Amerika. In einem ganz niedrigen Kellerraum voller Menschen warteten wir auf die Passkontrolle Aber in diesem ganzen Raum war nicht ein einziger Stuhl. Ich habe mich auf die Erde gesetzt, weil ich nicht mehr stehen konnte. Und in dieser Box, wo die den Stempel gaben, saß eine Schwarze, und die war 2,50 Meter dick. So eine dicke Frau oder so einen dicken Menschen habe ich in meinem ganzen Leben noch nicht gesehen. Die war aber furchtbar nett. „Sie sind aus der DDR? Berlin?" Und dann erzählte sie, sie war schon mal in Berlin, in Ost-Berlin und zwar am Alex und an der Weltzeituhr, und das hat ihr alles so gut gefallen. Sie schwärmte und machte den Stempel rein und dann war ich endlich durch - nach zwei Stunden in diesem Kellergewölbe. Es war heiß und niedrig und man konnte nicht sitzen. Aber die Frau war furchtbar nett mit ihrem 2,50 Meter Umfang.

Acksel: Das war die Venezuelatournee.

Runkel: Beim Rückflug mussten wir in New York umsteigen. Ick habe mich blau geärgert nachher. Durch den Flugzeugwechsel bekam ich durch Zufall, durch irgendeinen Irrtum, eine Karte für die First Class. Und ich Idiot sage das beim Einsteigen der Stewardess - und schon saß ich in der Holzklasse. Sehr schön. Bum, weg war ich. Sonst hätte ich den ganzen langen Flug nach Deutschland in den dicken, schönen Sesseln sitzen können. Ich Idiot! Oftmals in meinem Leben war ich so blödsinnig, war immer der Ehrliche. Und ach Gott, ja, das war so schwachsinnig von mir, dass es schon gar nicht mehr geht.

Jedenfalls gehen wir in das Flugzeug rein und wollen losfliegen. Es kommt eine Ansage von dem Kapitän, neben mir saß eine Deutsche, die hat mir das gleich übersetzt, sie sagt: „Der Stuhl vom Kapitän ist kaputt. Der kann nicht losfliegen. Er muss einen ganzen Stuhl haben." Es wurde ein Stuhl besorgt für das Flugzeug, das allein dauerte zwei Stunden. Der Ersatzstuhl wurde eingebaut und dann konnte er losfliegen. Inzwischen war aber die Zeitstelle für unseren Start vorbei, wir mussten uns hinten anstellen. Das dauerte unendlich. Das ist natürlich voll auf dem Kennedy-Flugplatz New York. Unglaublich, wie viele Maschinen dort starten. Wir durften uns schön einreihen. Und das dauerte noch mal zwei Stunden, bis wir endlich dran waren. So ein schöner dicker Sessel in der First Class wäre da schon schön gewesen. Mit endloser Verspätung kamen wir dann in Frankfurt am Main an.

Ehrenamt

Acksel: Der die Pässe besorgt hat, war der nicht auch ehrenamtlich tätig?

Runkel: Das war der Verwaltungsdirektor. Der Verwaltungsdirektor war ein ganz hohes Tier bei der Stasi. Was sich natürlich erst später alles rausstellte. Die Erkenntnisse waren ja sehr überraschend für uns, wer da was alles war. Nein, nein, nein ... Ein ganz netter Mann, ich kam mit dem wunderbar klar. Er war zu allen sehr freundlich und ganz normal. Ich hatte mit dem nie, auch mit dem persönlichen Referenten der Intendanz von der Stasi, nie Schwierigkeiten

Schnitzel wie Klosettdeckel

Acksel: Wenn wir schon von Tourneen sprechen, du hast mir neulich die Rechnung von einem Lokal in Mailand gezeigt, mit dem sich für dich hübsche Erinnerungen verbinden.

Runkel: In Mailand, habe ich Mittag gegessen, direkt am Domplatz. Es gab dort ein großes Lokal, sozusagen ohne Wand. Die Fenster waren runtergelassen, das Lokal war dadurch ganz und gar offen zum Platz. So etwas gab es damals in Deutschland noch nicht, heute sieht man das mit den großen offenen Türenfenstern im Sommer auch öfter hier. Das Lokal war vollbesetzt. Und auf diesem Domplatz, wie in Venedig auch auf dem Markusplatz, gibt es tausende von Tauben. Die werden ja richtig für die Touristen gezüchtet. Auf den Plätzen gibt es Verkäufer für Vogelfutter. Die Touristen füttern natürlich gern, weil die Tauben so zahm sind, dass sie aus der Hand fressen. Jedenfalls saß ich in dem Lokal und die Tauben flogen durch das Lokal. Die waren schon so frech, dass die in das Lokal flogen und das ist vielleicht komisch, wenn du da sitzt und zehn Zentimeter über Deinem Kopf saust 'ne Taube lang. Die haben ja ein großes Tempo. Wenn du so nah dran bist, denkste, es kommt ein Hubschrauber. Das war unglaublich und du hast ja Glück, wenn se dir nicht auf den Teller scheißen.

Aber die hatten da ein Schnitzel, das werde ich nie vergessen. Das dollste Schnitzel meines Lebens. Das war riesengroß und so dünn wie ein Stück Papier. Unglaublich. Also, so ein tolles Schnitzel. So etwas habe ich noch nie gesehen. Das war wirklich wie ein Klosettdeckel, passte auf keinen Teller und war ganz, ganz dünn. Das liebe ich ja, wenn ein Schnitzel nur aus Panade besteht.

Service in Venedig

Runkel: In Venedig fand ich so eine Begebenheit sehr beeindruckend. Am kleinen Markusplatz war ein großes Podest aufgebaut und es saß ein Sinfonieorchester drauf, so fünfzig, sechzig Mann und die haben die herrlichste Musik gespielt. Ouvertüren und lauter schöne Sachen. Ich wollte die Musik nicht nur hören, sondern auch sehen und habe meinen Stuhl umgedreht vom Lokal weg zum Orchester hin. Als ich saß, kam der Kellner und der hat nicht etwa gesagt: Nun drehen se sich mal wieder um – nein, der hat den Tisch genommen und vor mich hingestellt, dass ich den Tisch wieder habe und meinen Espresso trinken konnte!

Acksel: Das ist Service.

Runkel: Ja. Das war ein ganz kleiner Tisch, nur dreißig Zentimeter. Das fand ich sehr beeindruckend. Am Markusplatz selbst habe ich ja auch so eine Sache beobachtet. Da kam plötzlich ein starker Regenschauer und binnen einer Minute waren zehn Verkäufer von Regencapes auf dem Platz. Die tauchten wie aus dem Nichts auf und verkauften Regencapes. Sehr erstaunlich.

Acksel: Pfiffige Geschäftsleute.

Okkupation und Usurpation

Runkel: Im Wunder von Mailand (Zavattini/de Sica/Zadek: „Das Wunder von Mailand", Regie: Peter Zadek, BE 1993), habe ich ja auch mitgespielt, im zweiten Teil war unentwegt auf der Bühne. Ich hab mich umziehen müssen und wieder zurückumziehen. In diesem Bild, das war ziemlich am Schluss, war ich ein Carabinieri. (Karabinier-Truppe, Gendarmerie Italiens.) In diesem Bild waren viele Leute auf der Bühne. Mit einem Mal stürzt eine Menge von Menschen, mindestens zehn, zwölf Leute, aus dem Zuschauerraum auf die Bühne. Die stürmen hoch, ich denke: Was ist denn jetzt für eine Invasion hier ausgebrochen? Wir hörten alle auf zu spielen, guckten blöd. Es stellt sich heraus, das sind Kollegen aus dem Schillertheater, die da auf die Bühne sprangen. Die Rampe ist ja bloß 50 Zentimeter hoch, das ist ja keine Höhe. Die protestierten gegen die Schließung des Schillertheaters.

Acksel: Das ist ja einmalig.

Runkel: Ja. Mit großen Reden und Appellen und allem, was dazu gehört. Es hat nüscht genützt, das Schillertheater wurde trotzdem geschlossen. Trotz aller Okkupation und Usurpation des BE`s, es nütze alles nüscht. (Das Schillertheater wurde 1993 vom Berliner Senat wegen der schlechten finanziellen Lage der Stadt geschlossen.)

Acksel: Das ist ja wirklich mehr als außergewöhnlich.

Runkel: Ich habe das noch nie erlebt.

Acksel: Wer hat das Stück geschrieben?

Runkel: „Das Wunder von Mailand" ist ja eigentlich ein Film von De Sica (Vittorio De Sica, 1901-1974, italienischer Schauspieler, Filmregisseur), ursprünglich Novelle „Das Wunder von Bamba" von Zavattini. (Cesare Zavattini, 1902-1989, italienischer Drehbuchautor.) Ein sehr berühmter guter Film aus dem Jahr 1951. Das hat Zadek dann zu einem Theaterstück gemacht und inszeniert.

Acksel: Das war doch das Stück, wo er gesagt hat, er macht das nicht, wenn du nicht mitspielst, glaub ich.

Runkel: Nee, das war „Antonius und Cleopatra". (Shakespeare: "Antonius und Cleopatra", Regie: Peter Zadek, BE 1994.) Im „Wunder von Mailand" hat er gar nicht nachgefragt, er hat mich einfach besetzt. Meine Kollegin Frau Ritter hat den ganzen zweiten Teil inspiziert. Es mussten zwei Inspizienten ran. Ich war ja immer auf der Bühne. Von Anfang bis Ende des zweiten Teils war ich immer im Kostüm und kroch auf der Bühne rum.

Acksel lacht: Kroch auf der Bühne rum, ist sehr schön.

Runkel: Ich kroch sonst auch auf der Bühne rum, aber meistens hinten rum, aber da war ich mal richtig im Zentrum des Geschehens.

Wenn das Onkel Paul wüsste

Acksel: Na, ihr seid doch immer am 1. Mai mitmarschiert, oder?

Runkel: Wer ist „ihr"?

Acksel: Na, das Berliner Ensemble.

Runkel: Immer, natürlich, das ist ja klar. Friedrichstraße und dann ‚Unter den Linden' runter. Damals war auf dem Platz, wo früher mal das Schloss stand, die Ehrentribüne, dafür hatten sie es ja abgerissen! Jedenfalls, in einem Jahr stockte der Demonstrationszug an der Humboldt-Uni wegen Stau. Und da setzt sich der Beneckendorff auf die Rinnsteinkante und sagt: „Wenn das Onkel Paul wüsste." Er war doch der Neffe von Paul von Hindenburg, dem Reichspräsidenten. „Wenn das Onkel Paul wüsste." Der saß während der Mai-Parade beim BE auf der Bordsteinkante. Das war`s.

Acksel: Und das war bis `89 so, bis zur Wende.

Runkel: Und hier bin ich immer ganz brav vorbei an den Tribünen.

Acksel: Später dann auf der Karl- Marx Allee, da hatten sie es ja dann hinverlegt.

Runkel: Wir waren immer ziemlich weit rechts. Es war ja eine breite Aufstellung. Manche waren mehr links und die hatten natürlich Pech. Und ich konnte ganz an die allerhöchsten Repräsentanten, an Herrn Honecker mit den grauen Anzügen und den schönen Hüten, vorbeimarschieren und jubeln.

Acksel: Na, ist doch hübsch. War das eine Pflichtveranstaltung?

Runkel: Pflicht war das nicht. Das war eine freiwillige Pflicht, die meisten sind dahin gegangen. Wenn das zu Ende war, so gegen 12 oder wann das war, und der Demonstrationszug dann durch war am Alex, ging das alles wie eine Explosion auseinander. Die einen sind dann immer in die S-Bahn rein, zur Friedrichstraße. Im Theater gab es dann immer ein Mittagessen. Ich habe es fast nie in Anspruch genommen, weil es immer Eisbein gab. Und Eisbein ist etwas, was ich „sehr gern" esse. An dem Tag war immer Remmi-Demmi und keine Vorstellung und es fanden dann große Feierlichkeiten statt, bis sie alle völlig besoffen waren. Ich auch - einmal jedenfalls. Es gab dann auch so Auszeichnungen, für die Mitarbeiter die dann Aktivisten wurden - und weeß ick wat alles.

Aktivist der sozialistischen Arbeit

Acksel: Bist du doch auch geworden, „Aktivist der sozialistischen Arbeit"...?

Runkel: Habe ick wohl ooch manchmal gekriegt. Da war ja immer ein bisschen Geld - 200 Mark oder so - dabei. Einmal war ich so besoffen, also ich war völlig besoffen und habe mir gedacht: Ach, jetzt wollen wir mal zu Jaap rausfahren. Abends um 8 Uhr oder so war das. Und als ich da ankam, wusste ich gar nicht mehr, ob das morgens oder abends ist. Ich dachte, es ist morgens, dann war es aber 20 Uhr, als es schummrig wurde irgendwie. Dann habe ich dem Taxifahrer 50 Mark Trinkgeld gegeben.

Acksel: Ist aber sehr selten.

Runkel: Na ja, stell` mich mal nicht als so 'nen Geizhals dar. 50 Mark ist ja ein bisschen übertrieben, würde ich sagen – 4 oder 3 oder so, das mach` ich schon. Aber weil es so 'ne lange Fahrt, aber trotzdem...

Helli, Sie

Acksel: Wie hast du denn Frau Weigel angesprochen?

Runkel: Angesprochen habe ich sie später, nicht am Anfang, mit: „Helli, Sie."

Acksel: Helli.

Runkel: „Helli, Sie". Die schon eine Weile am BE waren durften das und die, die sie besonders in ihr Herz geschlossen hat. Ich nehm an, dass das so war.

Acksel: Und Berthold Brecht? Wie wurde der angesprochen?

Runkel: „Mit Brecht. Sie Brecht, Sie." Aber alle haben ihn so angesprochen. Die Weigel hat auch zu dem „Brecht" gesagt. Oder wenn se von ihm gesprochen hat, hat die auch gesagt „Brecht". „Brecht" möchte das und das. Das war die allgemeine Bezeichnung.

Die Antiquitäten der Weigel

Runkel: Das interessiert ja auch keinen.

Acksel: Na ja, das sind eben nette, kleine, beiläufige Geschichten. Das passt auch jetzt schön zur Weigel. Du hast erzählt, dass die Weigel Antiquitäten so geliebt hat, dass die überall Antiquitäten gekauft und das ganze Theater damit ausgestattet wurde.

Runkel: Das hat sie, ja. Wo es möglich war, ja. Ich habe ja zwei Teile bei mir in meiner Wohnung, die ich gekauft habe vom Berliner Ensemble - lange nach Weigels Tod. Die standen in dem neuen Probenhaus. Oben gab es Räume für Gäste, wenn Gäste dort übernachten mussten. Sie konnten dort auch für einige Zeit wohnen.

Diese Räume waren auch ausgestattet mit solchen Teilen, die die Weigel irgendwo zusammengekauft hat, aber die nun nicht ganz erster Klasse waren. Die waren kaputt oder irgendwie reparaturbedürftig. Wir hatten ja einen Modelltischler, ich glaube, der war an der Staatsoper engagiert, aber hat in der Reinhardstraße bei Eddy Fischer in den Katakomben gearbeitet. Und der hat für die Weigel immer die Möbel wieder restauriert. Das war die Hauptaufgabe von dem. Ein Zylinder-Büro und einen Kontorschrank, mit vielen Macken, habe ich gekauft für 500 Mark der DDR, von meinen persönlichen Stasi-Berater.

Acksel: Ist doch aber sehr schön, nun hast du zwei echte Weigel-Möbel. Das ganze Theater war damit ausgestattet, ich habe es noch so kennengelernt und dann nach der Wende wurde es ja irgendwie...

Runkel: ...das ganze Theater ist ein bisschen zu viel gesagt. Z.B. das ganze Foyer oben mit alten Möbeln, mit antiken, das waren ja 100, 200 Jahre alte Sachen. Alle Möbel, Tische, Sessel, Stühle, alles hat die gekauft und reinstellen lassen. Das war ja nun ein Sammelsurium schönster, alter Möbel. Das Publikum saß da in der Pause oder vor der Vorstellung. Und als nachher das ganze Ding umgemodelt wurde, waren diese wunderschönen Sachen alle mit einem Mal verschwunden. Und nun stehen dort so hässliche Stehtische mit Stoff, wie man das heute so hat, völlig geschmacklos. Das andere hatte noch ein Gesicht und einen Stil. Nun hat nichts mehr ein Gesicht und Stil.

Acksel: Auch die ganzen Plakate, die da hingen, sind weg.

Runkel: Im Umgang, im Parkett hingen Plakate und oben hing ein großes, extra angefertigtes Stoffteil – weeß ick – 6 x 3 m oder so was, an der Stirnwand. Und da war überall aufgezeichnet mit einem Punkt und einem Namen, wo wir auf Tournee waren.

Acksel: Ich erinnere die Weltkarte, das war sehr beeindruckend.

Runkel: Ja, aber das war natürlich nachher nicht mehr aktuell. Es waren ja viel, viel mehr. Irgendwann war Stopp an dem Ding und es ging nur bis so und so. Das andere musste man sich denken, oder auch nicht.

Acksel: Aber ich habe das noch gesehen, diese Ausstattung kenne ich noch.

Runkel: Das war ja bis zum Schluss da. Aber es war dann nicht mehr richtig aktuell, weil noch so viele fehlten. Man hat das nicht vervollkommnet oder aktualisiert, sagen wir mal so. Vor allen Dingen wollten sie das ja nicht ewig runterhieven. Das hing ja da irgendwie an der Decke.

Acksel: Und das Brecht-Zimmer war dann wo? Du hast ja gesagt, dass das auch aufgelöst worden ist.

Runkel: Das ist jetzt aufgelöst, ja. Es war neben dem Foyer zur Spree hin, das sogenannte Turmzimmer. Das war ein Ausblick mit diesem halbrunden Balkon, wo der Turm oben drüber ist, wo das BE-Ding sich dreht. Und da unter war dieses Brecht-Zimmer, wo der eben drinne war. Das war sein Zimmer in dem Theater und dahin zog er sich zurück. Und in diesem Zimmer hat er auch Besprechungen abgehalten.

Er war sonst nicht so sehr viel im Theater. Manchmal war er in der Kantine, aber ganz selten, oder in anderen Räumen oder bei der Weigel. Wenn, war der meistens entweder im Zuschauerraum bei der Regiearbeit oder in seinem Zimmer. Das hieß ja dann daraufhin Brecht-Zimmer oder Turm-Zimmer.

Acksel: Und wie war das eingerichtet, weißt du das noch?

Runkel: Weeß ick nicht mehr. Aber da hat die Weigel schon ihre Hand drin gehabt so 'n bisschen. Es war gut eingerichtet. Der hatte einen Schreibtisch und einen Stuhl. Da war nicht viel mit Einrichtung. Weigels Zimmer, also ihr Büro, das war schön mit ihren Möbeln, die sie sich dafür ausgesucht hatte, ausgestattet.

Acksel: Hatte das auch noch bestanden nach ihrem Tod, also bis '89?

Runkel: Ja, das haben die Berghaus und nach ihr der Wekwerth übernommen. Erst dann wurde es abgeschafft. Aber ich habe ja einen Schock bekommen, als ich mal bei der Berghaus im Büro war, als sie die Intendanz übernahm. Im Büro der Weigel es waren ja nun lauter antike Möbel. Das hat die Berghaus so übernommen, aber unter ihren Tisch stellte die Berghaus eine Rutschebank aus Plastik, mit Aluminiumbeinen und oben war so ein Plaste-Bezug. Das sah aus wie der Kamm uff de Butter. Ihr war der Stuhl zu hoch. Die hat ja den Stuhl von der Weigel behalten, der war ihr irgendwie zu hoch. Und damit sie dann bequem sitzt, hatte sie sich keine antike Bank besorgt, sondern dieses grässliche Ding. Das habe ich als erstes gesehen, und ich dachte: Ach, du meine Güte!

Intendantenwechsel

Acksel: Ist ja köstlich. Und von den Intendanten im Theater – da war erst die Weigel, dann die Berghoff und dann der Wekwerth, oder? Und die Berghoff, ist die gestorben oder ist die in Rente gegangen?

Runkel: Berghoff sagst du? Die Frau hieß Berghaus.

Acksel: Dagmar, nicht?

Runkel: Nee, Dagmar Berghoff ist die Ansagerin vom Fernsehen.

Acksel: Und ich mache die gleich zur Intendantin vom BE...!

Runkel: Die hieß Ruth Berghaus. Es war die Frau von Paul Dessau.

Acksel: Ach, die Frau von Paul Dessau - und Berghaus. Ich kann ja mal googeln, vielleicht findet man ja ein Foto von der. (Ruth Berghaus, 1927-1996, deutsche Choreografin, Opern- und Theaterregisseurin.)

Runkel: Kannst du machen. Die war Palucca-Schülerin, war ja eigentlich Tänzerin. Sie hatte erzählt, sie hätte bei der Gret Palucca (Margarete Paluka, 1902-1993, deutsche Tänzerin und Tanzpädagogin) ihre Ausbildung gemacht. Die Berghaus war ja aus Dresden - unverkennbar und vor allem unüberhörbar. Sie war eben in Dresden Palucca-Schülerin. Die Berghaus ist gestorben. Sie war krank, sie hatte Krebs, sie ist gestorben.

Acksel: Ach, und danach wurde Wekwerth dann...

Runkel: Nee, als sie starb, war sie schon ewig nicht mehr am BE. Und vom BE ist sie weggegangen, das war so wie ein Putsch irgendwie. Da haben sie sie raus....

Acksel: ...es gab Stunk?

Runkel: Ja, im BE und auch von außerhalb. Vom Ministerium und so waren da Kräfte am Werke, die wollten die Berghaus irgendwie nicht mehr, die ganze Art und was die gemacht und wie sie es gemacht hat.

Sie hatte alle möglichen Kräfte gegen sich und damals war hinter den Kulissen viel los. Sie ist dann irgendwie das Opfer geworden und irgendwelchen Leuten passte ihr Stil und ihre Art nicht, wie die und was die... - die Linie war nicht mehr erwünscht. Und dann sind sie auf Wekwerth gekommen, und der hat das dann gemacht, aber sie wurde da irgendwie rausgesetzt.

Acksel: Und wie lange war die Intendantin?

Runkel: Ich glaube, sieben Jahre. 1970 wurde sie Stellvertreterin der Weigel. 1971 ist die Weigel gestorben und die Berghaus wurde Intendantin und ich glaube, 1977 ist der Wekwerth gekommen. Ich glaube, es waren 7 Jahre. Erst mit und dann ohne die Weigel.

Coriolanproben

Acksel: Aber mit der Berghaus gab`s ja auch ein schönes Erlebnis, du konntest das Stück nicht ohne Noten inspizieren. Ich finde, das ist auch so eine schöne Geschichte.

Runkel: Das war ja sehr spaßig. „Coriolan" (Shakespeare: „Coriolan", BE 1964) probten wir und die Berghaus machte die Schlachtszenen, Manfred Wekwerth die Regie. Im Stück gibt es zwei Bilder mit Schlachtszenen. Und diese Szenen machte die Berghaus choreografisch. In diesen Schlachtszenen bewegte sich unentwegt die Drehscheibe hin und her und das Riesentor auf der Bühne drehte innerhalb der Scheibe wieder, es war ein einziges Gedrehe. Es war aber alles ganz genau musikalisch festgelegt, wann was hindreht, und die auf der Bühne richteten sich auch nach den Klängen. Das haben wir ja vorher aufgenommen im Rundfunk, nachts dann mit Herrn Dessau, wo ich dann die Cluster machen durfte. Und das wurde dann zu den Szenen eingespielt, und es wurde probiert wie wahnsinnig, denn es war sehr, sehr schwer. Und ich musste immer die Zeichen geben für die Scheibe rechts und links und nach hinten – es war ungeheuer.

Acksel: Also, es wurde probiert und es war ungeheuer schwer.

Runkel: Ja, das war sehr schwer. Die Berghaus kam ja vom Tanz. Das Ganze war ja eine musikalische Sache, und man musste sich sehr viel merken, sehr viele Akzente und Momente und bestimmte Sachen in der Musik. Anscheinend hatte irgendwas nicht so richtig geklappt nach ihrem Geschmack. Als die Probe zu Ende war, quatschte sie mich irgendwie schlesisch an. Und da fragte ich: „Na, wie soll ich denn das alles hier machen? Ich habe ja nicht mal Noten dafür."

Am nächsten Morgen kam sie zur Probe und hatte riesige Partitur-Noten bei, so kopierte Noten, Originalhandschrift von Dessau, kopiert, aber so Riesenblätter, die passten gar nicht aufs Pult. Das ganze Pult wäre zu gewesen, wenn ich die da raufgelegt hätte. Ich dachte: Ach, du Scheiße, was hast du denn da jetzt erzählt? Brachte sie mir die Noten und sagte: „Hier hast du deine Noten!" Na, da stand ich ja da. Nun musste es aber klappen. Ach, du meine Güte. Das hat dann auch geklappt, aber es lag nicht an den Noten, sondern weil ich vielleicht besser aufgepasst habe oder mir noch mehr Mühe gegeben habe. Ach Gott!

Acksel: Ist doch eine schöne Begebenheit, wenn man sich irgendwie so freischwimmen will. Damit hast du ja nun nicht gerechnet.

Runkel: Nee. Und dann noch die Noten von Dessau, das Original in Kopie, die waren wie ausgerissene Fliegenbeine. Da hast du sowieso überhaupt nichts erkannt. Und dann diese riesigen Partitur-Blätter. Das waren Riesendinger, 75 x 50 cm in Doppelgröße und von Dessau mit der Hand geschrieben. Das hättest du auf die Wäscheleine hängen müssen. Also, nein. Blöd ist eben, das Dessau der Mann von der Berghaus war, darum konnte die das über Nacht beschaffen. Wenn sie gedruckt gewesen wären, wäre es vielleicht kleiner und auch leichter lesbar gewesen.

Acksel: Bemerkenswert fand ich ja in Wekwerths Buch, dass er die Ruth Berghaus lobend erwähnt. Er hat ja die Regie für den „Coriolan" gemacht. Er schreibt, dass es sehr schwierig war, was die Berghaus mit den Schlachtszenen gemacht hat. Sie ist mit dieser Arbeit ja auch berühmt geworden.

Runkel: Erich Engel hat ja den „Galilei" nachdem Brecht gestorben war, inszeniert, aber die Jahrmarktszenen hat er Besson und Soubeyran übertragen. Den „Schwejk in zweiten Weltkrieg" hat Engel auch inszeniert, nur das letzte Bild hat der Wolfgang Pintzka machen müssen, weil da soviel los war.

Direkt in die Fresse...

Acksel: Das finde ich natürlich sehr schön. Aber zu Wekwerth gibt es ja auch eine schöne Geschichte, wenn wir gerade bei den Intendanten sind. Dann haben wir ja zu jedem Intendanten eine kleine Geschichte. Du hast so schön dirigiert und Zeichen gegeben und hast ihm dabei voll eine in die Fresse gehauen.

Runkel: Wer hat dirigiert?

Acksel: Du hast Zeichen gegeben.

Runkel: Zeichen! Ja. Irgendwo auf einer Tournee war dit. „Dreigroschenoper", neu von ihm, das Schlussbild. Von der Hinterbühne kam der reitende Bote auf dem Pferd - er sollte rausreiten. Ich nun voller Konzentration und weil nicht überall Lichtzeichen hingelegt werden konnten, hatte ich mit dem Darsteller abgesprochen, dass er ein Handzeichen bekommt. Der sieht mich genau. Und dann gab ich ein Handzeichen. Schön habe ich die Hand hochgehalten für ‚Achtung für dahinten'. Der Wekwerth stand so einen Meter hinter mir, guckte zu und ich guckte irgendwo auf die Bühne, weil ich da irgendwas sehen musste. Und in dem Moment, wo ich wegguckte, ging der Wekwerth vor. Er stand direkt neben mir, stand unter meiner hoch erhobenen Hand. Und als die Stelle kam, wo der reitende Bote aufzutreten hatte, auf dem Pferd sitzend, machte ich mit großem Schwung die Hand runter und genau dem Wekwerth in die Fresse. Dem flog gleich die Brille auf die Erde - ich kriegte einen Schreck, er kriegte einen Schreck - und der reitende Bote trat auf. Aber es war mir sehr unangenehm. Ich habe das gar nicht sehen können. Genau in dieser Sekunde trat der vor. Der hat sich nachher bei mir entschuldigt, weil er da eben nicht hingehört. Er hätte sich auch wundern müssen, weshalb ich da die Hand hochhebe, zum Hitler-Gruß - oder was soll das sein?

Acksel: Gerade du!

Runkel: Jedenfalls war ihm das unangenehm, dass er da im Wege stand und mir war es unangenehm, dass ich ihm in die Fresse gehauen habe. Es war uns allen unangenehm.

Acksel: Herrlich. Aber ich habe auch noch eine Begebenheit mit dem Wekwerth.

Runkel: Es gab unendlich viele Begebenheiten.

Acksel: Eine, an die ich mich erinnere, weil so ein schöner Satz gefallen ist. Er sagte zu dir ganz süffisant: „Na, ich habe ja auch schon manches für dich getan."

Runkel: Süffisant hat er das auch nicht gesagt, das hat er einfach offen gesagt.

Ich war so aufgeregt, weil du übernommen hast…

Acksel: Er hat er dich um irgendwas gebeten?

Runkel: Ja, gebeten ist gut. Der Wekwerth hätte auch sagen können: „Jetzt machst du das und fertig!" Ich musste den „Faustus" übernehmen, weil der Kollege krank geworden war. Ich habe gesagt: „Ich kann das nicht, ich kenne das nicht, es ist ja ein Riesenstück." Und da hat er gesagt: „Du musst das machen. Das ist wichtig. Wir können die Vorstellung nicht ausfallen lassen, du musst das machen." Und dann sagte er: „Ich habe dir ja auch schon ein Gefallen getan." Damit meinte er, dass er mir einen Pass für West-Berlin beschafft hat, damit ich meine Mutter besuchen kann. Nicht deswegen. Ich hätte es auch so gemacht. Wekwerth hätte es auch befehlen können sozusagen. Aber das war ja nicht die Art - er hätte es anordnen können. Da hätte ich gar nichts gegen machen können - oder mich krankschreiben lassen.

Acksel: Das wäre eine Möglichkeit gewesen, aber so warst du ja nun nicht gestrickt, dass du dich hättest krankschreiben lassen.

Runkel: Es war ja so, als wäre es eine Eingebung gewesen, dass ich mir das Stück dreimal vorher von der Bühne vom Pult aus angeguckt habe. Als wenn ich es geahnt hätte, dass der andere krank wird und dass ich das machen muss. Dann hatte ich schon ungefähr einen Überblick. Es war auch wirklich ein schweres Stück.

Jedenfalls hatte der Kollege einen Pickel auf dem Fuß und war krankgeschrieben. Dann bin ich erst einmal schnell ins Theater gefahren, als Wekwerth mir das sagte am Vormittag, habe mir ein durchschossenes Buch geholt, ohne irgendeine Eintragung, aber durchschossen – also Seiten, die leer waren, die man dafür benutzen kann, um etwas reinzuschreiben. Und dann bin ich mit dem durchschossenen Buch und mit seinem Inspizierbuch zum Roloff (Werner Roloff, *1932, Inspizient am BE) gefahren und habe dieses durchschossene Buch für mich eingerichtet. Nach seinem Buch und nach seinen Aussagen. Und dadurch war mir das dann schon wieder alles ein bisschen geläufiger.

Ich war ja nun sau-ehrgeizig und wollte es ohne Fehler machen. Ich habe es auch ohne Fehler gemacht. Aber es ist ein Riesenfehler passiert, aber nicht durch mich. Ich mache das Lichtzeichen an fürs Stellwerk - bumm, geht`s Licht aus. Es war aber erst ‚Achtung'! Und nun haben natürlich alle gedacht: Ach, Herr Runkel macht`s Licht aus - wie schön! Aber ich konnte es nicht durchs Mikrofon sagen. Das war nun nicht mein Fehler, das war der Fehler vom Stellwerk. Die haben das Licht zu früh ausgemacht, ich bin schuldlos. Das wäre nicht gegangen, ich konnte das nicht durchsagen. Ich musste es darauf beruhen lassen, dass im ganzen Theater die Parole galt: „Runkel macht`s Licht zu früh aus." Damit musste ich nun leben.

Acksel: Aber die Schlusspointe ist doch auch sehr schön, dass du den dann gefragt hast im Stellwerk, warum.

Runkel: Da sagt er: „Ich war so aufgeregt, weil du übernommen hast, und da habe ich aus Versehen das Licht zu früh ausgemacht." Ich habe gesagt: „Da musst du doch nicht aufgeregt sein, wenn ich übernehme. Da muss **ich** aufgeregt sein." Aber das ist misslungen.

Acksel: Da hast du dich bestimmt geärgert.

Runkel: Ah, da habe ich mich blaugeärgert. Es ging ja auch wirklich gut bis zum Schluss. Ich habe wirklich Blut und Wasser geschwitzt und mich sehr zusammengerissen, dass ich da alles hinkriege.

Ein winzig kleines Zeichen

Acksel: Aber es gab ja dann die schöne Übernahme, wofür du ja auch nichts konntest, als der Roloff von dir ein Stück machen musste.

Runkel: „Lenins Tod" war das. Ich musste Knall auf Fall ins Krankenhaus, ich hatte Blutdruck 250/180, das war zwischen Weihnachten und Neujahr. Es war nirgendwo ein Arzt zu finden, da hat mich dein Bruder Jörn ins Haus der Gesundheit gefahren. Da war aber nur die Gynäkologin da. Musste ich zur Gynäkologin. Aber Blutdruck messen konnte sie ja. Weitere Untersuchungen waren nicht nötig und sie sagte: „Um Gottes Willen, Sie sind ja eigentlich schon tot! Sie müssen sofort ins Krankenhaus – sofort! Mit diesem Blutdruck ist mein Vater schon gestorben gewesen." Das hat sie wirklich gesagt. „Sie dürfen jetzt nicht mehr nach Hause fahren, sondern müssen sofort ins Krankenhaus."

Ich wurde ins Krankenhaus „Mitte" gefahren, wo ich gleich auf die Intensivstation kam. Als erstes musste ich eine Handvoll kleiner gelber Pillen fressen, die man sonst nur unzerkaut schluckt. Diese musste ich alle zerkauen, weil das schneller wirkte, damit schlagartig der Blutdruck gesenkt wurde. Keine Spritzen, sondern zerkaute Pillen. Das war ja dann schon beinahe nachmittags. Dann habe ich das Theater anrufen lassen - ich durfte ja gar nicht, das hat wahrscheinlich Jörn gemacht. Und dann musste der Roloff „Lenins Tod" übernehmen. Und in diesem Stück war eine Seite, so ziemlich am Anfang, mit vielen, vielen Zeichen, wo ganz viel geschah. Also war die ganze Seite mit Zeichen voll. Und das letzte, ein ganz wichtiges Zeichen, passte nicht mehr richtig auf die Seite und bei mir war nur noch 1 cm Platz. Da habe ich das mit 1 cm aufgezeichnet ganz unten am

Rand. Aber es wäre nicht gegangen, denn da war diese Aktion zu Ende, auf der anderen Seite... das war nicht möglich. Ich hätte das Ganze ausradieren müssen oder eine Seite einlegen müssen oder was und das höher rücken. Ich dachte: Ich weiß ja, um was es geht. Habe ein winziges, kleines Zeichen gemacht. Und der übernimmt das Ding und vergisst es, dieses Zeichen zu geben, weil ich es angeblich vergessen hätte, einzuschreiben. Es war aber gar nicht so. Ich habe zu ihm sagt: „Wenn du richtig hinguckst, ist das Zeichen da. Man muss nur gucken. Das war nicht zu widerlegen."

Acksel: War ein schönes Chaos auf der Bühne.

Runkel: Das war ein totales Chaos, denn das Zeichen war sehr wichtig. Da mussten sie eine Wand hochfahren und weeß der Deibel wat. Aber wenn die Wand nicht hochfährt, kann da gar nichts passieren. Dann steht die da im Wege - und die fuhr nicht hoch. Das muss ja furchtbar gewesen sein. Wie die sich da rausgewunden haben, ist mir unklar. Es tat mir sehr leid. Er hätte ins Krankenhaus kommen müssen mit allem, mit seinem Buch, mit meinem Buch und dann hätte ich gesagt: „Guck mal, da. Da stand auch genau, wann das passiert ist. Links steht, wann das passiert und rechts stand, was passiert. Wenn der den Kopf hochhebt oder einen Kopf abnimmt, fährt die Wand hoch." Es stand alles da. Man muss nicht oberflächlich sein, darf man gar nicht. Man muss es wörtlich nehmen.

Acksel: Köstlich.

Runkel: Aber lesen muss man natürlich.

Intendanten-Chaos

Acksel: Wie ging es denn mit den Intendanten weiter? Wir haben jetzt Helene Weigel von 1949-71, Ruth Berghaus von 1971-77 und Manfred Wekwerth von 1977-91. Wie ging es dann nach Wekwerth weiter?

Runkel: Ach, dann war Chaos. 1992-93 Peter Zadek, Matthias

Langhoff, Fritz Marquardt, Heiner Müller und Peter Palitzsch, also fünf Intendanten folgten Wekwerth. 1993-94 kam die Viererbande. Das war der Sohn vom Langhoff, Matthias Langhoff, Fritz Markwart, Peter Palitsch und Peter Zadek. Vier Mann - ich habe sie immer ‚die Viererbande' genannt. Die waren eine jeweils nur kurze Zeit Intendant. 1995 war dann Heiner Müller Intendant, ihm folgte 1996 Wuttke für eine Weile als Intendant - Martin Wuttke, der Schauspieler, der bei uns dann „Ui" spielte. Von 1997 bis 99 war Stephan Suschke Intendant und seit 1999 ist es Claus Peymann.

Acksel: Und wie war der Übergang? Wekwerth ist doch auch rausgeekelt worden, oder?

Runkel: Da war ja der Senat und es gab dann die ganze Umbruchsituation. In der DDR war das BE Staatstheater und nachher war es privat. Wer hat nun das Sagen? Und der Kultursenator wollte Veränderung, auch personell. Wekwerth war ZK-Mitglied und Präsident der Akademie der Künste und Direktor des Regieinstituts und wat der allet war. Das war politisch irgendwie für den Senat nicht denkbar und tragbar, nicht gewollt. Jedenfalls endete 1991 seine Intendanz am BE.

Acksel: Ganz spannend finde ich auch den Übergang, wie der gegangen worden ist. Und dann wollte doch eigentlich die Tochter von Brecht, die Barbara, das übernehmen.

Runkel: Nee, das waren ja alles Gerüchte... Warum sie ihr das nicht antrugen? Vielleicht hatte sie sich ja auch beworben. Das war aber nie so eine offizielle Sache, offiziell war nie die Rede davon. Vielleicht hat sie es auch gewollt, das kann durchaus sein, es wäre ja naheliegend. Aber das wollten die aus irgendwelchen Gründen auch nicht.

Theaterpferde

Acksel: Mit der Wende war es ja dann im Prinzip nicht mehr wirklich so wie früher. Es wurden ja die ganzen Stücke nach und nach abgesetzt und die Leute entlassen. Da sind doch ganz viele Schauspieler entlassen worden, nicht wahr?

Runkel: Sehr viele, ja.

Acksel: Und die, die Hauptrollen gespielt haben, haben dann nur noch kleene Popeldinger bekommen. Ich denke an Arno Wischnewski, der dann irgendwie nur noch ganz kleine Sachen spielte. Seine Frau erzählte mir, dass er daran eingegangen ist. Daran ist der gestorben - an Gram. Er hatte ja vor der Wende die ganz großen Rollen gespielt.

Runkel: Absolut.

Acksel: Mit und ohne Gipsbein. Ich habe den ja wahnsinnig gerne gesehen.

Runkel: Ich habe den auch sehr gerne gesehen.

Acksel: Die „Dreigroschenoper" mit dem fand ich so toll, und wie der gesungen hat - diese knatterige Stimme fand ich wunderbar. Und irgendwann hat er sich das Bein gebrochen und hat trotzdem irgendwie gespielt.

Runkel: In Spanien, ja. Entweder war das in dieser turbulenten Vorstellung oder es war eine danach - ich weiß es nicht. Jedenfalls in Spanien, Barcelona, „Dreigroschenoper" und im Bild Paechum Nr. 1 – unsere Spielstätte war so eine ehemalige Markthalle oder was, die war als Theater gemacht, als Amphitheater. Die Bühne war so anderthalb Meter hoch, da wurde ein Podest gebaut und dann war unten der Betonfußboden. Und nach dem 1. Bild geht Arno ab. Und es war ja nun sehr hell auf der Bühne und nun war das Licht aus und er geht ab, ab, ab, ab, ab, so an mir vorbei und irgendwann war das Podest zu Ende. Und eigentlich kam eine Treppe, aber er geht nicht über die Treppe, sondern geht geradeaus und - bumm - war er unten. Die anderthalb Meter ist er runtergekracht. Das war ganz am Anfang des Stückes. Wir dachten: „Um Gottes Willen." Aber er hat das gar nicht gesehen. Er war noch so geblendet. Es gab keine Absperrung, kein Seil, kein Gitter, keine Leiste - nichts. Es war frei. Er dachte, es geht da immer weiter. Und knallt runter. Er hatte noch sehr viel zu spielen in dem Stück, und er hat tatsächlich bis zum Schluss in dem Stück gespielt, bis sich nachher herausstellte: mit einem gebrochenen Mittelfußknochen. Da war nichts - auch nicht mit Arzt und sonst was.

Und nach der Vorstellung ist er erst ins Krankenhaus gefahren und da wurde geröntgt und gegipst und alles gemacht. Bis dahin hat der wirklich mit einem gebrochenen Mittelfußknochen weitergespielt.

Acksel: Und den Schmerzen, die man dann hat.

Runkel: Sicherlich, wahrscheinlich.

Acksel: Das ist ein Theaterpferd.

Runkel: Und dann fuhren wir zurück nach Deutschland, und am nächsten Tag ging es sofort wieder auf Gastspiel nach Köln. Da spielten wir „Urfaust", und er spielte den Mephisto. Er musste auf dem Pferd reiten und das mit dem Gipsbein. Das hat er auch gemacht.

Acksel: Ist ja herrlich, da passte der ja dann der Klumpfuß.

Runkel: Mit Gipsbein war er auf dem Pferd. Im „Schweyk", das war auch sehr erstaunlich, da gibt es ja so Dinge im Theater, Theater, Theater. Flörchinger spielte den „Schweyk", und irgendwann mitten in der Vorstellung bekam er eine Nierenkolik. Wenn du das weißt, was eine Nierenkolik ist, weißt du, was das für irrsinnige Schmerzen sind. Der konnte gar nicht weiterspielen. Wir mussten unterbrechen und den Notarzt herbeipfeifen. Die kamen an, alle dachten, das Theater brennt, da alle einen Helm auf hatten und Klamotten. Ich dachte: Was ist denn jetzt? Die sind dann zum Flörchinger in die Garderobe, haben ihm eine Spritze gegeben und dann konnte er weiterspielen. Dann waren die Schmerzen weg. Ich habe das ja auch selber einmal erlebt mit einer Nierenkolik, bekam eine Spritze und gleich war dieser Krampf weg Wenn da ein Stein drin ist, wird der ja irgendwie festgehalten.

Das ist das, wo Wolfgang Heinz sagte: „Ein richtiger Komödiant lässt sich noch vom Galgen abschneiden, wenn die Vorstellung in Gefahr ist."

Bitte erst nach der Premiere

Acksel: Aber du hattest doch auch so eine schöne Begebenheit, die muss ja dann auch schon nach der Wende gewesen sein, wo du gesagt hast: „Ich werde wahnsinnig."

Runkel: „Ich werde wahnsinnig." Ja, das muss nicht nach der Wende gewesen sein. Ich weiß gar nicht, ob das nach der Wende war. Das war „Trommeln in der Nacht". (Brecht: „Trommeln in der Nacht", BE 1983.) Ich glaube, das haben wir vor der Wende gespielt, „Trommeln in der Nacht" inszenierte Schröder – nee, Schroth. Wer ist Schröder? Kenn ick ja nich! Ach, der Bundeskanzler, ja.

Acksel: Der ist auch inszeniert worden?

Runkel: Schroth. Ich bin ja schon ein bisschen älter.

Acksel: Schroth (Christoph Schroth, *1937, deutscher Regisseur und Theaterleiter) war dann der, der in Cottbus das Staatstheater übernommen hat?

Runkel: Der war Schauspieldirektor in Schwerin, und er hatte damals „Blaue Pferde" inszeniert als Gast, und dann kam er ja zu uns als Spielleiter. Später war er Generalintendant in Cottbus. Jedenfalls, als er bei uns war, inszenierte er „Trommeln in der Nacht", ein Stück mit Haken und Ösen und Kanten. Da war ein Bild im 3. Akt, mit Text und Text und Text, es waren so zwei Seiten. Beinahe nach jedem Wort war ein Wechsel des Windes. Mit Wind hatte ich es ja immer. Das ganze Bild lag unter Wind, und mal war er laut, mal leise – laut – leise, immer so abgestuft. Nach jedem Wort war meistens schon eine Veränderung. Und über mir der Maschinenmeister, der musste den Wind regeln. Es war ja leider so, dass der Wind nicht bei mir am Pult war, wie es am Deutschen Theater war, da konnte der Inspizient das selber machen, so ist es am besten. Aber der war über mir. Und ich habe mit dem ganz einfach vereinbart, wenn das Licht an ist, wird es laut, wenn es aus ist, wird es leise - oder umgekehrt, wat weeß ick. Und der hat da oben nun Wind, Wind, Wind gemacht, aber es stimmte überhaupt nicht. Die Schauspieler sind bald wahnsinnig geworden, weil es immer genau anders war. Und dann brülle ich wutentbrannt: „Ich werde wahnsinnig!" Und da sagte der Schroth ganz trocken aus dem Parkett am Regiepult: "Aber bitte erst nach der Premiere." Der hatte natürlich den Lacher auf seiner Seite, auf meine Kosten.

Acksel: Aber ist doch schön gekontert, ist doch wunderbar.

Runkel: „Aber bitte erst nach der Premiere." Dann habe ich aber da oben einen anderen Mann hinbestellt, dann ging es. Der hatte das nicht geschafft mit An und Aus. Nachher klappte das. Das war ja eigentlich auch ganz einfach.

Dann mach ich die Inszenierung nicht!

Acksel: Und du hast ja noch mit einem anderen Regisseur eine schöne Begebenheit, der gesagt hat, er macht das Stück nicht, wenn du nicht...

Runkel: Ha, ein anderer Regisseur? Peter Zadek war das, kein geringerer als Peter Zadek, ja. Der inszenierte „Antonius und Cleopatra". (William Shakespeare: „Antonius und Cleopatra", Regie: Peter Zadek, BE 1994.) Und ziemlich am Anfang der Probe, auf der Probebühne, musste Antonius angekleidet werden von seinem Kammerdiener, und Zadek sagte: „Lothar, du spielst das." Aha, dachte ich, ist ja wunderbar! Ich sagte: „Peter, das wird nicht gehen, es ist ein so schweres Stück, mit so vielen Bildern und so vielen Mitwirkenden. Ich habe am Pult unendlich zu tun, ich kann da gar nicht weg, das geht gar nicht." Dann sagte er: „Dann mache ich die Inszenierung nicht." Dann haben wir das irgendwie rausgeknobelt, wie das geht, und dann musste ein Regieassistent ans Pult, dem habe ich das dann erklärt. Er musste das Bild anfangen und aufhören, den Schluss des Bildes und den Anfang des Bildes machen. Ich stand ja rechts vorne, also hinterm Portal rechts und ich musste in der Vorbühne links... - ich musste um die ganze Bühne rum. Und dann war noch eine zweite Rolle für mich vorgesehen. Da war ich ein Gepäckträger, der unentwegt über die Bühne rannte und Koffer trug. Das konnte nur ich darstellen! Da habe ich gedacht: Nein, da musst du auf die Bühne. Am Pult musste ich die Klamotten wechseln, und der Bart musste an- oder abgeklebt werden. Ich denke: Nein! Und dazwischen inspizieren - und dann Bart und alles. Das ist Theater, kann man sagen. Zadek war zufrieden, der hat sich nicht beklagt. Ich habe das richtig dargestellt mit den Koffern. Aber diese Sache mit dem Diener, das war so eine verzwickte Sache, das kannst du dir nicht vorstellen. Der stand ja in Hose und Hemd auf der Bühne, der Voss (Peter Gert Voss, 1941-2014, deutscher Schauspieler), als Antonius, als das Bild anfing. Ich stand neben ihm mit seinen ganzen Klamotten auf dem Arm, also ein Stock, ein Zylinder, Handschuhe, Frack und Schal, vollkommen wie Johannes Heesters. Während seines Textes - während des ganzen Bildes - zog der sich an und ich musste ihm ein bisschen helfen. Aber vor allen Dingen musste ich zusehen, dass mir nicht die ganzen Klamotten runterfallen. Ich musste die ja alle halten, ihm in der richtigen Reihenfolge reichen und hier und dort mal ein bisschen zuppeln. Ich musste die schon erst einmal richtig auf den Arm legen, damit die in der richtigen Reihenfolge waren. Da durfte nichts schiefgehen. Das war eine richtige Choreografie, sage ich dir, aber ich habe das irgendwie gemeistert.

Wieder zu Hause

Acksel: Na, ist doch schön, haben wir doch ein paar hübsche Sachen jetzt hier verewigt. Eine schöne Begebenheit war auch, als ihr mit dem Bus unterwegs wart und wieder in die DDR gekommen seid und sagen konntet: „Ach, wieder zu Hause!"

Runkel: Ja, da kamen wir irgendwie von einer ganz weiten Reise, sind zuerst nach Frankfurt/Main geflogen, aus dem Flugzeug ausgestiegen. Wir hätten ja mit dem Flugzeug nach Berlin fliegen können. Nein, wir fuhren mit dem Bus nach Berlin, das Riesenende. Und dann fuhren wir so schön und mit einem Mal an der Grenze hinter Eisenach: Rupp, rupp, rupp. Dachte ich: Jetzt sind wir da, weil jede Rille in dieser Reichsautobahn... - jetzt wissen wir, wo wir sind.

Ich war so wütend

Runkel: Ich war in West-Berlin in der Deutschen Oper und sah „Carmen". Und Carmen wird ja am Schluss erstochen von Don José und bumm - bumm - bumm - aus. Es ist Ruhe, absolute Ruhe. Alles ist ergriffen. Und in dieser großen Ruhe und Ergriffenheit gibt es auf einmal einen Riesenklatsch, da klappte der Souffleur seinen Deckel vom Souffleurkasten zu. Ich dachte: Das kann nicht sein. Ich war so wütend. Also, so ein bisschen Gefühl muss man nun schon haben, wenn man am Theater ist, dass man die sechs Sekunden abwartet, bis der Vorhang zugeht oder irgendwie wieder etwas Leben auf die Bühne kommt. Aber in der größten Ruhe und Ergriffenheit dieses Ding zuzuklappen... Ich wollte gleich zum Abendregisseur. Aber dann habe ich gedacht: Ach, das ist sowieso alles wurscht. Das kann ja nicht sein. Das bringt dem ja nichts, wenn er ein paar Sekunden früher abtritt.

Acksel: Unfassbar.

Runkel: Ich meine, es gibt ja nicht so viele, aber es gibt eben Souffleurkästen, die zugeklappt werden. Das ist wie ein normaler Boden. Manche sind ja noch mit einem Deckel, wenn es überhaupt noch Souffleurkästen gibt, und der ist dann auch festgemacht. Das war eben einer zum Zuklappen. Ich war empört, sage ich dir.

Geblendet

Acksel: Das kann ich mir vorstellen. – Es gab ja so ein paar kleine Unfälle, die dann ja gut ausgegangen sind. Du hast irgendwas erzählt von den Proben im Palast der Republik, vom Bühnenmeister.

Runkel: Ja, im Palast der Republik hatte ich eine Gast-Inspizienz. Sie brauchten Inspizienten für ein Riesenprogramm mit hunderten von Leuten, darum haben die mich dazu engagiert. Es war eine technische Probe, und ich saß bei der Regie. Irgendein Elektromeister geht schnell über die Bühne von rechts nach links, geht rein und raus aus dem Saal. In der Zeit, als er draußen war, fährt die Orchesterversenkung runter, so 2 oder 2 1/2 Meter. Zur selben Zeit wurden zwei Scheinwerfer, die sich in Augenhöhe gegenüberstanden, in Kopfhöhe angemacht und eingerichtet und strahlten sich nun gegenseitig an. Die Scheinwerfer sind an, und der Meister kommt wieder rein. Er hat aber nun gar nicht mitbekommen, dass inzwischen dieses Riesenloch da war, durch diese Orchesterversenkung. Er dachte, er geht schön geradeaus, er schnellen Schrittes geht und mit einem Mal – bumm – war er drin in der Orchesterversenkung, weil die Scheinwerfer ihn geblendet hatten, und er gar nicht gemerkt hatte, dass da etwas fehlte. Er ging so schnellen Schrittes siegessicher - bumm. Die haben alle einen Schrecken gekriegt, das wird sicherlich ein Nachspiel gehabt haben. Das kann man ja nicht machen, das muss man sichern oder jemanden hinstellen, der aufpasst. Was weiß der Deibel.

Irgendwo muss sie ja sein

Acksel: Mit meiner späteren Schauspiellehrerin Doris Thalmer (Doris Thalmer, 1907 -1998, deutsche Schauspielerin) gab es doch auch so eine Geschichte.

Runkel: Es gibt eine Szene bei „Ui" mit einer halben Seite Text, wo nur sie auf der Bühne ist. Die Bühne ist dunkel, da ist nur ein Spot, und sie steht im Licht und hat eine Rede zu halten, wird erschossen und fällt hin. Es ist zu Ende, das Licht ist aus. Dann muss sie im Dunkeln abgehen, es waren nur 2 Meter oder so – in die Loge links abgehen. Aber war es total dunkel, und weil ich durch das Black auch gar nichts sehen konnte, habe ich mir so eine kleine Glimm-Lampe dahinhängen lassen bei der Loge. Und wenn die Thalmer vorbei geht, habe ich gesehen: „Aha, ist aus. Dann ist sie vorbeigegangen." Aber es brannte und brannte und dann kann die nicht weg sein. Solange da keiner vorbeigeht, kann die Thalmer nicht ab sein. Und dann endlich, nach einer endlosen Zeit, geht einer vorbei, ich hab das Licht angemacht – alles okay, es konnte weitergehen. Nachher sagt die zu mir: „Bloß gut, dass du gewartet hast, ich bin doch ins Parkett gefallen. Ich saß doch in der ersten Reihe auf den Leuten. Und wenn du Licht gemacht hättest, hätten alle gesehen, wie ich da wieder auf die Bühne krabble." Das hat sie nun alles im Dunkeln absolviert und war froh, dass es nicht sichtbar war, dass sie im Dunkeln abging. Nein – und ich dachte: Wo ist sie denn geblieben?

Acksel: Da hat sie ja Glück gehabt, dass ihr nichts passiert ist.

Runkel: Diesmal fiel sie aber gleich ins Parkett, den Leuten auf den Schoß. Sie fiel sicher weich– auf die erste Reihe rauf. Sie war schon sehr alt und hätte sich auch alles Mögliche brechen können. Dann hat sie mir ein ganz tolles Buch geschenkt, einen Bildband, weil sie dankbar war, dass ich gewartet habe mit dem Licht. Sie hatte sich ja im hohen Alter dann tatsächlich mal einen Arm gebrochen und musste im Brotladen (Brecht: „Der Brotladen", BE 1967), hinter einer Kulisse im ersten Stock aus dem Fenster irgendwat sprechen. Die hat das trotz gebrochenem Arm mit 70 oder wat die da schon war, gemacht. Die ist da hochgeklettert, die Leiter - mit gebrochenem Arm. Das fand ich ja sehr gut.

Langfinger im Hotel

Acksel: Irgendwann ist dir doch mal was, sagen wir mal: verschwunden aus deinem Hotelzimmer.

Runkel: Das war in Wien. Wir gastierten mit dem Galilei und wohnten im Hilton-Hotel, und ich hatte etwas Ost-Geld mitgenommen. In Wien konnte ich die 80 Ost-Geld nicht gebrauchen und habe sie in den Schrank gelegt, unter das Hemd oder so. Und irgendwann mache ich den Schrank auf und denke: Nanu, das sieht ja irgendwie anders aus. Ich kann mir so etwas ganz genau merken. Es lag irgendwie etwas anders. Denke ich: Ist aber komisch. Habe ich geguckt: Geld war weg. Habe ich gesagt: „Na, fein! Da wird der sich ja gefreut haben mit den 80 Ost-Mark, wenn er dafür wat koofen will." Dann bin ich runtergegangen zur Rezeption, das aufgenommen und der Versicherung gemeldet. Die hätten ja auch sagen können: „Wat legen Sie ihr Geld in den Schrank, legen Sie es zu uns in den Tresor, da wird es nicht geklaut." Haben sie nicht gemacht. Sie haben es aufgenommen. Die hätten auch sagen können: „Dafür können wir nüscht, wenn Sie Ihr Geld in den Schrank packen. 80 Ost-Mark!" Und dann nach ein paar Wochen bekam ich in Berlin von der American Express Versicherung Post: „Ich kann das Geld bei American Express im Büro am Zoo abholen." Sie haben es 1:1 in West bezahlt. 1:1 umgetauscht, kriege ich 80 West-Mark. Und ich konnte zufällig nach West-Berlin fahren und das Geld im Büro am Zoo abholen. Irgendwie war ein Anlass, ansonsten wäre das nicht möglich gewesen. Aber das ging, das war ganz lustig.

Acksel: Das war ein guter Tausch.

Runkel: Das war ein guter Tausch, aber ich habe das nicht erschwindelt, sondern ich habe gesagt, es waren Ost-Mark. Hätten die sich ja dran halten können und 1:5 oder wat umtauschen können. Und dann waren wir in Madrid, und in dem Hotel habe ich mein Deodorant-Stift irgendwie uff 'm Tisch stehen lassen, sonst lege ich ihn immer in den Schrank. Er war fast neu. Und als ich wiederkam, war det Ding weg. Ich dachte: Nanu, hast du den weggeschmissen oder wat? Jedenfalls war ich sehr wütend, denn er war ja neu, das Ding, sozusagen. Also bin ich rausgegangen zu der Zimmertante. Die sprach spanisch und ich deutsch, keener wusste, wat jemeint ist. Jedenfalls haben sie dann irgendwen geholt, der das übersetzt hat usw., und der hat wohl ordentlich Dampf gemacht. Und so kriegte ich meinen Stift wieder. Den hat die irgendwie weggenommen und benutzen wollen oder was, oder schon benutzt. Er war jedenfalls nicht weggeschmissen oder sie hat den aus dem Müll zurückgenommen. Auf jeden Fall war er wieder da.

Große Erlebnisse in Madrid, ja.

Das Kleiderbügelbrett im Schweyk

Acksel: Es gab einen Vorfall mit dir im „Schweyk". Wann war das ungefähr?

Runkel: Als ick „Schweyk" inspiziert habe, ick gloobe, det is '62 oder so rausjekommen. (Brecht: „Schweyk im Zweiten Weltkrieg", BE 1962). Irgendwann war das, als ich noch Schweyk inspiziert habe, das hat ja dann der Fritz Dietrich (*1929, Inspizient am BE) gemacht, später wieder ich. Det lief ja 500 Mal. Jedenfalls wäre ich beinahe zu Tode gekommen. Das war der Umbau von Kelch 1 dem 1. Bild zum 2. Bild. Im ‚Schweyk' hingen lauter Wände. Hintereinander. Der ganze Schnürboden voller Wände, Wände, Wände, ganz eng aneinander. Zug für Zug. Und sie zogen die Wand von Kelch 1 hoch und die Wand von Bild 2 kam runter. Und an der Wand für Bild 2 war ein Kleiderriegel angebracht mit so 3, 4 Haken aus Metall und 'nem Brett und das war nur angehängt. Und jetzt kam die eine Wand an die andere Wand ran, da war vielleicht ein bisschen Wind. Das reichte jedenfalls und es hakte dieses Brett aus. Det waren nur zwee Haken zur Befestigung. Es war schon ziemlich hoch, 10 Meter, da hakte das Brett aus und es krachte runter. Es hat mich sogar noch ein ganz wenig berührt an der Schulter hier. Wenn mir das uff 'n Kopp jefalln wäre – es war ja ein schweres, dickes Brett und dann die Eisendinger dran, dann hätte ich schon gewusst, was Sache ist. Und schon bei der nächsten Vorstellung war es durchgebohrt und angeschraubt und fest.

Acksel: Damit rechnet man nicht.

Runkel: Damit jedenfalls nicht. Aber das kann einem passieren. Bin mal zwei Meter weggegangen vom Pult, weil ich etwas gucken musste, zwei Meter auf die Bühne, und schon – bumm – passierte es. Wenn ich am Pult stehen geblieben wäre, hätte ich diese Gefahr nicht gehabt, dass mir wat uff 'n Kopf fällt. Aber ich musste ja hingehen, irgendwas inspizieren.

Kaisers Auftritt im Schweyk

Runkel: Wir spielten „Schweyk" (Brecht: „Schweyk im Zweiten Weltkrieg", BE 1962) und im Moldau-Bild, kurz vor der Pause, kam der Kaiser (Wolf Kaiser, 1916-1992, deutscher Schauspieler) auf die Bühne. Der spielte gar nicht mit, der Wolf Kaiser. Er war wohl so animiert von dem Spiel seiner Kollegen, jedenfalls geht der irgendwie in die Garderobe und lässt sich einen SS-Mantel geben und eine SS-Mütze und kommt wieder zu mir und geht einfach auf die Bühne. Er geht quer über die Bühne von rechts vorn, von mir, und zur Vorbühne links, einmal quer über die Bühne als SS-Offizier. Und die uff der Bühne dachten, sie sehen nicht richtig. Der Flörchinger und die beiden Mädchen, die hatten da ihre Dialoge. Und der geht da einfach rüber und tut ja nicht so als ob.

Acksel: In der Vorstellung?

Runkel: Wo er nüscht zu suchen hatte. Der war natürlich mit anderen Hosen und anderen Schuhen, die da gar nicht zu passten, nur Mantel und Mütze passten. Er war gar nicht geschminkt, aber ging einfach über die Bühne – schräg rüber. Die haben geguckt auf der Bühne, die haben gedacht: Was ist denn jetzt los?

Acksel: Na, das ist ja ein schöner Einfall. Das musst du dich ja erst mal trauen.

Runkel: Na, der dachte, Flörchinger findet das sicher komisch. Fand der auch komisch. SS-Mantel und SS-Mütze haben genügt – und geht einfach stumm quer über die Bühne. Das ist für die Schauspieler besonders schön.

Es gibt so viele schlechte Schauspieler

Acksel: Du hättest auch Schauspieler werden können und warst doch schon fast auf der Schauspielschule? Wenn da nicht die Weigel gewesen wäre.

Runkel: Na ja, das hing mit dem Markieren im Kreidekreis zusammen.

Acksel: Verstehe.

Runkel: Ich markierte von Beneckendorf aus dem 5. Akt. Und das hat die Schauspieler irgendwie so bejeistert, vor allen Dingen waren es der Erich Franz, die Angelika Hurwicz und Annemarie Haase. Die fanden das so wunderbar. Ich habe ja nur genau das nachgemacht, was ich von den Schauspielern gehört habe, also, das habe ich Ton für Ton abgenommen, es war nur nachgemacht. Wie also ein Affe det nachäfft. Das fanden die aber trotzdem irgendwie gut. Die haben gedacht, der andere ist es. Det fanden die so gut und haben gesagt: „Der Junge muss unbedingt auf die Schauspielschule." Da war ich, glaube ich, 15 Jahre. Dann haben sie der Weigel vorgetragen, dass ich unbedingt auf die Schauspielschule gehen sollte. Und da hat die gesagt: „Nein, das kommt nicht in Frage. Es gibt so viele schlechte Schauspieler und so wenig gute Inspizienten, der bleibt hier." So bin ich nicht auf die Schauspielschule gegangen.

Acksel: Ist doch gut. Das war ja noch ziemlich am Anfang. So ein Lob von der Weigel, dass du dafür wirklich geeignet warst, dass sie das auch schon erkannt hat.

Runkel: Anscheinend hat die das schon erkannt, ja. Aber da hat sie gesagt: „Nüscht ist hier."

Krach mit Wekwerth

Runkel: Einmal hatte ich eine fürchterliche Auseinandersetzung mit dem Wekwerth auf der Probebühne. Wir haben uns sehr gezankt. Es war irgendwas mit dem Rufen, es gab keine Rufanlage, da war gar nichts. Du musstest immer persönlich durchs halbe Haus rennen und die zusammensuchen, in der Kantine und überall, wo die waren, die Schauspieler. Und irgendwas war, es ging was nicht richtig, und der hat getobt, und ich habe zurückgetobt. Und habe gesagt: „Wenn hier nicht mal 'ne Rufanlage ist usw., wie soll man denn diese vielen Leute zusammenkriegen? Da bist du ja den ganzen Tag nur am hin- und herrennen." Das war sehr massiv, und dann habe ich mich aber schriftlich entschuldigt bei ihm und habe den Brief beim Pförtner abgegeben und dann in der Ecke gelauert, wenn der ins Theater kommt. Und dann hat er den Brief bekommen und gelesen. Er hat ihn nach dem Lesen zusammengeknüllt und weggeschmissen. Ich wollte sehen, wie der reagiert. Aber drei Wochen später war dann eine Rufanlage da.

Acksel: Dann hat der Krach ja wenigstens was gebracht.

Runkel: Das war sehr gut, ja.

Acksel: Sich entschuldigen können, ist ja ein wichtiges Gut.

Gleich durch die Wand

Runkel: Im „Katzgraben" (Strittmatter: „Katzgraben", BE 1953) spielte der Harry Gillmann (1897-1967, deutscher Schauspieler) den Mittelländer. Und aus irgendwelchen unerfindlichen Gründen kam Gillmann nicht zum Auftritt, weiß der Deibel, das passiert manchmal bei Schauspielern. Ich hab den gerufen. Kantine, Kantine, irgendwo gluckte der rum. Der hörte und stürzte hoch, hatte aber seinen Auftritt schon verpasst. Geschonneck (Erwin Geschonneck, 1906- 2008, deutscher Schauspieler), spielte den Großbauern, sagt zur Weigel: „Wollte nicht der Mittelländer heute vorbeikommen?" Es kam aber kein Mittelländer vorbei. Es kam und kam kein Mittelländer. Pause – Pause – Pause, und dann stürzte Gillmann auf die Bühne und stürzte aber gleich durch die Wand. Das war so 'n Passepartout hinten mit einem Fenster und einer Tür, die zu bewegen war, an der Seite war Luft. Das waren aber eigentlich die Wände. Er trat durch die Wand auf, also an der Seite, wo noch eine „Pas. Wand" war, die Tür wurde nicht benutzt. Gillmann geht gleich durch die Wand.

Acksel: Das waren noch die Zeiten von der Weigel.

KaDeWe Flörchinger

Acksel: Es gab doch einen Schauspieler, der gerne bis zur letzten Sekunde Schach gespielt hat.

Runkel: Flörchinger. (Martin Flörchinger, 1909-2004, deutscher Schauspieler.) Ja, Flörchinger spielte immer im Konzimmer mit Naumann Schach (Günter Naumann, 1925-2009, deutscher Schauspieler). Aber bis zur letzten Sekunde spielte der Schach. Der Flörchinger musste immer noch einen Zug machen und da hörte er schon, sein Stichwort ist gefallen für den Satz. Schon im Gehen zum Auftritt zur Loge, fing er schon auf dem Flur an, seinen Text zu sprechen. Es war ja soweit, denn er war ja dran. Aber er war noch nicht auf der Bühne, dann fing er aus der Ferne an, mit seinem Text. Wir haben uns totgelacht. Er fing schon im Konzimmer beinahe an mit seinem Text.

Acksel: Schöne Anekdote – und war das auch noch zur Weigel-Zeit, muss ja eigentlich.

Runkel: Ja, vielleicht. Det haben wir ja so wahnsinnig lange gespielt, den Coriolan. Helene Weigel war ja im Coriolan (Shakespeare: „Coriolan", BE 1964) 2. Besetzung, das hat ja zuerst mal Manja Behrens (verheiratete von Appen, 1914-2003, deutsche Schauspielerin) gespielt, dann hat es die Weigel gespielt, und dann hat`s ja die Ritsch gespielt, sehr lang. Ich weiß nicht, ob es schon zu Ritsch seinen Zeiten war oder noch zu Weigels Zeiten – det weeß ick nicht, spielt ja ooch ja keene Rolle.

Acksel: Wie lange war denn Flörchinger noch am BE, auch nach dem Mauerfall noch?

Runkel: Ja, der war auch noch nach der Mauer da. Der hat ja sein Schweyk noch gespielt, aber er ging ja dann weg von uns – nach München 1976, weil er Rentner war. Er stammte aus München und dann ging er zurück nach München und spielte an den Kammerspielen in München. Der hat aber dann noch eine ganze Weile den Schweyk (Brecht: „Schweyk"; BE) gespielt, kam aber immer mit dem Flugzeug nach Tegel von München für die Vorstellung, flog nach Tegel und wieder zurück, weil er ja nicht mehr in Berlin wohnte, sondern in München oder bei München hatte er da irgendwie einen Bauernhof. Er hat im Osten und im Westen gearbeitet und im BE hat er noch den Schweyk gespielt. Der Flörchinger hat ja auch auf einer Probe, nachdem er die Regieanweisungen von Wekwerth vernommen hatte, gesagt: „KaDeWe – kann dargestellt werden." Und alle dachten natürlich Kaufhaus des Westens. Nein – KaDeWe – kann dargestellt *werden.*

Acksel: Er hatte eben immer schöne Ideen.

Runkel: Wir hatten Kostüm- und Maskenprobe für „Coriolan". Flörchinger kommt aus der Maske auf die Bühne und sagt zur Regie: „Ich sehe aus wie eine alte Badehure." Das war ein Riesenlacher. Das war Flörchinger.

Hat sich erledigt

Acksel: War das nicht auch Flörchinger mit der großen ZK Veranstaltung?

Runkel: Das war Flörchinger! Er hat mir gesagt: „Pass mal auf, jetzt wird bald jemand kommen, ein Fahrer von der Staatsoper. Ich muss zu einer ZK Parteiveranstaltung und soll ein Gedicht vortragen. Also, wenn der kommt, sag mir gleich Bescheid. Der holt mich dann ab in die Staatsoper für diese Sache." Flörchinger hatte Probe bei uns. Der war bereits in Livree, hatte 'nen schwarzen Anzug an und so. Und ich habe was missverstanden. Wat weeß ick. Jedenfalls kam der Fahrer und ich sagte: „Sie können wegfahren, das hat sich alles erledigt." Der Fahrer war weg, der Flörchinger kam nicht zur Veranstaltung, um das Gedicht aufzusagen, es ging alles schief. Ick weeß nicht, wat ich da missverstanden habe, vielleicht hat er sich auch missverständlich ausgedrückt. Aber wahrscheinlich war das mein Fehler, ich habe nicht richtig zugehört.

Acksel: Hat sich erledigt.

Runkel: Das hatte sich dann wirklich erledigt. Der Flörchinger ist bald wahnsinnig geworden. Und hat gesagt: „Wie kannst du den wegschicken?"

Hoffentlich fällt er nicht

Acksel: Der Komtur hat dich doch auch mal zittern lassen.

Runkel: Der Komtur. Das war bei Molière. (Molière: „Don Juan", BE 1954, Regie: Besson.) Im letzten Bild ist ein großes Mausoleum aufgebaut. Und in dem Mausoleum steht eine große, steinerne Figur von Komtur. Er ist ja ermordet worden von dem Don Juan, erstochen worden ganz am Anfang und darum haben sie ein Mausoleum gebaut für ihn, in dem steht diese Figur drin. Und an einer bestimmten Stelle öffnet sich das Mausoleum. Bei einer bestimmten Musik geht das Mausoleum langsam auf, und die Figur geht nach vorne, und diese steinerne Riesenfigur schreitet nach vorne zu Don Juan. Er fasst Don Juan an und der sagt: „Ein Feuer verbrennt mich." Und dann fährt er ja in die Versenkung mit Feuer und Flammen und Dampf und Bum in die Hölle. Das Feuer wurde mit Puder, einem Ventilator und einem rotem Scheinwerfer erzeugt. Und plötzlich, in einer Vorstellung, ging das Mausoleum nicht richtig auf, es ging ein bisschen auf, aber nur ein kleines bisschen. Und sie brauchte ja Platz, diese Riesenfigur.

Und ich dachte: Um Gottes Willen, wenn der da jetzt irgendwo hängenbleibt mit seinen Riesenstiefeln. Das ist ja sehr wacklig. Es steckte ja ein Mensch drin, unser Rüstmeister Emil Neumann. Er hat es irgendwie mitgekriegt, dass was nicht stimmt, das war ja nur einen halben Meter auf, sonst war`s doppelt soviel oder so. Er hat aufgepasst, dass er nicht hängen bleibt, sonst wäre er ja umgefallen. Die Bühne, die ist ja etwas schräg, hat ja 4 % Gefälle und da wäre der sofort umgekippt. Ich dachte: Hoffentlich fällt der nicht um. Das wäre ja ein Riesenlacher gewesen. Der Komtur kommt und bums, fällt er um - dann hätten wir gleich uffhören können.

Acksel: Schönes Finale, ja.

Runkel: Dann wäre noch vor dem Schluss Schluss gewesen. Aber er ging und hat es geschafft. Ich hab gezittert und gedacht: Um Gotteswillen, wenn das nun jetzt passiert. Es ist gut gegangen. Das war Glück, denn sehen konnte der das gar nicht.

Staralllüren

Acksel: Wie war das mit den Sonderwünschen der „neuen" Stars?

Runkel: Nach der Wende kamen dann viele West-Schauspieler an das BE. Da waren ja einige West-Stars auch dabei. Wie in Antonius und Kleopatra (Shakespeare: „Antonius und Cleopatra", BE 1994). Am Anfang des Stückes ist die janze Bühne ist voller Menschen. Hinter einem Vorhang, hinter einem Prospekt, der dann hochgezogen wird. Jedenfalls dahinter waren alle versammelt. 30 Mann oder wat weeß ick. U.a. auch der Star und auf einmal kommt die Garderobiere von dem Star zu mir und sagt: „Der Star wünscht beim Namen gerufen zu werden." Da habe ich gesagt: „Das ist gar nicht möglich, sonst müsste ich alle anderen auch rufen, die sind ja auch alle auf der Bühne. Es sind alles Schauspieler, die müssten dann alle mit der Gleichberechtigung per Namen gerufen werden. Und dann müsste ich um 6 Uhr anfangen und dann bin ich um 7 Uhr fertig mit dem Durchrufen. Das geht nicht. Wenn ich zum Beginn rufe, dann haben alle, die am Beginn dran sind, zu kommen, ganz egal, wie sie heißen und wer sie sind. Jeder weiß, wenn er zu Beginn dran ist, kommt er. Das geht leider nicht."

Das habe ich auch gelernt von meinem Güldemeister, wenn man zu Beginn ruft, da kommen alle, ob Star oder nicht Star, auch die Technik und die Beleuchtung. Alle wussten, sie sind zum Beginn dran. Da ist ja gar kein Zweifel. Dass sie noch einmal ihren Namen nun hören müssen? Wenn du etwas weniger Star bist, müssten sie ihn vielleicht auch hören wollen, oder wat?

Die Thomaner waren nicht zu ersetzen

Acksel: Ihr habt ja für manche Stücke enorme Anstrengungen unternommen.

Runkel: Bei „Galileo" (Brecht: „Galileo Galilei", BE 1978) gab es immer zwischen den Bildern Gesänge. Texte von Brecht und die Kompositionen von Eisler, ganz schwer – vierstimmig, für vier Knaben. Ganz schwierige Gesänge. Das konnte gar keiner singen. Also haben sie die Thomaner aus Leipzig genommen. Und die mussten aber nun auch in den Vorstellungen singen und wurden mit dem Flugzeug von Leipzig nach Berlin geflogen und dann wieder zurück. Es waren ja noch Jugendliche, halbe Kinder. Die konnten das singen, ganz klar und rein. Aber es war ein Riesenaufwand, die Jungs immer mit dem Flugzeug hin- und herzufliegen. Das haben wir eine Weile gemacht, aber dann nachher wurde das zu teuer oder zu umständlich – wat weeß der Deibel, was da war. Und dann haben sie gesagt: „Wir müssen Berliner Jungs finden, die det singen können."

Und dann haben sie gesucht und gesucht in den Schulen, haben dann welche gefunden, aber die waren eben sehr schlecht, die haben immer falsch gesungen, weil es so schwierig war. Und dann kamen sie auf die Idee, das von den Thomanern aufnehmen zulassen. Das wurde dann per Tonband eingespielt und dazu war immer eine Projektion, und die Leute konnten den Text lesen und haben die Thomaner gehört. So haben wir es dann immer gespielt. Aber zuerst der Riesenaufwand mit den Thomanern aus Leipzig mit den Hin- und Rückfügen.

Acksel: Ist ja doll.

Runkel: Das war doll. Ja.

Schauspieler sind, was ihr Alter betrifft, gern kreativ

Acksel: Schön finde ich ja auch die Geschichte mit der Agnes Kraus.

Runkel: Sagt die Agnes Kraus (Irmgard Agnes Friederike Krause, 1911-1995, deutsche Schauspielerin) zu mir: „Mensch, Lothar, was mache ich denn bloß? Ich werde doch jetzt 60 Jahre, aber in meinem Ausweis steht doch, dass ich erst 55 bin. Was mache ich denn bloß? Ich möchte doch die Rente haben. Ich kann doch denen nicht sagen: Ich habe meinen Ausweis gefälscht, mit dem Geburtsdatum." Da habe ich gesagt: „Da mach` dir doch keine Sorgen, erst mal biste Agnes Kraus, dir werden se sowas verzeihen und werden sagen: Na ja... Außerdem haben die ganz andere Unterlagen. Die gucken nicht in deinen Ausweis, wie alt du bist, die haben das im Amt genau, die wissen ganz genau, wie alt du bist. Da kannst du in den Ausweis schreiben lassen, was du willst. Du kriegst auf alle Fälle deine Rente, da kannste alt sein, soviel du willst." Dann war sie schon sehr glücklich.

Acksel: Sehr schön, im Ausweis das Alter gefälscht. Das kenn ich noch zu gut aus der TV-Besetzung. Besonders lustig war es dann, wenn die Schauspielerinnen alle 5 Jahre neue Unterlagen und Lebensläufe geschickt haben und jedes Mal wurden sie jünger. Sie kamen aber nicht auf die Idee, dass die alten Unterlagen vielleicht noch vorhanden waren.

Sehr bemerkenswert

Acksel: Manche Ereignisse haben sich ja bei dir richtig eingebrannt, weil sie so außergewöhnlich waren. Da gab es doch gleich zum Anfang deiner Tätigkeit eine Auseinandersetzung zwischen einem Schauspieler und einem Regisseur.

Runkel: Die gab es öfter. Zwischen Benno Besson (1922-2006, bis 1958 Schauspieler, Regieassistent und Regisseur am BE) und Hartmut Reck (1932-2001, deutscher Schauspieler, hatte sein Debüt unter Brecht am BE), das war in der Tat außergewöhnlich. Wir hatten eine Probe, eine Don Juan-Probe (Molière: „Don Juan", BE 1954) mit Hartmut Reck. Und die hatten sich irgendwie in die Wolle gekriegt, ganz fürchterlich. Reck uff der Bühne, Besson im Zuschauerraum, die gingen dann aufeinander zu, der will zur Bühne, der ging runter und als die sich trafen, hat der Reck dem Besson eine gescheuert, wie ich es selten erlebt habe. Dass ein Schauspieler einen Regisseur ohrfeigt, habe ich also überhaupt nicht erlebt, und er hat det jemacht, ja. Sehr bemerkenswert.

Eine sehr kurze Tournee

Acksel: Was war mit der Italien-Tournee?

Runkel: Auf Tournee waren wir eben nicht. Da sollten wir in Rom mal ein Gastspiel machen und wir kommen mit dem Koffer am Theater an und da sagen sie: „April, April, ist nicht mit Tournee nach Rom. In der DDR ist Maul- und Klauenseuche und darum bekommen wir keine Einreise in Italien." Dann konnten wir wieder nach Hause fahren. Damit war diese Tournee beendet, bevor sie angefangen hat.

Gekloppe im Theater an der Wien

Acksel: In Wien hast du die Stallwache nach Hause geschickt?

Runkel: In Wien haben wir „Antonius und Cleopatra" (Shakespeare: „Antonius und Cleopatra", BE 1994) gespielt – Zadeks Inszenierung. Und dort haben wir auch die Premiere gemacht – am Theater an der Wien. Premiere Antonius. Und es gab eine Abendprobe, eine ganz ruhige mit zwei Leuten nur, es war eine ganz intime Probe. Natürlich war ein Kollege von dort anwesend, der Stallwache hatte. Und dem sagte ick: „Wat woll'n se hier, hier brauchen se ooch nich zu sein – es ja 'ne zwei Mann-Probe, jeh'n se mal nach Hause." Der ging nach Hause und knapp war der weg, fing es an zu pochen – laut zu pochen. Ich dachte: Wat is denn nun los? In dieser leisen Probe pocht das jetzt. Und da sage ich durch die Rufanlage des Theaters: „Was das für 'n Gekloppe ist hier, was das sein soll? Es stört die Probe ungemein."

Das muss also in einem Raum gewesen sein, wo ein Lautsprecher war, oder derjenige hat das gehört und hat sofort aufgehört. Aber auch die Dame im KB hat das gehört und rief mich sofort an, es klingelte sofort das Telefon: „Hier KB! Sie möchte Herrn so und so sprechen, den Kollegen aus Wien." Da sage ich: „Das geht gerade nicht, der ist gerade unterwegs, um zu suchen, wer da klopft. Der soll das mal erkunden und ergründen. Der kann jetzt nicht. Gut, ja, danke."

Acksel: Darauf muss man in so einer Situation erst mal kommen.

Runkel: Jetzt habe ich aber gedacht: Oh Gott, oh Gott. Was kann passieren, wenn du morgen kommst? Der kommt am Vormittag, trifft die sich zufällig beim Pförtner oder sie ruft ihn gleich an und sagt: „Komm doch mal hoch ins KB, was war denn da gestern los, wer hat denn da gekloppt?" Also hab ich mich dahin gestellt als Wache beim Pförtner. Wenn der kommt, muss ich ihm das gleich erzählen, damit der sich die richtige Story ausdenken kann und nicht sagt: „Ich weeß von gar nüscht, wer da so gekloppt hat, ick war gar nicht mehr da." Ich hab dem dann gesagt: „So, das müssen Sie gleich wissen, dass da irgendwie was kommen kann." Aber es kam dann doch nichts. Die haben sich wohl nicht getroffen. Jedenfalls habe ich gedacht: Das müssen wir mal verhindern, dass da schiefe Töne kommen.

Interessante Einblicke

Acksel: Die Bühnenarbeiter interessierten sich doch auch sehr für deine Monitore.

Runkel: „Antonius und Cleopatra". Premiere in Wien. Wir probierten ungefähr 14 Tage. Das war auch auf diese Bühne zu adaptieren, die Bühne war ganz weit in den Zuschauerraum reingebaut, also etliche Reihen waren rausgenommen und dort dann ein Podest gebaut. Auf dem Podest waren oben die Bretter und an der Vorderkante war eine Stellage, so ein paar Stäbe. Und da das ja ein Opernhaus ist das „Theater an der Wien" - die Orchesterbrüstung war rausgenommen - gab es natürlich eine Kamera von der Bühnenkante zum Dirigenten hin, die war da fest installiert. Und denke ich immer: Was kommt hier an mein Inspizientenpult ein Pulk von Bühnenarbeitern? Was wollen die alle hier, was gucken die alle hier? Ist ja unglaublich. Das kann ja nicht sein, was wollen die hier? Dann bin ich drauf gekommen: Diese Kamera für den Dirigenten war an und die guckten alle auf dieses Bild, weil nämlich die Kamera ... natürlich, die Orchester-Brüstung war nicht da, ein Dirigent ooch nicht, die Kamera zeigte genau in die erste Reihe, und zwar nur ab Brust abwärts, und zwar unter alle Röcke, die da zu sehen waren. Viele hatten ja Hosen an, aber ein paar waren wohl doch dabei, die interessant waren. Die standen, guckten, was sie da sehen, unter den Röcken. Da habe ick jedacht: Det reicht mir. Dann habe ick einfach die Kamera ausgeschaltet und da war nüscht mehr. Haben die natürlich sehr bedauert.

Acksel: Na, da musste du ja auch erst einmal drauf kommen.

Runkel: Habe ich gesagt: „Mich stört das, dieses doppelte Bild.", um irgendeine Erklärung abzugeben.

Das Bühnengeschehen war völlig uninteressant

Acksel: Gab es nicht auch irgendwo mal einen Vorfall mit Fußball, dass ein Kollege von dir Fußball geguckt hat?

Runkel: Mich betraf das nicht, ich habe das ja bloß gehört. Ein Kollege von mir war ja so ein Fußballfanatiker. Er hatte Vorstellung und irgendein ganz wichtiges Spiel fand an diesem Abend statt. Darum hat er sich auf den Bühnenmonitor das Fußballspiel schalten lassen – ohne Ton natürlich. Aber es war ein riesiger Stunk deswegen, das war nun gar nicht gerne gesehen und nicht erlaubt, weil sich dort auch ein Pulk von Leuten versammelte, und alle guckten nur Fußball, und die Bühne war völlig uninteressant. Es gab einen Riesenärger, wie ich gehört hatte, ich habe mir das nur erzählen lassen, am nächsten oder übernächsten Tag, was da losgewesen ist.

Stilles Land

Acksel: Aber wenn wir gerade bei Fußball sind, nun weichen wir zwar jetzt ein bisschen von unseren Tournee-Erfahrungen ab, aber du hast ja einen schönen Film gedreht mit einem der berühmtesten Regisseure. Ich kann mich noch dran erinnern, als du mir das erzähltest, wie die dich angerufen haben und engagierten, weil sie dich als Karteileiche ausgegraben hatten, und du sagtest, du siehst jetzt ein bisschen anders aus. Das ist ja schon ein sehr schöner Einstieg.

Runkel: Ja, die haben gesagt, sie hätten eine Rolle für mich, ob ich das nicht machen will. Meine Eintragung in dieser Kartei der DEFA war mehr als 20 Jahre alt, mindestens. Was weeß ich, aus welchen Gründen das gefunden wurde. Ich sagte: „Ich sehe jetzt aber etwas anders aus inzwischen." Da haben die geantwortet: „Das ist genau das, was wir suchen!" - obwohl die gar nicht wussten, wie ich aussah. Sie haben mich da einfach auf blauen Dunst engagiert und ich habe bei dem Andreas Dresen in „Stilles Land" mitgespielt, diesen Volkspolizisten. (STILLES LAND, Andreas Dresen, D 1992)

Acksel: Es gab ja auch schöne Begebenheiten beim Dreh. Du wurdest mit Sicherheitsnadeln zusammengehalten...

Runkel: Es war ja nichts da. Es waren Außenaufnahmen in Babelsberg auf einer Polizeiwache. Ich sollte was spielen auf einer Polizeiwache, das war aber in Wirklichkeit ein Postamt, aber ist egal. Das war nun auf der Treppe und so ich ging zum Polizeirevier. Sie hatten irgendwelche Klamotten für mich, also eine Polizeiuniform, und es passte nichts, außer der Mütze, aber auch in die mussten noch zwei Zeitungen reingemacht werden. Dann haben die hinten alles zusammengemacht mit ca. 50 Sicherheitsnadeln, die Hosen und die Jacken und so. Es wurde ja nur von vorne gefilmt. Hinten hätte man das nicht sehen dürfen, das sah zu putzig aus. Viel bewegen war ooch nicht, ich stand ziemlich still.

Acksel: Irgendwann gab es ja dann die Filmpremiere, das ist dir ja dann berichtet worden im Theater.

Runkel: Die offizielle Premiere war ja in Babelsberg im Thalia-Theater, in dem großen Kino. Zu der wurde ich ja eingeladen von dem Andreas Dresen. Das war die Premiere mit allen Darstellern des Films. Ich wurde auch als Darsteller auf die Bühne gebeten, aber ich Idiot blieb nun wieder in meiner grenzenlosen Blödheit im Publikum sitzen. Mein Sitzplatz war ziemlich weit hinten, und ich bin nicht vorgegangen, als wenn ich gar nicht da wäre. Der wusste aber, dass ich da bin. Na ja, ich kam dann nicht auf die Bühne, obwohl ich natürlich richtig hätte absahnen können, an Applaus und Berühmtheit und Hollywood und alles – nichts davon!

Acksel: Ich denke aber an den Szenen-Applaus, weil das so ungewöhnlich war.

Runkel: Ach soooo, ja, das war ungewöhnlich. Da war sozusagen eine Festival-Voraufführung in Schwerin, und noch vor der offiziellen Premiere wurde dieser Film gezeigt. Unsere Dramaturgin und der Schroth waren vor Ort, die kamen ja beede aus Schwerin. Am nächsten Tag war sie wieder in Berlin und hat mir erzählt: „Na, Sie hatten ja gestern einen Erfolg in Schwerin, Sie hatten ja Szenen-Applaus im Kino!" - Was nur ganz selten ist, dass die im Kino anfangen zu klatschen, mitten im Film, auf einen fundamentalen Satz hin irgendwie: Monaco gegen Guatemala – so 'n Fußballspiel. Das fanden die Leute so komisch, jedenfalls haben die da geklatscht und das war irgendwie ungewöhnlich.

Acksel: Ist aber auch eine sehr schöne Szene: du als Polizist. Die Szene war ja irgendwie so: So eine Scheiße, wir müssen jetzt hier rumstehen und dabei spielt Monaco gegen so und so.

Runkel: Da sagte ich: „Jetzt geht's los." Der Kollege fragte: „Was?" Darauf musste ich sagen: „BFC gegen Monaco." Und das war der Witz, denn im Hintergrund waren die Demonstranten schon zu sehen. Es ging ja alles um diese DDR-Revolution. Jeder hat gedacht, das geht los, aber es ging das Fußballspiel irgendwo los, zumindest für den von mir gespielten Polizisten.

Acksel: Ist ja schön, durch Fußball sind wir darauf gekommen.

Benzin ist alle

Acksel: Mit der Fliegerei hattet ihr es ja. Denke gerade an die Benzingeschichte.

Runkel: Wir waren in Zagreb und sollten nach Hause fliegen mit einer Chartermaschine, kamen auf dem Flugplatz an, aber es war keine Chartermaschine da. Es wurde telefoniert und telefoniert: „Ja, die Chartermaschine ist noch in Schönefeld, die muss erst einmal abfliegen." Jetzt konnten wir in Zagreb warten und warten, bis die von Schönefeld da hinflog nach Zagreb. Nach Stunden konnten wir endlich einsteigen. Die Benzingeschichte: Das war eine Linienmaschine, ein Direktflug von Athen nach Berlin. Über Prag oder in der Nähe von Prag hat der durchgesagt: „Wir müssen jetzt zwischenlanden, das Benzin ist alle." Es war so viel Gegenwind und die haben nur drei Tropfen Benzin getankt, damit sie nicht im Westen tanken mussten, sondern lieber im Osten, es war dort billiger. Die wollten also nicht in Athen oder irgendwo tanken, sondern durchfliegen. Hatten aber nur so viel mit, dass sie hin- und wieder zurückkommen. Nun war Gegenwind und Gegenwind, und sie mussten so viel Dampf geben, also war dit in Prag schon alle. Prag, das war ja dann auch schon Osten, das war ja sehr gut. Wir mussten runtergehen, und dann konnten wir im Flugzeug sitzen bleiben. Das habe ich noch nie erlebt, dass man beim Tanken drinbleibt.

Acksel: Außergewöhnlich, ja.

Runkel: Da saßen wir drin, und die haben es reingefüllt, und dann sind wir wieder abgeflogen, ohne auszusteigen, ohne irgendwas. Das ging sehr schnell dadurch. Das war das, ja.

Busreise in London Heathrow

Acksel: Erzähl mal von Heathrow, als du dachtest, ihr macht 'ne Busreise.

Runkel: Flugplatz London – ja, Heathrow, auf dem Weg nach Edinburgh. Wir mussten wir in London umsteigen in ein Flugzeug. Da sind wir, glaube ich, eine Dreiviertelstunde oder so, es kam mir jedenfalls so lange vor, mit einem Bus auf dem Flugplatz rumgefallen. Ich habe gedacht, die finden das Flugzeug nicht. Das lag aber an der Größe des Flugplatzes. Der ist so groß, also mussten die fahren und fahren, es war wie eine Stadtrundfahrt auf dem Flugplatz. Wir sind unendlich rumgefahren auf dem Heathrow-Flugplatz, um umzusteigen. Da war nichts mit raus und wieder rein, es gab erst mal einmal eine Busreise von Flugzeug zu Flugzeug.

Es brennt im BE

Acksel: Im BE hat es tatsächlich mal gebrannt.

Runkel: Ja. Das war ein Kabelbaumbrand. Ich habe die Vorstellung nicht gemacht, ich habe das nur eben am nächsten Tag gehört, dass es im BE gebrannt hat. Auf der Bühne war ein Brand. „Tage der Commune" (Brecht: „Die Tage der Commune", BE 1964) sollte gespielt werden, es war kurz vor der Vorstellung. Die Bühne war fertig und das Licht für den Einlass brannte schon, Horizontbeleuchtung usw., und mit einem Mal ging irgendwer auf die Bühne, auf die Galerie und merkt, dass da Rauch ist. Und sie haben gleich Tamm-Tamm gemacht und den technischen Direktor geholt. Und es hat wirklich der Kabelbaum gebrannt von der Horizontbeleuchtung. Das sind lauter Kabel, 10, 12, 15 – wat weeß ick, wie viel – nebeneinander, eingenäht in so 'nen Stoff, das muss ja beweglich sein, weil es ja bis unten gefahren wird auf die Bühne. Es geht dann so rum, macht sich dann zusammen, das gibt es ja, wenn Kabel dicht nebeneinander sind, ganz dicht, in irgendeiner bestimmten Weise; wie so eine Spule wirken die. Dann wird es heiß und so hat das angefangen zu brennen. Zum Glück haben sie es bemerkt und konnten es tatsächlich noch selber löschen. Sie haben zwar die Feuerwehr gerufen, brauchten sie aber nicht.

Acksel: Das hast du mir noch nie erzählt.

Runkel: Und die haben das gelöscht. Bei „Die Tage der Commune" war der ganze Schnürboden vollgehängt mit Wänden und Dekorationselementen, natürlich aus Pappe, Holz und Stoff und alles war trocken und brannte wie Zunder. Es brannte auch schon etwas, sie konnten mit den Schaumfeuerlöschern gerade noch verhindern, dass es richtig Feuer fing. Nun war aber den ganzen Abend die Horizontbeleuchtung nicht da, die war ausgefallen, die ist verbrannt. Der Eindruck war schon ganz anders, wenn die Horizontbeleuchtung ausfällt. Da fehlt schon die Hälfte. Und dann waren auch schon einige Dekorationen angeschmort. Der Bühnenboden war von dem Löschzeug eingemanscht. Sie haben die Vorstellung aber gespielt.

Acksel: Das habe ich noch nie gehört. Weißt du noch, wann das war? War das noch zu DDR-Zeiten?

Runkel: Ja, das war zu DDR-Zeiten. Aber wenn das wirklich richtig losgebrannt hätte, na, ich sage dir.

Acksel: Dann hätte das ganze Theater gebrannt.

Runkel: Weil der ganze Schnürboden von solchem Pappzeug voll war. Alles war trocken. Ja, das war nicht ungefährlich.

Der Feuerwehrmann

Acksel: Du hast ja mal einen Feuerwehrmann gerettet...

Runkel: Wir spielten die „Die optimistische Tragödie" (Wischnewski: „Optimistische Tragödie", BE 1958) und in diesem Stück gibt es das Kirchenbild, das ist ein langes Bild, 20 Minuten etwa. Nur zwei Leute auf der Bühne, Ekkehard Schall und Felicitas Ritsch, die unterhalten sich, ganz, ganz leise, schön zum Einschlafen. Das hat der Feuerwehrmann wörtlich genommen, der saß direkt neben mir.

Für Aufführungen von dem Stück „Die optimistische Tragödie" war von der Feuerwehr vorgeschrieben, dass rechts und links in den Portalen Türen waren, weil im 1. Akt das Schiff bis rangebaut worden war. Das war rangebaut bis an das Portal. Man kam um das Portal nicht rum, da musste man durchs Portal durch, wenn man auf die Vorbühne wollte. Es war Vorschrift, dass die Feuerwehr da sofort hinkommen musste. Da waren diese Türen im Portal rechts und links. Neben mir saß der Feuerwehrmann und dieses schöne, leise Bild. Es war dunkel und ziemlich duster und die brabbelten da. Mit einem Mal sehe ich: Der Feuerwehrmann neigt sich zur Seite. Denke ich: Jetzt passiert's! Da hatten die leider vergessen, den kleinen Riegel an der Tür zuzumachen, so ein Holzding war das. Und der fiel und fiel gegen die Tür, die Tür klappte nach vorne auf. Die Zuschauer sahen gar nicht, was da passiert war. Ich habe den Feuerwehrmann gegriffen und wieder reingezogen, die Tür zugemacht und zugeriegelt. Die haben bloß bemerkt, wenn überhaupt, dass da eine Tür aufging und wieder zuging. Was hinter der Tür war, hat keiner gemerkt - glücklicherweise. Aber dass ich den noch gegriffen habe! Sonst wäre er auf die Bühne gefallen und hätte da gelegen, als Feuerwehrmann. Dem wäre sicher die Mütze vom Kopf gefallen, wenn er die überhaupt aufhatte, meistens ja nicht. Aber das wäre ein Spaß geworden. Ich hätte ja gerne erlebt, was die auf der Bühne gesagt hätten: „Ach Gott, wer kommt denn da?"

Es tropft der Weigel vor die Nase

Runkel: Vor jeder Vorstellung muss die Feuerwehr alles Mögliche prüfen. Den eisernen Vorhang müssen sie runterlassen, prüfen ob die Tür aufgeht und zu usw., alles so etwas. Und ein übereifriger, junger Feuerwehrmann hat an einem Absperrhahn gedreht, wo er hätte gar nicht drehen dürfen. Das war nämlich die Berieselungsanlage vom eisernen Vorgang, und die dürfen sie nicht aufdrehen zu der Prüfung. Das wird manchmal geprüft, mit Druckluft und Papieren, die flattern dann, wenn die Luft durchblies, aber eben nicht Wasser. Und dieser Feuerwehrmann hat das Wasser aufgedreht ganz kurz nur. Und der andere hat gleich gesagt: „Halt, halt, halt!" und dreht es zu. Aber es war genug Wasser drin, dass die Röhre voll war über dem eisernen Vorhang. Dann lief das bisschen Wasser bis vorne ran und die ersten zwei Meter war Wasser drin und da war dann auch schon so eine Düse, damit der eiserne Vorhang mit besprüht werden konnte. Das war in der „Carrar-Vorstellung" (Brecht: „Die Gewehre der Frau Carrar", BE 1952; 1971) und die Weigel musste – wat weeß ick – 10 Minuten oder 15 Minuten an genau der Stelle sitzen, wo oben die Düse war. Und da oben das Wasser drin war, tropfte das immer in kurzen Abständen direkt vor ihrer Nase. Sie saß da, musste ihr Fischernetz flicken und den Text ablassen und direkt vor ihrer Nase tropfte das die ganze Zeit. Ich dachte: Die muss ja wahnsinnig werden, wenn da dauernd die Tropfen runtergehen.

Acksel: Hattet ihr nicht auch mal Eimer auf der Bühne?

Runkel: Es gab ein fürchterliches Gewitter und Sturm, ich dachte: Die Welt geht unter. Und oben auf dem Dach von der Bühne sind ja sogenannte Rauchklappen. Die sind nicht so ganz luftdicht, sind ja kleine Ritzen zwischen den Eisenklappen. Sturm und Wind rasselte mit großer Wucht gegen diese Klappen und dann pladderte der Regen uff die Bühne während der Vorstellung. Wir mussten überall Eimer, Töppe und Schüsseln hinstellen, damit das Wasser nicht durch die Ritze von der Drehscheibe läuft in die elektrischen Anlagen.

Struwes Finger

Runkel: Im „Coriolan" (Shakespeare: „Coriolan", BE 1964) war ungeheuer viel zu drehen, bei jedem Bild, bei jedem Umbau. Immerzu wurde die Drehscheibe benutzt. Und dann war die Voraufführung – oder Premiere, ich weiß es nicht mehr genau. Gülde, mein alter Kollege aus dem Westen, der war da drin, det weeß ick noch. Und, ich glaube, nach dem oder vor dem 4. Bild plötzlich, fährt die Drehscheibe nicht mehr, rückte sich nicht mehr von der Stelle – aus! Aber ohne Drehscheibe war das nicht zu machen. So, jetzt nu – ja? Wir mussten eine Pause einlegen, und dann haben Schlosser vom BE geackert, also die, die Schlosser waren, haben das wieder hingekriegt. Es gab ein Drahtseil, was gespannt war und die Drehscheibe drehen lässt, von einem Motor, und dieses Drahtseil hatte sich gelockert. Innerhalb von 20 Minuten haben sie das wieder neu gespannt.

Acksel: Und dann drehte es sich weiter?

Runkel: Da drehte es sich. Ein Kollege vor der Bühne hat sich ganz furchtbar verletzt sogar bei dieser Aktion, der hat sich ein Stück vom Finger abgerissen. Der hat da irgendwo hingefasst und es ging dann plötzlich los, jedenfalls war da ein halber Finger ab. Struwe hieß er. Der war dann ohne Finger. Es ging wieder weiter. Und das in der Voraufführung oder Premiere.

Die optimistische Tragödie

Runkel: Oder wie bei der „Optimistischen Tragödie" (Wischnewski: „Optimistische Tragödie", BE 1958), das war ja nun eine echte Tragödie, da passierte das ja auch. Es war auch die Voraufführung. Wir haben das ja früher alles immer mit Voraufführungen gemacht. Da war, da war – wat war denn da? Als Hauptspielvorhang wurde der eiserne Vorhang benutzt. Also, dass das überhaupt erlaubt wurde von der Feuerwehr, ist ein richtiges Wunder. Das ist eigentlich gar nicht möglich, denn es ist ja ein Sicherheitsvorhang, der nicht als

Spielvorhang benutzt wird. Aber da war es so. Das haben sie irgendwie durchgekriegt. Auf den eisernen Vorhang war vorne oben draufgeschrieben: „Optimistische Tragödie" in riesengroßen, roten Lettern. Und wir machten die zweite Hauptprobe oder so etwas. Der erste oder zweite Akt war zu Ende und das Ding fuhr hoch und mit einem Mal, nach zwei Metern, blieb es stehen und hängen und rückte sich nicht mehr von der Stelle weiter, war etwas verkantet. Jedenfalls rückte sich das Ding nicht mehr von der Stelle und damit war die Probe zu Ende, denn die Bühne war ja sozusagen zu. Es blieb nur ein kleiner Schlitz. Am nächsten Tag war die Generalprobe, die fiel auch ins Wasser, weil die Bühne nach wie vor zu war. Es wurden dann aus Leipzig irgendwelche Fachleute herbeigeschafft, die das reparieren und in Ordnung bringen sollten. Und die waren dann auch da, aber haben ewig dran gefummelt. Zur 1. Vorstellung kriegten wir's dann, die fand statt, aber eben ohne Generalprobe und ohne zweite Hauptprobe. Die haben das dann einfach auf blauen Dunst gespielt.

Das ist nicht nett, du Idiot, das ist Kunst!

Acksel: Es gibt eine wunderbare Sache in der „Dreigroschenoper", die ich ja selbst schon miterlebt habe. Frau Peachums Auftritt und der von Polly hatte es auch in sich.

Runkel: Eine Kollegin hatte die Rolle der Polly übernommen. Und im Bild Stall 1 hat sie den Barbara-Song zu singen und setzt an und sie wusste keinen Text. Dann setzt sie noch mal an - wieder keinen Text. Das war natürlich eine äußerst komische Sache. Und dann fängt sie das dritte Mal an und nun hat sie es dann geschafft, alle Strophen durchgesungen. Einer von der „Platte" hatte nach Ende des Liedes zu sagen: „Sehr nett, Polly." Und daraufhin hat der Mackie Messer zu antworten: „Das ist doch nicht nett, du Idiot, das ist Kunst." Und das war ein Riesenlacher, weil ja nun die drei Ansätze waren. Und dann sagt der: „Das ist Kunst." Ein sehr guter Lacher war das.

Acksel: Und dann ist Frau Peachum nicht im Bordell erschienen.

Runkel: Frau Peachum, ja. Laut Stück kommt Frau Peachum mit der Polizei, um den Mackie Messer zu verhaften, am Schluss des Bordells. Sie bringt die Polizei mit, aber Frau Peachum kam gar nicht. Da improvisierte der Lisewski, wie bereits zuvor schon erzählt. Frau Peachum war irgendwie im Gespräch vertieft, war nicht da. Ich habe durchgerufen und durchgerufen und dann kam sie angestürzt aus ihrer Garderobe und stürzte auf die Bühne. Sie stürzte aber gleich, wie der Gillmann, durch die nicht vorhandene Wand. Sie hätte ja rumgehen müssen nach hinten, aber das war ein längerer Weg – nein, vom Garderobengang direkt uff die Bühne, mitten durch die Wand und stand auf der Bühne und konnte kein Wort Text mehr vor Schreck. Keiner wusste also, was Frau Peachum nun da wollte. Sie war ja dann da, ja. Das sind Sachen, da kriegste das Lachen. Sie haben das dann schon irgendwie improvisiert.

Unfreiwilliger Hänger der anderen Art

Acksel: Du hattest doch auch mal einen so schönen Hänger auf der Bühne. Ich meine damit aber keinen Texthänger.

Runkel: Als ich übernehmen musste – Frau Flinz – Frau Flinz! (Baierl: „Frau Flinz", BE 1961.) Das Stück beginnt. Am Anfang ist das Tor einer Fabrik zu Neumanns Tischlerei oder wie das das Ding hieß. Und über der Tür stand: „Neumanns Tischlerei", so wie das früher war an einem Gitter, in einzelnen Buchstaben. Und derjenige Mensch, der nicht da war, der sollte das auf einer Leiter stehend abmachen und neue Buchstaben anbringen: „VEB Tischlerei" oder irgend so etwas. Damit fing das Stück überhaupt an, vielleicht noch davor eine kurze Szene. Jedenfalls, der kam nicht derjenige. Wer musste das machen? Herr Runkel. Herr Runkel ging auf die Leiter. Ich war ja nun nicht gerade geübt mit den Leitern und der hatte zwei Sätze zu sagen - das hatte ich ja alles im Ohr. Ist so das Bequemste, gleich den Inspizienten zu nehmen. Der Eddi Schrade hat es ja inspiziert, das war ja noch vor der Mauer. Und ich uff die Leiter ruff und hoch. Die Bühne ist schräg und so hatte die ganze Leiter natürlich schon so 'nen Drang nach vorne. Und ich musste fast bis ganz oben hin und stand ziemlich vorne. Mit einem Mal kippt die Leiter um. Und ich mit meiner Angst und Schrecken, klammere mich an diesem Gitter fest und hänge an dem Gitter. Die Leiter war umgekippt. Da waren ja nun etliche noch drum rum und die haben dann die Leiter wieder hochgestellt und mich dann befreit von meinem Hängekunststück. Ich hing da eine ganze Weile. Ich dachte: Nein, wenn ich schon einmal was übernehme, dann fällt gleich alles um. Da habe ich auch meinen Text noch abgelassen und bin dann stolz wie ein Spanier abgegangen.

Es knallte einfach nicht

Runkel: Das Stück „Winterschlacht" (Johannes R. Becher: „Winterschlacht", BE 1955.) Da spielte Ecke Schall den jungen Gefreiten Johannes Hörder und dem wird am Schluss, weil er sich weigert, die Gefangenen zu erschießen, nahegelegt, sich selbst zu erschießen. Schall sitzt in dem vorletzten Bild in so einem Betonding drinnen, hat eine Pistole, hat einen wunderbaren Text zu sprechen von Becher, einen sehr schönen Monolog, und am Schluss muss er sich eben erschießen. Er hat den Text fertig und da soll er sich erschießen, aber das klappte leider nicht. Einer von der Requisite musste hinter der Bühne so 'n Knallding loslassen – wie ein Schuss eben. Und nüscht kommt! War nicht möglich, es endete wie nichts. Man wusste gar nicht, was war nun. Das war ja keen Schluss, weil der sich eben nicht erschießt. Als der Vorhang geschlossen war, stürzt er auf die Seite, ich dachte, er bringt den Waldmann, meinen Kollegen, der das inspiziert hatte, um. Er ist dem an die Gurgel gegangen und hat den beschimpft, obwohl der ja gar nichts dafür konnte. Der war nun am wenigsten schuld. Es war eigentlich gar keiner schuld, es war eine

Fehlzündung von dieser Requisiten-Patrone, von diesem Ding. Aber es war unglaublich, was der da getobt hat. Aber das war verständlich, denn das ganze Stück war ja und sein ganzer Schluss, war alles hinfällig, wegen so einer nicht funktionierenden Patrone... Seitdem musste noch ein geladener Revolver da sein. Wenn das erste Ding nicht geht, muss das zweite Ding abgefeuert werden. Dadurch sind sie dann draufgekommen. Man kommt ja immer erst drauf, wenn es schiefgegangen ist. Diese zweite Möglichkeit, eine Reserve, musste dann da sein, dass der nicht noch mal auf dem Trocknen sitzt.

Das war ja ganz erstaunlich mit der „Winterschlacht". Ich weiß nicht, ob ich das schon erzählt habe. Der Ernst Busch hat mitgespielt in einer ganz winzigen Rolle. Er hatte nur 10 Zeilen Text. Ganz am Schluss kam der raus, links, als Rotarmist und hatte da so 10, 12 Zeilen Text, dann war das zu Ende, das Ding. Und dafür kam der extra und hat dieses kleine Ding gespielt, der große Ernst Busch, der niemals am BE engagiert war. Er war immer am Deutschen Theater engagiert und kam immer zu uns nur als Gast, obwohl er am BE Riesenrollen haufenweise gespielt hat. Aber er war immer Gast, er war niemals Mitglied des BE`s. Das war damals auch sehr überraschend, für mich das zu hören. Aber extra für so einen winzigen Auftritt zu kommen, das fand ich sehr toll.

Die Leuchtkugel

Acksel: Im Mai 1958 versammelte sich das BE zu einer Trauerfeier. Stichwort: „Leuchtkugel"

Runkel: In der „Optimistischen Tragödie" (Wischnewski: „Optimistische Tragödie", BE 1958) im Schlussbild, ist eine Szene, da sitzen die Gefangenen alle auf der Bühne und es kommt ein deutscher Priester, also Militärgeistlicher und spricht das Vaterunser denen vor. Und die sollen das alle nachsprechen. Einmal kam Willy Schwabe nicht, der diesen Priester spielte. Wer musste einspringen?

Mein Kollege Eddi Schrade (Inspizient). Der konnte nun zufällig das Vaterunser. Das kann ja nicht mehr jeder heute. Und dem passte auch diese Uniform, und der machte das.

Acksel: In der DDR wurde das Vaterunser auch nicht so häufig gebraucht.

Runkel: An einer bestimmten Stelle des Vaterunser mussten die Gefangenen rufen: „Die Leuchtkugel!" Das war das Zeichen zum Sturm und dann wurde die ganze Bühne ganz rot. Als Fritze Gnaß (Friedrich Gnaß, 1892-1958, deutscher Schauspieler), der mitgespielt hat in dem Stück, gestorben war, gab es eine Beerdigungsfeier im Krematorium Baumschulenweg. Das ganze BE war da. Und nun hat der Priester, Priester bei Gnaß war ooch ein Witz, hat dieses Vaterunser vorgesagt. Und nun waren wir alle so drauf aus, zu rufen: „Die Leuchtkugel!" Das war uns allen direkt auf der Zunge, weil - das war ja die Szene! Der Priester erzählt das und dann kommt das Stichwort auf einen bestimmten Satz in diesem Gebet – „Die Leuchtkugel." Wir waren drauf und dran, das zu rufen. Der hätte nicht gewusst, wat det soll. Das wäre ein großer Lacher geworden. Wir mussten uns alle das Lachen verkneifen. Eine heitere Sache war das.

Im Gefängnis mitten auf der Bühne

Acksel: Du bist ja auch mal verhaftet worden und saßest fest im Gefängnis mit Güldemeister.
Runkel: Das war eine „Mit Pauken und Trompeten"-Vorstellung. (George Farquhar: „Pauken und Trompeten", BE 19.09.1955, Regie Benno Besson, Bearbeitung Bertolt Brecht, Benno Besson, Elisabeth Hauptmann.) Mein Kollege Güldemeister spielte in dem Stück mit. Wir machten ja beide das Stück, ich war ja da nur der Assistent sicherlich; wir inspizierten beide. Und er spielte eine ganz kleine Rolle, irgend so ein Taschendieb, ziemlich zum Schluss, mit einem

anderen Kollegen zusammen, wo er vom Polizist verhaftet wird und auf die Bühne geschleppt wird. Der andere Kollege Taschendieb hatte irgendwas zu sagen und danach wurden die beiden eingesperrt, ins Gefängnis, hinter einem Stoffhänger mitten auf der Bühne. Und einmal kam dieser Kollege Taschendieb nicht. Und wer musste das übernehmen? Mein Kollege Güldemeister. Güldemeister spielte dann diese andere Rolle mit dem Text, und dann musste nun wieder seine eigentliche Rolle besetzt werden. Jetzt bin ich eingesprungen für den Güldemeister. Beide Inspizienten spielten nun Taschendiebe und wurden auf der Bühne verhaftet und ins Gefängnis eingesperrt. Und genau zu diesem Zeitpunkt trat Herr Biewer nicht auf. Wir waren da drinne und vor diesem Hänger war eine kleine Bank, da saß Regine Lutz drauf, die Viktoria Balance in Männeruniform und rauchte 'ne Zigarre und sang ein Lied. Sie war dann fertig, saß da und eigentlich musste aber Herr Biewer kommen und mit ihr spielen. Sie rauchte und rauchte und saß und dachte: Na, irgendwo wird schon jemand kommen. Sie hatte keinen Text mehr und nichts mehr zu tun, aber sie saß da und rauchte und wartete, was da nun draus wird aus der Sache. Und wir standen hinter dem Hänger und konnten gar nichts machen. Wir konnten ja nicht aus dem Gefängnis ausbrechen irgendwie und Herrn Biewer suchen gehen. Das kommt einem ja vor wie fünf Stunden, wenn du da fünf Sekunden wartest. Es war nichts zu wollen. Und irgendwann ist dem Biewer das irgendwie aufgefallen, er kam jedenfalls angetrabt und trat auf und dann ging das weiter.

Acksel: Das ist natürlich sehr heiter, dass beide Inspizienten auf der Bühne sitzen.

Runkel: Ich weiß nicht mehr, wie das weiterging. Es muss ja irgendwie inszeniert gewesen sein, dass wir doch irgendwann von der Bühne wegkommen, denn das Bild musste ja mal ein Ende haben. Wenn ein Inspizient nicht da ist, gibt es kein Ende, das geht ja gar nicht. Es muss ja ein Bildwechsel geben, da muss ja einer am Pult sein. Aber wie das da war, weiß ich nicht mehr, wie wir da wieder rausgebracht wurden. Bei verschiedenen Sachen weiß ich nicht mehr, wie es weiterging. Es waren ja schon verschiedene Dinge. Wie der da umgefallen ist in der „Dreigroschenoper" und so, da weiß ich nicht mehr, wie es weiterging. An der Stelle ist immer bei mir Schluss im Kopf.

Acksel: Aber schön ist es natürlich.

Runkel: Da erlebst du was. Da sitzen beide Inspizienten völlig verzweifelt auf der Bühne und können gar nichts machen.

Acksel: Aber dann war doch die Verzweiflung echt dargestellt.

Runkel: Es war ja eine Wand.

Acksel: Aber ihr hattet auch keine Möglichkeit, irgendwie in eine andere Richtung abzugehen?

Runkel: Überhaupt nicht. Es war ja eine schmale Wand von zwei, drei Metern, es war ja fast mitten auf der Bühne. Wir wären überall sichtbar gewesen. Man hätte abgehen können, aber dann hätten die Leute gedacht: Was machen die, ich denke, es ist ein Gefängnis und nun gehen die da spazieren, oder was?

Acksel: Das wäre dann eine neue Variante, das Stück zu spielen.

Runkel: Aber wenn der dann irgendwann gar nicht gekommen wäre, hätten wir ja eingreifen müssen. Wir hätten ja nicht 10 Minuten die Leute warten lassen können. Was die Lutz da gedacht hat, hätte ich auch mal gerne gewusst – Donnerwetter!

Keiner da

Runkel: Im Schlussbild von „Galilei", das ist ein ganz langes, leises Bild, wo sich nur zwei Leute auf der Bühne unterhalten. Und mitten in dem Bild gibt es eine kleine Unterbrechung. Da kommt eine Fahne heruntergefahren, also so ein Stoff mit Schrift drauf. Und es wird eingespielt – früher waren die Original, die Thomaner, was nun über Tonband kam, es wird diese Musik eingespielt mit dem Gesang der Thomaner. Und dahinten die Schrift und ein Lichtwechsel ein bisschen, dass es nicht auf diese Hänger klatscht. Güldemeister und ich haben das zusammen inspiziert. Und da dachte Güldemeister: Na, der Lothar wird ja am Pult sein. Ich war irgendwo unterwegs im Haus. Und ich dachte: Na, der Güldemeister wird ja am Pult sein. Und keiner war am Pult. Es kam nichts runter, es spielte keine Musik, es war nichts. Ein Weilchen danach kam ich auf die Bühne und merkte: Ach, die sind ja schon viel weiter. Und dann merkten wir, es ist keiner da. Beide haben wir festgestellt, dass keiner da war. Die Schauspieler werden wahrscheinlich gesagt haben: Na, warten wir`s mal ab, vielleicht kommt noch was, vielleicht nicht, sonst müssen wir weiter machen. Das sind ja schöne Sachen, die darf man ja gar nicht erzählen, sonst wird man noch nachträglich fristlos entlassen.

Acksel: Na, das ist eben live.

Kati Thalbach übernimmt mit 15 Jahren

Acksel: Wie heißt die Schauspielerin, die mit 15 die Polly übernommen hat?

Runkel: Kati Thalbach (Katharina Thalbach, *1954, deutsche Schauspielerin und Regisseurin). Kati Thalbach, sie ist in aller Munde, sie spielt viel, Regie führt sie und alles. Die saß mit vier

Jahren auf meinem Schoß im Babylon-Kino mit der Bella Waldritter. Die hat am 25.12.1969, als sie 15 Jahre alt war, von einem zum anderen Tag die Polly übernommen in der „Dreigroschenoper" Und zwar war das Weihnachten. Die Polly sagte ab, einen Tag vor Heiligabend. Sie sagte, dass sie Weihnachten nicht spielen könne. Wir hatten an beiden Feiertagen die „Dreigroschenoper". Es war ausverkauft und das Theater wollte wahrscheinlich die Leute nicht so enttäuschen und nach Hause schicken, feiertags. Man hat wahrscheinlich irgendwie überlegt, was man machen kann. Irgendwie sind sie auf die Thalbach gekommen - oder die Thalbach selber - wat weeß ick, wie das war, ich war nicht dabei. Jedenfalls hat die das übernommen an einem Tag. Und dann haben wir probiert am Heilig Abend, wo ja sonst zu ist, da ist keine Vorstellung und keine Probe. Da haben wir probiert bis nachmittags, die ganzen Szenen. Alle haben sie zusammengetrommelt. Das war natürlich für die alle irrsinnig, denn Heilig Abend hatten sie alle etwas anderes vor. Aber sie haben es natürlich gemacht, denn sie wollten die Vorstellung retten. Die Technik musste herbeigeschafft werden. Und am Heiligen Abend selber haben wir probiert und am 1. Feiertag auch noch. Es war ja abends erst die Vorstellung. Und da haben wir noch bis nachmittags, sehr lange nachmittags probiert.

Acksel: Da hat die sozusagen mit zwei Proben diese Riesenrolle übernommen?

Runkel: Diese Riesenrolle – mit 15 Jahren. Das war ganz erstaunlich. Die hat das sehr gut gemacht.

Acksel: Sie hatte ja auch einiges zu singen?

Runkel: Die musste die Sachen lernen. Jedenfalls hat sie das alles hervorragend gemacht. Mit 15 Jahren hatte die so viel Mut in der Hose. Und die ist ja nun durchaus begabt in jeder Hinsicht. Da machte die das wie nüscht. Nach dem frühen Tod ihrer Mutter (Sabine Thalbach, 1932-1966, deutsche Schauspielerin), hatte die Weigel sich Ihrer angenommen. Mit fünfzehn debütiert sie als Hure

Betty in Erich Engels Inszenierung der „Dreigroschenoper" und an Weihnachten dann diese schnelle Übernahme der Polly.

Acksel: Ist ja toll, finde ich Klasse. Katharina Thalbach ist das?

Runkel: Die sieht man doch jetzt oft im Fernsehen. Die ist doch dauernd hier. Gestern hat sie Friedrich den Großen gespielt.

Acksel: Mit ihrer Tochter zusammen. (Anna Maria Thalbach, *1973, deutsche Schauspielerin).

Runkel: Am Maxim Gorki Theater hat sie auch den „Hauptmann von Köpenick" gespielt. Ist ja nun schon ein paar Jahre her. Sehr gut. Vor allen Dingen saß sie bei mir auf dem Schoß, bei der Premiere von Bella Walritters Film.

Spielplanänderung

Acksel: Du musstest dich ja immer im Theater melden.

Runkel: Das musste ja jeder künstlerisch Beschäftigte. Man musste sich immer irgendwie erkundigen, ob die Vorstellung stattfindet oder ob irgendwie eine Spielplanänderung ansteht. Das musste jeder, immer. Es war eben so, dass ich mit Jaap nach Leipzig fuhr. Ich hatte frei und Jaap hatte frei und da fuhren wir nach Leipzig irgendwie – wir sind ja öfter so rumgefahren. Und um 3 nachmittags waren wir angekommen im Hotel, haben gegessen und uns ein Hotelzimmer gemietet. Und da sage ich: „Ich muss mal im Theater anrufen." Dann hörte ich: „Ja, Spielplanänderung, heute ist ‚Ui', anstelle irgendeiner anderen Sache." Und da dachte ich: Meine Güte, jetzt sind wir gerade angekommen in Leipzig und jetzt soll ich schon wieder zurückfahren? „Nein", habe ich gesagt, „jetzt fahre ich nicht zurück, zumindest nicht mit dem Auto." Das Hotel war direkt gegenüber vom Hauptbahnhof. In Leipzig fahren genug Züge nach Berlin, unentwegt fahren da Züge

Ich dachte: Gehe mal rüber, wann der nächste Zug kommt. Dann fuhr auch bald ein nächster Zug. Ich in den Zug, fuhr nach Berlin, habe die Vorstellung gemacht und nach der Vorstellung zurück – ich hatte bei der Hinfahrt schon geguckt, wann der nächste Zug zurückfährt. Da fuhr auch einer, den ich noch gekriegt habe, so um 10, 11 irgendwie. Und dann bin ich mit dem Zug wieder zurückgefahren nach Leipzig und war dann um 1 oder 2 wieder im Hotel und war todmüde. Das war die Spielplanänderung.

Jahre später wollte ich mit dem Auto alleine, da war Jaap schon tot, zwei, drei Tage nach Warnemünde fahren. Ich bin dahin gefahren – alleine, völlig irrsinnig -, habe auch direkt am Strand ein Hotelzimmer gekriegt, habe es gemietet, meine Tasche dahin gestellt und gedacht: Jetzt könnte ich ja noch die Zahnarztgattin in Riebnitz-Dammgarten besuchen. Fahre nach Riebnitz-Dammgarten und komme dort natürlich auf die Zwangsidee, im Theater anzurufen. Wat is? Ja, es ist Spielplanänderung „Bezahlt wird nicht". Ich dachte: Nein! Das war natürlich das Dollste. Ich musste ja schnellstens zurück, es war schon nachmittags und vorher ja noch einmal nach Warnemünde fahren. Ich konnte nicht gleich über Rostock auf die Autobahn zurück. Die war gerade gebaut, noch sehr neu. Ich hatte ja klugerweise die Tasche im Hotel abgestellt. Und in der Tasche waren alle meine Schlüssel drin, von der Wohnung und vom Theater. Ich wäre an nichts rangekommen. Die Tasche musste ich holen, dann das Hotel bezahlen. Wenn da irgendwas schiefgegangen wäre auf der Autobahn... Staus waren ja damals ganz selten. Aber es hätte mit dem Auto etwas sein können. Da hatte ich ja wieder einmal Glück und kam zurück.

Acksel: Da kamst du gerade noch rechtzeitig an?

Runkel: Ich kam gerade noch an, ja. Aber ich war auch wiederum nicht so richtig rechtzeitig, ich kam wirklich im letzten Moment, da war schon Einlass. Die haben schon die Leute reingelassen. Eigentlich muss ich vor dem Einlass, gerade bei „Bezahlt wird nicht", ungeheuer die Bude kontrollieren, mit vielen Zeichen und Effekten, die da waren, mit den ganzen Türen, ob das alles richtig gesteckt ist, ob das alles richtig geht. Das konnte ich da nicht machen. Ich konnte nur hoffen und beten, dass das die Technik und Beleuchtung alles richtig gesteckt und gelegt und gemacht hatte. Ich konnte nur hoffen, als es dann losging, diese dolle Stelle, dass ich da nicht mein blaues Wunder erlebe. Es ging alles gut, das ist Glück.

Lobeshymne

Runkel: Das hört man selten als Inspizient, eine richtige Lobeshymne. „Kreidekreis", die zweite Inszenierung von Kupke. (Brecht: „Der kaukasische Kreidekreis", Regie: Peter Kupke, BE 1976.) Die erste hat ja Brecht gemacht (BE 1954) und Jahre später der Kupke (Peter Kupke, *1932, deutscher Regisseur.) Es spielte die Troegner. (Franziska Troegner, *1954, deutsche Schauspielerin.) Erst spielte das ja die Ritsch (Felicitas Ritsch) und dann übernahm die Troegner die weibliche Hauptrolle, die Rolle der Grusche. Ende zweiter Akt, Ende der Brücken-Szene, da geht die Grusche über die baufällige Brücke und als sie drüben war, stürzt die Brücke ein. Sie ist mit dem Kind drüber und die Panzerreiter können ihr nicht folgen, weil die Brücke nicht mehr über die Schlucht führt. Und das endet so, da ist sie auf den Knien und lacht, hat das Kind im Arm und lacht ganz hysterisch vor Freude, dass sie das eben geschafft hat und die Panzerreiter abgehängt hat. Und lacht und lacht und lacht. Und da kommt Franziska Troegner nach 'ner Probe oder Vorstellung - wat weeß ich - irgendwann jedenfalls, als der Vorhang schon zu war - ich glaube es war eine Vorstellung - kommt sie zu mir und sagt, sie sei phantastisch begeistert von mir, wie ich den Vorhang auf den Punkt zumache. Das war für mich natürlich wunderbar, einmal so ein Lob zu hören. Dass eine Schauspielerin das so empfindet, dass es wichtig ist, dass es … es ist nämlich beim Lachen schwierig. Wenn jemand auf der Bühne lacht, hat man kein Maß. Dann könnte man sagen: „Nach 5 Sekunden." Aber das ist auch jedes Mal ein bisschen anders, es wird immer anders gelacht. Und sie lachte und da musst du genau den Punkt finden. Sie sagte: „Du hast das auf eine halbe Sekunde richtig gemacht, dass da an der Stelle der Vorhang kommen muss." Man kann die ja völlig sterben lassen oder man kann ihr das Gas abdrehen nach zwei Sekunden und das ganze Ding ist verpufft. Und das hat die so empfunden und hat sich gefreut, dass ich das eben genauso empfunden habe und ihr das so recht gemacht habe mit dem Vorhang. Da war die richtig glücklich. Und da war ich wieder glücklich, dass die mir das erzählt und gesagt hat, sozusagen sich bedankt hat.

Acksel: Ist ja toll, wenn mal die Arbeit anerkannt wird.

Runkel: Das ist schön, daran war ich gar nicht gewöhnt. Da ich ja schon so viel von meinen vielen Fehlern und Beinahe-Fehlern, und was da alles für Dinger passiert sind, erzählt habe. Dann kann ich ja auch mal so ein Ding erwähnen.

Wo war was?

Acksel: Da hast du ja in einem Buch so 'ne schöne Anekdote gelesen, ein Weihnachtsgruß der besonderen Art: „Fröhliche Weigel – Ihre Helene Weihnachten."

Runkel: Das habe ich gelesen. Und dieses Ding hatte die an den Möbius gegeben als Weihnachtsgruß. Beides fängt ja mit „W" an und da hat sie das irgendwie im Kopf verdreht. Das ist irrsinnig komisch. Ich weiß gar nicht, wo habe ich das gelesen?

Acksel: In irgendeiner Anekdote. Vielleicht stammt das aus dem Büchlein vom Bühnentischler Wolfgang Bömelburg: „Hobellied für Bertolt Brecht"?

Runkel: Hm, ich glaube nicht, das ist schon viel länger her.

Acksel: Mal eine ganz andere Frage, zu der wir noch nichts haben: Wie war denn das mit dem Theater organisiert? Wo befand sich denn eure Tischlerei und solche Sachen. Das war doch, glaube ich, über ganz Berlin verteilt, oder?

Runkel: Nee, das BE war ja ein Staatstheater. Das Deutsche Theater, die Kammerspiele, die Staatsoper und das BE - das waren die Staatstheater in Berlin, und die hatten die Staatstheater-Werkstätten. Das waren Riesengebäude, ein Riesenkomplex in der Chausseestraße, wo jetzt der Krach war mit der Schauspielschule, das Ding ist jetzt leer irgendwie. Ein Riesending, oben eine Malerwerkstatt, das sind ja Riesensäle, eine große Tischlerei und eine Schlosserei und Elektrowerkstatt. Alles wurde dort gefertigt für die vier Theater, für die vier Bühnen. Und dort wurden für das BE auch alle Dekorationen gebaut. Wir hatten allerdings noch im Theater eine kleine Schlosserei. Die befand sich im Keller unter der Probebühne. Wenn mal schnell irgendwas gefummelt werden musste, da waren eine Beleuchterwerkstatt und eine kleine Tischlerei, aber das war nicht so sehr viel. Es war eine kleine Werkstatt nur für schnelle Sachen. Und dann gab es noch die Kaschierabteilung. Die war auch nicht in den großen Werkstätten, die befand sich in der Reinhardstraße neben der Probebühne, wo früher die BE-Probebühne war und dann die Probebühne des Deutschen Theaters. Da war jedenfalls jahrelang die Probebühne des Deutschen Theaters. Und in dem Nebengebäude war die Kaschierabteilung unter dem Fischer (Eduard Fischer Eduard „Eddy" Fischer, 1916-1992, deutscher Theater- und Kostümplastiker), der ja sehr viele Kaschierarbeiten - so Masken usw. - gemacht hat. Das waren die Werkstätten.

Acksel: Ich kann mich erinnern, dass ich am Staunen war, als wir dort mal langgefahren sind und du gesagt hast, hier waren die Theaterwerkstätten. Deswegen habe ich das gefragt. Und wo habt ihr eure Dekoration gelagert?

Runkel: Na ja, die von den laufenden Stücken eigentlich im

Theater. Da waren Magazine, große Magazine, da war alles sehr vollgestopft. Dann war noch eine ausgelagerte Sache von Stücken, die abgesetzt waren oder lange nicht gespielt wurden. Die haben sie dann weggebracht. In die Chausseestraße, noch weiter hinten am Grenzübergang. Wenn sie die geholt haben, mussten sie immer Riesenanträge stellen oder beim Hinbringen. Da war ein Lagerhaus für Dekorationen und irgendwo anders auch noch. Das Meiste war doch im Theater. So 'n Riesenspielplan war's ja nicht. Die Stücke konnten sie immer noch unterbringen.

Acksel: Ich frage nur deshalb: Als wir das letzte Mal im BE waren, haben sie uns erzählt, dass sie das jetzt schon auf dem Hof lagern und gar nicht mehr wissen, wohin damit.

Runkel: Dieser Platz war damals auch schon äußerst knapp. Manche Sachen wurden mit Segeltuch auf dem Hof überspannt, damit es nicht im Regen steht. Das war auch sehr schwierig.

Aber noch einmal auf diese Dekoration zurückzukommen. Die Staatsoper spielte, nach dem Krieg, bevor sie wieder aufgebaut war, „Unter den Linden", im Admiralspalast. Das ist ja eine ziemlich kleine Bühne für ein Opernhaus. Sie ist nicht sehr tief, aber breit ist sie. Da stehen aber Säulen usw. und es ist dort kaum Nebengelass, die können da gar nichts abstellen. Bei jedem größeren Umbau mussten sie die Bühnentür aufmachen, die zur Straße führte. Da waren dann natürlich gleich die Straße, der Bürgersteig, Fahrdamm und Straßenbahnschienen. Und dann mussten die bei vollem Straßenbetrieb ihre Dekorationen raus- und reinschaffen, ob es regnete oder schneite oder wie auch immer. Sie mussten das offenlassen und rausschieben.

Natürlich wurde es dadurch auf der Bühne im Winter eiskalt. Und die Sänger sind ziemlich empfindlich. Die haben sich dann immer, wie ich gehört hatte, ziemlich gefreut, was nach der Umbaupause los war. Das waren da auch dolle Verhältnisse, kann ich mir vorstellen.

Acksel: Und wo habt ihr überall gespielt – die große Bühne. Und gab es damals auch schon die Probebühne? Wurde da auch schon gespielt?

Runkel: Am Anfang nicht, am Anfang war nur die Bühne. Und dann kam irgendwann mal das Foyer dazu. Im Foyer waren dann irgendwelche Abende, so literarische Abende. Und dann kam bald schon die Probebühne, die damals neue, jetzt alte Probebühne. Die große Probebühne, wie man dann auch sagt. Die Probebühne in der Reinhardstraße gab es dann nicht mehr. Auf dem Schiffbauerdamm-Theatergelände gab es eine neue, große Probebühne und die alte, vom Schiffbauerdamm-Theater, die kleine. Die Sache mit Brecht und Busch, das war auf der kleinen Probebühne. Da wurde dann auch gespielt auf der Probebühne. Und jetzt spielen sie ja überall. Da gibt es ja den sogenannten Pavillon, da sind unter der Probebühne irgendwelche Räumlichkeiten. Das waren früher Büros und alles Mögliche und eben auch teilweise diese Werkstätten – die elektrische Werkstatt. Dann eben noch das Foyer. Sie haben sich noch so ein paar Nebenspielplätze ausgedacht. Seit Peymann ist da noch ein bisschen etwas dazugekommen. Damals war beim BE nur Bühne und dann kamen eben noch die Probebühne und das Foyer dazu.

Im Wald ausgesetzt

Acksel: Kannst du denn Weigel und Brecht beschreiben – wie die gesprochen haben, wo sie herkamen?

Runkel: Die Weigel hat wienerisch gesprochen und Brecht hat bayerisch gesprochen.

Acksel: Also richtig bayerisch oder so wie münchnerisch?

Runkel: Nö, der war aus Augsburg, nicht weit von München, so hat er auch gesprochen. Nicht so ganz doll, aber eben bayerisch, das war nicht zu überhören. Und auch bei der Weigel - wienerisch schon sehr angeglichen zu hochdeutsch, aber doch sehr deutlich bayerisch und wienerisch.

Acksel: Sie war Wienerin?

Runkel: Sie kam aus Wien, ja.

Acksel: Das sind ja alles Sachen, die man heute gar nicht mehr so weiß, deswegen frage ich danach.

Runkel: Einmal bin ich mit der Bella Waldritter nach Buckow rausgefahren, wo Brecht und Weigel ihr Landhaus hatten. Die Weigel war auch da und wir haben sie besucht. Sie hat sich gefreut. Dann, nachher fragte sie, ob wir sie nicht in den Wald fahren können zum Schwammerl suchen. Da wollte die in den Wald, und es war ein Stück zu laufen. Sie wollte nicht durch die halbe Stadt laufen, sie wollte gefahren werden. Da haben wir die Weigel dann im Wald ausgesetzt.

Stefan Lux

Runkel: Was ganz anderes, aber hat auch mit Theater zu tun: Eine wunderbare Sache, die mich immer sehr beeindruckt hat, wenn ich daran gedacht habe. Ich war in der Staatsoper, sehe „Giselle" zum 20. Mal oder was. Mit einem Mal im 1. Akt - Bauern-Pas-de-deux - eine ziemlich langwierige und schwierige Sache zum tanzen. Mit einem Mal fällt der Stefan Lux (1963-1982, Deutsche Staatsoper Berlin, 1. Solist) um wie ein Sack Mehl und liegt auf der Bühne wie eine Padde, rückt und rührt sich nicht mehr. Nüscht. Die Musik hört uff zu spielen, es war ja nichts zu spielen, weil keiner mehr tanzte. Und dann gingen die Tänzer dahin und guckten, haben ihn genommen und weggetragen, denn er selber konnte ja gar nichts mehr. Und eine halbe Sekunde später, ein anderer Tänzer, der den Diener von dem Herzog spielte, also eine ganz winzige Rolle, die nie was zu tanzen hat, nimmt die Mütze ab, die er als Diener auf hat und geht an die Position und hat dort weitergetanzt, diese ziemlich große, schwierige Sache. Das hat der wie nichts weitergetanzt. Die Leute haben geklatscht wie verrückt, weil das ja nun sehr erstaunlich war, dass der das einfach so weitertanzt. Und nach Jahren, da war er schon Lehrer an der Ballettschule, der Stefan Lux, (Pädagoge für Klassischen Tanz und Choreograf) hat die Ballettschule bei uns mal ein Gastspiel gegeben, einen Ballettabend mit den ganzen Schülern. Und er war da auch als Ballettlehrer dabei. Und ich frage ihn: „Sagen Sie mal, ich war in der Vorstellung, wo Sie im 1. Akt zusammengekracht sind. Was war denn da los?" Sagt er: „Ich hatte einen Bänderriss." Und der war dann jahrelang beinahe nicht mehr richtig fit, das dauert ja endlos, so ein Bänderriss für einen Tänzer. Da muss das ja völlig in Ordnung sein. Er war endlos nicht mehr besetzt, weil der eben sehr lange brauchte. Er hat dann wieder getanzt, aber es hat sehr lange gedauert. Der hatte ja eine Sendung im Fernsehen der DDR, der Neumeyer aus Hamburg hatte das im Westen auch. Da wurde tanzen erklärt – die Schritte, das war sehr schön. Leider Gottes machen sie so etwas heute nicht mehr. Das würde mich sehr interessieren.

Der Pullover der Annemarie Hase

Runkel: Annemarie Hase, (Annita Maria Hirsch, 1900-1971, deutschjüdische Kabarettistin, Schauspielerin) eine ältere Schauspielerin, sie war in den 20er Jahren eine bekannte Chansonsängerin und auch Schauspielerin. Friedrich Hollaender, Kurt Tucholsky, Erich Kästner schrieben ihre Texte. Sie war Jüdin und musste während der Nazis weg aus Deutschland, nach England, wo sie für den BBC arbeitete. Jedenfalls war ihre Karriere damit unterbrochen. Dann kam sie wieder und Brecht hat sie engagiert, um mittlere Rollen zu spielen, die Köchin in „Herr Puntila und sein Knecht Matti" (BE 1949) oder auch die Bäuerin in „Mutter Courage" (BE 1949). Und die hat für mich einen Pullover gestrickt im Theater. Immer, wenn sie in der Garderobe war, hat sie fleißig einen Pullover gestrickt. Irgendwann war der fertig und sie hat ihn mir geschenkt. Und als meine Mutter ihn den das erste Mal gewaschen hatte, dachten wir, wir gucken nicht richtig, war das Ding so groß wie ein Taschentuch. Stell dir das mal vor! Die hat da ewig dran gestrickt – und irgendwelche komische Wolle genommen. Meine Mutter hat den Pullover etwa nicht zu heiß gewaschen. Sie wusste es schon, dass man so etwas lauwarm waschen musste. Das Ding war natürlich nicht mehr zu gebrauchen.

Acksel: Wie ärgerlich, aber schön dass du dich ihrer erinnerst.

Runkel: Beneckendorff hat mir mal eine Strickjacke geschenkt mit einem Reißverschluss, die habe ich mindestens 30 Jahre lang getragen. Das war wirklich ein praktisches, gutes Geschenk, sie war sehr schön. Früher, als ich nichts hatte, gar nichts und noch nicht einmal etwas zum Anziehen, haben mir viele Leute etwas geschenkt, auch gestrickt und gekauft usw.

Acksel: Die veränderte Größe des gestrickten Pullovers der Annemarie Hase war nicht die einzige Überraschung, die deine Mutter und du mit „vor und nach der Wäsche" nach dem Krieg erlebten.

Runkel: Als ich sechs Jahre alt war, musste ich ins Krankenhaus für eine kleine Operation; im Gesicht hatte ich einen Riesenfurunkel. Ich musste operiert werden, und es war gerade Weihnachten. Da musste ich über Weihnachten ins Krankenhaus. Ich weiß nicht, wie es kam, die Kinder – die Schulkameraden – werden es nicht gewesen sein, wahrscheinlich die Lehrerin, haben für mich etwas gesammelt, haben irgendetwas in einen kleinen Karton gepackt. U.a. war da auch ein weißes Turnhemd drin. Das haben die mir zu Weihnachten geschenkt, weil ich nun im Krankenhaus war. Meine Mutter wäscht das zum ersten Mal, es war ja Kochwäsche, also hat sie es gekocht.

Und als es mit dem Kochen fertig war, war es wie ein Kloß aus Knete oder so – es sah aus wie ein Blumenkohl. Das war das Hemd, es war als Hemd aber nicht mehr erkennbar. Was das für ein Material war, ist mir heute noch unklar. Es wurde Knete draus. Es war sehr nett von den Kindern, die für mich lauter Sachen gesammelt haben, auch wenn ich es nur einmal tragen konnte.

Mit Polizeiauto und Blaulicht zum nächsten Auftritt

Runkel: Willy Schwabe (Willi Schwabe, 1915-1991, deutscher Schauspieler, Sänger und Moderator) hat auch in der Komischen Oper mal ab und zu irgendwas gemacht. Einmal spielte er in der Komischen Oper einen Moderator, der durch das Programm führte, er war aber nicht gleich am Anfang dran. Und bei uns spielte er auch und am gleichen Abend in der Komischen Oper. Da mussten wir auch punktgenau um halb anfangen. Er war nur im ersten Bild am Anfang bei uns dran. Es wartete ein Polizeiauto mit Blaulichtern auf ihn, um ihn das Stück zu fahren zur Komischen Oper. Mit Kostüm und Maske ist er in das Auto, hat sich im Auto ausgezogen und abgeschminkt und dann gleich wieder rin, umgezogen und neu geschminkt. Damit er zu dem Auftritt, der etwas später lag, erscheinen konnte. Dasselbe hat er ja gemacht mit seiner „Rumpelkammer". Anfänglich war die ja live, die Sendung wurde nicht aufgezeichnet, das lief live, und er hatte manchmal am selben Abend bei uns eine Vorstellung. Eben diese „Courage". Er spielte nur im ersten Bild, es war nicht so lange. Mit Blaulicht fuhr er durch Berlin, das hat die Polizei gemacht, damit er schnell nach Adlershof kam, um da zu agieren und um 20.00 Uhr vor Ort zu sein in der „Rumpelkammer" So `ne Sachen gab`s. Punkt halb acht anfangen! Trotzdem ist das ja ein Risiko, es hätte ja mit dem Auto was sein können, dann wäre diese ganze Fernsehsendung nicht gegangen.

Acksel: Ist doch interessant, was damals so möglich war. Dass die

Polizei das gemacht hat, die fahren ihn zum Fernsehen. Stell dir das mal heute vor.

Runkel: Na, heute wäre es sowieso sehr risikoreich mit den dauernden Staus und was da überall ist.

Acksel: Da müssten sie ihn mit dem Hubschrauber hinbringen.

Runkel: Aber ist ja erstaunlich. Damals war das noch eine große Sache: „Willy Schwabes Rumpelkammer".

Acksel: Nun war er dadurch auch sehr berühmt.

Wenn Lothar winkt, geht`s los

Runkel: „Pauken und Trompeten" (George Farquhar: „Pauken und Trompeten", BE 19.09.1955, Regie: Benno Besson) - die Premiere wurde original übertragen im Fernsehen. Wie machen wir den Anfang? Damals war das ja noch alles nicht mit Fernsehen, mit Kameras und so – es war ja nichts da, jedenfalls innerhalb des Theaters nicht, meine ich. Damals war es noch mit Taschentuch-Winken und so. Ich Assistent, Güldemeister am Pult und Frau van de Kamp (Marion van de Kamp, *1925, deutsche Schauspielerin und Fernsehansagerin), saß in der Intendantenloge auf der anderen Seite, auf der linken Seite, also auf des Seite des Pults. Vom Pult war keine Möglichkeit, zu sehen. Die saß da und wollte einführende Worte sprechen; hat sie auch. Wenn sie fertig ist, sollte das Stück losgehen. Wie sehen wir, wann Frau van de Kamp fertig ist mit ihren einführenden Worten? Da kam der Güldemeister auf die Idee: „Du gehst", – also ich, – „in die Musikerloge!" Die war genau gegenüber, parterre. Und Tatsache, die saß im 1. Rang auf der rechten Seite. Ich konnte die ja sehen mit dem Scheinwerfer. Sie sprach und sprach und sprach. Und dann sollte ich von der Musikerloge zum Pult ein Zeichen geben. Es war ein

Rückzeichen. Ich gucke dahin, Frau van de Kamp spricht und spricht und spricht. Es war eine Absprache, wann sie fertig ist, dann kann es losgehen. Ich weiß es heute nicht mehr, wie das war, ob sie fertig sein sollte oder aufhörte oder den Kopf drehen sollte – irgendwas. Jedenfalls war es missverständlich, wie immer. Ich dachte: Jetzt ist sie fertig - aha - sie sagt nichts mehr, guckt durch die Gegend, werden wir mal anfangen. Ich gebe das Rückzeichen. Als es losging, im selben Moment, fängt die wieder an zu erzählen. Dann ging aber das Licht aus und der Zuschauerraum wurde dunkel und die Bühne wurde hell, da war nichts mehr mit erzählen, sie war abgedreht, sie musste zwangsweise aufhören mit den einführenden Worten. Das war ja live, es war eine Originalübertragung, da war nichts zu retten und nichts zu ändern. Herr Runkel hat die Sache abgebrochen, das war zu Ende.

Acksel: Aber das ist Theater.

Ohne Bordell-Lampen in Tiflis

Acksel: In Georgien erfreute sich ein Teil eurer Dekoration großer Beliebtheit.

Runkel: So kann man das natürlich auch nennen. Wir spielten „Dreigroschenoper" und in der „Dreigroschenoper" gibt es ein Bordellbild. Zu der Dekoration des Bildes gehörten Lampen. Die waren weniger zur Beleuchtung, sondern extra im viktorianischen Stil gefertigte Lampen, so schöne Lampen. Die wurden ausgepackt und lagen dann bereit für die Vorstellung. Jedenfalls: Als wir mit der Vorstellung anfangen wollten, waren die Lampen weg. Alle vier Lampen, es waren solche Doppellampen, Wandleuchten, die waren weg und tauchten nicht wieder auf. Dann mussten wir die Vorstellung ohne die Lampen spielen. Es war zwar nicht schlimm, weil es ja nur Dekoration war, aber es war natürlich schade, weil die so sehr schön aussahen, von dem Bühneneindruck fehlte natürlich was. Wir haben dann in Berlin neue angefertigt.

Acksel: Ist ja köstlich. Und das in der Sowjetunion.

Runkel: Ja, in Tiflis. Früher Teil der heldenhaften Sowjetunion und der ruhmreichen vor allen Dingen, jetzt ist es die Hauptstadt von Georgien. Die Leute waren dort alle furchtbar nett, aber irgendein schwarzes Schaf hat die Lampen geklaut. Wer weiß, wo die jetzt da hängen, in Tiflis oder Umgebung.

Acksel: Derjenige hat eine schöne Erinnerung an die „Dreigroschenoper".

Ohne Zähne spricht es sich schlecht

Runkel: Betty Löwen (1909-1973, deutsche Schauspielerin) spielte unter anderem in dem von Wekwert inszenierten, alten chinesischen Volksstück: „Hirse für die Achte" (BE 1954) Das ist 1954 auch im DDR Fernsehen gezeigt worden.

Acksel: Vermutlich als Liveübertragung.

Runkel: So haben die das damals öfter gemacht. Jedenfalls dieser Schauspielerin ist bei irgendeiner Vorstellung das Gebiss rausgefallen.

Acksel: Oh mein Gott.

Runkel: Die spielte – und mit einem Mal fliegt das Gebiss raus auf der Bühne.

Acksel: Herrlich.

Runkel: Es ist raus, und da dreht sie sich um nach hinten und setzte es wieder ein. Die konnte ja ohne nicht sprechen. Ohne Gebiss kann man ja gar nicht sprechen. War ihr natürlich sehr peinlich. Ich weiß gar nicht, ob das Publikum das gemerkt hat, es ging so schnell. Es lag hinter ihr, seitlich auf der Bühne. Sie hat sich gebückt, es aufgenommen und wieder reinbuxiert.

Acksel: Ist doch hübsch.

Durchsage vergessen

Runkel: „Dreigroschenoper", zum letzten Bild, zum Finale. Ein Bild mit vielen Leuten auf der Bühne, also die Bühne war voller Leute. Und es war ein großer Umbau von Gefängnis II zum 3. Finale – und ich halte ein kleines Schwätzchen mit der Ulla am Pult und so eine halbe Seite vor Ende des Bildes merke ich, dass ich gar nicht eingerufen habe zum nächsten Bild. Das fiel mir siedeheiß ein und dann habe ich durchgesagt: „Kommt bitte schnell zum Finale, ich habe mich verquatscht, kommt bitte so schnell ihr könnt, am besten, ihr fliegt, es ist ganz, ganz wenig Zeit." Die kamen wirklich alle ganz, ganz schnell. Sie mussten ja aus dem Technikerraum über 'n Hof und oben aus dem 4. Stock teilweise lossausen. Die kamen angerast wie die Wilden. Und es klappte. Es war ein großer Umbau, und alle waren da. Keine Haken und kein Hänger, es lief wie geschmiert, weil ich das so dringend gemacht habe. Da haben die gedacht: Na, wenn der so durchruft, dann wird schon was sein.

Acksel: Ulla Stippler – hieß sie da schon Stippler?

Runkel: Nee, da hieß sie noch nicht Stippler, da hieß sie noch Stephan.

Acksel: Was hat Ulla gemacht am Theater?

Runkel: Requisite. Mit der habe ich ja ab und zu – was ja nun auch nicht gerade richtig war – gequatscht so`n bisschen. Das sollte man ja nicht. Aber ich hab`s eben getan und habe dabei eben sämtliche Ruferei vergessen.

Acksel: Und du hast das ehrlich gesagt. Da hattest du ja dann irgendwie ein Stein im Brett, dass du nicht sagtest: „Wegen technischer Schwierigkeiten."

Runkel: Ja, ich hätte sagen können: „Der Knopf hat geklemmt."

Wenn ihr fertig seid, können wir anfangen

Runkel: Das hat gar nichts mit dem BE zu tun, sondern mit der Komischen Oper. Ich war in „La Traviata", in der Komischen Oper. Und das Vorspiel fängt ja ganz leise an, es zirpen da wirklich nur drei Geigen. Dann ging das Licht aus, Kurt Masur (*1927, deutscher Dirigent) steht am Pult, der dirigierte das. Und im zweiten Rang links in der ersten Reihe waren zwei Mädchen, die hatten ein dringendes Thema zu besprechen, die schnatterten und schnatterten. Das ganze Theater war ja mucksmäuschenstill, nur die beiden schnatterten unentwegt. Das ganze Theater war schon wie gebannt davon. Mit einem Mal sagte der Masur: „Wenn ihr da oben fertig seid, können wir hier unten anfangen."

Acksel: Na, das ist ja Klasse.

Runkel: Das Theater hat gelacht. Und dann ging es los, ich fand das wunderbar. Sehr schön!

Schaum vorm Mund

Runkel: Norbert Christian (1925-1976, deutscher Schauspieler). hat für den Wolf Kaiser (1916-1992, deutscher Schauspieler) im „Coriolan" übernommen und wir haben fleißig mit ihm probiert. Der hatte wegen Suff eine Entziehungskur gemacht, nicht in der Klinik, sondern irgendwie mit Tabletten. Er hat schön die Tabletten genommen gegen die Sucht, durfte aber während des Einnehmens keinen Tropfen Schnaps trinken, während dieser ganzen Phase nicht. Er hat also mit uns für den „Coriolan" probiert und in einer Pause ist er in die Kantine gegangen und hat ein kleines Schnäpperken getrunken. Und dann kam er wieder auf die Bühne und hat probiert und auf einem Mal kippt der um, bekommt so etwas wie epileptische Anfälle. Es zuckten die Arme und er hatte Schaum vorm Maul. Wir dachten: Jetzt ist er hin. Nee, er war gar nicht hin. Wir haben schnell den Arzt von um de Ecke geholt, Schiwadnarze oder wie der hieß – wat weeß ick. Der kam dann, und sie haben auch den Notarzt gerufen. Und dann haben die gesagt, das ist nicht so tragisch, der hat eben diese Medikamente genommen, wo man keinen Alkohol zu sich nehmen kann. Und er hat eben doch Alkohol zu den Tabletten getrunken und das waren die Auswirkungen. Das war dann wieder vorbei und dann ging es weiter. Aber das sah ganz beängstigend aus, es war sehr schlimm.

Ich war ja nicht der Nachrichtensprecher

Acksel: Wie hast du dich im Theater bei besonderen Ereignissen verhalten? Hast du darüber dann informiert?

Runkel: Nein, das habe ich nicht. Vor so einer Entscheidung stand ich einige Male. Beispielsweise, als das Attentat von Dallas auf Präsident Kennedy um die Welt ging. (John F. Kennedy, 1917-22. November

1963, von 1961 bis 1963 der 35. Präsident der USA.) Ich erfuhr im ersten Teil einer laufenden Vorstellung: Kennedy ist ermordet worden! Und dann habe ich überlegt, ob ich das dem Publikum in der Pause sage. Glücklicherweise kam ich zur Besinnung und habe gedacht: Was habe ich denn damit zu tun? Wie komme ich dazu, dem Publikum mitzuteilen, dass der amerikanische Präsident ermordet wurde? Das hat mir gar nicht zugestanden und ich hätte wahrscheinlich einen irrsinnigen Ärger bekommen. Außerdem wäre es in einer Komödie nicht gerade richtig gewesen, so etwas mitzuteilen. Dann wäre der zweite Teil sowieso in die Hose gegangen, wenn solch eine gravierende Mitteilung kommt. Es wäre auch völlig irre gewesen, weil ich das gar nicht hätte dürfen. Es stand mir nicht zu. Aber solche Überlegungen hat man manchmal plötzlich. Das war eine so gravierende Nachricht. Es war wirklich unfassbar. Aber ich war Inspizient und als solcher für den ordnungsgemäßen Ablauf der Vorstellung verantwortlich und nicht als Nachrichtensprecher engagiert.

Genauso, irgendwann in einer Vorstellung, ich glaube, „Blaue Pferde", habe ich erfahren, dass die Challenger, dieses amerikanische Space Shuttle, kurz nach dem Start explodiert war und alle sieben Astronauten tot waren (28. Januar 1986). Aber das habe ich dann glücklicherweise ...

Acksel: ...nicht gemacht.

Runkel: Das wollte ich ja auch nicht. Aber das war auch so eine gravierende Sache, und man denkt: Das müssen doch gleich alle erfahren.

Manchmal ist einfach der Wurm drin

Acksel: Wenn man mit dir irgendwo hingeht, muss man auf alles gefasst sein. Mal ist das Schloss abgebrannt, oder der Vorhang geht auf und es wird mitgeteilt, dass der Sänger nicht da ist.

Runkel: Was so alles passiert manchmal... Ich war mal in einer Mozart-Oper in der Staatsoper. Mit einem Mal fällt die rechte Wand vom Portal um, fiel ganz langsam um, die Portalverkleidung. Sie fiel um, aber ganz langsam, weil die so leicht war. Es ist ja nur Pappe und ein bisschen Sperrholz, weil die so eine große Luftverdrängung hatte, fiel die in Zeitlupe um. Ich weiß heute auch gar nicht mehr, wie es weitergegangen ist. Ob die das weitergespielt haben, mit der quer über der Bühne liegenden Pappe oder ob die da zugemacht haben? Ich weiß es nicht. Bei solchen Sachen weiß ich es nicht mehr.

Acksel: Das ist natürlich schade, ja.

Runkel: Ich hätte gerne gewusst: Wie haben die das gelöst? Haben die dann mit der Pappe auf der Bühne weitergespielt? Es war ganz am Anfang im 1. Akt. Aber das sah komisch aus – plötzlich fällt die Wand um. Nee! Und so etwas Ähnliches habe ich ja auch in Gera mal erlebt. Das war auch sehr komisch. Da war ich mit Jaap in Gera im Theater. Wir gingen ja immer ins Theater, wenn es ging und wollten „Frau Luna" sehen. Mit einem Mal, als es anfangen sollte, kam einer vor den Vorhang und sagte: „Wir können leider nicht anfangen, unser Stellwerk ist kaputt. Wir haben ein neues Stellwerk, es geht aber nicht. Wir bitten Sie, zu warten, gehen Sie doch noch einmal raus, wir klingeln wieder. Wir haben schon Leute aus Leipzig herbeordert, die das ganz machen sollen." Und nach einer halben Stunde klingelt es wieder und wir gingen alle wieder rein, da ging es endlich los. Der Vorhang ging auf. In der Mitte auf einem Stuhl saß ein Mann, direkt unter dem Vorhang. Der Vorhang ging auf, es war so ein Leinenstoff. Als er halb oben war, riss der in der ganzen Länge auseinander, quer – von rechts nach links so schräg. Bis oben waren Stangen drin, Hölzer und Stangen, er riss ab und klatschte auf die Bühne. Und der Sänger, der da saß, merkte das, dass da von oben etwas kommt und sauste nach hinten – weg war er. Und klatsch, war es zu. Das war der Anfang. Nach dem ganzen Stellwerk ging alles andere kaputt. Dass ein Vorhang abreißt, das habe ich noch nie erlebt. So etwas ist natürlich ziemlich erstaunlich.

Acksel: Ein pompöser Anfang.

Runkel: Ein pompöser Anfang. Und dann haben sie noch einmal angefangen, da ging es dann endlich gut. Und da kamen dann keine weiteren Zwischenfälle. Aber da denkst du ja auch: Was ist denn heute für ein Wurm drin? Erst geht das Stellwerk nicht, dann reißt der Vorhang ab...

Acksel: Du hast ja öfter solche Nummern erlebt.

Runkel: Im Metropol-Theater zum Schluss des 2. Aktes, erwartet der Zeus den Pluto, den Teufelsgott, Oberteufel, im Olymp, weil er doch die Eurydike geklaut hat, er hat die doch entführt unten in die Hölle. Und das wollte der nun unbedingt erforschen, der Zeus und wollte die Dame auch mal in Augenschein nehmen. Also hat er beschlossen, dass der Pluto zum Rapport hochkommen musste in den Olymp. Und dann soll er kommen und zu diesem Zweck öffnet sich eine Versenkungsklappe für den von der Unterwelt, von der Hölle Hochkommenden. Wunderbar war das inszeniert. Und die Klappe geht auf, es spielte ja alles unter Musik, ein wunderbares Finale kommt da gleich. Und es kommen die kleinen Teufel, seine Begleitung, die Teufel mit diesen Hörnchen hier vorne drauf, es war herrlich, aber der Pluto kommt nicht - kein Pluto! Es muss ja, es ist ja musikalisch, weil die ja singen. Es geht ja immer weiter, das Orchester hört ja nicht auf. Und mit einem Mal kommt der Pluto von der Seite auf die Bühne gestürzt. Er sollte ja aus der Versenkungsklappe hochkommen, alle starren dahin, da kommt keiner, von der Seite kommt er raus. Ich dachte, weil ich das ja so oft gesehen habe: Was ist denn jetzt los, wo bleibt denn der? Und dann kommt der Pluto raus und war völlig aus der Puste. Er hat sich wahrscheinlich ein bisschen vertan in der Zeit und mit der Trinkerei. Das sind ja diese Dinge... Und der hat ja immer gerne einen gehoben. Pluto kam auf die Bühne, wie Frau Peachum, alle durch die Wand. Immer kommen sie alle durch die Wand. Es war zwar keine Wand, aber sein Auftritt war an einer anderen Stelle geplant. Zum Totlachen, sage ich dir.

Ein überraschendes Lob

Runkel: Herr Schmückle. (Hans-Ulrich Schmückle, 1916-1993, deutscher Bühnenbildner.) Er war eigentlich Bühnenbildner der Kammerspiele und des Alten Schauspielhauses Stuttgart und Ausstattungsleiter am Stadttheater Augsburg. Verheiratet war er mit der Kostümbildnerin Sylta Busse. Tätig war er als Bühnenbildner von der „Galilei-Inszenierung" (Brecht: „Galileo Galilei"; BE 1978, Regie: Manfred Wekwerth, Joachim Tenschert), das hat er als Gast bei uns gemacht und seine Frau die Kostüme auch als Gast. Irgendwann bei den Endproben saß ich mal auf dem Flur neben der Bühne auf dem Tisch bei der Requisite. Da kommt Herr Schmückle vorbei und sagt ohne jeden Anlass und ohne irgendeinen Grund zu mir plötzlich: „Sie sind der beste Inspizient, den ich in meinem ganzen Leben kennengelernt habe." Da war ich ziemlich baff. Ich wusste gar nicht, warum. Der hatte keinerlei Veranlassung, so etwas zu mir zu sagen. Ich hatte mit dem gar nicht viel Kontakt. Das war schon sehr erstaunlich. Er war ja schon ein älterer Herr von beinahe 70 Jahren oder so. Der hatte sicherlich schon einige kennengelernt. Warum der das gesagt hat, war für mich gar nicht ergründbar.

Acksel: Na, ist doch schön. Und sein Bruder war der General Schmückle.

Runkel: Der von der Bundeswehr, ja. Ein sehr hoher Nato-General! - Aber so etwas hört man auch nicht alle Tage. Das fiel mir doch plötzlich wieder ein - ehe ich sie vergesse, meine Heldentaten...!

Acksel: Das wäre doch auch ein schöner Buchtitel: „Der beste Inspizient der Welt".

Runkel: Absolut, ja, das muss aber eingerahmt und in ROT geschrieben werden. Ganz bescheiden.

Busch sprach eine Art Holländisch

Das BE ist ja am 19. März 1954 ins Schiffbauerdamm-Theater gezogen vom Deutschen Theater. Und am 01. Mai habe ich angefangen. Und in der Zwischenzeit war ich ja in der Vorstellung „Mutter Courage", 2. Rang, letzte Reihe. Ohne etwas vom BE zu wissen, bin ich ins Theater gegangen. „Mutter Courage" hat mir gut gefallen. Ernst Busch spielte eine große Rolle, den Feldkoch. Und der Busch hat sich etwas ausgedacht war, was grauenvoll war – für mich jedenfalls. Der Feldkoch ist Holländer, das wird am Anfang des Stückes gleich erwähnt. Darum sprach Busch irgendwie halb Holländisch. Aber so ein Holländisch habe ich noch nie gehört, weder bei Heesters noch bei Deltgen. Ich habe kein Wort von dem verstanden. Er hat irgendwas mit der Sprache gemacht, irgendwelche RJRJHR-Laute da reingebracht. Ich habe gedacht: Das gibt`s nicht. Was soll denn das? Ich habe mich so geärgert. Den ganzen Abend über habe ich von dem keinen Text verstanden und das war natürlich ekelhaft. Ich habe das nachher auch nicht geprüft, als ich am BE war, und es ist mir auch nicht aufgefallen, dass es in dem Textbuch so steht. Ich glaube auch nicht, dass Brecht das so geschrieben hat. Das ist ein Einfall von Busch und zwar ein schlechter, finde ich, weil die Schauspieler und die Regisseure, die das inszenieren und spielen, die hören das ja und sprechen das ja 100 Mal. Die wissen ja, wie das heißt. Aber der Zuschauer, der muss das beim ersten Mal und einmal Hören verstehen. Wenn das nicht ist, ist es vorbei. Dann kannst du es weglassen. Wie Wolfgang Heinz sagt: „Was gestrichen ist, kann nicht durchfallen." Jedenfalls fand ich das nicht sehr gut. Und ich finde auch im Nachhinein, wenn ich es so überlege, auch von der Sache nicht gut. Es wird ja am Anfang des Stückes gesagt, er sei Holländer. Dann muss man das nicht noch naturalistisch unterstützen. Ich finde das nicht realistisch, sondern naturalistisch. Wenn man weiß, er ist Holländer - na ja, aber deswegen muss man ja nicht irgendwie verquarzt sprechen, dass man es nicht mehr versteht. Da kann man doch höchstens sagen, der ist Holländer.

Acksel: Mit 15 Jahren hast du dich schon geärgert, dass du nichts verstanden hast.

Runkel: Ja, ja, ich war, bevor ich am Theater anfing, in der Vorstellung. Dadurch kannte ich ja auch nun die Weigel vom Angesicht. Als ich da hinkam und die auf dem Tisch vorfand, da wusste ich: Aha, das ist die Weigel!

Ein Silberstreif am Horizont

Runkel: Als wir den „Hauptmann von Köpenick" (Zuckmayer: „Der Hauptmann von Köpenick", BE 1986, Regie: Christoph Brück) spielten, hatten wir für dieses Stück einen Rundhorizont. Vor den Holzhorizont war ja immer ein Stoffhorizont gespannt. Der war meistens bemalt und auch geschmückt in irgendeiner Art und Weise. Und beim Hauptmann waren undefinierbare, kryptische Zeichen drauf. Es konnte keiner erkennen, was das war. U.a. waren noch überdimensionierte Lamettastreifen drauf, so silberne Dinger. Und jedes Mal, wenn Schwabe kam (Willi Schwabe), wartete er am Pult bei mir auf seinen Auftritt und fragte mich jedes Mal: „Sag mal, Lothar, was bedeuten diese Silberstreifen da? Was soll das Lametta auf dem Horizont?" Habe ich gesagt: „Na, det weeß ick ooch nich, wat det is. Mich erinnert es nur an den Krieg." Als ich Kind war und morgens zum Kindergarten ging oder auch mit dem Kindergarten spazieren ging, lagen da immer Riesenberge Lametta auf den Straßen und wir Kinder sind da immer gerne durchgewatet durch die Riesenberge überdimensioniertem Lametta. Das haben die alliierten Bomber abgeschmissen, um das Radar zu stören, es war ja gerade das Radar erfunden worden. Damit die diese Flugzeuge nicht richtig ausmachen können, wurde das Lametta abgeworfen. Daran hat mich dieses immer erinnert, an diese großen, dicken Silberstreifen.

Acksel: Willi Schwabe habe ich sehr gemocht. Ist ja herrlich.

Runkel: Dann ist er auch bald gestorben, der Schwabe.

Acksel: Im Sommer 1991 ist er gestorben.

Sonderzug nach Weimar

Runkel: Und ein anderes Mal, das war aber ein ganz anderes Mal, sind wir nach Weimar gefahren ins Theater zu einem Gastspiel mit „Mutter Courage" Wir hatten einen Sonderzug. Wir fuhren mit dem Zug dahin, von Ostbahnhof bis Weimar. Ging wohl auch durch, außer wenn ein rotes Signal war, aber sonst kein Bahnhof, es ging ziemlich flott dadurch. Es war so ein Dieseltriebwagen, so` n „Fliegender Hamburger" – alle steigen ein, Zug soll losfahren. Zug fährt los. Die einzige, die nicht drin ist, ist die Hauptdarstellerin Helene Weigel, die stand auf dem Bahnsteig und guckte, wie ihr Zug abfuhr – ohne sie. Aber der hielt wieder an und dann konnte sie einsteigen. Na, das war gut.

Acksel: Das ist ja sehr lustig.

Runkel: „Mutter Courage" ohne Weigel diesmal. Mensch, ich sage dir...

Gebärmaschine

Runkel: An die Fußgängerbrücke am Bahnhof über die Friedrichstraße wurde eine Leuchtschrift eingebaut. Vielleicht kannst du dich daran erinnern. Es war eine Leuchtschrift, da stand drüber: „ND meldet...." Und dann kam immer die Schrift. Das Ding war – weeß ick – acht Meter oder so, und es war irgendwie zu klein, stellte sich nach ein paar Jahren heraus. Und es musste ein größeres, längeres her. Das alte wurde abgebaut und ein größeres eingebaut. Und wir bekamen das alte. Irgendwer hatte die Idee, das BE braucht 'ne Leuchtschrift. Die richtige Leuchtschrift „Theater am Schiffbauer Damm" war ja abmontiert im Zuge der Renovierung. Und da wurde dieses Gestell für die Leuchtschrift aufs Dach gestellt, so vorne halbschräg. Das Ding wurde nie fertig. Es kam niemals irgendein Buchstabe da raus. Es wurde mit einem Hubschrauber heruntergelassen und dann war Schluss. Danach war gar nichts mehr. Nur die Bedienungsanlage, die war über meinem Pult. Und da stand auf einem Knopf drauf: „Gebermaschine." Der Schall, wenn der mal am Pult gewartet hat irgendwie, hat mir immer vorgelesen: „Lothar, deine Gebärmaschine ist wieder an." Der hat nicht Gebermaschine, der hat Gebärmaschine gelesen. (Ekkehard Schall, 1930-2005, deutscher Schauspieler, Regisseur, Schwiegersohn von Brecht.)

Über der Spree geparkt

Runkel: In ganz frühzeitigen Urzeiten, kaufte sich Barbara Berg ein Auto, und zwar so ein Auto, wie es auch Bella Waldritter hatte, so 'n DKW, Zweitakter, so' n kleines Cabriolet, ein Zweisitzer. Und kurz nachdem sie es hatte, fuhr sie zum Schiffbauer Damm, sie fuhr weiter und in die Spree rein. Aber das Auto war nicht stark genug, das Gitter hat das Auto abgehalten. Es hing da drüber, sie hing da mit dem Auto über der Spree. Und dann kurze Zeit später, sie hatte es geparkt, wir probten in der Reinhardstraße und was war? Sie kommt raus und das Auto war weg. Es war geklaut und wurde nie wieder aufgefunden. Es war verschwunden.

Stau in London

Runkel: Wir gastierten in London (11.- 28. August 1965) mit „Arturo Ui", „Tage der Commune" und „Coriolan" und wir spielten im Old Vic Theatre (The National Theatre at the old Vic). Dieses Theater befindet sich an einer ganz großen Hauptstraße. Und der Eingang für die Dekoration war zur Hauptstraße hin im ersten Stock, also mussten die ganzen Sachen immer auf die Straße und wieder rein. Wir hatten ja nun ein Haufen Klamotten, u.a. auch das nachgebaute "Coriolan"-Tor für die Tournee. Das war zwar viel leichter als das Original, aber immerhin, es war in einem Stück, also groß. Jedenfalls, wenn die Dekorationen dort rein- und rausgebracht werden mussten, was ziemlich oft geschah, da die Bühne ziemlich klein war, musste die ganze Straße gesperrt werden. Es war eine große Straße mit viel Autoverkehr. Der Bürgersteig war nicht sehr breit und die Riesensachen mussten bis auf den Damm weit raus. Und dann gab es einen Stau durch halb London, weil das BE seine Dekoration wegbrachte. Das war sehr komisch und außergewöhnlich.

Ebbe und Flut

Runkel: Das BE auf Gastspiel in Venedig. Das Spektakel habe ich allerdings selbst nicht erlebt, das habe ich nur gehört, kurz danach, als es sozusagen erledigt war. Die Dekorationen und Sachen vom BE wurden in Güterwagen mit der Eisenbahn hingeschafft. Und dann mussten die von dem Bahnhof in Venedig auf Kähne geladen auf Lastkähne, weil es dort keine Straßen gibt, es ist ja dort alles auf dem Wasser. Irgendwann hat auch irgendwer mal in der Vorbereitung den Kollegen gesagt, dass es in Venedig Ebbe und Flut gibt, da es ja im Meer liegt. Es hat aber keiner darauf geachtet. Bei Ebbe haben sie die Kähne natürlich haushoch beladen. Als sie das Zeug endlich auf den Kähnen hatten, war inzwischen Flut und sie fuhren mit ihren Kähnen los. An der ersten Brücke staunten sie nicht schlecht. Es ging nämlich nicht weiter. Weil sie die Kähne so hoch beladen hatten, kamen sie wegen der Flut unter den Brücken nicht mehr durch. Dann haben sie irgendwo mitten in der Stadt die Klamotten wieder ausgeladen und einfach auf die Straßenseite gestellt, damit sie durch die Brücken kommen. Sie mussten dann mehrmals fahren.

Acksel: Das ist köstlich.

Runkel: Man hatte ihnen das vorher gesagt, dass das es Ebbe und Flut gibt, aber sie haben nicht darauf geachtet, dass die Kähne nicht so hoch beladen werden können.

Kein Wasser in Venedig

Runkel: Das Wasser spielte auch eine entscheidende Rolle, nachdem wir das letzte Mal in Venedig waren mit dem „Wunder von Mailand", also noch zu Zadek-Zeiten. Kurz danach ist doch das Theater abgebrannt, das wunderschöne Theater, (29. Januar 1996) und die Feuerwehr kam da nicht hin, weil genau zu dem Zeitpunkt die Kanäle um das Theater herum leergepumpt waren, weil Reparaturen stattfanden. Die kamen gar nicht durch, die ganze Feuerwehr fuhr ja auf dem Wasser mit Wasserfahrzeugen. Die kamen gar nicht an das Theater heran. Es war irrsinnig kompliziert. Und es war dann noch komplizierter, das Wasser zu kriegen, das war auch weit weg. Dann mussten sie durch die halbe Stadt Schläuche legen. In der Stadt, die nur aus Wasser besteht, war plötzlich kein Wasser da. Das hat man dann gehört nachher.

Acksel: So sind manchmal die Zufälle. Wie heißt das Theater?

Runkel: Das ist das „Teatro La Finice" – das größte und bekannteste Opernhaus in Venedig. Aber so etwas Verrücktes. Leute haben das

Theater direkt angesteckt. Es stand in den Zeitungen, hat man auch im Fernsehen gesehen, etliche Male. Eine Elektrofirma wurde nicht fertig zum Termin. Und um das zu überdecken, damit sie nicht in Regress genommen werden, haben sie das einfach angesteckt. Man hat es trotzdem rausgekriegt, weshalb dieses Theater abgebrannt ist. Es sind ja schon manche Theater wegen kuriosester Dinge abgebrannt. In Frankfurt ist einmal ein Theater abgebrannt, weil ein 8- oder 9jähriger Junge so wütend auf seine Mutter war, die Sängerin oder Schauspielerin an diesem Theater war. Sie war nie zu Hause, sondern immer im Theater. Da war der so wütend auf das Theater und hat es erst einmal angesteckt, sicherheitshalber. Das habe ich irgendwo gelesen. Oder auch eine andere Story: Das war, glaube ich, auch in Frankfurt, da soll ein Penner, so ein Stadtstreicher oder Obdachloser in ein Kellerfenster reingegangen sein. Da war ein Kochtopf und er hat sich dort irgendetwas gekocht, hat es nicht ausgemacht. Das ganze Theater ist abgebrannt. Das haben die alles rausgekriegt. Finde ich toll, dass die nachher so etwas herauskriegen.
Das ist irgendwie schief gegangen

Acksel: Das Theater am Schiffbauerdamm sah nach dem Krieg anders aus als heute.

Runkel: Was ich ja bis heute der Weigel ganz, ganz übel nehme ist, dass die das Theater so verschandelt hat. Die hat ja irgendwann mal das Theater renovieren lassen, wahrscheinlich war sie der Auslöser, denn sie hatte ja das Sagen. Es war vorher richtig weiß, so wie die Häuser in Spanien. Es war ein weiß gestrichenes Haus, es sah prächtig, schön und wunderbar aus. In dieser düsteren, total kaputten Stadt, wo alles nur grau in grau war, stach dieses weiße Theater wunderbar hervor. Oben die Leuchtschrift „Theater am Schiffbauerdamm" mit Neonleuchten – ganz groß. Das konntest du bis Pankow sehen, wurde ja dann abgebaut. Das war so schön mit der Schrift. Nun gut! Das hat die renovieren lassen, und zwar wurde der ganze Putz abgeschlagen. Es wurde neu verputzt mit ganz grobem Rauputz, und zwar dunkelgrau bis schwarz – eine ganz fürchterliche, widerwärtige Farbe. Wie man auf so 'ne Farbe kommen kann, ist mir rätselhaft, wo es vorher so schön strahlend hell war in dem düsteren Berlin. Und zur Krönung hat sie kleine Lämpchen anbauen lassen, zwei Reihen schmiedeeiserne Lämpchen - Doppellampen. Das sah aus wie der Kamm auf der Butter. Ich habe gedacht: Wie kann man nur. Mit Schmiedeeisen hatte sie es ja sowieso. Aber ich fand das grauenvoll. Ich hätte zwei Scheinwerfer hingemacht, das angestrahlt, das sieht so gut aus – so` n weißes Haus. Aber was weiß ich, was sie da bewogen hat. Die hatte doch eigentlich einen ganz guten Geschmack, glaube ich.

Auch mit ihren Antiquitäten - die hatte doch unendlich viele Antiquitäten immer gekauft. Aber das mit dem Haus, das ist irgendwie schiefgegangen. Wie kann man, wie kann man, wie kann man nur?

Acksel: Da hast du doch ein so schönes Brecht-Zitat.

Runkel: Ja, der Brecht, aber der hatte damit mit Sicherheit gar nichts zu tun. Der war ja da schon eine Weile tot. Von dem sagt man ja, die Mär geht da rum, dass er sagte: „Mir ist jede Farbe recht, nur grau muss sie sein." So hieß es immer von Brecht. Der hatte seine Finger da sicher nicht im Spiel, weil den wahrscheinlich gar nicht interessierte, wie das Theater von außen aussah, sondern den hat interessiert, was auf der Bühne passierte. Ich habe das Zitat selber nie von Brecht selber gehört. Aber dieses Zitat war immer ein großer Lacherfolg.

Das Theater wurde auch einmal von innen renoviert, auch alle übrigen Räume für die Zuschauer. Im Zuschauerraum wurden erst einmal die zentimeterdicken Schichten von Staub weggemacht, die sich 50, 70 Jahre lang dort angesammelt hatten. Und dann wurde alles, was golden war, neu vergoldet und alles auf glänzend und schön gemacht. Nun war das ganz strahlend im Theater. Die Saison fing wieder an und wir machten die erste Probe mit der Weigel, und da stellte die fest, es klang wie in einem Badehaus - einer Badeanstalt. Es war alles mit Echo und so - das ging ja überhaupt nicht und musste noch einmal geändert werden, mit dieser Akustik konnte man nicht spielen. Das Riesengerüst wurde im Zuschauerraum wieder bis zur Decke aufgebaut, alle Stühle kamen wieder raus. Das ganze Ding bis zur Decke neu. Den Staub konnten sie nicht wieder raufbringen, aber sie haben das ganze Gold überstrichen mit irgendeinem stumpfen Lack, dass das nicht den Ton wieder reflektierte. Es wurde so gedämmt. Anfänglich waren ja auf dem Parkett Teppiche an den Seiten – nicht in der Mitte, aber an den Seiten. Die waren dann auch weg, statt dessen Linoleum. Für die Akustik ist das immer gleich schlecht. Bei einer großen Fläche macht es was aus.

Und in dem Rahmen wurde auch in der Mitte über der Portalbrücke unter dem Proszenium ein Emblem oder eine Kartusche oder was überstrichen. Früher war ein Spruch drauf, eine Schrift. Irgendwas, ich habe es gelesen, aber mir nicht gemerkt. Und dann wurde es bei dem Umbau überstrichen – silbern, es ist jetzt eine silberne Fläche. Ich weiß nicht, ob das irgendwer mal aufgeschrieben hat, was da für ein kluger Spruch drauf war, was für ein dichterischer Erguss da oben hing. Ick weeß dit ja nicht mehr. Aber vielleicht hat es mal einer fotografiert oder abgeschrieben. Aber das gehörte ja eigentlich zu dem Denkmalschutz dazu. Das war ja vom Ursprung aus…

Brecht brauchte Licht

Runkel: Aber da ist ja viel verändert worden in dem Theater. Z.B. weiß heute kein Mensch mehr, dass der Kronleuchter nicht so aussah, wie er jetzt aussieht. Den hat Brecht gleich in der ersten Spielzeitpause, wo er da war, als wir den „Kreidekreis" probierten, verändert. Brecht hat festgestellt, dass zu wenig Licht von vorne kam. Wir hatten vorne zu wenig Scheinwerfer. Der Originalkronleuchter sah furchtbar aus, wie ein Kretin, so 'n kleiner Knuddel an der Decke. Also hat Brecht das Ding von seinen Fachleuten auseinandermachen lassen. Es gab ein Oberteil und das Unterteil. Das hat er auseinandernehmen lassen. Und danach wurde eine Wulst von einem Meter ungefähr

dazwischengesetzt. Eine Wölbung, wie ein überdicker Eierkuchen. Und der wurde aus Pappmaché gemacht. Innen war ein Eisengestell, natürlich. Das wurde aus Pappmaché in der Kaschierabteilung gemacht mit Kordelgittern – so barock nachgemacht, irgendwie mit viel Gold. Das hängt heute noch. Und da sind sechs Scheinwerfer eingebaut worden vorne, damit er von vorne Licht kriegt. Das ist heute noch so. Das sieht keiner mehr, das ist schon so eingedreckt und das hat sich so angepasst. Wenn das keiner weiß, sieht das keiner.
Im ersten Rang links war die Kaiserloge, mit einem schwarzem Kaiseradler über der Loge, als sichtbare Markierung: „Hier hat der Kaiser seinen Platz." Das hat Brecht als erstes durchstreichen lassen. Der hat es nicht übermalen oder abmachen lassen, sondern er hat einfach ein rotes, großes Kreuz machen lassen. Das ist auch heute noch da. Das hat er durchstreichen lassen.

Acksel: Ist ja köstlich.

Runkel: Ja, das ist köstlich. Aber dann hat er aber auch – worüber ich staune, dass die das genehmigt haben – für den „Kreidekreis" was einbauen lassen. Er hat den Kreidekreisvorhang vor den eisernen gesetzt, ein ganz großer Vorhang, bis oben an die Decke vom Proszenium konnte man das sehen. Es musste irgendeine Vorrichtung geschaffen werden, was sehr kompliziert war, weil die durch die dicke Brandmauer von der Bühne zur Vorbühne geht. Es war eine Riesengeschichte mit Rollen. Die Drahtseile wurden von hinten bedient, hinter dem eisernen Vorhang. Und davor mussten die Drahtseile viele Male um die Ecken. Das hat er machen lassen. Im Proszenium in den Ecken, direkt vor dem eisernen Vorhang hat er eine Einbuchtung bauen lassen, so 15 Zentimeter tief und 15 Zentimeter breit über die ganze Höhe, dass der Vorhang da reingemacht werden kann. In anderen Stücken, wo er nicht gebraucht wird. Bei anderen Stücken hätte der eventuell die Sicht gestört. Wenn er dann aufgeplustert ist, nimmt er einen halben Meter Platz weg, der Riesenvorhang. Der wurde dann zusammengedrückt mit so einem Samtband, dann war er ganz klein, passte genau in dieses Ding rein.

Dass der das machen durfte...! Aber damals waren die irgendwie noch nicht so streng vom Denkmalschutz. Der ließ das abklopfen, es wurde ganz glatt geputzt und angeglichen von der Farbe her. Es ist kein Stuck mehr dran. Das war schon eine erstaunliche Sache. Ich glaube, der ist jetzt abgebaut, den gibt es heute gar nicht mehr. Mich würde ja mal interessieren, ob es die Taube noch gibt, diesen Taubenvorhang, der Hauptvorhang. Den hat ja auch Brecht einbauen lassen, mit der Friedestaube von Picasso als Hauptvorhang anstatt des Plüschvorhangs. Wahrscheinlich gibt es den Vorhang noch.

Acksel: Vom Kronleuchter hast du berichtet, aber das Licht hat doch sicher immer noch nicht ausgereicht.

Runkel: Brecht hatte immer diese Schwierigkeiten mit dem Licht von vorne – das war immer wenig. Als Brecht dann schon lange tot war, war es immer noch zu wenig. Dann bauten sie als erstes ganz am Ende des 2. Rangs – es geht ja ganz hoch, eigentlich aus dem Zuschauerraum raus - und dort bauten sie eine kleine Brücke ein, eine Beleuchtungsbrücke mit acht Scheinwerfern. Die waren natürlich starr eingerichtet, die konnte man während der Vorstellung nicht ändern. Das war dann irgendwann auch wieder zu wenig, also baute man eine große Brücke im Zuschauerraum ein, und zwar nach hinten hoch. Oben über die ganze Breite des Zuschauerraums wurde eine Beleuchtungsbrücke eingebaut. Die wurde dann auch ein bisschen kaschiert, barock nachgemacht wie die Krone, die Ummantelung, barockartige Malereien, damit man die Eisenkonstruktionen nicht zu sehen sind. Da waren dann sehr viele Scheinwerfer. Das war dann ordentliches Licht, ja. Die Beleuchter mussten ja dann immer bei den Beleuchtungsproben da hochkrauchen und hochklettern. Es waren richtige artistische Leistungen.

Da, wo der Kaiser hin muss

Runkel: Das Kaiser-Klo war auch sehr interessant. Es gab ja die Kaiserloge. Ich weiß nicht, ob der jemals in dem Theater war, aber jedenfalls gab es eine Loge für ihn. Und dahinter waren prächtige Räume mit Stuckmarmor usw., und der Kaiser musste ja vielleicht auch mal dahin, wo der Kaiser hin muss. Und drum war ein Klo für ihn vorhanden. Da warst du bestimmt mal drin. Es war ein prächtiger Raum mit Mahagoni-Holztäfelung und Delfter Kacheln. In diesem Zimmer saß – oder sitzt jetzt vielleicht auch noch – die Abenddienstleiterin oder der Abenddienstleiter, Herr Benter oder wie er hieß und Frau Pirda, Frau Schubert. Als das Klo weg war, kamen Regale dort hin für Programmhefte. Die werden dort an die Schließerinnen verteilt. Die Garderobenfrauen müssen dort abrechnen hinkommen usw., das ist alles da in diesem Raum. Das ehemalige Kaiser-Klo. Das ist prächtig. Die Wände sind ja noch da – jetzt sind sie sicher auch noch da. Das war ein prächtiger Raum. Das Klo-Becken war raus und das Waschbecken. Aber die Delfter Kachelwände und die Rahmen und Türen waren aus wunderbarem Mahagoni-Holz.

Acksel: Ach, das wusste ich nicht.

Runkel: Du warst bestimmt mal drin.

Acksel: Ich war in diesem Raum ja öfter drin.

Die Weigel-Loge

Acksel: Die Weigel hatte doch auch eine Loge?

Runkel: Die Kaiserloge war links im 1. Rang, auf der linken Seite, also nicht in der Mittelloge, sondern links. Und die Weigel hatte sich dann ihre Loge, ihre Intendantenloge genau gegenüber rechts genommen. Die hatte sich gleich bauen lassen vor ihrem Büro, was ja auch im ersten Stock auf der rechten Seite war, eine kleine Tür mit Stufe. Durch die riesig dicke Brandmauer, die um den Zuschauerraum rum ist, hat die ein Loch machen lassen und eine Tür. Sie hatte drei Schritte von ihrem Büro und war im Zuschauerraum. Manchmal tauchte sie schlagartig bei einer Probe auf, du konntest gar nicht so schnell gucken. Sie war ja nur zwei Schritte von ihrem Büro entfernt, musste ja bloß durch den Vorraum gehen. Dann tauchte sie während der Vorstellung auf oder während der Probe. Da war man nie sicher, ob die nicht gleich da erscheinen würde.

Erste Erkundungen

Runkel: Als ich anfing an dem Theater, ganz am Anfang, war ich ja sehr neugierig und habe mir das ganze Theater angeguckt. Aber ganz genau – von oben bis unten. Vom obersten Dach, bis zum untersten Keller habe ich mir alles angeguckt. Ich wollte wissen: „Wat is da, wat is da los? Wie hängt das zusammen?"

Acksel: Hast du das Haus inspiziert?

Runkel: Aber wirklich, im wahrsten Sinn. Ich war erst einmal in der Unterbühne natürlich. Die Unterbühne war auch schon interessant mit dem Königsstuhl. In der Mitte der Unterbühne, das ist ein ganz schweres Holzgestell in der Mitte, darauf läuft die Drehscheibe. Da sind in der Mitte irgendwelche Ringe und dann am Rand Räder, die auf einer Eisenschiene laufen, so wie in einem Karussell beinahe. Und da hatte sich ja die Weigel von den Russen Panzerräder besorgt. Das sind ja Hartgummiräder. Und die hat sie sich besorgt und dadurch lief die Drehscheibe sehr leise, sie lief ja auf Gummi sozusagen. Das hat sie nun nicht erfunden. In den Karussells ist das ja auch überall so, dass die auf Hartgummirädern laufen. Dann war ich noch unter dem

Zuschauerraum. Dort war eine Heizungsanlage. Unter jedem Sitz sind Gitter, Metallgitter, so`n durchlöchertes Zeug. Und darunter sind lauter kleine Kammern, die wurden irgendwie mit Heißluft bestückt. Dann dringt die heiße Luft in dem Theatersaal. Und das wurde dann irgendwann einmal verändert. Das Prinzip blieb das Gleiche, aber es wurde dann wie eine Zentralheizung unter diese kleinen Gitter gelegt. Das war dann auch heiß. Aber es war eben nicht der ganze untere Raum beheizt, sondern nur direkt unter dem – nun waren die ganzen Räume frei – leer. Und das hat dann gleich unsere Materialverwaltung in Beschlag gelegt und hat dort ihre Materialien aufbewahrt, also Papier und Bücher und weeß der Deibel – alles Mögliche, Bleistifte und was man eben alles so braucht. Materialverwaltung! Die haben das ganze Ding vollgepackt. Nun war aber das Schönste: Mit einem Mal kam die Materialverwaltung während der Probe. Sie waren ja direkt unter dem Regiepult und unter dem Zuschauerraum. Wie oft ich da unten war und gesagt habe: „Ruhe, geht hier raus, hier wird probiert." Die waren ja nur einen Meter weg von der Regie. Es hat kein Mensch daran gedacht, dass da oben schon die Kunst stattfindet. Es wurde deshalb oft unterbrochen.

Acksel: Klasse, dass man dann oben hörte, was die unten sprachen.

Runkel: Na ja, die waren ja direkt da drunter. Es waren ja nur die durchbrochenen Eisenplatten. Und dann bin ich auch in die Unterbühne nach vorne gewandert, wo die Kassenhalle ist. Und unter der Kassenhalle floss ja die Panke, direkt darunter war ein kleines Flussbett, was aber trockengelegt war, es war schon umgeleitet, es war nur noch dieser Graben da. Das war irgendwie schlecht gemacht oder durch die Jahre, dass sich der Fußboden der Kassenhalle gesenkt hat um 15 Zentimeter. Es war sehr gefährlich an den Treppen. Die Treppen zum Zuschauerraum haben ja 5, 6 oder 4 Stufen und da war es schon so runter. Als das neu gemacht wurde, wurde das dann begradigt und der Fußboden wurde total rausgenommen und mit Beton und Platten erneuert. Als dann die Weigel renovieren ließ, haben sie auch in den Umgängen die schönen originalen Lampen abgemacht. -

Das waren lauter kleene, ulkige Kronleuchter aus der Erbauungszeit, halb Barock-, halb Jugendstil. Das sah sehr gut aus, es waren ja Originaldinger aus der Zeit. Und dann waren die weggenommen und dann wurden diese DDR-flämischen Leuchter, die heute noch hängen, angebracht. Die sind zwar schön, aber wenn da Originaldinger hängen, würde ich die nie umtauschen. Dass die das so machen ließ, ist mir rätselhaft. Die war sonst immer für Antiquitäten und da lässt sie diese neumodischen flämischen Halbleuchter anbringen.

Orchestergraben

Acksel: Wann ist denn das Theater erbaut?

Runkel: Ich glaube 1892 wurde es eröffnet als „Neues Theater am Schiffbauerdamm". Jedenfalls war von 1903 bis 1906 Max Reinhardt Direktor des Hauses und inszenierte hier Shakespeares „Ein Sommernachtstraum" und Jacques Offenbachs „Orpheus in der Unterwelt" - in diesem kleinen Theater! Da ist ja immerhin ein Orchester von ca. 50 Mann nötig und ein Chor. 1928 gab es die Uraufführung der „Dreigroschenoper" von Bertolt Brecht / Kurt Weill in diesem Haus und Gustaf Gründgens stellte seine erste Regiearbeit: „Orpheus von Jean Cocteau" vor. 1953 wollte das Zentralkomitee der SED das Haus dem Ensemble der Kasernierten Volkspolizei (das spätere Erich-Weinert-Ensemble) überlassen. Bertolt Brecht erreichte durch seine Kontakte zu Otto Grotewohl, dass er mit seinem Ensemble das Haus übernehmen konnte.

Acksel: Was für ein Erfolg. Wenn in diesem Theater ein Orchester von 50 Mann gespielt hat, muss es doch einen Orchestergraben gegeben haben.

Runkel: Als ich anfing, gab es in dem Theater noch einen Orchestergraben, der tatsächlich manchmal auch offen war. Im

„Zerbrochenen Krug" kann ich mich erinnern, war er offen. Wir spielten erst so ab eisernem Vorhang. Es waren sogar zwei Souffleurkästen vorhanden, einer so kurz vor dem eisernen Vorhang und dann war noch einer, wenn die Vorbühne als Vorbühne benutzt wurde, also der Orchestergraben zu war, ganz vorne an der Rampe ein Souffleurkasten – wo der Herr Waldmann reingefallen ist. Und dieser offene Orchestergraben wurde sogar manchmal noch benutzt im ersten Jahr. Ich kann mich erinnern: Wir hatten ein Gastspiel aus Prag. Das Semarfor-Theater spielte bei uns mit dem Orchester Karel Vlach (1911-1986, tschechischer Bigband-Leiter). Der ganze Orchestergraben war voll. In diesem Semarfor-Theater spielte auch Karel Gott (*1939, tschechischer Sänger) mit, der war total unbekannt, keiner kannte Karel Gott, aber der war damals Mitglied des Semarfor-Theaters. Es war eine wunderbare Inszenierung, so eine revuemäßige Inszenierung, eine schöne Sache war das, es war wirklich gut.

Acksel: Das wurde dann aber umgebaut.

Runkel: Das war kurz vor dem Mauerbau, es wurde „Flinz" inszeniert (Baierl: „Frau Flinz", BE 1961), „Frau Flinz". Für diese Inszenierung brauchte man ein Laufband in Höhe des Orchestergrabens. Und dafür wurde dann ein Laufband eingebaut. Der Orchestergraben war dann also nicht mehr. Und dieses Laufband war erst ziemlich kurz, es ging von Wand zu Wand sozusagen. Aber es stellte sich als schlecht heraus, weil alle, die auf das Laufband stiegen, umfielen. Es war, als wenn du aus der S-Bahn springst. Und dann wurde es auf jeder Seite 2 Meter verlängert und so konnten sie schon unsichtbar aufsteigen und rausfahren. Die Weigel gleich am Anfang und sie fuhr da irgendwie heraus, ich kann mich daran gut erinnern.

Acksel: Gibt es das Laufband denn heute noch?

Runkel: Ich glaube, das wurde ganz und gar geändert. Das Laufband ist inzwischen irgendwie ausgebaut, jetzt ist eine richtige Orchesterversenkung eingebaut worden, wie es sie in den

Opernhäusern gibt, dass man also das Orchester bis ganz tief fahren kann und ganz hoch. Das geht, glaube ich, jetzt 2 Meter über Niveau. Also, man kann es ganz hoch und ganz tief fahren. Eine wunderbare Sache eigentlich für ein Opernhaus, aber für ein Schauspielhaus kann es auch gut genutzt werden. Das ist nicht so schlecht.

Der eiserne Vorhang

Acksel: Der eiserne Vorhang ist doch auch umgebaut worden.

Runkel: Ja. Davon habe ich doch erzählt, dass der hängenblieb bei der Generalprobe oder so. Und der war ja anfänglich, als ich anfing, noch wie eine Schiebetür. Der eiserne Vorhang wurde von rechts und links zugemacht, es waren zwei Teile. Das war aber verboten, feuerpolizeilich. Es war Vorschrift, dass der eiserne Vorhang runterfahren muss von oben, dass, wenn Stromausfall ist, dass er alleine durch sein Gewicht runterfahren muss. Es gab eine Handauslösung auf dem Flur und der fuhr dann von alleine runter. Da waren natürlich Gewichte, dass er ausgeglichen wird und nicht wie eine Guillotine runtersaust, sondern dass er sachte runterkam. Aber er musste von alleine, ohne elektrischen Antrieb runter. Es wurde Vorschrift, dass er von oben kommen musste. Und dann wurde der von den beiden Seiten einfach zugemacht und in der Mitte zugeschweißt. Bis heute gibt es, glaube ich, noch eine Schiene, wo der von der Seite fuhr. Der fuhr oben und unten in einer Schiene. Die Schiene war noch, bis ich aufhörte, drin. Das wurde geändert.
Damals hat auch Brecht für seinen „Kreidekreis" einen Vorhang einbauen lassen, vor dem eisernen Vorhang, der aber hinten zu bedienen war. Ein schöner Vorhang. Aber einmal ging er auch kaputt. Nicht in der Vorstellung, sondern in der Probe. Es ging gar nichts. Da war er halb offen, halb zu. Und das Ding zu reparieren war ungeheuer. Dafür mussten sie Hebebühnen herbeischaffen. In den Mauerwänden ist er irgendwie aus einer Rolle gerutscht, es ging weder zu noch auf.

Es war ganz fürchterlich. Das passiert bei solchen Sachen.

Acksel: Ihr habt doch noch weitere Veränderungen vorgenommen.

Runkel: Später wurden auch noch Züge im Proszenium eingebaut, dass man also ins Proszenium was hängen kann, irgendwelche Plafons oder irgendwelche Sachen. Da wurden sechs Maschinenzüge eingebaut und es wurden Löcher gebaut. An den Drahtseilen waren Motoren oder ein Motor, der alle gleichzeitig antrieb. Vielleicht auch sechs eigene. Jedenfalls waren an diesen Drahtseilen große Gewichte, damit nicht die Drahtseile oben verschwinden und irgendwie im Dach versacken. Es waren lange Gewichte, die wurden dann unten immer ausgehängt. Wenn sie etwas angehängt haben lagen sie immer auf der Seite, weiß ich noch. Und wenn es dann ausgehängt wurde das Teil, wurden die Gewichte wieder rangemacht und das wurde wieder hochgezogen. Das hat man gar nicht gesehen, es waren nur sechs kleine Löcher im Proszenium. So etwas haben wir alles gemacht. An der Komischen Oper war das ja auch. Als die umgebaut wurde, wurden die großen Gipsdinger an den Logen abgebaut und alles wurde vereinfacht.

Brecht ließ erst mal umbauen

Acksel: Die ersten Veränderungen oder Umbauten wurden doch schon durchgeführt, als das BE einzog.

Runkel: Bevor das BE einzog in das Schiffsbauerdamm-Theater hat ja vorher Brecht einige Umbauten machen lassen. Er hat meiner Meinung nach, ich glaube, es war so, die Bühne schräg machen lassen, die war vorher grade, nehme ich an. 4 % Schräge ist ja da eingebaut worden. Mit der Schräge musste auch eine neue Drehscheibe her. Die hatten wohl 'ne Drehscheibe, aber eine kleinere. In eine Schräge eine Drehscheibe einzubauen, ist nicht so einfach. Und dann auf den

Königsstuhl ist es besonders schwierig. Dann hat die Weigel mit ihren Rädern vom Panzer für eine geniale Lösung gesorgt. Das war aber schon, als die einzogen, fertig, denn die brauchten ja für die „Courage" die Drehscheibe. Als ich da anfing, es waren zwei oder drei Monate, dann war schon Spielzeitpause, zwei Monate, glaube ich. Und da hat Brecht dann noch einmal umbauen lassen. Die Hinterbühne war ja früher ganz klein, ein kleiner Kasten nur. Und da hat er ganz große Umbauten machen lassen, riesenhafte Wände wegnehmen lassen, die Hinterbühne erhöht, also die ging in die Höhe. Dann wurde eine andere Decke eingezogen, ein ganzes Stockwerk dahinten höher gebaut. Und zwei Treppenhäuser waren auf der Bühne, hinten rechts und links war ein Treppenhaus, so 'n Eisending. Es war aber völlig unnütz, an den Galerien waren ja Türen. Da kam man raus und hatte gleich das Treppenhaus auf 'm Flur. Es war ein normales Treppenhaus, auf der Bühne brauchten sie kein Treppenhaus. Die wurden vollkommen abgerissen die Treppenhäuser und die Hinterbühne wurde ganz und gar vergrößert. Riesige Eisenträger wurden da eingezogen.

Und dann hat er ja den Rundhorizont, einen hölzernen Rundhorizont einbauen lassen. Das waren große Umbauten. Danach ging es ja dann weiter mit „Kreidekreis"-Proben. Und er hat für „Kreidekreis" auch noch einiges umbauen lassen. Ich weiß nicht, ob das schon beim Schiffbauerdamm-Theater war, aber ich glaube es nicht. Die beiden Brüstungen am Orchestergraben rechts und links wurden entfernt. Entweder hat das Brecht machen lassen, oder es war auch beim Schiffbauerdamm schon so. Bei Brecht war ja der Orchestergraben teilweise offen bei unseren Vorstellungen, aber meistens war er zugedeckt als Vorbühne. Bei einigen Vorstellungen waren sie offen, dann wurde ein Stoff darüber gespannt und dann waren die Logenbrüstungen vor. Aber das war aus Pappe und aus Pappmaschee. Man hat es gar nicht erkannt. Das war so gut nachgemacht, das sah aus wie das Original. Wenn das Orchester offen war, wurden die angehängt. Und für den „Kreidekreis" hat Brecht dann noch ein Stück Logenbrüstung abmachen lassen. Links in der Loge, die hieß nachher „Musikerloge", saßen immer die Musiker und beim „Kreidekreis" waren ja 10, 12 Musiker im Einsatz. Und da saßen die Sänger. In dem ganzen „Kreidekreis" sitzen ja drei Sänger links, die das ganze Stück durch singen. Und die mussten ja irgendwo sitzen, aber die durften das nicht auf der Bühne, dann hätten sie alles zugesperrt, sichtmäßig. Die saßen also halb in der Loge und halb auf der Bühne. Und dazu mussten sie noch einmal eine große Ecke Logenbrüstung abmachen. Das wurde auch kaschiert in Holz und Pappmaschee. Und es ist heute noch so, keener weeß des, dass das Stück Loge aus Pappe ist. Die wurden ja nie wieder abgemacht, weil das nicht mehr so gebraucht wurde. Das war immer dran und die ist heute noch aus Holz und Pappmaschee – die Hälfte von dieser Musikerloge ist eine kaschierte.

Es plätscherte wieder

Runkel: Vor dem Zuschauerraum, in dem jugendstilartigen, oder barockartigen – das ist ja so 'n Mischmasch - in den Nischen von den Treppen zum 1. Rang war ein Wasserbrunnen eingebaut in einem wunderbaren Marmorbecken. Da waren Marmorbecken rechts und links an den Treppen, und da lief Wasser raus. Und die wurden dunkelgrau oder wat gestrichen und was reingebaut usw. Die waren als Brunnen nicht mehr sichtbar und nicht mehr erkennbar. Es befanden sich Schaukästen von Bühnenbildern darin, die an einer Stange befestigt waren. In der Ära Zadek wurden die Einbauten wieder abgemacht, auch diese olle Farbe darüber und sie liefen wieder als Brunnen, vor den Vorstellungen und während der Pause. Ich glaube, während der Vorstellungen haben sie die ausgeschaltet. Ob sie jetzt weiter in Betrieb sind? Vielleicht laufen sie immer noch. Es war ein lustiges Geplätscher – im Theater plötzlich ein Wasserfall. Das war ulkig.

Die zwei Klatscher kannst du doch machen

Acksel: Du warst ja auch als Musiker tätig in „Der Tag des großen Gelehrten Wu" (Neues chinesisches Volksstück: „Der Tag des großen Gelehrten Wu", BE 1955, Regie: Peter Palitzsch, Carl Maria Weber)

Runkel: Na ja. Wolf Kaiser spielte die Hauptrolle in einem ganz herrlichen Mantel, den nachher Ecke Schall im „Kreidekreis" trug zum Proben, so ein riesiger, seidener Mantel. Und die andere Rolle spielte Horst Wünsch, ein junger Mann, das war die zweite Hauptrolle. Es waren nur ganz wenige Beteiligte. Und es gab eine Szene, da stand ganz nah am Portal bei mir rechts der Wünsch, der junge Mann und der Kaiser als Wu musste dem zwei Ohrfeigen geben. Und für diese zwei Ohrfeigen hatten sie unseren Schlagzeuger. Der war ja vom Berliner Rundfunk Symphonieorchester der Pauker. Der hat bei uns auch Pauke und Schlagzeug gemacht – ein West-Berliner. Den habe ich in Konzerten immer hinten an der Pauke gesehen, in den Symphoniekonzerten. Und der sollte eben diese beiden Ohrfeigen an einem Becken synchronisieren mit Riesenknall, dass das eben doll wirkt. Aber es musste natürlich ganz präzise kommen, denn es ist ja witzig: Erst kommt der Schlag und dann kommt die Ohrfeige oder umgekehrt – dann wäre es ein Witz. Dass musste also exakt sein. Ist ja wahrscheinlich für einen Schlagzeuger nicht so schwer. Und der hat sich gedacht: Jetzt werde ich mal dem Runkel 20 Mark geben, der wird das doch sicher für mich machen, und ich habe einen freien Abend und kann ganz woanders `ne Mucke machen für viel, viel Geld. Und so hat er`s gemacht und hat gesagt: „Das kannst du doch machen, ich muss doch nicht für die zwei Klatscher da extra ins Theater kommen." Na ja, kann ich ja mal versuchen. Also hat er ein Becken und einen Schläger vor der Vorstellung für mich dahingestellt, direkt an die Portalkante. Aber ich habe Blut und Wasser geschwitzt, denn das musste ja exakt kommen. Ich habe da wirklich gezittert vor dem Ding. Und es ging immer gut, ich habe es immer hingekriegt, obwohl immer mit größten Zitteranfällen, aber es war wunderbar.

Und dann habe ich meine 20 Mark gekriegt und der hatte einen freien Abend.

Acksel: Ein Top-Musiker.

Runkel: Ein Top-Musiker, ja. Wie bei Dessau mit der Holzleiste auf dem Flügel.

Spielen wir schon?

Acksel: In einer Vorstellung warst du doch von den neuen Darstellern auf der Bühne überrascht.

Runkel: Wir spielen „Galilei" hier in Berlin, und zwar den zweiten „Galilei", den der Wekwerth inszeniert hat, mit Schall als Galilei. Das war ja so gebaut: Ein Oval auf der Vorbühne, das war ein Stück in den Zuschauerraum reingebaut. Auf der Bühne, direkt hinter dem Portal, war so eine Art Rampe oder ein Steg, ca. zweieinhalb bis drei Meter breit und der war ca. zwei Meter hoch im Halbrund. Auf dieses Oval gingen zwei Treppen runter und von dem Oval gingen wieder Treppen in den Zuschauerraum, so breite Treppen, anderthalb Meter breit, rechts und links. So war das Bühnenbild. Das erste Bild war aufgebaut, da steht der Tisch an dem der Galilei sitzt, er studiert seine Bücher und allerhand Gerümpel steht da. Es war Einlass, es klingelt, die Leute können reinkommen in den Saal. Die halbe Stunde bis zum Beginn geht man auf den Flur oder ins Konzimmer oder auf den Hof und wartet bis zur Vorstellung. Und dann komme ich wieder auf die Bühne, um den zweiten Ruf wahrscheinlich zu machen, den Viertel-Ruf und gucke. Ich denke: Was ist denn hier? Tag der offenen Tür? Auf der Bühne sind drei, vier Leute und gucken sich alles genau an, nehmen die Bücher und Blätter und gucken alles, was da liegt. Ich denke: Was ist denn jetzt passiert? Spielen die schon – oder wie? Da waren die richtig auf die Bühne gekommen, weil die breiten Treppen so einladend waren. Ich habe nur geguckt, was die machen, habe die nur beobachtet. Wenn ich da nun rausgegangen wäre und da einen Aufstand gemacht hätte und gesagt hätte: „Nun hauen Sie mal ab hier, was wollen Sie hier überhaupt?" Ich habe die aber da fummeln lassen und dann sind sie wieder abgehauen.

Acksel: Das muss man sich ja auch erst mal trauen, im Theater einfach auf die Bühne zu gehen.

Runkel: Der Saal war ja schon ziemlich voll, es war ja Viertel vor. Das habe ich überhaupt noch nicht erlebt. Es waren nun die schönen, großen Treppen und da haben die gedacht: Na, gehen wir doch mal hoch, wenn schon Treppen da sind. Vielleicht sind die für uns. Das kannst du nicht fassen.

Bitte Paniklicht ausschalten!

Runkel: Es gibt ja im Theater und im Kino immer Notlicht. Das brennt immer, wenn Zuschauer drin sind. Es wird von der Feuerwehr ca. eine halbe Stunde/Stunde vor Beginn eingeschaltet. Das brennt immer über Türen, an Treppen und so weiter, das darf nicht ausgehen. Und dann gab es an unserem Theater – an anderen wird es das auch geben – ein sogenanntes Paniklicht. Das springt an, wenn der Strom ausfällt. Wenn der Strom ausfällt, geht das Licht an über Batterie. Im Zuschauerraum ist irgendeine Funzel und auf der Bühne, damit es nicht ganz duster ist und man irgendwas sehen kann. Es ist nicht völlig dunkel. Und das wird immer vor jeder Vorstellung von der Feuerwehr geprüft, ob die Lampen funktionieren. Es wird eingeschaltet und muss dann wieder von den Beleuchtern ausgeschaltet werden. Das musste vor jeder Vorstellung gemacht werden und die hatten immer den Auftrag, das wieder auszuschalten. Und einmal, ich glaube, es war „Ui" oder irgendeine Vorstellung, wo ein absoluter Black ziemlich bald kommt, wo es ganz dunkel sein muss. Und was war? Das Licht geht aus und es war halb hell, weil das Paniklicht nicht ausgeschaltet war.

Acksel: Scheiße.

Runkel: Das brannte.

Acksel: War der Black natürlich im Eimer.

Runkel: Das war völlig verpufft das Ding, es war kein Black, es war ein Halbblack. Einmal fiel ja das Licht aus in der „Dreigroschenoper", ziemlich zum Schluss. Und da spielten die aber bei diesem Funzellicht weiter bis zum Schluss. Die Einzigen, die sich gescheut haben, waren die Musiker. Die haben das schon 3.000 Mal gespielt, aber die konnten es angeblich nicht ohne Licht, die fanden das nun gar nicht gut. Die Bühne war ganz voll, denn das letzte Bild ist ja voller Menschen, und die spielten da im Halbduster weiter. Irgendwann ging das wieder an. Und dafür ist das Paniklicht eben: dass die Leute rauskommen und nicht in Panik geraten. Es kam aber öfter vor, dass ich vor der Vorstellung durchsagen musste: „Bitte Paniklicht ausschalten!" Für die Beleuchter, dass die hingehen. Das habe ich oft sagen müssen. Seit diesem Vorfall habe ich immer geguckt. Im Zuschauerraum, im Kronleuchter, da konnte ich diese große Birne sehen. Und wenn ich gesehen habe, dass die an war, hieß es: „Bitte Paniklicht ausschalten."

Acksel: Aber das ist natürlich sehr schön vor der Vorstellung: „Bitte Paniklicht ausschalten – das ist natürlich saukomisch."

Runkel: Das musste ich öfter sagen. Die haben immer gelacht.

Acksel: Das ist wirklich saukomisch.

Runkel: Das war so ein geflügeltes Wort von mir, das kam leider öfter vor, weil die da nicht dran gedacht haben.

Ein kollektiver Reinfall

Runkel: Das war doch so, wir spielten „Mutter Courage und ihre Kinder", die Dreierbilder. Die Weigel sitzt mit ihren Kindern und erzählt irgendetwas, spricht ganz, ganz leise, aber ganz leise! Mit einem Mal ein Ruf wie Donnerhall aus dem Zuschauerraum: „Lauter!" Die Weigel hat natürlich nicht sofort lauter gesprochen, aber hat allmählich etwas zugelegt.

Dann wurden plötzlich die „Kollektive der sozialistischen Arbeit" erfunden. Das war ja damals etwas sehr Beliebtes irgendwie. Das war natürlich ein bisschen schwierig im Theater, weil: Bei Schauspielern war damit überhaupt nichts zu wollen. Was sollte da ein Kollektiv werden? Jedenfalls haben sich die Garderobiers zu irgendeinem Kollektiv gefunden, sie hatten ein Maskenbildner-Kollektiv und dann sind sie auch auf Inspizienten und Souffleusen gestoßen. Das waren fünf Leutchen. Wir sind dann zum Kollektiv der sozialistischen Arbeit geworden. Und irgendwie erging dann der Auftrag, (...oder war es die Belohnung?) es sollten für irgendwas Punkte gesammelt werden - weeß der Deibel, es sollten alle gemeinsam kollektiv ins Theater gehen. Nun bin ich ja in meinem Leben Hunderte Mal ins Theater gegangen, immer allein oder zu zweit, aber nicht im Kollektiv und stieß da auch auf merkwürdige Reaktionen, dass wir da kollektiv ins Theater gehen mussten. Es war nicht sehr einfach. Es musste erst ein Tag gefunden werden, wo alle frei hatten. Das war nur der Montag, da war ja alles zu. Freier Montag, so wie die Bäcker und die Fleischer, so hatten auch die Theater am Montag zu. Jetzt musste ein Stück gefunden werden. Theater, Oper, sonst was. Und ich habe dann vorgeschlagen: „Rusalka" (Rusalka ist die erfolgreichste Oper von Antonín Dvořák) an der Staatsoper. Das hatte ich vorher schon gesehen, das war eine schöne Inszenierung. Und ich dachte, das könnten die alle vertragen, aber jeder hatte etwas zum Meckern. Die hatten gar keine Zeit an dem Tag. Ist ja verständlich, war ja ihr einziger freier Tag. Da wollten sie irgendwas machen, aber nicht im Kollektiv.

Es war also sehr schwierig, da auf einen Nenner zu kommen, einen Tag zu finden, ein Stück zu finden. Dann habe ich die Karten bestellt und dann sind wir nun endlich da hingewandert – alle mit langen Zähnen – und haben das gesehen. Es war aber unentwegt irgendwas zu meckern. Es stimmte das nicht und der Sitz war zu hart und das war – es war nichts zu wollen mit dem Kollektiv. Und nachdem waren wir dann noch auf Staatskosten, also auf Kollektivkosten, zum Festessen im Operncafé, aber da stimmte auch wieder alles nicht. Die Sicht nicht, das Essen nicht – alles war falsch. Es war eine richtige Kollektivveranstaltung. Wunderbar, es waren alle begeistert...!

Acksel: Ein kollektiver Reinfall.

Runkel: Ja. Also, die waren total begeistert, die Leute. Das war aber komischerweise das einzige und erste und letzte Mal, dass wir da irgendwie in der Hinsicht behelligt wurden vom Kollektiv. Entweder haben sie es aufgegeben oder irgendwas war.

Acksel: Aber den Versuch, euch sozialistisch zu schulen, haben sie fortgeführt.

Runkel: Im Theater gab es das Partei-Lehrjahr. Das war öffentlich. Da konnten alle hingehen. Jeder von uns war ja nicht in der Partei. Ich bin da hingegangen, ein-, zwei- dreimal irgendwie, um mich ein bisschen einzuschleimen und Interesse zu heucheln. Und dafür haben sie irgendwelche verdienten Arbeiterveteranen als Referenten, als Dozenten, als Gastdozenten eingeladen und ich hatte bei denen den Eindruck, die können nicht einmal ihren Namen selber schreiben. Das war ziemlich schlimm. Da ja am Theater schwach bis mäßig Intellektuelle sind, finde ich, könnte man denen so etwas gar nicht vorsetzen. Das war wunderschön. Diese ganze Einstellung hat mir gar nichts genutzt, wie ich gemerkt habe. Als ich dann später meine Stasi-Akte gelesen habe, stand drin: „Politisch völlig desinteressiert." Also nutzte das gar nichts.

Kein grüner Hund

Runkel: Jedenfalls hatten wir einmal das Stück „Held der westlichen Welt", das inszeniert wurde, das ist von Synge, einem irischen Schriftsteller, (John Millington Synge „Der Held der westlichen Welt" – „The Playboy of the Western World", BE 11. Mai 1956, Regie: Peter Palitzsch, Manfred Wekwerth) - jedenfalls hatte die Regie den Einfall, dass ein Hund mitspielen sollte. Also spielte ein Hund mit und den wollte die Regie grün einfärben, und das kriegte Agnes Kraus zu Gehör und ist zum Tierschutzverein gegangen. Daraufhin wurde es untersagt.

Acksel: Nein!

Runkel: Ja!

Acksel: Das ist doch sehr hübsch.

Eine Filmvorführung, die überraschte

Runkel: Es fand bei uns eine Veranstaltung statt, ich weiß nicht was, wofür und wie, was. Jedenfalls wurde dort ein Film gezeigt. Und der Filmvorführer arbeitete mit ganz normalen Filmbüchsen: 1, 2, 3, 4, 5 usw., so sind die nummeriert, und der hoffte, dass die Filme innen auch 1, 2, 3, 4, 5 sind. Waren sie aber nicht. Irgendwie war etwas vertauscht innen. In der Büchse 2 befand sich dann Film 5 oder so. Er legte die Filme nach der Nummerierung der Filmbüchsen ein und die Zuschauer wussten gar nicht, was los ist. Die konnten gar keinen Zusammenhang mehr feststellen. Das war so ein Film, der von mehreren Jahrhunderten handelte, nur waren die jetzt natürlich vollkommen willkürlich gemischt. Nachher haben sie das dann irgendwie geklärt, indem sie noch einmal nachgeguckt haben. Da waren ja auch einige Leute von uns in der Veranstaltung drin. Die dachten auch: „Was war bloß los, was war das für ein Film?" Die konnten sich das gar nicht erklären.

Acksel: Ist ja auch gemein, wenn so etwas passiert.

Runkel: Da kommt der Filmvorführer gar nicht drauf, weil er damit rechnet, dass es richtig in die Büchsen eingeordnet ist.

Suchbilder auf der Bühne

Runkel: „Urfaust", den 1. hat ja Brecht inszeniert, noch ganz am Anfang der BE-Zeit. (Goethe: „Urfaust", BE 1952.) Beim 2. „Urfaust" wurde das mit einem anderen Regisseur noch einmal gemacht. (Goethe „Urfaust", „Faust-Szenen" nach der Abschrift der Weimarer Hofdame der Herzogin-Mutter Anna Amalia, des Fräulein von Göchhausen, BE 1984, Regie Horst Sagert). Auf Tourneen musste ich viel mitspielen. In einem Bild mit 10 anderen eine Braut. Als Braut mussten wir vorne rückwärts abgehen. Ich bin irgendwie ins Straucheln gekommen und habe mich an der Gaze festgehalten. Die Gaze zerriss ordentlich. Vor der gesamten Bühne in Höhe der Rampe war eine Gaze vorgespannt. Da war von vorne gar nichts beleuchtet, das ging wegen der Gaze nicht. Das ganze Ding war sehr duster und überhaupt ganz duster beleuchtet. Es waren also ziemliche Suchbilder. Und in einigen Bildern stand der Regisseur in der Vorhanggasse mit 'ne großen Taschenlampe und hat persönlich die Schauspieler ausgeleuchtet.

Acksel: Nein!

Runkel: Ja. Er konnte schön ihre Gesichter und alles individuell beleuchten.

Selbst Frau Berghaus spielte mit

Runkel: 1971 gastierten wir in London unter anderem mit dem „Coriolan" und es mussten alle mitspielen, die sonst überhaupt nicht mitspielten, weil die Statisten nicht mitgenommen wurden. Im „Coriolan" waren eine Menge Statisten in den Schlachtszenen, ein Haufen Soldaten. Jedenfalls haben sie sogar den Beleuchtungsmeister überredet, mitzuspielen. Der hat mitgespielt, aber nur bis vor der Aufführung. Dann hat er sich irgendwie ein Bein gebrochen und konnte nun nicht mehr mitspielen. Aber es war notwendig, diese Person zu haben. Es war alles genau choreographiert. Es durfte keiner fehlen. Und da hat die Ruth Berghaus, die ja selber diese Szenen inszeniert und choreographiert hat – die Schlachtszenen waren ja von ihr – sie hat sich ins Kostüm geschmissen und hat das selber gespielt und mitgemacht.

Irgendwie geht es immer

Runkel: Es war doch der 13. August, und da waren schlagartig sozusagen meine beiden Kollegen weg, sie waren ja beide West-Berliner. Nun stand ick alleene da mit dem ganzen Theater uff `m Hals sozusagen. Ich meine, es war ja noch vor dem Spielzeitbeginn, der 13. August. Wir hatten ja Spielzeitbeginn etwas später. Jedenfalls kamen die dann nicht mehr. Anfänglich konnten sie noch kommen. Die West-Berliner konnten ja komischerweise noch kommen, trotz antifaschistischem Schutzwall konnten die Westler noch nach Osten kommen. Der Schutzwall war irgendwie verkehrt gebaut. Es ging nicht. Der Osten konnte nicht rüber, aber der Westen konnte herkommen. Also, die konnten noch kommen, die kamen auch noch ein bisschen, aber es war nicht ganz sicher, ob sie kommen. Man wusste es nicht. Ich musste immer da sein, falls keiner kommt. Außerdem hatten die beide ganz schnell, der eine am Schillertheater, der andere am Schlosspark-Theater, ihr Engagement. Die wurden da sofort engagiert, nach ein paar Tagen fingen die dort schon an und sie hatten gar keine Zeit mehr, zu kommen. Also: es war nichts zu wollen. Ich wurde dann plötzlich mal ganz furchtbar krank, so um Weihnachten herum. Es war dann schon ein paar Monate später. Jedenfalls lag ich im Bett und hatte Grippe. Ich hatte die Vorstellung „Arturo Ui", und man konnte ja nicht vom Osten nach dem Westen telefonieren, das ging ja nicht. Und da habe ich dem Güldemeister ein Telegramm geschickt, ob er nicht für mich den „Ui" inspizieren kann. Und der hat zurücktelegrafiert, er könne, er hätte Zeit. Zu der Zeit konnten die noch kommen. Er kam rüber und hat den „Ui" inspiziert. Und die Leute im Theater sind aus allen Wolken gefallen und haben gedacht: Wieso denn nun wieder Güldemeister, was ist denn jetzt los? Die hörten durchs Mikrofon ihn plötzlich sprechen. Sie dachten, sie hätten Halluzinationen oder wat. Das ist ja wirklich ungewöhnlich. Und der hat dann den „Arturo Ui" inspiziert.

Acksel: Aber es ist ja interessant, dass es wenigstens mit den Telegrammen ging.

Runkel: Das ging, ja, das ging. Einmal war es ja so, aber ich glaube, das war schon viel später, da hatte ich auch die Grippe, wahrscheinlich war das die gleiche. Jedenfalls lag ich flach im Bett mit 40° Fieber. „Frau Flinz" spielten wir. Und ich konnte überhaupt gar nicht, denn 40° Fieber, das ist ja schon so eine Sache. Jedenfalls ruft die Weigel mich an: „Du musst unbedingt die Vorstellung machen!" Habe ich gesagt: „Ich liege im Bett mit 40° Fieber." „Ja, du musst, du musst, du musst. Ich schicke dir meinen Wagen und der fährt dich wieder zurück und alles." Na ja, die hat mich dann belatschert und dann bin ich da mit 40° Fieber hin, habe die „Flinz" gemacht.

Acksel: Du bekamst doch dann bald einen tollen neuen Kollegen.

Runkel: Die mussten ja nun ganz schnell irgendwo einen Inspizienten auftreiben. Es waren ja mehrere Theater in Berlin betroffen. Da waren ja einige, die mit West-Berlinern behaftet waren. Und wo nun schnell einen Inspizienten hernehmen? Die liegen ja auch nicht so auf der Straße herum. Jedenfalls, der lag dann nachher rum, der neue Herr. Da engagierten sie einen Inspizienten, - der sollte angeblich Inspizient sein - und der kam mir schon sehr merkwürdig vor. Ich musste ja irgendwann mal anfangen, damit ich entlastet werde. Ich musste ja alle Proben, alle Vorstellungen, alles musste ich ja machen. Alles, jeden Tag - immer, immer, immer. Und da war der Herr dann da. Ich dachte, fangen wir mal an mit was ganz Leichtem, „Optimistische Tragödie", 1. Akt, ist ganz leicht, oft nur Vorhang auf, Vorhang zu. Aber das war schon zu viel - irgendwie. Jedenfalls: Der macht das und macht mitten im Bild den Vorhang zu. Nein, was ist denn das? Das wird ja nun richtig werden mit dem, das kann ja gar nicht sein. Und einmal, da war er überhaupt nicht auffindbar zur Vorstellung. Es war nichts zu wollen. Ich sage: „Wo ist der denn?" Ja, der ist da, aber er liegt in der Kantine besoffen in der Ecke und schläft. Na ja, der war totaler Säufer und war auch bald verschwunden. Dabei haben die mir schon gesagt, als ich angestellt wurde, nur bei den Gesprächen am Anfang: „Werde bloß nicht wie Busch." - Nicht der Ernst Busch, sondern irgendein Busch war da mal anscheinend, und der war immer besoffen. Da haben die gesagt: „Werde bloß nicht wie der." Sie hatten Angst, dass sie sich irgendwie einen Säufer einfangen. Ich weiß nicht, wie die darauf kamen, ich war ja mit 15 Jahren da. Und dann gab es ja auch bei anderen Theatern Sachen, wo man hörte, dass die ewig besoffen waren an bestimmten Theatern.

Keinen Appetit auf Würstchen

Runkel: „Schweyk", das mit Wolf Kaiser und der SS-Uniform haben wir schon berichtet, und es gab auch noch eine ganz ulkige Sache (Brecht: „Schweyk im Zweiten Weltkrieg" BE 1962), Da kam eine Szene, „Moldau-Anlagen" hieß das Bild, und da waren zwei Dienstmädchen mit einem kleinen Hund, den sie für ihre

Herrschaften ausführen mussten. Die setzten sich auf eine Bank - das spielten damals die Domröse und die Hase - und dieser Hund musste vom Schweyk geklaut werden, während die sitzen. Er hatte sich im Pissoir versteckt und musste den dort weglocken. Und er lockte den mit einem kleinen Würstchen. Er lockte und lockte, aber der Hund hat sich nicht von der Stelle gerührt. Der Flörchinger wusste gar nicht mehr, was er machen sollte. Er musste ja bis zu einer bestimmten Zeit nun den Hund wegnehmen und den verschwinden lassen. Und die mussten uffspringen und sagen: „Wo ist der Hund, der Hund ist weg!" Ich weiß nicht mehr, wie das ausgegangen ist und wie er den dann doch dazu bewogen hatte, irgendwie ... der konnte ja nicht rausgehen und den nehmen, das hätten die ja gesehen, dann wäre der ganze Effekt weg. Der Witz war, dass er den geheim lockt und klaut. Da erlebst du Sachen. Mit Hunden auf der Bühne ist sowieso, oder überhaupt mit Tieren auf der Bühne...

Acksel: ... die machen, was sie wollen.

Runkel: Wir hatten ja mal in „Omphale" einen Papagei. Ein Papagei spielte mit, aber er saß da nur rum, aber eben ein Papagei auf der Bühne.

Acksel: Und in welchem Stück?

Runkel: „Omphale" von Peter Hacks (BE 1972, Regie. Ruth Berghaus). Habe ich mal übernommen für Herrn Dietrich, weil der wieder Kinderferienlager oder irgendwas hatte. Das war nicht so einfach das Stück. Es war ein schönes Stück, eine wunderbare Sprache, herrlich. Peter Hacks – wunderbar! Da saß ein Papagei angekettet, damit er nicht rumfliegen konnte, aber der hat dann manchmal gekräht.

Mit bequemen Hosen in der Oper

Runkel: Ich hatte einen Anzug und mit dem ging ich in die Oper und ins Konzert, früher immer noch schön mit Schlips und Kragen und alles so. Und irgendwie passte ich in das Ding nicht mehr rein, es ging nicht zu. Oh, dachte ich, ich kann nicht in die Oper, ich kriege die Hose nicht zu! Dann habe ich einfach hinten die Naht oben am Bund aufgetrennt, dadurch passte die Hose wieder. Vorne war sie zu, hinten war sie ein Stück offen. In der Oper habe ich mich bücken müssen, es ist etwas runtergefallen. Mit einem Mal kracht es und die ganze Naht, von ganz oben hinten bis unten vorne, wo der Schlitz anfängt sozusagen, reißt auf. Also: Ich stand mit dem Hinterteil vollkommen offen, es war nichts zu wollen. Aber es hat mich nicht weiter gestört, denn ich hatte ein Jackett und das ging darüber. Das hat das alles bedeckt. Vorne war es ja zu, hinten war`s offen, aber da hing ein Jackett drüber. Hinten war Luft.

Acksel: Hattest du denn da einen Gürtel um?

Runkel: Hosenträger. Ich habe schon vorher Hosenträger angemacht. Weil es nun etwas offen war, dadurch war es nun weit, sonst hätte es ja nicht mehr gehalten. Und mit Hosenträgern hielt das dann. Ich sage dir!

Acksel: Das waren einzelne Hosenbeine mit Reißverschluss. Nein!

Runkel: Zum Glück war die Jacke lang genug, die verdeckte alles. Bin ich mit der halboffenen Hose stolz durch das Opernhaus gegangen, die Staatsoper war das.

Robbi und andere „tierische Erinnerungen"

Acksel: Von Robbi, eurem kleinen Hund haben wir noch nichts.

Runkel: In Schlesien, Oldendorf, haben wir ein Kriegsjahr verbracht. Im Sommer kam ein kleiner Hund zu uns – Robbi, so 'n kleiner Mischling, von allen Promenadenmischungen alles. Seppeline, die Hündin aus dem Nebenhaus vom Nachbarn, die kriegte Junge. Und eins von den Jungen war Robbi, so 'n kleiner Hund, der lebte dann bei uns und natürlich haben wir ihn mitgenommen auf der Flucht. Wir wollten ihn nicht zurücklassen, also kam er mit auf diesem Kuhwagen. Als wir in Böhmen und Mähren in Fußdorf ankamen, wurde er mit einem Mal krank. Ob er die Staupe oder Tollwut hatte, kann ich nicht mehr erinnern, er war jedenfalls so schwer krank, dass ihn ein Soldat hinterm Haus erschießen musste. Man konnte sich gar nicht mehr an ihn heranwagen, unser kleener Hund. Das war sehr traurig.

Acksel: Wahrscheinlich hat er irgendwas gefressen.

Runkel: Nee, der hat sich irgendwie angesteckt. Das war ja eine Infektionskrankheit – Tollwut und Staupe kriegt man durch andere Tiere. Aber es sind ja sehr schlimme Sachen.

Acksel: Das war sicherlich sehr schlimm für euch.

Runkel: Ja, dann musste der kleene Hund erschossen werden. Und dann kamen wir ja wieder nach Berlin, nach Neu-Westend in dieses Reihenhaus, und das war dann schon ein Weilchen nach dem Zusammenbruch, da gab es schon Gas, und in der Küche war ein Gasherd mit vier Flammen. Ich kochte Wasser. Ich weiß nicht, wozu ich den Topf mit Wasser brauchte, ein großer Topf mit Wasser, der kochte und ich wollte den irgendwie herunternehmen - ich war ja da erst sechs Jahre alt - und jedenfalls glitt der mir aus der Hand und glitt aber nicht nach vorne glücklicherweise, sondern glitt nach hinten. Das war aber auch nicht günstig, denn an der Wand hinten schlief ein Hund, den wir damals hatten, so ein großer, brauner Terrier. Der war hochschwanger und hinter dem Herd. Und nun kippte das kochende Wasser durch die Ritze zwischen Wand und Herd und auf den Hund rauf. Der schoss mit einem Schrei durchs ganze Haus bis an die Tür vom Boden, wo er nicht weiter kann. Also irrsinnig. Mit kochendem Wasser wurde der übergossen. Der schlief da und wusste gar nicht, wie ihm geschieht. Wie eine Rakete schoss der weg und landete dann da oben. Der ganze Rücken war nachher ohne Fell. Aber ein paar Tage später bekam der schöne, gesunde, kleine Junge.

Acksel: Das der das überlebt hat, ist ja ein Wunder.

Runkel: Aber so etwas - was willste machen? Was hab ich da überhaupt mit heißem Wasser zu schaffen? ... weiß der Deibel! – Dann zogen wir ja in die Breite Straße. Und in der Breite Straße hatten wir Katzen. Mal eine Katze, mal zwei Katzen, dann wieder nur eine. Und ich hantiere, was weiß ich, warum, mit einem Fliegenfänger, die so in der Papprolle sind, die man so herausziehen kann, so 'ne langen Dinger. Irgendwie mache ich damit rum, was weiß der Teufel. Und die Katze - neugierig sind sie – kommt anmarschiert und fummelt und bumm...! Mit einem Mal kommt dieser Fliegenfänger an die Katze heran und klebt natürlich sofort an dem Fell fest, wie eine Fliege. Und das war natürlich für die Katze furchtbar. Und da rast die los – wie wahnsinnig durch die Wohnung. Das wurde nun immer schlimmer. Das wickelte sich völlig um die rum, der ganze Fliegenfänger war um die Katze herum. Das musst du dir einmal vorstellen. Das Fell mit dem Fliegenfänger. Das ging nur mühselig ab.

Heutzutage würde man vielleicht zum Tierarzt gehen, aber der würde vielleicht auch nichts anderes machen. Was willst du da machen, kannst sie ja nicht mit Benzin entfernen.

Acksel: Nur abrasieren, das Fell.

Runkel: Ja, wir das Fell mit der Schere vorsichtig abgeschnitten. Ganz toll sah das aus. Die wollten sich ja dann auch nicht helfen lassen. Die denken ja, es wird immer schlimmer. Und dann haben wir die Katze mühselig von diesem Fliegenfänger befreit. Mit der Katze hatte ich überhaupt Spaß. Ich habe sie immer auf irgendein Kissen gesetzt und bin mit der auf dem Boden in der ganzen Wohnung so herumgefahren, wie auf dem Karussell auf dem Rummelplatz. Das hat ihr Spaß gemacht. Auf ein Kissen gesetzt und hat sich herumziehen lassen durch die ganze Wohnung. Irrsinnig. Bis da habe ich das auch noch gespielt. Erst in Neu-Westend, aber auch in der Breite Straße noch ein bisschen. Damals hatte ich eine große Kiste von den Kanadiern, die habe ich heute noch, wo ursprünglich mal Margarine drin war. Meine ganzen Bauklötzer waren in der Kiste. Aus denen habe ich immer schöne Häuser gebaut und Schlösser. Und wenn es fertig war, habe ich Luftangriffe gespielt – Fliegeralarm. Ich hatte ein kleines Gewicht aus Blei, das war so ein ganz kleines Ding, das war nachher völlig verbeult, weil es ja immer runterflog vom Flugzeug. Dann habe ich die ganzen Häuser wieder in Grund und Boden gebombt. Das hat mir großen Spaß gemacht, wenn alles wieder zusammenfiel. Das war noch in meinem Kopf so drin. Jahrelang habe ich Bombenangriff gespielt. Erst schön aufgebaut die schönsten Häuser mit viel Phantasie. Es waren auch schöne Bauklötzer, so aus Holz, herrliche Sachen. Und dann wurde es alles zertrümmert.

Und dann war noch eine Katze, die war irgendwie noch sehr jung, dass weiß ich noch, eine kleine, schwarze Katze, hatten wir auch in der Breite Straße. Mit einem Mal kam die gar nicht wieder, die war weg. Die kam abends nicht, die kam nachts nicht, die kam am nächsten Tag nicht, die war verschwunden, die kleine Katze. Und ich war irgendwie auf dem Hof und gucke so. Unser Nachbargrundstück war weg, da ist eine Bombe reingefallen, beim übernächsten Grundstück war nur der Seitenflügel. Gucke ich hin, da sehe ich die kleine Katze auf dem Dach. Ich denke, das ist ja unsere Katze. Gehe näher ran und hörte sie quieken und quaken da oben. Habe ich gedacht: Die Katze müssen wir holen, die ist ja schon fast beinahe zwei Tage weg. Die kam dann nicht mehr. Sie ist irgendwie auf das Dach geklettert und kam dann nicht mehr weg. Dann habe ich mir eine Leiter besorgt und bin da hoch und habe die Leiter auf das Dach gestellt. Das war so aus Dachpappe ein bisschen schräg, nicht sehr schräg, aber die Katze saß auf einem höheren Sockel und wo das Treppenhaus drin war, war es so anderthalb Meter höher und da musste ich die Leiter haben, um heranzukommen. Dann bin ich auf die Leiter und habe die Katze wirklich gefangen. Sie hat sich auch fangen lassen, was ja bei Katzen selten ist. Selbst bei Leuten, die sie gut kennen, sind die misstrauisch. Ich habe sie gerettet und sie hat gequiekt und gequakt. Ich habe sie unter höchster Lebensgefahr von dem Dach gerettet, denn es war sehr weit vorne an der Kante. Aber da das nun nicht sehr schräg war ging das. Ich sage dir, ich mit meinen Katzen und meinem Hund.

Acksel: Hast du gar nicht drüber nachgedacht, wie hoch das war?

Runkel: Umfallen hätte ich damit nicht dürfen, es war der dritte Stock und dann das Dach drüber.

Acksel: Stelle dir das heute mal vor, wenn du da die Leiter hoch müsstest.

Runkel: Genau – unsere letzte Katze, das war ja auch toll. Der Maxe Jaap, ein Bekannter, der Filmische, der hat, glaube ich, zu seinem 60. oder 65. Geburtstag eine Siamkatze geschenkt bekommen und die war dann irgendwie trächtig und er hatte dann lauter kleine Siamkatzen. Der Jaap schenkte meiner Mutter so eine kleine Siamkatze. Die hatten wir dann. Das war ja in der anderen Wohnung noch - in der Fischerstraße war das schon und dann war sie hier. Mit einem Mal denke ich: Wo ist die Katze? Die Katze ist ja nicht mehr da - in der Wohnung ist die Katze nicht zu finden. Sonst fällt man ja dauernd über die Katze und da war sie weg. Ich denke: Wo ist die Katze? Nach Stunden bin ich irgendwie darauf gekommen, dass die Katze im Schrank ist. Ich hatte irgendwas aus dem Kleiderschrank genommen und er war einen Moment offen. Nun sind Katzen so neugierig, die sofort in den Schrank rein, ich hatte den zugemacht, war im anderen Zimmer, habe nichts gemerkt, nichts gehört, nichts gesehen. Und da merkte ich, die Katze war weg. Die hat aber nun da rausgewollt stundenlang und hat fleißig alle Kleider, die Im Schrank hingen, zu Schanden gemacht. U.a. auch einen Anzug von mir, den einzigen Maßanzug, den ich in meinem Leben hatte, der war vom Schneider angefertigt; ein teurer Anzug. An dem ist die hochgeklettert. Das war ein Trümmerhaufen.

Acksel: Katzen sind eben Katzen.

Runkel: In der Breite Straße hatten wir verschiedene Katzen. Und eine dieser Katzen hatte einen Tick. Diese Katze hat zu gerne rohe Kartoffelschalen gegessen, was man ja von Katzen gar nicht kennt. Rohe Kartoffelschalen, da war die ganz scharf drauf. Nicht Mäuse, sondern rohe Kartoffelschalen.

Acksel: Das ist mal was anderes.

Noch echte Geräusche

Runkel: Ich habe doch schon gesprochen von dem Umbau von Brecht, der die Hinterbühne vergrößert hatte, er diese Treppenhäuser abgerissen hat, diese metallenen, rechten und linken. Jedenfalls gab es am Anfang noch eine Donnermaschine. Die ging oben vom Rollenboden aus bis in die Unterbühne. Das war ein hölzerner Schacht, sehr fest und in dem waren Schikanen eingebaut, schräge Bretter in verschiedenen Entfernungen. Und oben waren drei Auslösungsdinger mit Kugeln, Holzkugeln waren es sicherlich, in der Größe von Billardkugeln, ca. 5, 6 Dinger. Die waren in Drahtseile eingehängt und man konnte die von der Bühne auslösen. Dann konnte man fünfmal donnern. Das war eine dolle Geschichte, das hörte sich enorm an. Wenn das von oben vom Rollenboden bis in die Unterbühne runterknattert, gibt

das ein Geräusch, das ist unglaublich. Das haben wir „Don Juan" noch verwendet, wenn der in die Hölle fuhr, dann gingen die fünf Dinger nacheinander da los, es war ein dolles Gemache.
Wir hatten auch Donnerbleche, auch die kamen manchmal zum Einsatz. Es waren riesige Bleche, die wurden ein bisschen verkantet bewegt. Das gab auch ein schönes Geräusch. Und dann eben diese sagenhafte Windmaschine, „wo der Idiot dran ist." Das war ja ganz am Anfang eben auch Handbetrieb. Das war wie so`n Mühlrad, kann man sagen, aber mit ganz kleinen Brettchen. Darüber wurde ein Stoff ganz festgespannt. Leinwand oder irgendwas, ein fester Stoff. Und wenn man das Ding drehte, kam eben ein Geräusch heraus wie Wind. Konnte man schneller drehen, langsamer drehen, verschiedene Höhen und Tiefen. Das muss man natürlich auch können. Jedenfalls wurde dann nachher eine elektrische Windmaschine eingebaut, nichts mehr mit Handbetrieb. Und da wurde auch manchmal Wind gemacht über Tonband. In der „Heiligen Johanna" war der ganze Wind Tonbandwind. Wir hatten ja direkt einen Geräusche-Meister, einen Geräuschemacher. Der hatte z.B. die große Aufgabe im „Kreidekreis". (von Brecht die Inszenierung Brecht: „Der kaukasische Kreidekreis", BE 1954.) Im 1. Akt kamen dauernd Pferde an und ritten wieder weg. Und der hat dieses Pferdegetrappel gemacht hinter der Bühne. Das war ganz doll. Das hörte sich wirklich an, als wenn ein Pferd auf solchem Steinpflaster losrennt und ankommt. Das konnte der gut, der Herr Neubert.

Acksel: Das hat der immer live gemacht?

Runkel: Hat der live gemacht. Mal wurde das Pferdegetrappel lauter und wenn sie wegritten, wurde es wieder leiser. Es war ja Aufstand und Revolution in dem Stück und es kamen eben viele reitende Boten, die ankamen und wegritten. Und der hatte zwei Ziegelsteine und zwei durchgeschnittene Kokosnüsse, die Schalen von den Kokosnüssen in der Hand und machte mit denen dieses Pferdegetrappel-Geräusch. Das hörte sich wunderbar an. Damals war noch viel Handbetrieb im Theater.

Acksel: Eben nicht Tonband.

Runkel: Und nicht so völlig durchgeistigt, die Regie macht schon das Richtige, so dass es keiner versteht. Aber Brecht hat es noch richtig trappeln lassen und Wind gemacht und alles Mögliche und Benno Besson hat den Donnerbalken von oben betätigt usw., das war ganz schön damals.

Aber es war auch sehr interessant, in der „Winterschlacht", die auch von Brecht inszeniert wurde. (BE, 1955.) Am Anfang des Stückes ein Bild - das 4. Bild oder so, da wurde eine Rundfunkübertragung gezeigt. Es spielte ja im Zweiten Weltkrieg und in Russland. Und im verschneiten Russland war eine Rundfunkübertragung für Deutschland. Und es wurde dargestellt, dass die marschierenden Soldaten durch den hohen Schnee marschierten. Und da haben die es so gemacht, dass es auch für das Publikum sichtbar war. Ein Mann hat auf der Bühne vor einem Mikrophon ein oder zwei kleine Säcke mit Kartoffelmehl darin in der Hand gehabt. Und wenn der das knautschte, hörte sich das so an, als wenn Leute durch den Schnee marschieren – aber ganz original. Das war nicht schlecht, diese Sache. Es wurden Effekte eingesetzt, darüber kann man heute nur staunen. Ziemlich am Schluss der großen Russland-Pantomime war ein Schneetreiben. Dafür wurde neben mir ein Riesen- Exhauster aufgebaut.

Acksel: Was für `n Ding?

Runkel: Exhauster – eine Maschine, die die Luft rausbläst. Das war eine Riesenmaschine mit einem Riesenmotor. Die machte einen Krach, da hast du nichts mehr gehört und gesehen. Und da machten zwei Requisiteure oben in den Trichter ganz kleingeschnittene Seidenpapierstückchen rein, also massenweise, eimerweise wurde das reingeschüttet. Und durch diesen Riesendruck wurde das rausgeblasen bis über die ganze Bühne. Es war geschickt beleuchtet und sah von vorne echt aus – das war enorm, mit so einem bläulichen Licht und so. Also, das Schneetreiben, wo die dagegen kämpften auf der Bühne, gegen diesen Schnee, das war doll gemacht. Mit Seidenpapier im

Exhauster und dem Wind entsprechend, das war enorm. Und ich war halbtaub von dieser Maschine. Das war enorm! Und für diese eine Geschichte da, Schluss der „Winterschlacht", kam der Busch extra ins Theater. Der spielte eine Szene in der „Winterschlacht" und zwar die letzten 10, 12 Zeilen – in Versen von Becher, das Schluss des Stückes. Das war ganz beeindruckend. Und für diesen einen Auftritt kam der extra ins Theater und trat auf in einer Rotarmisten-Uniform, hat das gesagt und war weg. Das fand ich natürlich groß. Der wird seine Gage gekriegt haben. Er könnte ja sagen: „Na, ich komme doch für die drei Sätze nicht." Nein, er kam. Und der war nie am BE engagiert. Der war immer Mitglied des Deutschen Theaters und hat bei uns die größten Rollen und die tiefsten, meisten Rollen gespielt – immer als Gast. Mitglied des BE war der nie.

Die Anweisung wurde befolgt

Acksel: Und am Deutschen Theater hat der auch so große Rollen gespielt?

Runkel: Am Deutschen Theater hat er auch den Mephisto usw. gespielt, aber auch Riesen-Rollen am BE - als Nichtmitglied. Am Deutschen Theater ist ja mal etwas passiert, habe ich gehört. Der Busch wollte ins Theater und da war irgendein neuer Pförtner, der die genaue Anweisung gehabt hat: Es darf nur rein, wer den Betriebsausweis vorzeigt. Und Busch kam und hatte keinen Betriebsausweis. Und da hat der gesagt: „Na, dann können Sie hier nicht rein." Und da ist der wieder nach Hause gefahren.

Acksel: Nein!

Runkel: Herr Busch, die Hauptrolle darf nicht rein, weil er keinen Betriebsausweis hat. Ich weiß nicht, wie das ausgegangen ist, ich habe es ja auch nur gehört.

Acksel: Aber das ist natürlich sehr hübsch.

Runkel: Der hatte die Anweisung, na ja, und die hat er befolgt.

Acksel: Wie kann man auf so etwas kommen?

Runkel: Eine ganz kuriose Sache: Das Staatstheater Schwerin ist ein schönes, altes Theater. Und da haben wir etwas gesehen, was ich nie wieder, weder vorher noch nachher gesehen habe. Das Stellwerk unter der Vorbühne ist links gewesen. Sonst war es ja früher immer links und rechts von der Bühne hinter dem Portal. Jetzt, danach, ist es ja immer hinter dem Zuschauerraum. Aber dort war es unter der Vorbühne links. Das war irrsinnig. Es war ganz schmal, da kam nur ein Mensch rein. Also, nebeneinander konnten sie stehen, aber nicht hintereinander. Vorne waren die Regler und dahinter waren irgendwelche Schalter. Und oben zur Bühne war ein winziger Panzerschlitz, es war eine kleine Metallerhebung, so ein Deckel, der war vielleicht 20 cm breit und 15 cm tief und vorne war er offen, hinten zum Zuschauerraum war er zu. Und die konnten durch den winzigen Schlitz auf die Bühne gucken, aber sahen natürlich immer nur ganz wenig, denn da war ja keine große Aussicht. Und so haben die ihre Vorstellung gemacht. Die mussten ja immer durch den Panzerschlitz gucken. Wir haben ja da auch gespielt und mussten da auch mit dem Stellwerk arbeiten. Und beim letzten Mal, als wir da waren, war das Stellwerk dann hinter dem Zuschauerraum. Vorher war auf der Vorbühne plötzlich dieser Knubbel. Alle die da langgehen mussten, mussten sie sich vorsehen, dass die da nicht gleich ins Orchester stolperten. Denn wenn du da nicht aufgepasst hast, dann bist du hängengeblieben. Ein großer Schwung und du saßest in der Kesselpauke. Es war ja der große Orchesterraum davor, dann ein Stückchen Vorbühne. Da musst du daran denken in der Oper, dass da vorne größte Vorsicht geboten ist. Ich denke: Nein, wie kann man auf so etwas kommen. Jedenfalls gab es auch komische Dinge auf der Bühne.

Die letzten Vorstellungen mit Helene Weigel

Runkel: Unser letztes Gastspiel mit der Weigel war 1971 in Nanterre, Paris - kurz nach diesem Gastspiel ist sie gestorben. Wir an verschiedenen Spielstätten Vorstellungen gespielt. Zum Beispiel in Saint Denise, wo ich mit dem Zug hinfahren musste, war ein Spielort, da spielten wir „Die Tage der Commune". In einem anderen Vorort den „Brotladen" in so einem ganz komischen, schlauchartigen Kino. Und dann war noch ein Spielort, das war auch so 'ne komische Halle, da spielten wir „Die Mutter". Das war da, wo sie uns am Schluss Tomaten und alles auf die Bühne geschmissen haben und ich mich schnell hinter den großen Leuten versteckte. In Nanterre spielte die Weigel ihre letzte Vorstellung in Paris und in Berlin spielte sie noch zweimal „Coriolan" und dann ist sie gestorben. Sie war schon ganz krank in Paris und ganz klapprig und ganz wackelig. Und ich wurde ja abkommandiert, weil ich ja „Die Mutter" da nicht gemacht habe. Ich hatte nur im Schlusschor mitzusingen, wie ich ja auch in Saint Denise nur spielten musste, da habe ich nicht inspiziert. Ich habe nur „Brotladen" bei der Tournee gemacht. Ich war abkommandiert dazu, die Weigel während der ganzen Vorstellung unterm Arm zu haben, wenn sie abging, wenn sie aufstehen musste, in die Garderobe zu bringen, zum Auftritt zu bringen, dass sie nicht stolpert, denn es war ja duster hinter der Bühne, und dass sie es überhaupt findet und so, denn es war ja überall Neuland. Und da habe ich sie immer am Arm gehabt und dann immer dahin gebracht bis zum Auftritt und dann wieder abgeholt, wenn sie abging. Die ganze Vorstellung lang. Das war meine erste Aufgabe, die dahinzuführen, wo sie hin musste, dass sie eben unbeschadet dort ankommt. Da war sie schon ganz wackelig und klapprig.

Acksel: Was hatte die Weigel denn?

Runkel: Bauchspeicheldrüsenkrebs. Es war ja schon Frühling, da war nicht mehr viel Zeit. Sie hat in Berlin noch zweimal den „Coriolan" gespielt, am 06. Mai 1971 ist sie in Berlin gestorben.

Erlebnisse in Bari und andere Überraschungen

Acksel: Bari hatte es auch in sich.

Runkel: Ich weiß von nüscht! Ja, Bari. Wir hatten ein Gastspiel in Bari/Süditalien - in dem schönen Opernhaus, was gleich danach abgebrannt ist. Und in dieser Stadt Bari, das wurde uns schon vorher gesagt: „Passt auf eure Taschen, die werden unterwegs geklaut." Haben natürlich einige aufgepasst, einige nicht. Jedenfalls ich gehe über einen riesigen, großen Platz am Meer und dann kommt die Altstadt. Das ist ja eine ganz dolle Altstadt. Wenn du da reingehst, findest du nie mehr raus. Das sind alles krumme, ganz schmale Gassen. Ich habe so etwas überhaupt noch nie gesehen. Interessant. Ganz weiß gestrichen, das ganze Ding. Das ist aber nicht das, was ich erzählen wollte, das ist nur Beiwerk. Ich meine, natürlich kommst du wieder raus, weil das ganz klein ist. Irgendwo kommst du immer wieder raus. Das Ding ist ja rund und irgendwo war das Ende und dann landest du wieder auf dem Platz irgendwo oder am Meer. Jedenfalls gehe ich über diesen Platz, um in diese Altstadt zu kommen. 50 Meter vor mir geht eine Frau mit einer Umhängetasche und mit einem mal saust ein Moped oder Motorroller heran und hinten sitzt noch einer drauf und die wollen ihr die Tasche wegreißen. Und die hat sich aber gewehrt. Die hat es nicht zugelassen, dass ihr die Tasche geraubt wird. Sie hat gezogen, gebrüllt und gemacht und getan. Alle Leute haben geguckt und sich amüsiert. Jedenfalls war die so wütend, dass sie die umgeschmissen hat mit dem ganzen Moped. Ihre Tasche hat sie festgehalten und sie war Siegerin. Und die sind dann schnellstens abgerauscht - ohne Tasche.

Einem Schauspieler von uns wurde ein paar Meter vor dem Hotel in Bari die Umhängetasche weggerissen und weg war sie. Die Warnung war nicht umsonst, dass die sagten: „Passt auf, hier in der Stadt ist es beliebt, mit dem Moped vorbeizusausen, um dann zu klauen." Der hatte alle seine Sachen darin, das war sehr schlecht.

Dann musste ich zur Post in Bari, um Geld zu holen, was meine Mutter mir überwiesen hatte. Ich wollte mir einen Ledermantel kaufen. Dabei wäre ich beinahe überfahren worden. Die fahren da 150 oder watt weeß ick uff diesen Motorrädern. Ich komme ja aus einer Großstadt und bin das gewöhnt, den Verkehr, aber so etwas wie in Bari kannte ich nicht. Das war wirklich Millimeterarbeit.

Acksel: In Nizza und Monte Carlo haben wir das auch erlebt, wo die Vespas und Mopeds von hinten, von vorne, von oben, von überall kamen.

Runkel: Wie die Wahnsinnigen. Und dann waren wir einmal in Edinburgh zum Gastspiel - etliche Male. Und einmal ist es mir tatsächlich passiert, dass ich beinahe von einem Omnibus überfahren worden wäre. Da war auch nur noch ein Millimeter.

Acksel: Wegen Links-Rechts-Verkehr.

Runkel: Ich gucke schön nach rechts – ach, ja, alles frei. Und gehe los, kommt der schöne rote Bus, oder braun sind sie ja da. Kommt der angesaust. Oh, habe ich einen Schrecken gekriegt.

In Amsterdam wäre ich beinahe mal von der Straßenbahn überfahren worden. Dort fahren ja viele Straßenbahnen. Und die fuhr ganz nah, da war der Bürgersteig, die Kante, also der Rinnstein und 20 cm weiter waren schon die Schienen, die fuhr um die Ecke rum, auch schön schnell. Ich dachte gar nicht, dass so nahe an den Fußgänger heran eine Straßenbahn kommen kann. Die fuhr da um die Ecke wie nichts. Und Fahrräder gibt es reichlich. In Amsterdam wird man auch leicht vom Fahrrad überfahren. Das ist ja ungeheuerlich da.

Acksel: Da musstet du verschiedentliche Schutzengel gehabt haben.

Anlehnungsbedürftig

Runkel: Die Elisabeth Hauptmann, (Elisabeth Flora Charlotte Hauptmann, 1897-1973, deutsche Schriftstellerin, Übersetzerin) das ist eine Freundin und Mitarbeiterin von Brecht gewesen, schon vor dem Krieg, die hatte ja Riesenanteil an den Werken Brechts. Nach seinem Tod verlegte sie seine Werke im Suhrkamp-Verlag. Sie war im BE engagiert als Dramaturgin. Die hatte ein Auto, fuhr aber nicht selber. Elisabeth Hauptmann hatte ein Auto mit Chauffeur. John Heartfield (1891-1968, deutscher Maler, Bühnenbildner; Grafiker) begleitete sie einmal in ihrem Wagen.
Jedenfalls: Mit einem Mal lehnte er sich so an sie mit dem Kopf und sie denkt: Mein Gott, ist der anlehnungsbedürftig! Der war aber gar nicht anlehnungsbedürftig, der war tot.

Acksel: Nein, er ist in ihrem Auto gestorben?

Runkel: Ja, ja, ja. Das ging natürlich auch gleich im Theater rum wie nichts.

Acksel: Und wer war John Heartfield?

Runkel: John Heartfield war auch ein Freund von Brecht, der eigentlich Helmut Herzfeld hieß. Der war Grafiker, also er hat Plakate gemacht und solche Sachen. Das war ein wichtiger Mann. Der kam oft ins Theater. Jedenfalls war er tot und nicht anlehnungsbedürftig.

Acksel: Das war eine überraschende Wende.

Runkel: Es gab ein Fest im BE. Weeß ick, wat das war, 1. Mai oder irgendwas. Und da waren alle in der Kantine usw., u.a. auch Elisabeth Hauptmann, die sonst nie in der Kantine war. Das gab es gar nicht. Sie war eine würdevolle Frau, ging über den Hof und wurde sehr verehrt und war würdevoll und sehr anerkannt. Sie war nun in der Kantine und war total besoffen, aber so etwas, das war nicht zu fassen. So etwas hat bei der nun gar keiner vermutet. Und dann hat sie doch tatsächlich so besoffen ein ganzes Töpfchen Senf mit dem Löffelchen ausgegessen, den ganzen Senftopf aufgefressen. Sie war aber sehr heiter und sehr lustig. Es gibt ja Leute, die sind unangenehm, wenn sie besoffen sind. Die gar nicht. Es war sehr schön und sehr ulkig mit dieser würdevollen Frau.

Acksel: Ein Ur-Ur-Ur-Gestein.

Runkel: Sie hat ja zum Beispiel die „Dreigroschenoper" bearbeitet und die eigentliche englische Urfassung John Gays „The Beggar's Opera" aus dem Jahre 1728 übersetzt. Manche sagten, sie hätte die „Dreigroschenoper" sogar geschrieben, hat man gehört.

Acksel: Zumindest gehörte sie zum Kreis um Brecht und hat eng mit ihm und der Weigel zusammengearbeitet. Sie hat ja wohl auch den Wekwerth sehr gefördert, wie ich jetzt gelesen habe, in seinem Buch.

Runkel: Das kann sein, weeß ick nich. Die hatte ein Zimmer im Theater und da saß sie und machte, sie trat selten in Erscheinung. Aber wenn irgendwas war, hat Brecht die dann rufen lassen, in sein Turmzimmer oder er ging zu ihr.

Hausverbot im BE

Runkel: Und dann - natürlich - war da noch eine andere Freundin von Brecht, auch Freundin und Mitarbeiterin, aus Dänemark, die Ruth Berlau. (1906-1974, dänische Schauspielerin, Regisseurin, Fotografin und Schriftstellerin.) Die war auch in Amerika mit dem und überall. Die Weigel konnte mit ihr nicht so richtig. Aber solange Brecht lebte, war die oft im Theater und kroch da rum, die Weigel hat das ungern gesehen. Irgendwie war die nicht so richtig. Als Brecht gestorben war, wollte die Weigel das nun ganz und gar nicht mehr. Sie hatte dann einen guten Grund gefunden, das zu unterbinden, denn die Berlau war meistens besoffen. Die war total besoffen und kam immer völlig blau an und hat immer geraucht wie ein Schlot. Sie ist mit der Zigarette rumgelatscht auf der Bühne, im Zuschauerraum, überall. Da hat die Weigel gesagt: „Das geht natürlich gar nicht, mit brennenden Zigaretten rumgehen im Theater, das geht nicht." Das war natürlich ein guter Grund zu sagen: Die darf da überhaupt nicht mehr hin. Aber das waren wahrscheinlich doch mehr andere Gründe. Die Weigel hat ihr im BE Hausverbot erteilt.

Acksel: 1974 ist die Berlau gestorben, weil sich ihr Bett an einer Zigarette entzündet hatte.

Die frechen Lieder

Runkel: Während eines BE-bedingten Aufenthalts in West-Berlin habe ich mir eine Schallplatte gekauft. „Die frechen Lieder", gesungen von Helen Vita, so `ne alten, französischen Chansons mit frechen Texten. (Helen Vita, 1928-2001, Schweizer Chansonsängerin, Schauspielerin und Kabarettistin.) Diese Schallplatte war natürlich im Osten verboten – klar. Im Westen, in Bayern, war sie auch verboten. Die war nun ganz und gar verboten. Teilweise durfte diese Platte „Freche Chansons aus dem alten Frankreich" - gesungen von Helen Vita, im Westen nur mit dem Aufdruck „Für Jugendliche verboten!" verkauft werden.

Man durfte ja Platten bringen, Klassik, die durfte man wohl einführen. Aber, ich wollte *diese* Platte, habe mir die gekauft und dachte nun: Wie kriege ich die sicher über die Grenze rüber? Und zufälligerweise kam es so, dass die Weigel mich in ihrem Auto mitgenommen hat. Und ich dachte: Das werde ich mal probieren, ich lege einfach mal die Platte unter den Sitz von der Weigel. Die saß ja immer neben dem Fahrer vorne. Ich dachte: Dieser Platz ist gerade richtig, viereckig ist er auch, da lege die darunter. Und so war es auch, es hat kein Mensch irgendetwas kontrolliert.

Bei der Grenzkontrolle, sah ich, dass die Weigel einen ganz normalen DDR-Pass hatte. Sie war ja eigentlich Österreicherin! Ich dachte, die hätte einen österreichischen Pass – nö, die hatte einen richtigen, normalen DDR-Ausweis, so einen blauen.

Acksel: Klasse. Ich bin der Helen Vita in München ein paar Mal begegnet und habe ihr erzählt, dass ich diese Platte toll finde. Darüber hat sie sich gefreut. Sie hat auch am Schauspielhaus Zürich am 5. Juni 1948 in der Uraufführung von Bertolt Brechts „Herr Puntila und sein Knecht Matti" mitgespielt. Brecht wollte sie auch ans BE holen, dass hat sie aber abgelehnt.

Macht auf, wir wollen rein!

Runkel: Für eine Frankreich-Tournee mussten wir nach West-Berlin, um uns einen besonderen Pass zu holen, um in Frankreich einreisen zu können. Dieser Pass wurde ausgestellt von den Franzosen im Alliierten Kontrollrat, in diesem Gebäude hinter dem Potsdamer Platz. Jeder Teilnehmer dieser Tournee musste persönlich hin, um zu unterschreiben und sich seinen Pass persönlich holen. Wir fuhren also nach West-Berlin und haben unseren Pass abgeholt, das ging ganz schnell und flott. Und weil wir nun schon mal im West-Berlin waren, es war ja in der Zeit der Mauer, habe ich den Güldemeister angerufen. Der hatte Zeit, hatte keine Vorstellung an dem Tag. Dann haben wir uns getroffen und waren bei ihm, er hatte uns eingeladen zu sich nach Hause. Also: Unseren Tonmeister, mit dem ich früher vor der Mauer auch sehr gut befreundet war und mich. Dann haben wir ordentlich gefeiert, so`n bisschen, er ja weniger, weil er uns ja nachher wieder zur Grenze zurückfahren wollte, musste und sollte.

Eigentlich musste man bis 24.00 Uhr wieder über die Grenze gehen.

Aber wir waren da gerade so schön am feiern, jedenfalls war es dann 4 Uhr, als uns Güldemeister dann zurückfuhr an die Grenze Invalidenstraße. Als wir an der Grenze ankamen, war natürlich alles menschenleer, alles zu. So eine Eisentür, so`n Wellblechzeug, eine Riesentür, alles zu – nüscht. Da haben wir an die Tür gepocht und gebummert, halb besoffen – oder ganz, wie wir waren – und haben gesagt: „Macht auf, wir wollen rein!" Und nach einer Ewigkeit kam dann irgendeiner angeschlichen und hat dann aufgeschlossen und dann kamen wir um 4 Uhr ganz besoffen wieder an in der Invalidenstraße. Haben die uns die große Tür aufgeschlossen. Am nächsten Tag musste ich zur Berghaus und dachte: Ach, du Scheiße! Aber es war gar nichts. Sie hat nur gesagt: „Meine Herren, hm – hm...", die war ja auch mehr im Westen als im Osten. Ich hatte mir das schlimmer vorgestellt.

Acksel: Die hat sich eigentlich eher amüsiert?

Runkel: Ja, das war sehr harmlos. Bei dem Schlaffke, weeß ick nich, bei dem Tonmeister. Bei dem war es ab der Zeit immer so, dass, wenn wir zurückkamen aus dem Ausland, es sich irgendwie nicht gut machte, in der Schlange zu stehen, wo der war, da es Stunden gedauert hat. Der wurde fortan rückwirkend von seiner Geburt an kontrolliert. Dem hatten sie wohl einen schwarzen Punkt an die Weste geklebt. Bei dem war immer Stopp, darum hat sich kein Mensch an die Schlange gestellt, weil jeder wusste, da geht`s nicht weiter.

Acksel: Ist ja auch herrlich.

Runkel: Jedenfalls der Gülde ist kurz danach gestorben. Das wird damit nicht zusammenhängen, denn der hatte ja eine Gallenoperation.

Acksel: Es ist ja schön, dass ihr euch dadurch noch mal gesehen habt und noch mal feiern konntet. Dann ist der ja nicht alt geworden.

Runkel: 44 oder 47 – glaube ich.

Reisepass

Runkel: Wir hatten ja öfter Gastspiele in West-Berlin und haben im Hebbel-Theater gespielt und in der Schaubühne am Halleschen Ufer, die damals noch am Halleschen Ufer war. Es waren alle möglichen Orte, wo wir öfter mal hingefahren sind. Am Schluss dieser DDR hatte ich einen Pass. Ich habe gesagt: „Meine Mutter in West-Berlin ist krank, ich will die besuchen." Und der Wekwerth hat das möglich gemacht, der war ja ZK-Mitglied und Präsident der Akademie der Künste und Direktor vom Regieinstitut und Intendant des BE, also er war schon in einer hoher Position und hat es glücklicherweise für mich möglich gemacht, dass ich in den letzten zwei, drei Jahren einen Pass hatte. Ich musste den im Ministerium der Kultur abholen und die Kaderleitung hat zu mir gesagt: „Wenn du wieder zurückkommst aus West-Berlin, musst du den wieder im Ministerium abgeben." Sagte ich: „Ja." Und dann bin ich zurückgekommen und habe den nicht abgegeben. Die Kaderleitung hat gefragt: „Hast du den Pass abgegeben?" „Ja." Ich habe den nie abgegeben. Niemals. Ich hatte den die ganzen Jahre, also zwei oder drei Jahre, immer behalten. So konnte ich immer nach West-Berlin fahren, wann ich Lust hatte. Das war sehr gut, muss ich sagen.

Acksel: Das war ja wirklich eine große Ausnahme.

Runkel: Eine sehr große Ausnahme, das war ein Riesending. Dass der Wekwerth das gemacht hat, war ja sehr schön. Und dann kam ich ja einmal zurück von West-Berlin, ich war bei meiner Mutter ein paar Tage, das war wohl der Urlaub oder so, etliche Tage. Ich kam mit einem Koffer und dann im Tränenplast in der Friedrichstraße gingen alle durch und bei mir war Stopp. Ich denke: Was machen die? Hatten die meinen Koffer durch die Röntgenmaschine geschickt und es ging nicht weiter. Es kam nichts! Und mit einem Mal kommt einer nach einer halben Stunde raus und sagt: „Was haben Sie denn in dem Koffer, was ist denn das bloß? Ist das eine halbe Schere?"

Sage ich: „Ja, das ist eine halbe Schere. Das ist zum Reinigen der Fingernägel." Das konnten die gar nicht fassen. Die hätten das in zwei Minuten rausgekriegt, wenn sie gesagt hätten: „Machen Sie doch mal den Koffer auf und zeigen Sie mal, was das ist." Aber sie haben eine halbe Stunde gerätselt mit der Röntgenmaschine, was das ist - eine halbe Schere zum Reinigen der Fingernägel. Das war für sie ein spannendes Versuchsobjekt. Nein, sage ich dir. Aber es hatte unendlich gedauert.

Acksel: Na, damals war natürlich das bildgebende Verfahren beim Röntgen noch nicht so gut wie heute.

Runkel: Wat weeß ick. Aber die lassen doch sonst die Koffer aufmachen. Warum haben sie da den Koffer nicht aufgemacht? Der war ja nicht einmal zugeschlossen. Vielleicht durften sie das nicht. Jedenfalls hatte ich diesen Pass und unmittelbar vor dem Mauerfall ergaben sich Situationen, dass ich plötzlich nach München fahren musste und wollte und sollte. Es war also ganz unmittelbar vor dem Mauerfall, aber es war schon alles drunter und drüber. Ich dachte: Ja, nach München ist ja sehr schön, aber mit dem Pass kam in nur nach West-Berlin. Ich hätte nicht mit diesem Pass in die Bahn steigen können, um nach München zu fahren. Das war nicht. Ich konnte nur mit dem Flugzeug über die DDR rüber nach München. Das habe ich meiner Mutter erzählt. Sie hatte mir Geld gegeben, damit konnte ich mir ein Flugticket kaufen. Von Tegel bin ich nach München geflogen und habe dort zwei oder drei Nächte im Hotel gewohnt und bin wieder zurückgeflogen. Dadurch war ich in München, obwohl mein Pass nur für West-Berlin gültig war.

Acksel: War ja sehr mutig.

Runkel: Das war aber sehr gut, das war nicht schlecht, ja. Als ich meinen Pass schon hatte in den letzten Jahren, war ich in West-Berlin am Kudamm, habe mich dort auf die Bank gesetzt, habe dort gesessen, mit einem Mal kommt ein Bühnenarbeiter von uns vorbei.

Der war erstaunt, mich da zu sehen, denn das konnte er sich gar nicht erklären. Ich war nicht so erstaunt, denn er war ja Italiener. Der konnte natürlich hier rüberfahren, wann er wollte. Als er mich da gesehen hat auf der Bank, guckte er mit großen Augen.

Acksel: Das kann ich mir vorstellen.

Güldes Freundin

Runkel: Lange vor der Mauer hatten wir ein Gastspiel in Leipzig und der Güldemeister hat dort in Leipzig die Tochter des dortigen Inspizienten kennengelernt, ein junges Mädchen, vielleicht 18 Jahre, ein hübsches Mädchen. Die haben sich da befreundet, und sie besuchte den Güldemeister in Berlin und war in der Vorstellung. Und nach der Vorstellung sagt Gülde: „Wo gehen wir denn noch hin? Wir könnten doch in die Möwe gehen, in den Künstler-Club, der hat ja nachts lange offen." Na, fahren wir hin. Und an der Kreuzung Mittel-/Dorotheenstraße kommt mit einem Mal von links ein großes, schwarzes Auto, ein Mercedes - und bums! - ein Riesenzusammenstoß! Das Mädchen, die Tochter des Inspizienten, saß vorne neben Gülde auf dem Beifahrersitz und damals gab es ja noch gar keine Gurte. Sie ist mit dem Gesicht, mit dem Kopf, besser gesagt mit dem Auge in den Innenspiegel gekracht und hatte alles zerschnitten im Auge. Es blutete wie wahnsinnig. Ich hatte ihr dann ein Taschentuch gegeben, was zufälligerweise ganz neu war - ein weißes Taschentuch -, damit das Blut erst einmal ein bisschen gestoppt wurde. Es hat ja ungeheuer geblutet. Ich bin dann ausgestiegen und schräg gegenüber war ein Verlag. Der Nachtpförtner ist rausgekommen, weil es so geknallt hatte. Von dort aus konnte ich dann den Krankenwagen und die Polizei anrufen. Und als ich wieder zum Auto zurückkam, sagte der Gülde: „Fahr doch mal nach West-Berlin, um einen Abschleppdienst zu holen." Man konnte ja nicht telefonieren vom Osten aus. Handys gab es damals noch gar nicht, war nicht dran zu denken. Ich fahre rüber, eine Station von der Friedrichstraße zum Lehrter Bahnhof, da ist West-Berlin. Er hatte mir Geld gegeben zum Telefonieren. Er sagte: „Suche dir mal aus dem Telefonbuch einen Abschleppdienst, der nachts arbeitet und vor allem der in den Osten kommt und dort abschleppt." Ich bin nun rübergefahren und habe den Abschleppdienst bestellt. Dann kam ich zurück, da war das Krankenauto mit der weggefahren und die Polizei war auch schon wieder weg. Das Auto war verschwunden, der Abschleppwagen vom Westen kam schon bald danach, das Auto war dann weg. Dann standen wir an der Ecke wie doof. Wir sind dann zu Fuß in die Ziegelstraße in die Augenklinik gegangen, um zu sehen, was nun geworden ist. Es war nicht sehr weit. Die war noch im OP oder noch gar nicht ansprechbar. Sie wurde ja dann operiert, aber es war nichts zu wollen, sie war entstellt für`s Leben, sie sah aus wie Horror. Dieses hübsche, junge Mädchen war total entstellt. Das Auge hing irgendwie wie sonst was, es war entsetzlich. Nachher, als sie aus dem Krankenhaus rauskam, hat man das Ergebnis gesehen, es war schauerlich für dieses Mädchen, es war für ihr Leben entstellt. Der Unfallverursacher war besoffen, wie wir später erfahren haben. Der war aus Kiel. Rechts vor links war da eben. Der kam von links, besoffen und dann noch aus dem Westen. Das wurde dann irgendwie von den Versicherungen geregelt.

Koffer und Fähren

Runkel: In Putgarten, oben auf der Nordspitze von Rügen, Kap Arkona, Putgarten, hatte die Weigel ein kleines Fischerhaus gekauft, so ein strohgedecktes, schönes Häuschen. Und die Mitglieder des BE`s konnten dort Urlaub machen. Und die Paula hat es im Sommer verwaltet. Als sie nicht mehr am BE arbeitete, wohnte sie dort den ganzen Sommer in einem kleinen Zimmerchen.
Gülde hat das genutzt, und später war ich dann auch ein paar Mal dort. Es sehr umständlich, dahin zu fahren. Mit der Eisenbahn und umsteigen, ab Bergen dann mit dem immer überfüllten Bus, war ich zu faul, meinen Koffer mitzuschleppen. Ich dachte: Ach, schick mal

den Koffer per Post hin. Dann war ich in Putgarten, aber mein Koffer nicht. Der Koffer kam einen Tag, bevor ich wieder abfuhr, endlich an. Schräg gegenüber von uns befand sich diese kleine Poststation. Ich war jeden Tag fünfmal da - nee, nüscht, kein Koffer! Dann hat mir die Ille, eine Bürodame, ein Unterteil von ihrem Bikini geliehen, damit ich überhaupt eine Badehose habe. Ich hatte ja nichts, ich hatte gar nichts! Ich stand da wie neugeboren und hatte nichts. Der Koffer war irgendwo. Der kam dann zwar an, aber eben erst, bevor ich am nächsten Tag abreiste. Dabei hätte ich natürlich gewarnt sein müssen. Genauso etwas hatte ich vorher ja schon einmal so ähnlich exerziert. Damals habe mit Zabel in Bad Schandau gezeltet. Der war der Zeltplatz direkt vor dem Bahnhof an der Elbe, so an der Elbwiese, so ein bisschen schräg hoch. Den Zeltplatz gibt es ja schon ewig nicht mehr. Und weil ich auch zu faul, den Koffer mitzunehmen wegen dem Umsteigen und der Bahn und allem, hatte ich den Koffer per Expressgut mit der Bahn geschickt. Ich kam an - und es war kein Koffer da. Bei diesem Bahnhof musste ich ja nur die Treppen hochgehen, ich war am Tag auch fünfmal da, um zu fragen, ob der Koffer da ist. Kein Koffer! Nach Tagen kam irgendwann der Koffer an. Das war ja noch vor Putgarten. Ich hatte gar nichts mit. Da war ja auch noch nichts mit diesen Unterlagen, wie sagt man da?

Acksel: Luftmatratzen.

Runkel: Luftmatratzen. War nicht! Ich war ja auch sonst nie zelten. Und deswegen hatte ich keine Luftmatratze gekauft und auch keinen Schlafsack. Nichts hatte ich, außer meinem Sakko und die Hose, die ich trug. In dem Koffer waren ein paar Decken, die ich als Unterlage und als Zudecke haben wollte. Das war ja alles nicht da. Es war ein kleines Zwei-Mann-Zelt. Zabel hatte seinen Schlafsack und seine Luftmatratze, alles so für eine Person, und ich lag daneben auf dem puren Zeltboden. Ich sage dir, das waren ja alles Späße, was ich da alles für einen Blödsinn gemacht habe. Na, irgendwann kam dann endlich der Koffer an. Aber da war es auch schon beinahe zu Ende.

Paula hat mir mal eine Ferienunterkunft auf Hiddensee besorgt. Sie hatte dort Bekannte und hat das für mich geregelt, dass ich da wohnen konnte. Hiddensee war ja nun ganz schwer, da war überhaupt nicht ranzukommen. Ich habe dann festgestellt, es fährt eine Fähre von Hiddensee rüber nach Rügen. Das war ja nur ganz kurz. Da habe ich gedacht, das mache ich mal, leihe mir mal ein Fahrrad von den Leuten, bei denen ich gewohnt habe, und dann besuche ich mal die Paula in Putgarten. Gesagt, getan. Ich bin auf die Fähre und die schmeißen das Rad aufs Dach. Wir fahren rüber, ich habe die Paula besucht. Auf der Rückfahrt mit der Fähre in den kleinen Hafen auf Hiddensee, so drei, vier Meter vor dem Ziel passiert es. Statt anzuhalten oder zu stoppen, gibt der Kapitän Vollgas und fährt mit Vollgas gegen die hintere Kante und ich habe gedacht: Ach, du meine Güte. Das Fahrrad liegt auf dem Dach, ist noch mehrere Meter weit nach vorne geflogen. Aber glücklicherweise fiel es nicht ins Wasser. Das wäre ja was Schönes gewesen. Das geliehene Fahrrad im Wasser. Das war aber nicht der Fall. Es blieb auf dem Dach. Aber es waren einige Leute, die dahingeknallt sind und sich am Knie usw. verletzt haben durch diesen Bums. Dieses komische Dampferchen fuhr dann plötzlich ganz schnell. Ich sage dir, das kannst du dir gar nicht vorstellen.

Wie funktioniert was?

Runkel: Als ich noch gar nicht so lange am BE war, hatte ich den großen Wunsch in mir, doch mal selber die Drehscheibe zu betätigen. Natürlich durfte ich das gar nicht. Das war die Sache von Fachleuten. Der Maschinenstand, also wo die Drehscheibe bedient wurde und diese Maschinenzüge usw., war auf der anderen Seite der Bühne links, wo der Vorhangzieher sitzt. Und eines Tages waren die Bühne und der Zuschauerraum völlig leer - kein Mensch da. Die Gelegenheit habe ich ergriffen, um das auszuprobieren. Also bin ich einfach auf den Maschinenstand und damals war es noch ohne Schlüssel, es konnte jeder was dran machen. Dann habe ich den Leonhard-Satz eingeschaltet, das ist ja eine elektrische Sache, die den Strom liefert für die Motoren, das wird eingeschaltet, das wusste ich, dass man das machen muss. Und dann habe ich den Drehhebel eingeschaltet und habe das Ding laufen lassen. Auf Höchstgeschwindigkeit und auch ganz langsam und auf ganz hoch. Also, das hat gedreht wie wahnsinnig. Wenn da einer auf die Bühne gekommen wäre und nicht gemerkt hätte, dass die Scheibe dreht, wäre der geflogen bis sonst wo hin. Das wäre so, als würdest du auf einen schnellfahrenden Zug aufspringen. Das habe ich gemacht und als ich genug hatte, habe ich dann angehalten und bin wieder runter und damit war die Sache erledigt. Aber ich wollte das mal selber probieren, wie das zu steuern und wie es zu regeln ist – schnell, langsam und so. Das wollte ich einfach mal selber ausprobieren.

Acksel: Ist als Inspizient auch hilfreich zu wissen, wie was funktioniert.

Runkel: Und Jahre später, der Maschinenstand war schon auf der anderen Seite über dem Inspizientenpult, interessierte mich die elektrische Windmaschine, die hatten wir inzwischen bekommen. Natürlich wollte ich auch mal ausprobieren, wie das zu machen ist. Das habe ich aber nicht heimlich gemacht. Ich habe dem Maschinenfahrer gesagt: „Ich möchte das mal selber probieren." Und er: „Ja, ja, machen wir." Er hat es dann eingeschaltet und dann habe ich auch den Wind mal selber ausprobiert, ganz starken Wind und leise und hin und her.

Acksel: Das war die Weiterbildung sozusagen, falls Brecht wiederkommt.

Runkel: Ja, natürlich, damit er das wieder sagen kann.

Das Ständetheater

Runkel: Wir hatten eine Tournee in der Tschechoslowakei, in Prag und spielten im nach dem tschechischen Dramatiker Josef Kajetán Tyl benannten „Tyl- Theater". Seit 1990 trägt es wieder seinen historischen Namen „Ständetheater" Es ist ein wunderschönes barockes Theater, wirklich herrlich, beinahe wie dieses Markgräfliche Theater in Bayreuth, also ein sehr schönes Theater, echt barock. Und in dem Haus spielten wir. Am Tag vorher ging ich aber in dieses Theater. Sie spielten „Don Giovanni" im Opernhaus. Der Witz an der Sache war, dass der Mozart in dem Theater seinen „Don Giovanni" (29. Oktober 1787) rausgebracht und selber dirigiert hat und zwar dort im dem Ständertheater. Und da haben wir dann gespielt.

Ein falscher Griff in Italien

Runkel: Auf einer Italien-Tournee. Die Geschichte habe ich zwar nur gehört, aber das ging ja rum im ganzen Theater, weil es so komisch war. Ich bin ja auch furchtbar viel mit dem Zug überall hingefahren, egal wo ich war, in England, in Schottland auch mit dem Bus zu den ganzen Schlössern gefahren, in Italien viel mit dem Zug nach Florenz und nach Pisa und überallhin. Wenn ich Zeit hatte, dann bin ich mit dem Zug irgendwo hingefahren. Und ein Schauspieler fuhr auch irgendwie mit dem Zug und er stand wohl auf dem Gang und der Zug ruckelte und wackelte und er kam ins Straucheln und griff irgendwo hin, um sich festzuhalten. Er griff aber leider an die Notbremse und der Zug hielt an. Schlagartig war Ruhe. Ich weiß nicht, ob der da was zahlen musste, aber jedenfalls hat er den ganzen Zug zum Bremsen gebracht, weil er sich nur festhalten wollte. Er hat irgendwie hochgegriffen und da war nun gerade die Notbremse. Das war natürlich auch eine komische Story.

Pinkelpause in Rumänien

Runkel: Unser Gastspiel in Rumänien. Wir sind in Bukarest gelandet und mussten dann noch etliche 100 Kilometer mit einem Bus fahren zu der Stadt Lasi. Das liegt direkt an der Grenze von Moldawien. Dort gibt es ein schönes altes Theater, von Fellner und Helmer gebaut. Und wir fuhren dort also hin, es ging endlos über Landstraßen, da war keine Autobahn. Und nun musste mal irgendwann eine Pinkelpause gemacht werden. Auf freiem Feld hielt der Bus irgendwo an. Es war stockdunkel. Vom Bus bis zu den Büschen war es ganz dunkel. Wer da musste, konnte und sollte, u.a. auch ein Bühnenarbeiter von uns. Es da war so ein Graben und wat weeß ick. Jedenfalls hat er sich bei diesem Ausflug das Bein gebrochen.

Acksel: Nein!

Runkel: Ja. Die waren natürlich ziemlich abgezählt, also es war keiner zu viel. Es war nicht nur irgendein Bühnenarbeiter, es war ein spezieller, nämlich auf dem Schnürboden. Der musste Züge bedienen, das kann gar nicht jeder, das ist etwas Spezielles. Und nun fiel der aus. Das war vielleicht ein Ding, da hat alles rotiert. Ich weiß gar nicht, ob der dageblieben ist oder im Krankenhaus war oder im Hotel, oder ob sie den nach Berlin zurückgeschickt haben. Irgendwie ging es weiter, aber das war natürlich auch ein dolles Ding. In dieser Düsterheit, auf diesem freien Feld, das war schon sehr, sehr komisch.

Die Rufanlage

Runkel: Als ich anfing an dem Theater, gab es keine Rufanlage. Es war nur ein Klingeln, es gab ein riesiges Klingeltableau, womit man jeden einzelnen Raum anklingeln konnte mit einem Knopf. Man konnte ihn auch ausschalten. Es gab eine Generalklingel, dann hat es überall geklingelt, außer da, wo es ausgeschaltet war. Das war so eine Wissenschaft für sich. Das war wirklich eine schwierige Sache, denn da waren ja mehrere Leute in der Garderobe, Herr soundso, Herr soundso und Herr soundso und jeder Herr oder jede Dame hatte verschiedene Klingeltöne. Der eine dreimal, der eine viermal, der eine einmal und jeder musste wissen, wann er dran ist und wie er dran ist. Es war fürchterlich, da musstest du erst einmal wirklich ein Klingelkünstler werden. Nach einiger Zeit schon kam eine Verbesserung. Es wurde eine Rufanlage gebaut für die Kantine. Man konnte dann in die Kantine rufen, das war ja schon ein gewisser Fortschritt. Und dann, nach einer gewissen weiteren Zeit, wurde das ganze Haus ausgestattet mit einer Rufanlage und einer Mithöranlage, jetzt konntest du das ganze Haus anrufen. Es war aber so, dass es nur einen einzigen Knopf gab, eine Generalrufanlage, und dann hörte das ganze Haus das. Man konnte nichts ausschalten und die konnten auch nichts ausschalten. Die Rufanlage ging überall hin, ob sie wollen oder nicht. Die Mithöranlage konnte man ausschalten, aber die Rufanlage nicht. Es gibt ja Theater, da kann man jeden einzelnen Raum anrufen und ausschalten und zuschalten und Gruppen schalten. Aber bei uns war nur ein Knopf – fertig. Und als das frisch eingebaut war, hat mein Kollege Güldemeister dann an jede Durchsage ein kleines Witzchen angehängt, hat immer irgendwelche Späße gemacht. Als Pausenclown war er da tätig. Ich dachte: Sind wir in einer Rundfunkunterhaltungssendung, oder was? Ich war ganz begeistert davon, dass der so hübsche Witze immer durch das Mikro durchlässt, fürs ganze Haus.

Acksel: Also hast du auch Witze erzählt?

Runkel: Ich habe das auch gemacht, ich habe den nachgemacht, weil ich so begeistert war von diesen Witzen. Ich fand das ja herrlich, es war etwas ganz Neues, und alle mussten das hören, ob sie wollen oder nicht. Nach einiger Zeit kam ein alter Schauspieler zu mir, nahm mich beiseite und sagte: „Hör mal zu, das ist nicht gut, was du da machst, dass du da dauernd irgendwelche faulen Witze durchgibst." Der fand das nun eben grauenvoll. Es war ein alter Schauspieler und der hatte mir das im Vertrauen gesagt: „Du, hör mal zu, das ist nicht so komisch, wie du denkst." Und das habe ich mir so zu Herzen genommen, dass ich das von Stunde an nie mehr gemacht habe. Ich habe selten irgendwas gesagt, was nicht zur Sache gehörte, sondern nur sachliche Durchsagen von mir. Er hatte ja auch recht. Diese Rufanlage geht durchs ganze Haus, alle müssen das hören, sie können nichts dagegen machen. Sie müssen sich das anhören, ob sie wollen oder nicht. Mithören kann man ausschalten, die Rufanlage nicht. Wenn man da natürlich nicht sachlich eine Durchsage macht, wie es sein muss, ist es vielleicht für manche unerträglich. Das war mir dann nachher schon klar. Dass der recht hatte war mir sowieso klar, aber wie das zusammenhängt auch.

Acksel: Da staune ich ja, dass die Weigel da nicht irgendwie eingeschritten ist und die nicht schon irgendwas gesagt hat dazu.

Runkel: Vielleicht hat sie es nie getroffen – keine Ahnung, weiß ich nicht. Nun war es vielleicht auch nicht bei jeder Durchsage, aber des Öfteren. Vielleicht hatte sie immer gerade Glück und die hat es nicht getroffen, kann ja sein, ich weiß es nicht so genau. Ich hatte sie ja schon mal getroffen, wie ich erzählte von dem „Coriolan", als ich da wütend durchgebläkt habe: „Schön, dass ich das auch mal erfahre." Da war sie doch schneller, als wie ich den Knopf losgelassen hatte, auch schon auf der Bühne. Das war merkwürdig, denn sie hätte ja auch jemanden schicken können. Einen Maskenbilder oder eine Garderobiere, dass ich rüberkommen soll. Nein, sie kam selber, halb ausgezogen, halb angezogen, halb geschminkt, so kam die über die Bühne gestürzt.

Stücke, die nie rauskamen

Acksel: Ende der 80er Jahre habt ihr „König Ubu" (Alfred Jarry: „König Ubu") probiert. Ich kann ich mich noch gut daran erinnern, wie Ecke Schall mit so einem großen Traktorreifen auf der Probebühne herumgehüpft ist, weil der „König Ubu" so dick sein sollte. Das Stück wurde aber nicht rausgebracht. Gab es noch mehr Stücke, die nicht rauskamen?

Runkel: Ja. Gab es. Ich erinnere: Ben Jonson: „Volpone"; „Liola", „Der Abgrund"; Dürrenmatt: „Der Besuch der alten Dame"; Dumas: „Bartholomäus Nacht"; Hebbel: „Die Nibelungen"; Ostrowski: „Tolles Geld"; Volker Braun: „Kipper Paul Bauch"; Jarry: „König Ubu" Das haben wir alles ganz, ganz lange probiert, manches kurz, aber meistens sehr lang. Und es ist nie rausgekommen.

Manchmal war es sogar so, dass alles fertig war, die ganze Dekoration, alle Kostüme für viele, viele Leute. Das ist ganz schön teuer, wenn du es dann wegschmeißt.

Acksel: Am Tag vor der Premiere abgesetzt.

Runkel: Bei manchen Stücken war das so. Manche wurden nur zwei Wochen probiert, manche eben doch vier Monate oder so.

Acksel: Aber es gehört auch Mut dazu, ein Stück nicht rauszubringen und wenn es lange probiert ist, zu sagen, es entspricht qualitativ nicht unserem Standard oder wir können das nicht machen, es ist misslungen. Irgendwie gibt es doch da sogar ein Brecht-Zitat, soweit ich mich erinnere: „Wenn es misslungen ist, gleich noch mal und sofort das Nächste." Das galt für Regisseure, wenn die Inszenierung nicht geglückt ist." Scheitern gehört zur Ausbildung mit dazu, sofort das Nächste machen. Irgendwie im Zusammenhang mit Brecht habe ich das mal gelesen.

Runkel: Ist mir nicht geläufig.

Die Mitbewohner von Putgarten

Runkel: Ich urlaubte in Putgarten im Weigel-Haus, ganz am Anfang meiner Zeit am BE und Paula war dort, sie wohnte oben in einem Zimmerchen. Dieses wunderschöne, alte, strohgedeckte Fischerhaus hatte die Weigel gekauft und umbauen lassen. Es gab ein Zimmer drin und eine Küche, eine Dusche und eine Toilette, die nie zu benutzen war. Dieser Abfluss im Garten, diese Jauchegrube lief über, jedenfalls: Die Toilette war immer zugeschlossen. Man musste immer schön einen Kilometer bis hinten zum Gartenende. Es war ein Riesengarten mit einem Klohäuschen, zu dem mussten sie alle hinstiefeln, Tag und Nacht, wie auch immer. Aber die Toilette ging gar nicht. Und die eingebaute Dusche ging auch nur irgendwann, wenn sie wollte. Duschen brauchte sowieso keiner, die sind alle im Meer baden gegangen, da waren nicht viele, die da gebadet haben. Aber einer hat mal geduscht, hat sich eingeseift und als er fertig war mit dem Einseifen, war das heiße Wasser alle, da kam nur noch Eiswasser. Das war so ein großer - kein Boiler, sondern so `n Behälter, wo Wasser warm gemacht wurde. Das war nun alle und nun kam das kalte. Da stand der eingeseift da und musste sehen, wie er sich mit dem kalten Wasser wieder entseifen konnte.

Dieses Haus war ja ein sehr schönes Haus, wunderbar gestrichen, schön weiß und diese Bodenfliesen und alles, es war wunderbar gemacht. Jedenfalls - kurze Rede, langer Sinn - ich wohnte dort ja ein paar Mal. Ich hatte unten ein schönes Zimmer. Wenn ich das heute betrachte, könnte ich da gar nicht mehr wohnen, weil eigentlich die Hauptbewohner des Hauses Spinnen waren - so groß wie Elefanten. Riesenhafte Spinnen gingen immer und überall spazieren. Es war alles voller Spinnen, das könnte ich heute gar nicht mehr ertragen. Jedenfalls habe ich in dem Zimmerchen gewohnt. Einmal war ich ja so besoffen, da haben die am nächsten Tag nachmittags an die Tür geklopft und wollten sehen, ob ich noch lebe. Wir hatten am Abend vorher derart gesoffen. Na, ist egal. Jedenfalls - dann waren auch noch in diesem Haus Mitbewohner: Flöhe! Ich hatte da plötzlich einen Floh und dachte: Den Floh muss ich irgendwie fangen. Da war ja ein großes, weißes Laken auf dem Bett und ich dachte: Irgendwo ist der Floh. Und ich gucke, gucke, gucke und mit einem Mal der Floh - wupp -, ging er los, sprang Riesensprünge. Aber da es ja eine große, weiße Fläche war, habe ich den gesehen und habe den tatsächlich gefangen. Fange du mal einen Floh, das ist vielleicht schwierig. Aber ich habe ihn gekriegt und vernichtet und dann war ich den Floh los, den Weigel'schen Floh. Und das waren in dem Haus die Mitbewohner. Und es gab noch einen Mitbewohner, das war Biermann. Der war gerade aus dem Westen, aus Hamburg, mit seiner Mutter nach Ost-Berlin gekommen und irgendwie - wat weeß ick - hat der das mitgekriegt mit dem Haus. Der war irgendwie am BE - wat weeß ick, wat der da war - Praktikant oder weeß der Deibel, keene Ahnung. Der tauchte eine Zeit lang auf. Und der Biermann war eben auch Gast in dem Weigel-Haus in Putgarten. Der hatte aber gar kein Zimmer, es war schon voll. Der wohnte dann unter so 'ner Dachschräge und Treppenschräge, in irgendeiner Ecke hatte er so ein Nachtlager. Und der hat mir erzählt, dass er ein völliger Brecht-Fanatiker war und hat mir von ihm geschriebene Texte vorgelesen, und er hat Gitarre gespielt und mir das vorgesungen. Das war sehr interessant. Wir haben uns sehr viel unterhalten. Der war ja ungefähr so alt wie ich und wir hatten da immer viel Gesprächsstoff. Der wollte alles wissen von Brecht, was ich irgendwie über Brecht wusste und kannte. Dann hat der mich ausgequetscht wie eine Zitrone.

Hotel Bristol

Runkel: Für die Polen-Tournee, Warschau und Posen, waren wir in dem „Hotel Bristol", einem großen, alten Kasten einquartiert. Das Hotel war von außen sehr schön. Wir kamen abends dort an. Und wir bekamen tatsächlich ganz unterm Dach mit Dachschräge irgendwelche unmöglichen Zimmer. Da waren teilweise Doppelstockbetten oder

Klappbetten drin und vier Dinger in einem Zimmer, in so einem langgestreckten Schlauch. Es war unfassbar. Und alle, die dort einquartiert wurden in diese komische Etage, waren fassungslos. Das war früher vermutlich die Diener-Etage. Und der Vogt, der Wortführer, hat gesagt: „Das kommt überhaupt nicht in Frage, dass wir hier wohnen. Wenn wir keine anständigen Zimmer kriegen, fahren wir alle zurück nach Berlin."
Das hätte der auch durchgezogen, wir alle mit. Wir haben uns natürlich gleich solidarisch angeschlossen. Die waren nun vollkommen außer sich. Es war ja nun spät abends und dann haben sie gesagt: „Ja, wir können aber heute gar nichts mehr machen mit den Zimmern, es ist abends." Die eine Nacht mussten wir nun in dieser Rumpelkammer schlafen. Und am nächsten Tag haben wir schräg gegenüber in einem ganz neu gebautem Hotel, „Viktoria" - was nur für Westgeld zu haben war - Zimmer bekommen, die waren natürlich bestens, alles, damit wir nicht abreisen.

Acksel: In Warschau war das?

Runkel: In Warschau. In diesem „Bristol" sollten wir eigentlich frühstücken, aber wir ja nun raus, also konnten wir dort auch nicht frühstücken und das „Viktoria" nur für Westgeld war zu teuer. Wieder schräg über den Damm befand sich das Hotel „Europa", das war auch so ein großer, alter Kasten, dort mussten wir zum Frühstück hin. Im „Viktoria" haben wir gewohnt, im „Bristol" sind wir ausgezogen und im „Europa" gab es dann Frühstück. Es war eine Riesengeschichte. Im „Bristol'" waren auch Untermieter. Die Piwy hatte im „Bristol" ein anderes Zimmer, dafür mit Wanzen. Die hatte Wanzen im Bett.

Acksel: Aber nicht die Abhörwanzen, sondern die echten?

Runkel: Nein, die lebenden, die mit den Beinen hin- und herrennen. Die war erfreut darüber. Die dachte: Hoffentlich bringe ich die nicht nach Berlin mit, dass die sich noch vermehren in Berlin. Es war ein sehr erfolgreiches Unternehmen, zumindest wanzenmäßig.

Acksel: In welcher Zeit war das ungefähr? Mit Piwy, dann muss es ja irgendwie Mitte der 60er gewesen sein, nach dem Mauerbau?

Runkel: Nach dem Mauerbau war es auf alle Fälle.

Die Nacht zum 13. August

Runkel: 13. August - Mauerbau. Jaap und ich waren doch an dem Abend vorher, am 12. August, in West-Berlin im Kino am Steinplatz.

Acksel: Du und Jaap?

Runkel: Ich und Jaap, ja. Nachtvorstellung, und die war - wat weeß ick - halb eins oder wat zu Ende oder um eins. Und Jaap wollte mit dem Auto nie nach West-Berlin fahren. Er fuhr ja gar nicht, er konnte ja nicht fahren, ich fuhr. Wir haben das Auto an der Friedrichstraße abgestellt und sind mit der S-Bahn dann zum Zoo gefahren. Und dann war die Nachtvorstellung zu Ende und wir haben uns dort wieder Karten für den nächsten Tag gekauft. Der „Kleine Prinz" sollte am 13. August gespielt werden. Und wir fuhren zurück zur Friedrichstraße und dann mit seinem Auto nach Niederschönhausen, wo Jaap wohnte. Dafür mussten wir die Schönhauser Allee hochfahren, und da standen alle 100 Meter die ganze Schönhauser Allee bis Pankow hoch immer ein Soldat oder Polizist oder so was. Wir haben gedacht: Was ist denn hier los? Ist hier eine Parade oder was? Immer standen sie so aufgereiht, die ganze lange Strecke Schönhauser Allee bis da oben hin. Wir konnten uns das überhaupt nicht erklären.

Am nächsten Tag konnten wir uns das erklären, warum die da standen. Und dann sagten wir am nächsten Tag: „Ja, mit unserem Kino wird es nichts werden heute." Das war aus. „Der kleine Prinz", die Karten habe ich heute noch - unabgerissen.

Acksel: Ist ja unfassbar. Wir waren ja nun 2012 einmal dort zum Mittagessen in dem Haus. Das Kino gibt es ja nicht mehr. Aber finde ich ja toll.

Runkel: Gibt es das Kino gar nicht mehr?

Acksel: Als Kino gibt es das nicht mehr, nein.

Runkel: Aber die Überschrift und so ist noch da.

Acksel: Seit 2, 3 Jahren ist es irgendwie zu und ist jetzt nur noch eine Bühne, wo man eben auftreten kann oder für Veranstaltungen.

Runkel: Aber es ist noch ein Zuschauerraum da?

Acksel: Es ist noch ein Zuschauerraum, der ist noch im Originalzustand, aber eben nicht mehr als Kino betrieben.

Runkel: Das war damals ein Spezialkino – gehobener. Da wurden nicht alle Filme gezeigt...

Acksel: Aber schön, dass du das noch erzählst, denn das fehlte. Als ich das geschrieben habe, über den 13. August, fehlte diese Geschichte. Das war noch nicht dabei.

Runkel: Deswegen habe ich es jetzt auch notiert.

Acksel: Weil ich das so schön finde, dass du die Karten noch hast.

Runkel: Aber auch, weil die Soldaten oder Polizisten dort standen und wir es uns nicht erklären konnten, was die da wollten - in der Nacht um 1 oder 2 oder wann das da war, als wir da herumfuhren.

Acksel: Da waren die ja schon dabei. Es ging ja um Mitternacht los mit dem Mauerbau.

Runkel: Wir waren beim Mauerbau eigentlich noch im Westen um 12. Es ging ja am 13. August los, da waren wir ja noch am Zoo und dann kamen wir da rüber und hatten gar keine Ahnung, was sich da so hinter unserem Rücken tut.

Acksel: Unfassbar.

Das Wanzenklavier

Runkel: Wir hatten ein Wanzenklavier im Theater. Das haben die da so genannt. Ich weiß nicht, wer das erfunden hat, es war jedenfalls ein Wanzenklavier da. Kein Mensch kann sich etwas unter einem Wanzenklavier vorstellen. In der ersten Fassung wurde auf jeden Hammer, (das Gehämmer mit Filz, wenn die auf die Seite schlagen) eine Reißzwecke in diesen Filz gedrückt. Und dadurch hörte sich das so ein bisschen an wie ein Cembalo. Aber es hatte den Nachteil, man konnte nicht wieder Klavier spielen, man konnte ja nicht die Dinger so schnell rausziehen. Und dann hat irgendein genialer Mensch ein Wanzenklavier erfunden, das umstellbar war. Dann war da eine große Leiste, so lang wie die Tastatur, und da waren so kleine Laschen dran, aus Leder oder Stoff. Und unten an den Laschen war ein Metall ...

Acksel: ...Plätzchen, ja.

Runkel: ...Plättchen. Und das Klavier war so konstruiert, dass so 'ne Mechanik eingebaut wurde. Es war so ein kleiner Hebel neben der Tastatur und damit konnte man das Ding hochhaben und als Klavier benutzten. Und wenn man es runter machte, dann war es ein Wanzenklavier. Und dann kamen diese Laschen mit dem Metall zwischen Hammer und Seiten.

Acksel: Und dann war eben dieser Klang wieder da.

Runkel: Ja.

Acksel: Ist ja eine dolle Sache.

Runkel: Später wurde das nie mehr benutzt. Wer sich so etwas ausdenkt...!

Cembalo

Acksel: Im „Galilei" hattet ihr aber ein echtes Cembalo im Einsatz?

Runkel: Ja, im „Galilei" hatten wir ein wirkliches Cembalo, das war besetzt, so ein altes Cembalo. Und anfangs haben ja die Thomaner gesungen und nachher die Berliner Jungs und dann wurde es per Tonband gemacht, aber es war immer ein Cembalo im Gange. Und wir hatten ein sehr schönes Cembalo, auf dem ich oft gespielt habe, ohne es zu können. Meistens war es leider zugeschlossen. Das war ein richtig schönes, mit zwei Manualen sogar, ein schönes, großes Cembalo, wunderbar. Auf einem Cembalo zu spielen ist anders, als auf dem Klavier, es ist ein anderer Anschlag, weil es so ein bisschen Widerstand hat. Sehr schön, ja.

Felsensteins Erzählungen

Runkel: Ich war mal in der Komischen Oper, ich meine, da war ich öfter mal. Einmal war ich in der Komischen Oper zur Wiederaufnahmepremiere von „Hoffmanns Erzählungen". Und in der Pause treffe ich wen? Frau Berghaus! Und die Berghaus fragt mich so: „Na, wie findest du das?" Und da sage ich: „Ich finde es wunderbar, mir gefällt es sehr gut." Und da sagt sie: „Na, das waren ja wohl mehr Erzählungen von Felsenstein als ‚Hoffmanns Erzählungen'."

Acksel: Das finde ich sehr schön.

Runkel: Das hat mich aber nicht abgebracht, das trotzdem gut zu finden.

Eintrittspreise in der DDR

Runkel: Das kann man heute mal wieder erwähnen, das weiß ja kaum noch einer: wie die Theatereintrittspreise in der ruhmreichen DDR waren. Das war sehr interessant, also verglichen mit heute. Heute kosten ja Opernkarten bis zu 500 € - die teuersten. Und das waren Ostmark, verglichen also in Westmark und Euro, war es irrsinnig billig, aber das natürlich nur, weil der Staat das von vorne bis hinten subventioniert hat. Die Eintrittspreise haben nicht einmal für die Telefonrechnung gereicht. Für die Oper kostete die teuerste Karte 15 Mark Ost. Und fürs Schauspiel, also Deutsches Theater und Volksbühne, kosteten die teuersten Karten 12 Mark und BE und Maxim Gorki kosteten 10 Mark die teuersten Karten. Und für Konzerte kam die teuerste Karte 6 Mark. Wohl gemerkt in Berlin. In der Provinz war es erheblich billiger.

Acksel: Ist ja unfassbar.

Runkel: Unvorstellbar, ja. Da konnte man es sich noch leisten. Da hat man schon gedacht: 15 Mark für 'ne Theaterkarte. Da war man natürlich in der 1. Reihe. Aber das war schon damals eine Menge Geld, aber es war ja unglaublich billig gegen heute. Das können nur noch beinahe die, die viel Geld haben, wenn sie gut sitzen wollen. Wenn sie ganz hinten sitzen, müssen sie auch schon 40 Euro oder wat bezahlen – mindestens. Aber ich, da ich ja Theaterangehöriger war, hatte ja noch den Vorteil, dass ich sogenannte „Steuerkarten" bekam. Da kostete im Schauspiel eine Karte 3 Mark und in der Oper 5 Mark. Man konnte die vorbestellen im Büro, beim ökonomischen Direktor. Aber ich habe das nur ein- oder zweimal gemacht. Ich bin immer zur Kasse gegangen mit dem Betriebsausweis und dann bekam ich die. Einmal war es, glaube ich, dass ich nur keine bekam, weil es total ausverkauft war. Aber sonst bekam man immer eine, auch zwei, wenn man zu zweit ging, dann bekam man zwei Steuerkarten. Das war sehr praktisch. Dadurch bin ich auch viel ins Theater gegangen, weil es ja so schön billig war. Und meine freien Abende habe ich im Theater verbracht, immer in einem anderen. Aber es war schon ganz gut so, ja.

Stallwache

Runkel: Im Theater gab es natürlich auch viele Gastspiele von außen, die bei uns eben das Haus gemietet hatten, in der Hausvermietung sozusagen. Und einmal war vormittags eine Hausvermietung. Ich weiß nicht mehr, was das war und wie das war. Ich hatte Stallwache, wie so oft. Irgendwas war mit Musikern auf der Bühne. U.a. war da auch ein Schlagzeuger, Herr Nehring hieß er, det weeß ick noch, der war zu der Zeit sehr bekannt und berühmt. Und es war ein guter Mann, wie sich dann herausstellte. Und der kroch bei uns in der Musikerloge rum und entdeckt unsere Pauke, die da stand. Da standen ja unsere Kesselpauken. Und nun war der hin mit den Pauken. Der brauchte irgendwie eine Pauke, er wollte die Pauken haben, die Pauken, die Pauken. Dann schleppten die die Pauken auf die Bühne. Die hatten dann die Pauken, aber keine Schläger. Und ich mit meinem angeberischen, übereifrigen Hilfsbereitschaftsdienst sage: „Ich weiß, wo die Schläger sind." Ich bin zum Pförtner gerannt, habe den Schlüssel geholt für einen Raum, der hinter der Musikerloge war und in dem die Musiker ihre Noten und Instrumente verwahrt hatten. Das war da alles drin. Dann kam er mit dort hinein und hat sich zwei Schläger ausgesucht. Und die allerhärtesten, die wie Stahl waren, die ganz kleinen, die hat er genommen. Und dann ging die Sache los. Er hat getrommelt wie ein Weltmeister. Wirklich dolle Geschichten, ein Feuerwerk von Pauken, das war enorm. Aber es war etwas zu viel Pauke. Einmal haut er so zu und - bumm! - ist das ganze Trommelfell kaputt - gerissen. Na schön. Da dachte ich: Ach, du Scheiße! Das Schlimmste war: Am Abend war 'ne Vorstellung von uns, wo die Pauken gebraucht wurden. Nun war sie kaputt. Aber er hat das doch gleich arrangiert, dass die repariert wird, und zwar sofort. Der kannte da irgendwelche Leute in der Reinhardstraße/Oranienburgerstraße. Dort waren ja ein Haufen Instrumentenbauer und so. Die kannten den und der kannte die - und wat weeß ick. Er hat dann sofort einen herbeordern können mit einem Trommelfell - also ein Fachmann, denn die müssen ja sehr fachmännisch aufgezogen werden, weil die ja gestimmt sind. Das ist also eine schwierige Sache. Der kam mit dem Ding, hat das wieder aufgezogen und ….

Acksel: …die Pauke repariert.

Runkel: …die Pauke repariert!

Acksel: Das war ja nun zu DDR-Zeiten außergewöhnlich, dass so ein Ding aufzutreiben war, dann auch noch sofort und auch noch passend.

Runkel: Nun stelle dir mal vor, das wäre am Wochenende gewesen. Dann wären die gar nicht dagewesen. Da hatte ich ja noch Glück.

Acksel: Damit die am Abend pauken konnten.

Runkel: Wir hätten das natürlich auch so machen können: Wir hätten die Pauken wieder stillschweigend einbringen können in die Musikerloge, die Decke rauflegen - da gab es ja für jede Pauke zur Schonung des Trommelfells eine Decke, unten war Filz, oben war Holz - und wenn der abends gekommen wäre, hätte unser Schlagzeuger, geguckt: „Ach, Gott, was ist denn mit meiner Pauke?" Das wäre was. Aber an solchen Gedanken ist man nicht rangegangen, das wäre absurd gewesen. Aber hätte man auch. Keiner hätte gewusst, wer es war. Die stehen da immer rum, jeder kann's gewesen sein. Die waren ja nicht eingeschlossen. Hätte jeder machen können.

Acksel: Da kann ich mich erinnern: Als Kind haben wir mal Dresche gekriegt von meinem Vater, weil die Trommel mit 'ner Gabel zerstochen war. Wir waren das aber gar nicht, das waren die besoffenen Gäste. Aber wir kriegten das in die Schuhe geschoben, wir hätten das Schlagzeug kaputt gemacht und mit einer Gabel reingestochen. Solche Ungerechtigkeiten vergisst man nicht.

Runkel: Eine Hausvermietung war mal ein Gastspiel aus Potsdam. Das Potsdamer Theater, aber nicht Schauspiel, sondern die Oper gastierte bei uns. Die spielten die Oper „Montezuma". Ich glaube, von Graun ist die, eine schöne Oper und eine schöne Inszenierung. Es war wunderbar.

Acksel: Von wem ist die??

Runkel: Graun, ein Musiker aus der Zeit Friedrich des Großen.

Acksel: Carl Heinrich Graun (1703-1759, deutscher Komponist und Sänger).

Runkel: Und sie hatten so eine Verständigungsprobe vor der Vorstellung mit dem Orchester, es wurden vorne zwei, drei Reihen rausgenommen, da saß das Orchester. Und der Dirigent, dieser Wildfang, mit einem Mal ist der Dirigentenstab zerbrochen – eijeijeijei! Und die waren irgendwie scharf auf den Dirigentenstab. Die wollten anscheinend nicht ohne Stab. Es wäre auch ohne Stab gegangen. Viele Dirigenten haben keinen Stab. Nein! Jetzt sind sie flugs zur Komischen Oper gerannt und haben sich einen Stab besorgt. Dann ging es wieder mit Stab.
Andere Leute, wie der Masur, dirigieren immer ohne Stab. Aber wenn die so daran gewöhnt waren? Vielleicht haben die das ohne Stab nicht erkannt - oder was weeß der Deibel. Es war eine schöne Inszenierung, die hat mir sehr gefallen. Es gibt ja sogar einen sehr berühmten Dirigenten, den Chef vom Petersburger Marientheater, ein ganz berühmter Dirigent. Der dirigiert mit einem Zahnstocher.

Das ist gut. Als ich den das erste Mal gesehen habe, habe ich gedacht: Wat is denn jetzt los, mit dem kleinen Zahnstocher!

Acksel: Ich muss da ja gleich an Richard Strauß denken, das haben wir in München mal im Fernsehen gesehen. Er hat sich so gut wie gar nicht bewegt und hat dann gesagt hat: „Sehen Sie denn nicht, wie ich anschlage?"

Runkel: Seine Frau hat zu ihm gesagt: „Wat hampelste und wat zappelst du so rum?" Dabei hat er sich kaum bewegt. Jedenfalls hätten die es auch noch einfacher haben können, mit ihrem Stab. Da hätten sie nur ein Haus weitergehen müssen, daneben stand damals nämlich noch der Friedrichstadt-Palast, und dort haben sie auch mit einem Stab dirigiert. Sie hätten dort auch einen bekommen, aber sie sind lieber zur Komischen Oper.

Bühnenschräge

Runkel: Unsere Bühne hat doch eine Schräge von 4 %. In Italien haben übrigens fast alle Bühnen eine Schräge, in Deutschland ganz wenige. Die Komische Oper hat eine. Deutschland hat wenige, Italien fast alle, Mailänder Scala – alle – haben eine Schräge. Wenn bei uns verschiedene Gastspiele waren, z.B. einmal ein Gastspiel von einer Ballettschule Berlin, so waren die nun ganz überrascht, dort eine Schräge vorzufinden. Das ist für die irgendwie ein bisschen anders mit dem Gleichgewicht und mit dem Tempo und allem, wenn sie da plötzlich Schwung kriegen. Die mussten sich erst an die Schräge gewöhnen. Und auch wenn Theatergastspiele zu uns kamen, die Technik, die Dekorationen, die mussten manchmal etwas verändern, damit die nicht umfällt, denn die waren für eine gerade Bühne gemacht und bei uns haben die manchmal das Staunen gekriegt.

Acksel: Wenn sie es im eigenen Haus nicht haben, kann das schon überraschen.

Runkel: Dass die Komische Oper auch eine Schräge hat, sieht man oft oder eigentlich immer bei der Vorstellung an der Rampe. Es ist ein Netz gespannt über die ganze Bühnenbreite, damit, wenn da mal ein Apfel runterfällt oder eine Apfelsine oder sonst was Rundes, das nicht nach vorne rollt und gleich dem Orchestermusiker auf den Kopf oder in die Tuba rein oder auf die Pauke. Das ist da schon sehr bedacht, dass es da nicht diese Überraschung gibt.

Abschied vom BE

Acksel: Würdest du heute wieder ans Theater gehen?

Runkel: Ich glaube kaum. Ich glaube kaum. Wenn die Bedingungen wie damals wären ja, aber die sind ja nicht mehr so. Theater an sich ist für mich jetzt nicht mehr so erstrebenswert. Ich bin aus einer anderen Zeit, wahrscheinlich zu alt dafür, was die heute machen. Das kann ich nicht so richtig verstehen. Es ist nicht mehr so richtig, wie ich mir das vorstelle. Da komme ich nicht mehr mit, und darum würde ich es lieber lassen.

Acksel: Ist es dir denn schwergefallen, nach 43 Jahren aufzuhören und das Theater zu verlassen?

Runkel: Eigentlich nicht so. Na, warum? Weil ich krank war, sehr krank und nur sehr schlecht laufen konnte. Ich merkte auch meinen geistigen Verfall bereits. Als Inspizient darfst du keinen Verfall haben – kein Verfallsdatum. Ich bekam zuerst Invalidenrente und war noch halbtags tätig für ein Jahr und dann wurde ich Vollinvalide und erhielt diese Erwerbsunfähigkeitsrente. So alt war ich damals noch gar nicht. Aber weil ich nicht mehr konnte, ärztlicherseits, musste ich aufhören. Es wurde ja alles tausendfach geprüft und von oben bis unten durchsucht. Das war nicht so einfach. So eine Rente kriegst du nicht so ohne weiteres. Das war 1997.

Acksel: Aber du warst immerhin 43 Jahre am selben Haus tätig.

Runkel: Das ist wahr. Es waren ja sehr schöne Zeiten dabei, und ich habe ja sehr viel gesehen und mitgemacht. Manches war auch nicht so, aber die Erinnerungen sind meistens schon sehr schön. An so einem Theater zu sein, das war schon was. Und das in der DDR noch, da war das sowieso... Und mit welchen Leuten man so zusammen kam: Marcel Marceau zum Beispiel (Marcel Marceau, 1923-2007, französischer Pantomime).

Acksel: Sophia Loren.

Runkel: Sofia Loren, ja. (*1934, italienische Schauspielerin, als Witwe Dullfeet in der Brecht-Aufführung „Der aufhaltsame Aufstieg des Arturo Ui", für den Film „I sequestrati di Altona" – „Die Eingeschlossenen von Altona", Italien 1962, Regie: Vittorio De Sica.) Die hat im BE gedreht im Januar 1962 mit dem de Sica und dem Schell. (Maximilian Schell, 1930-2014, österreichisch-schweizerischer Schauspieler, Oskar-Preisträger.)

Acksel: Hast du nicht auch den Egon Olsen alias Ove Sprogøe kennengelernt? (1919-2004, dänischer Schauspieler.)

Runkel: Den haben wir in der Botschaft kennengelernt. Das war in Dänemark. Als wir in Dänemark ein Gastspiel hatten, war er in der DDR Botschaft. Ein ganz netter Mann.

Yves Montand fällt mir da auch noch ein (1921-1991, französischer Chansonnier und Schauspieler mit italienischen Wurzeln) und seine Frau Simone Signoret. (1921-1985, französische Schauspielerin und Schriftstellerin.) Sie war immer dabei. Sie war aber Zuschauerin und kam dann zum Applaus auf die Bühne. Sie stand bei mir am Pult. Mit einem Mal stürzte der Yves Montand zu meinem Pult, schnappte sie sich und schob sie mit auf die Bühne, obwohl die gar nichts mit dem Abend zu tun hatte. Aber das war nun mal seine Frau. Sie schmiss dann ihre Nerzstola auf mein Pult und schwebte auf die Bühne. Da haben die Leute noch mehr geklatscht, weil die ja eine sehr bekannte Filmschauspielerin war. Solche Sachen eben – ja. Das war eigentlich alles sehr schön.

Acksel: Und jetzt siehst du deine ehemaligen Kollegen im Fernsehen.

Runkel: Ja, viele. Auch von den Schauspielschülern. Einige sind ja etwas geworden und sind bekannt geworden. Sehr interessant, wenn man bereits abseits der großen Straße ist.

Die ehemaligen Statisten des BE

Acksel: Es gibt nicht wenige, die haben im BE als Statist begonnen. Ich zum Beispiel, aber eben auch heute wirklich bedeutende Künstler.

Runkel: Es gab viele, die bei uns Statisterie gemacht haben. Das war ja ganz komisch. Der Dieter Mann (*1941, deutscher Schauspieler) z.B., der spätere Intendant vom Deutschen Theater von 1984-1991 - ein großartiger Schauspieler, den man ja heute immer noch sieht überall - der hat, als er noch kein Schauspieler war, er war Dreher oder so, bei uns in der „Optimistischen Tragödie" Statisterie gemacht. Da waren – wat weeß ick – 100 Leute auf der Bühne, 100 Matrosen. Und er sagte dann einmal zu mir: „Mensch, ich möchte gerne Schauspieler werden, ich muss unbedingt Schauspieler werden." Er brannte darauf, unbedingt Schauspieler zu werden. Da war nichts zu wollen. Und da fragte er mich: „Wie mach` ick denn dit?" Habe ich gesagt: „Da musst du zur Schauspielschule und dann bekommst du einen Termin für eine Eignungsprüfung. Und wenn du die Eignungsprüfung bestanden hast, dann musst du eine Aufnahmeprüfung machen. Und wenn du die bestanden hast, dann kannst du das studieren, drei Jahre lang." Ich weiß nicht, ob es damals schon drei waren oder zwei. „Und wenn du dann noch Glück und Talent hast, dann bist du Schauspieler."

Und der hatte ja nun Riesenglück und Riesentalent. Der ist ja gleich von der Schauspielschule, also noch während des Studiums, von Friedo Solter (*1932, deutscher Schauspieler und Regisseur sowie Regiehospitant bei Bertolt Brecht) an das Deutsche Theater (DT) verpflichtet worden, also das Beste, was man sich vorstellen kann. Mit der Schorn zusammen (Christine Schorn, *1944, deutsche Schauspielerin) hat er ein Stück gespielt. Da war er, glaube ich, noch Schauspielschüler oder gerade fertig. „ Unterwegs" hieß das, von Wiktor Rosow, und er spielte den Wolodja. Das war wunderbar. Das Stück war wunderbar. Die haben das so wunderbar gespielt, das war einmalig. Wirklich einmalig.

Acksel: Begabung lässt sich nicht aufhalten. Faszinierend, dass es auch gesehen wurde.

Runkel: Die anderen Sachen, die er alle gespielt hat, waren ja auch herrlich. Er ist bis heute sehr gut. Das war von dem richtig erkannt, dass der Schauspieler werden muss und nicht Dreher. Und er hatte ein großes Vorbild am Deutschen Theater. - den Grosse! (Herwart Willy Grosse, 1908-1982, deutscher Schauspieler, Sprecher und Theaterregisseur.) Das war ja auch ein wunderbarer Schauspieler. Der hatte eine Stimme. Er hat sich sogar die Stimme von dem so ein bisschen abgeguckt und abgehört. Herwart Grosse - ein seltener Name. Den habe ich oft und gern gesehen im Deutschen Theater -wunderbar. Waren auch tolle Schauspieler.

Und dann der Gwisdek (Michael Gwisdek, *1942, deutscher Schauspieler und Filmregisseur), den man ja jetzt auch noch oft im Fernsehen sieht und der ja auch Filmpreise bekommen hat und weeß der Deibel. Auch ein sehr netter Mensch, der hat auch Statisterie gemacht. Als er auf der Schauspielschule war, hat der im „Brotladen" mitgespielt, (Brecht: „Der Brotladen", BE 1967) den Karge (Manfred Karge, *1938, deutscher Schauspieler, Regisseur und Bühnenautor) und Langhoff (Matthias Langhoff, *1941, deutscher Theaterregisseur), inszeniert haben.

Und der Schitthelm, (Jürgen Schitthelm, *1939) der z.B. jahrzehntelang Direktor von der Schaubühne war - ick gloobe, jetzt hat er uffgehört - der hat auch Statisterie gemacht, als er noch in der Ausbildung war. Theaterwissenschaften, Germanistik und Publizistik hat er an der Freien Universität Berlin studiert. Er ist ja kein Schauspieler, der ist Theaterwissenschaftler. Aber er hat auch bei uns Statisterie gemacht in der „Dreigroschenoper", da spielten Polizisten, und einen davon spielte er. Ich kann mich noch erinnern: Im Bordell treten sie alle auf, stehen da und besetzen Fenster und Ausgänge und dort stehen Schitthelm und ein anderer - mit einem Mal fällt der andere um -PLATSCH! Ich weiß bis heute nicht mehr, wie das da weiterging. Es war ziemlich am Schluss. Wir werden ja deswegen nicht uffgehört haben, aber was haben die gemacht? Haben die den rausgetragen oder haben sie den liegenlassen? Ich weiß es aufs Verrecken nicht mehr, wie es damals weitergegangen ist. Jedenfalls fiel der nach vorne um.

Der Gudzuhn (Jörg Gudzuhn, *1945, Schauspieler), der ja auch sehr lange am Deutschen Theater war, der hatte auch wie der Gwisdek im „Brotladen" zu seiner Zeit als Schauspielschüler mitgespielt. (1966 bis 1970 „Hochschule für Schauspielkunst Ernst Busch" in Berlin.) Der ist ja auch ganz groß geworden. Das sind so die, die mir so einfallen. -

Und der Viktor Deiß, (*1935, deutscher Schauspieler) der ja jetzt noch zugange am BE ist, der hat auch in der „Optimistischen Tragödie" einen Matrosen gespielt. Er war Ende der 1950er bis Anfang der 1960er Jahre an der „Staatlichen Schauspielschule" Berlin - es waren sicher noch andere dabei, aber das sind so die gravierenden Personen.

Manfred Krug, (*1937, deutscher Schauspieler, Sänger und Schriftsteller), den haben sie auf der Schauspielschule irgendwie gefeuert, weil er einer Schauspielschülerin irgendwie die Gitarre uff 'm Kopf zerklopft hat - er selbst hat das uns ja erzählt. Der war beim BE - nicht sehr lange. Die Weigel hatte ihn von 1955 bis

1957 als Eleve engagiert. Der hat da aber nie etwas Gravierendes gespielt. Irgendwie mal so im Galilei einen Träger oder einen Papst-Ankleider – oder wat weeß ick. Er war aber auch nicht sehr lange da. Der war ebenso auch mal für kleine Rollen eingesetzt, aber in der Schauspielschule ist das irgendwie schiefgegangen. Dafür hat er ja bald, ab 1957, Riesenrollen im Fernsehen gespielt. Da hat er 1959 den Max im Film „Der Freischütz" gespielt und 1970 in der Komischen Oper den „Sportin´ Life" gesungen in George Gershwins Oper „Porgy and Bess". (Regie: Götz Friedrich.) Besetzt hatte ihn natürlich Walter Felsenstein. Im Original hat das ja Sammy Davis Jr. (Sammy Davis Jr., 1925-1990, US-amerikanischer Entertainer) gesungen. Der war ja auch hervorragend – oh ja! Aber der Krug war auch sehr gut.

Der besondere Moment des Theaters

Acksel: Was war für dich der besondere Moment im Theater?

Runkel: Also weißt du: der Premierentag. An dem Tag der Premiere fand die Generalprobe statt. Das gab es ja manchmal. Mit einem großem Stück, mit vielen Beschäftigten, mit viel Technik und die Bühne voller Menschen. Das gab ein Gewirre, ein Getobe und ein Gemache, es war die Hölle. Bis die Probe zu Ende war, da dampfte die Bühne. Das war richtig Dampf auf der Bühne durch die vielen Menschen. Dann war Ruhe. Und dann ging die Vorstellung los. Und eine halbe Stunde vor Beginn der Premiere: die totale Stille, totale Ruhe, als ob nie jemand die Bühne betreten hätte. Dann war auch wieder gelüftet. Die Luft war wieder besser, es war richtige Ruhe. Diese halbe Stunde habe ich sehr genossen.

Es war kein Mensch da. Totale Ruhe. Als es dann losging, ging es los.

Acksel: Das ist schön.

Runkel: Ja, das waren so besondere Momente, eigenartige Momente. Erst dieses Riesenchaos und dann totale Ruhe. Dann wieder Chaos von neuem los, nur geordneter.

*Acksel: Es entfalteten sich die volle Kraft und der Zauber des Theaters. Wir sind jetzt am Ende angekommen. Verrate doch bitte noch, wer dich „**Süßling**" genannt hat.*

Runkel: Das war Cläre Meister. Eine Statistin. Sie war sehr dick, sehr originell und schlagfertig. Ein Berliner Original. Passenderweise kam sie aus der Ackerstraße.

***

Nachwort

Mein ‚Kümmerer' Tilo hatte am Bahnhof Zoo zu tun. Wir fuhren hin. Nur, weil er mich nicht mit reinschleppen wollte, stellte er mich am Eingang zum Karstadt-Kaufhaus ab. Kurze Zeit später kam ein kleiner Junge zu mir (ca. 5 Jahre) und wollte mir 50 Cent geben. Ich sagte ihm: „Ich nehme das Geld nicht und sitze hier nur, weil ich auf jemand warte." Enttäuschung und Unglauben in seinem Gesicht. Wahrscheinlich hat seine Mutter zu ihm gesagt: „Geh mal zu dem Mann im Rollstuhl, und gib ihm das Geld." Er war sicher stolz, es überreichen zu dürfen. Nun stimmt nichts mehr, was Mutti gesagt hat. - Mich umwehte es seltsam. Dennoch dachte ich: Hoffentlich sitze ich nicht mal hier und muss das Geld annehmen...!
Danach dachte ich: Ach, sieh mal an - in 3 Minuten hätte ich 50 Cent gehabt - wenn ich lange genug säße, hätte ich meinen Lebensunterhalt zusammen. Und wenn ich noch etwas verstärke - durch einen Sammlerhut - und noch ein bisschen Parkinson zulege, wie Herr Peachum in der „Dreigroschenoper" dem Filch die Tricks der falschen Bettler erklärt, müsste es klappen...!

***

Meine Röllchen am BE ab 1954:

Hirse für die Achte: japanischer Soldat

Mutter Courage und ihre Kinder: Diener der Yvette

Galileo Galilei - in der Inszenierung Engel/Bennewitz: Begleiter des Kardinals, Erdkugel, Ankleider des Papstes

Galileo Galilei - in der Inszenierung Wekwerth: Begleiter des Kardinals

Frau Warrens Beruf: Dienstmann

Frau Flinz: Arbeiter

Urfaust: Soldat, Braut und andere

Arturi Ui: Zeitungsjunge, Bürger

Mit Pauken und Trompeten: Taschendieb

Großer Frieden: Mensch am Boden

Die Tage der Commune: Communarde, Soldat

Die Mutter: Chor

Die Dreigroschenoper: Flyerverteiler

Die Gewehre der Frau Carrar: toter Sohn

Das Wunder von Mailand: Carabinieri, Bürger

Antonius und Cleopatra: Diener des Antonius, Gepäckträger

Optimistische Tragödie in der Verfilmung: Matrose und Leiche

Herr Puntila und sein Knecht Matti: Landarbeiter

Baal: Ansager auf spanisch (im Rahmen einer Tournee)

Film: Stilles Land (von Andreas Dresen): Volkspolizist

Gastspielorte des BE:

Berlin: Deutsches Theater, Kammerspiele, Friedrichstadtpalast (alt), Metropol Theater (Admiralspalast), Maxim Gorki Theater, Staatsoper, Volksbühne, Theater der Freundschaft, Freilichtbühne Friedenshain, Freilichtbühne Wuhlheide, Palast der Republik (mit Gast-Inspizienz), Stasi Wachregiment in Adlershof.

West-Berlin: Hebbel Theater, Technische Uni, Schaubühne, Partei Kulturbüro.

DDR: Greifswald, Rostock, Schwerin, Eggesin, Neubrandenburg, Stendal, Vlöthen, Buna, Wittenberge Buna, Wittenberg Wolfen, Halle, Leipzig Forst, Weimar, Gera, Strausberg (NVA).

BRD: Hamburg, Hannover, Marl, Dortmund, Köln, Frankfurt am Main, Ludwigsburg, Ludwigshafen, München, Nürnberg, Recklinghausen, Wuppertal.

Ausland: Warschau, Lodz, Posen, Prag, Bergen (Norwegen), Kopenhagen, London, Edinburgh 3x, Glasgow, Amsterdam, Paris 4x, Wien 2x, Budapest, Bukarest, Jasi, Belgrad, Sofia, Ljubljana, Braschow, Athen, Moskau 2x, Leningrad, Jerusalem, Toronto, Mexico City, Tablissi, Barcelona, Madrid, Zagreb, Bogota, Caracas, Venedig 4x, Bari, Prado, Rom, Mailand 2x.

***

Berlin, den 26.4.1954

Mein Lebenslauf

Ich bin als zweites Kind des Rangierarbeiters Christian Runkel, am 14. Februar 1939 in Berlin geboren. Mein Vater starb 1943 in der Ukraine. 1945 wurde unsere Wohnung total zerstört. Ich besuchte von September 1945 bis Juni 1953 die Grundschule und wurde mit Erreichung des Zieles der achten Klasse entlassen. Am 1. September 1953 trat ich eine Lehrstelle als Elektrolehrling an. Da mich aber der Beruf des Elektrikers nicht befriedigte, löste ich das Lehrverhältnis vorzeitig. Da mein ganzes Interesse von jeher dem Theater gehört, habe ich (mich) nun die Absicht mich dort als Inspizient ausbilden zu lassen. Ich bitte mir in meinen Wünschen behilflich zu sein.

Berlin C 2 Breite Str. 5

Hochachtungsvoll
Lothar Runkel

Mein Lebenslauf, datiert auf den 26.04.1954

[Stempel der ausgebenden Dienststelle]

Deutsche Demokratische Republik
Staatliche Kommission
für Kunstangelegenheiten
Berlin W 1, Wilhelmstr. 63

PKZ 14023943059

Vertraulich!

Personalbogen

Zur Beachtung: Sämtliche Fragen sind gewissenhaft und in gut lesbarer Schrift zu beantworten. Striche sind unzulässig. Falls die hier vorgesehenen Spalten zur genauen Beantwortung nicht ausreichen, ist eine Anlage beizufügen. Legen Sie einen ausführlichen handschriftlichen Lebenslauf bei.

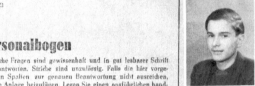

A. Personalien

1. Zuname (bei Frauen auch Geburtsname): **Runkel**
2. Vornamen (Rufname unterstreichen): **Lothar, Günther, Christian**
3. Geburtsdatum und Geburtsort: **14. Februar 1939, Berlin SO 36**
4. Staatsangehörigkeit: **deutsch** (seit wann?) **1939**
5. Nummer des Deutschen Personalausweises und ausstellende Behörde:
   XV 0535831 - Polizei-Inspektion Bln-Mitte Rev. 21
6. a) Jetziger Wohnsitz (auch vorübergehender oder 2. Wohnsitz) (Telefonanschluß ist anzugeben): **Berlin C2 Breitestr. 5**

   b) Sämtliche Wohnungsanschriften seit 1932 (mit Jahresangabe):
   Bln SO 36 Skalitzerstr. 123   1939 - 44
   Olbendorf Kr. Strehlen / Schlesien 1944 - 45
   Bln. Charlbg. 9 Westend - Allee 97 d 1945 - 49
   Bln. C2 Breitestr. 5   1949 -

7. Familienstand: **ledig** (ledig / verheiratet / geschieden / verwitwet / getrennt lebend)   Eigener Hausstand? **nein**

8. Familienangehörige (Angaben in den 3 ersten Spalten auch wenn verstorben)

Name	Geburtsdatum	Erlernter Beruf	Jetzige Tätigkeit	Arbeitsstelle
Vater Runkel, Christian	1.5.1913	Fleischer	verstorben	—
Mutter Runkel, Frieda	30.12.1911	Anlegerin	Karteikraft	AWA Bln C2
Ehepartner (Lebensgefährte)				
Kinder				

HAPers. 7/C   Thür. Volksverlag GmbH, Erfurt, Anger 37/38   1421/200 5.51 4829

Personalbogen, ausgebende Dienststelle:
DDR, Staatliche Kommission für Kunstangelegenheiten

F. Sonstiges

24. Waren Sie im Ausland? (wann, wo, weshalb, etwaige Arbeitsstellen)

25. Haben Sie Verwandte im Ausland? (welche, wo)

26. Sind Sie oder Ihr Ehepartner (Lebensgefährte) Eigentümer von Grundbesitz, Unternehmen oder daran beteiligt?

(Art und wo)

27. a) Sind Sie vorbestraft? Wenn ja, warum? Art und Höhe der Strafe

b) Haben Sie einen Wirtschaftsstrafbescheid erhalten?

(wann, von welcher Dienststelle, warum, Höhe)

c) Schwebt gegen Sie ein gerichtliches oder polizeiliches Ermittlungsverfahren?

28. Nennen Sie Personen mit genauer Anschrift, die über Sie Auskunft geben können

1. K. Zabel Drewitz /b. Berlin Nietzedamm 21
2. H. Noack Bln C2 Breitestr. 5
3.

Ich versichere, die vorstehenden Angaben wahrheitsgemäß gemacht zu haben. Es ist mir bekannt, daß falsche Angaben strafrechtliche Folgen nach sich ziehen können.

Berlin C2 , den 27. April 1954

Lothar Runkel
(Unterschrift)

Anlage: Lebenslauf

Vom Bewerber nicht auszufüllen!

Personalbogen, ausgebende Dienststelle:
DDR, Staatliche Kommission für Kunstangelegenheiten

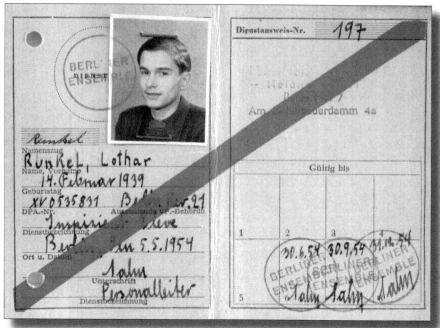

Dienstausweis des BE aus 1954...

...und zusammen mit Güldemeister am BE-Pult

Mein erstes Pult beim BE mit Klingeltableau

Mein erstes Pult beim BE

Das Auto von Bella Waldritter

Das Auto von Güldemeister - das Unfallauto...

Am Hofeingang zum BE

Unterwegs mit Piwy (Margret Wolfshol)

Paula Regier - ehemalige Souffleuse beim BE, dann Verwalterin des Weigel-Hauses in Putgarten

Bella Waldritter und Harry Gillmann

Max Jaap, Haushälterin und Lothar Runkel in Niederschönhausen

Vorstellung „Galileo Galilei" - Straßenszene, Lothar als Weltkugel

Vorstellung „Galileo Galilei" - Brecht/Engel-Inszenierung
Lothar Runkel, von Beneckendorff, Peter Kalisch, Dieter Knaup

Vorstellung „Galileo Galilei" - Brecht/Engel-Inszenierung
Wiederaufnahme von Fritz Bennewitz
von links: Prof. Wolfgang Heinz, Lothar Runkel, Erich Haußmann
beide Fotos: Vera Tenschert

„Galileo Galilei" in einer Brecht/Engel-Inszenierung (Tournee)
v.l.: Lothar Runkel, Charly Weber, Ekkehard Schall, E.O. Fuhrmann

„Galileo Galilei" in einer Wekwerth-Inszenierung
Horst Wünsch, Siegfried Weiß, Lothar Runkel, Foto: Ingrid Handel

Ansicht des Theater am Schiffbauerdamm vor der Renovierung
durch Helene Weigel
rechts: der Friedrichstadt-Palast

Helene Weigel und Tochter Barbara auf dem Hof des BE

CONSULAT GENERAL DE FRANCE
DE FRANCE
211 KURFÜRSTENDAMM
1 BERLIN 15

RÉPUBLIQUE FRANÇAISE
MINISTÈRE DES AFFAIRES ÉTRANGÈRES

LAISSEZ-PASSER N° 541/71

Délivré à Monsieur RUNKEL Lothar
née
Date et lieu de naissance 14 février 1939 à Berlin
Nationalité Allemande Profession Régisseur
Domicile Berlin, Lichtenberger Str. 20
Résidence au cours des 3 mois précédant la délivrance du document dto

se rendant à en France via
Motif de la délivrance Application des dispositions de la rubrique 96 de l'Instruction Générale sur les titres de voyage
Autorisation du Ministère des Affaires Étrangères N° du 24 FEV 1971

SIGNALEMENT
Taille : 1m66
Yeux : brun
Cheveux : brun
Signes particuliers : néant

ACCOMPAGNÉ
XXXXXXXXXXXXXXXXX

INSTRUCTIONS A SUIVRE CONCERNANT LE VOYAGE
Le présent laissez-passer est valable pour la France
et jusqu'au 7.9.1971

Fait à Berlin, le 8 MAR 1971

LE CONSUL GENERAL DE FRANCE

(Timbres de Chancellerie)
50,00

Mein „Passierschein" für die Tournee mit dem BE nach Frankreich,
ausgestellt vom
CONSULAT GENERAL DE FRANCE in Berlin, 1971.

Lothar Runkel und Sophia Loren anlässlich der Dreharbeiten zu „Die Eingeschlossenen von Altona" im Tonraum des BE

Frankreich, Frankreich...

...und mit 2 Bühnenarbeitern vor dem „Old Vic" Theatre in London

Foto vom Foyer des BE mit rückwärtiger Widmung
von der Intendantin Ruth Berghaus

Probe zu „Das Wunder von Mailand"
Lothar Runkel als Carabinieri, Foto: Ute Eichel

Probe zu „Eduard II" mit Ekkehard Schall

Prof. Dr. Manfred Wekwerth, Prof. Joachim Tenschert (Chefdramaturg BE), Lothar Runkel, Christine Gloger (seinerzeit Theaterfotografin am BE) Foto: Vera Tenschert

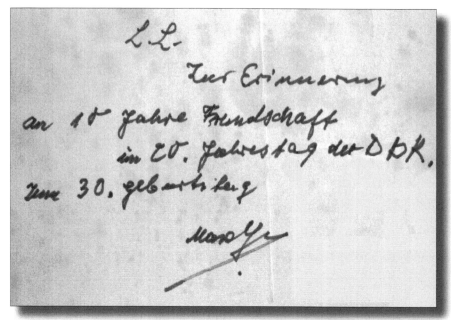

Handschriftliche Widmung von Max Jaap

Lothar Runkel und Therese Giese

Mein 2. Pult beim BE

Lothar Runkel und Eva Mattes

Athen - Freilichtbühne
römisches Amphitheater unterhalb der Akropolis

An einem Gastpult im Ausland und an meinem letzten Pult beim BE

Probe als Ehepaar für „Das Wunder von Mailand" mit Soffleuse
Eva-Maria Böhm - Foto: Ute Eichel

Mit Inspizient-Kollegin Frau Ritter im Theater vor der Bühne

BERLINER ENSEMBLE AM SCHIFFBAUERDAMM

Berlin, den 3.5.1954

Frau
Frieda Runkel
Berlin C 2
Breite Str..5

Sehr geehrte Frau R u n k e l !

Wir bestätigen, dass wir Ihren Sohn, Lothar Runkel, als Inspizienten-Eleven an das BERLINER ENSEMBLE am Schiffbauerdamm - Intendant Helene Weigel - für die Zeit vom 1. Mai 1954 bis 30. Juni 1954 verpflichten, um seine Eignung für diesen Beruf festzustellen.
Spätestens am 30.6.1954 treffen wir eine Entscheidung darüber, ob Ihr Sohn geeignet ist, bei uns weiterhin als Inspizienten-Eleve ausgebildet zu werden.
Ihr Sohn erhält ein Pauschal-Honorar von monatlich DM 100,-- (Einhundert DM).
Wir bitten um Ihr Einverständnis auf beiliegendem Durchschlage und grüssen Sie

BERLINER ENSEMBLE am Schiffbauerdamm
- Helene Weigel -

BERLINER ENSEMBLE AM SCHIFFBAUERDAMM

Berlin, den 18.2.1957

Herrn Runkel

Lieber Herr Runkel!
Wie Sie wissen, gehen wir im April auf Tournee nach Paris. Die Schwierigkeiten einer Tournee und unsere grossen Stücke, die wir spielen, machen es notwendig, daß von einem Kollegen mehrere Rollen gespielt werden.
Wir bitten Sie deshalb, für die Tournee eine Rolle in der Papstszene (Galilei) zu übernehmen. Die erste Probe ist morgen - Dienstag, 19.2., - 11.00 Uhr im Foyer.

gez. Helene Weigel

Berlin, den 2.12.1955

Buchhaltung:

Herr Lothar Ru n k e l erhält für das Paukenschlagen in der Inzenierung "Der Tag des grossen Gelehrten Wu" jeweils ein Geräuschegeld von DM 3,- .
Er erscheint mit in der Strichliste.

Berlin, den 1.3.1957

Buchhaltung:

Herr Lothar Runkel erhält für die Übernahme der Rolle "Begleiter des alten Kardinals" (vorher gespielt von Herrn Friederichs) in unserer Inszenierung "Galilei" am 25.2.1957 ein einmaliges Übernahmehonorar von DM 50,- (Fünfzig).
Auszuzahlen am 18.3.1957.

Berlin, den 28.1.1958

Buchhaltung:

Herr Lothar R u n k e l erhält für die Übernahme der Rolle "Arbeitsloser" (vorher gespielt von Horst Güldemeister) in der Inszenierung "Pauken und Trompeten" ohne vorherige Probe - Vorstellung am 27.1.1958 - ein einmaliges Übernahmehonorar von DM 50,- (Fünfzig DM), auszuzahlen am 29.1.1958.

Berlin, den 20.11.1959

Liebe Freunde Güldemeister, Schrade und Runkehl!

Es ist mir seit langem klar, daß Ihr ohne eine Wechselsprechanlage zu unserem Tonraum grosse Schwierigkeiten haben werdet. Da es sich aber nicht nur um den guten Willen allein handelt, sondern wir, d.h. Direktor Meier, gefunden hat, daß die Fabrik in Dresden ihre Produktion umgestellt hat und zur Zeit es keine Firma gibt, die solche Wechselsprechanlagen herstellen, wurde es unterlassen, auch in diesem Sommer eine solche Anlage einzubauen.
Wie ist es aber mit der Erfindungsgabe unserer drei Tontechniker? Könnten Sie nicht gemeinsam einen Versuch machen, das aus eigener Initiative einzurichten? Wir, Betriebsleitung und technische Direktion, an die dieser Brief gerichtet ist, sind bereit, mit Rat und Tat, und wenn nötig auch mit Geld, diesen Plan zu unterstützen.

Mit bestem Gruß
Euer
(Helene Weigel)

Lieber Kollege Runkel,
im Namen unseres Kollegen Wolf Beneckendorff, der am 21. 6. sein 5o. Bühnenjubiläum begeht, laden wir Sie zu einer kleinen Feier

am 22. Juni um 14.oo Uhr
im Foyer unseres Theaters

herzlichst ein.
18.6.59

Dramaturgie
(Tenschert)

Lieber Lothar,
ich habe Dich, wie Du sehen wirst - auf den Abenddienstplan
für Sonntag-Vormittag (12.April) als Vorstellungsdienst
raufgeschrieben. Das hat nur zu bedeuten, dass Du über den
Fahrer verfügen kannst. Ich hoffe, Du bist damit einverstanden,
da es sicher keine Mehrbelastung für Dich sein wird.
Vielen Dank und Gruss
4.4.1959

Aktennotiz
-.-.-.-.-.-.

Mit dem heutigen Tag verpflichte ich mich in Zukunft
die Berufsschule regelmäßig zu besuchen.
Ich bin mir bewußt, falls ich mein Versprechen nicht
einhalte, dass ich nicht weiter im Betrieb beschäftigt
werden kann und somit meine Berufslaufbahn gefährdet
wird.
Berlin, den 6.6.1955

Herren Inspiz: Schrade / Güldemeister
==

Für das neue Stück, dass unsere Herren Bellag und Weber machen
wurde vorgeschlagen, Lothar Runkel als Dispizient zu nehmen und
ihn somit seine Gesellenprüfung machen zu lassen. Die Herren
Inspiz werden gebeten, Frau Weigel ihre Meinung dazu zu sagen.

          K.B.

16.1.58

              Bork

              Berlin, den 6.9.1955

An die BGL

Als ich am 5.9. meine Essenmarke für die Woche vom 5.9. - 11.9. im
Zimmer 7 holen wollte, erklärte man mir, dass ich von nun an das Werk-
essen zu bezahlen habe. Bisher wurde mein Essen aus der BGL-Kasse bezahlt.
Ich bitte die BGL, mir den Grund dieser plötzlichen Massnahme mitzuteilen.

             (Lothar Runkel)

BERLINER ENSEMBLE AM SCHIFFBAUERDAMM   Berlin, dem 20.5.55

Lieber Runkel,

sie haben heute auf der angesetzten Kreidekreisprobe unentschuldigt gefehlt. Sie gefährden damit unsere Paris-Tournee, und wir müssen mit der BGL und dem Ordnungsausschuss beraten, wie hoch die Geldstrafe sein wird, die wir von der Gage einbehalten müssen.

BERLINER ENSEMBLE AM SCHIFFBAUERDAMM   Berlin, den 14.12.1959

Lieber Lothar Runkel,

   für Ihre ausgezeichnete Leistung bei der Wiederaufnahme der "Winterschlacht" als erste selbständige, vollverantwortliche Arbeit möchten wir Sie heute mit einer Geldprämie

    in Höhe von 100,-- DM

auszeichnen.

- Intendanz -   - B G L -

● Leitung: Helene Weigel

AM SCHIFFBAUERDAMM

Berlin, den 28. 12. 1959

Lieber Kollege Runkel!

Um einen ordnungsgemäßen Ablauf der Vorstellungen zu garantieren, halten wir es für notwendig, nochmals an folgende Verpflichtungen zu erinnern:

1. Jedes Mitglied ist verpflichtet, täglich bis 16 Uhr für das Theater erreichbar zu sein.

2. Jedes Mitglied ist verpflichtet, rechtzeitig – je nach Maske –, mindestens jedoch eine halbe Stunde vor Beginn des Aktes oder Bildes, in dem es beschäftigt ist, in der Garderobe anwesend zu sein.

3. Jegliche Tätigkeit außerhalb des Theaters (Synchron, Film, Fernseh, Funk usw.) bedarf der Anmeldung im Künstlerischen Betriebsbüro und der Genehmigung der Intendanz.

4. Jedes Mitglied ist verpflichtet, sich über die Proben laut Probenplan selbst zu informieren.

Ordnungsausschuß   BGL   Intendanz
i.A.
  gez. Naumann   gez. W. Pintzka   gez. Helene Weigel

Brigade zur Erhaltung der
Qualität der Aufführungen
i.A.
  gez. Schall

Berlin, den 1. Juni 1959

B e u r t e i l u n g !

Lothar R u n k e l , geb. am 14. Februar 1939, wohnhaft Berlin C 2, Fischerstr. 36, kam am 1. Mai 1954 zum Berliner Ensemble - Helene Weigel - und wurde mir zur Ausbildung als Inspizient-Eleve zugeteilt.

Er war bemüht, durch Theaterbesessenheit und großem Reaktionsvermögen, sowie hohem Verantwortungsgefühl, sein Fachwissen zu meiner vollen Zufriedenheit stets zu erweitern.

Nach verhältnismäßig kurzer Zeit war er in der Lage, Stücke völlig selbständig, ohne besondere Aufsicht, zu inspizieren. Besonders sei auf plötzliche Übernahmen (durch Erkrankung des Inspizienten) der Stücke "Optimistische Tragödie" und "Winterschlacht", die sehr schwer zu inspizieren sind, hingewiesen.

Eine detaillierte Aufstellung seiner Mitarbeit an den Inszenierungen des Berliner Ensemble führe ich umseitig auf.

1956 hatte er Gelegenheit, bei einem Auslandgastspiel in Paris Tournee-Erfahrungen zu sammeln.
Auch die Betreuung auswärtiger Theater im Berliner Ensemble übernahm er zur vollen Zufriedenheit selbständig.

Ich möchte nun, im Hinblick auf seine vielseitig erworbenen Fachkenntnisse nach fünfjähriger Lehrzeit, seine Ausbildung als abgeschlossen ansehen.

Lothar Runkel wünsche ich für seine Theaterlaufbahn alles erdenkbar Gute und empfehle ihn hiermit bestens.

- toi toi toi -

Horst Güldemeister

Mitarbeit als Assistent:

    "Kreidekreis"
    "Katzgraben"   +)
    "Hirse" und "Wu"
    "Gewehre der Frau Carrar"
    "Don Juan"   +)
    "Arturo Ui"   +)
    "Pauken und Trompeten"   +)
    "Ziehtochter"   +)
    "Galilei"   +)
    "Mutter Courage"
    "Optimistische Tragödie"   +)
    "Furcht und Elend"   +)
    "Der zerbrochene Krug"   +)
    "Winterschlacht"   +)

+): Die mit einem Kreuz versehenen Stücke inspizierte Runkel völlig selbständig ohne jegliche Hilfe.
Die unterstrichenen Stücke gelten als besonders schwer zu inspizieren.

   AM SCHIFFBAUERDAMM   Berlin, den 19. 11. 56

B e f ü r w o r t u n g

Betr.: Lothar Runkel, geb. 14. 2. 39
      wohnh. Berlin C 2, Fischerstr. 36

Lothar Runkel ist seit 1954 als Inspizienten-Eleve bei uns. Da er durch seine Arbeit für uns immer erreichbar sein muß, bitten wir, ihm einen Telefonanschluß zu geben.

Mit bestem Gruß

                      BERLINER ENSEMBLE AM SCHIFFBAUERDAMM
                      Kaderleiter Lilly Salm

BERLINER ENSEMBLE AM SCHIFFBAUERDAMM Berlin, den 5. März 1957

Herrn
Lothar Runkel

Lieber Kollege Runkel !

Unsere Paris-Besetzung steht jetzt fest. Wir bitten Sie, für diese Tournee folgende Rollen zu übernehmen:

```
Galilei    -    Begleiter        5. Szene u. 6.
           evtl. Ankleider      11. Szene
                 Mann mit Sonne  9. Szene
Courage    evtl. Gewehrträger
```

Mit bestem Gruß

Helene Weigel

DEUTSCHE DEMOKRATISCHE REPUBLIK

25 JAHRE

BERLINER ENSEMBLE

Zum Aktivist Glückwunsch
von der Parteileitung
Dein Wolfgang Pintzka

BERLINER ENSEMBLE

Die Friedenstaube Pablo Picassos auf dem Bühnenvorhang des Berliner Ensembles

Berlin, den 6. Juni 56

Lieber Lothar!

Wie geht es denn, hast Du alles gut überstanden? Hoffentlich bist Du bald wieder ganz gesund. Bleib schön ruhig liegen, dann wird's schon werden.

Beste Grüße

[Unterschrift: Helene Weigel]

Berlin, den 7.4.56

Lieber Kollege Runkel!

Ich möchte um Ihre Hilfe bitten. Sie kennen die Schwierigkeiten, die durch Brechts Erkrankung bei den Proben von Galilei entstanden sind. Da Erich Engel seine Zeit nicht unbegrenzt zur Verfügung stellen kann, muß ich jede Minute ausnützen, um die Galilei-Proben zu einem glücklichen Abschluß zu bringen.

Ich bitte Sie daher, am Montag, dem 9.4.56, der ein offiziell probenfreier Tag ist, die Probe zu machen.

Mit schönem Gruß
Ihre

[Unterschrift: Helene Weigel]

BERLINER ENSEMBLE AM SCHIFFBAUERDAMM Berlin, den 5.5.1958

Herrn
Lothar Runkehl
- - - - - - -

Lieber Lothar!

Meinen herzlichsten Glückwunsch zu Deiner, man muß fast sagen Meisterprüfung, die Du jetzt bestanden hast. (Ich möchte aber Deinen zwei Lehrmeistern nicht vorgreifen.)
Wir haben uns alle gefreut, wie lustig, unnervös und gut Du diese zwei Vorstellungen, wie man mir berichtet hat, fast allein inspiziert hast.

Ich traue micht gar nicht mehr länger Du zu sagen und
     grüsse Sie bestens
      Ihre

        Helene Weigel

BERLINER ENSEMBLE AM SCHIFFBAUERDAMM Berlin, den 15. Juni 1956

Lieber Lothar !
Hoffentlich geht es Dir schon wieder gut, so etwas von einem Schrecken uns zu machen. Wenn Du was brauchst, rufst Du bestimmt bei Frau Sitte an, die hilft Dir.

     Schöne Grüße

      Helene Weigel

AUF SOZIALISTISCHE ART ZU LEBEN ERFORDERT AUF SOZIALISTISCHE ART ZU ARBEITEN

URKUNDE

IN ANERKENNUNG
HERVORRAGENDER ARBEITSERGEBNISSE
WIRD

LOTHAR RUNKEL

DIE MEDAILLE
FÜR AUSGEZEICHNETE
LEISTUNGEN
VERLIEHEN

Betriebsgewerkschaftsleitung

Werkleiter

MEMORANDUM

Lieber Herr Runkel,
oder auch Lothar,
ich danke für die starken
Nerven und hoffe, der
Erfolg wird alles aufweisen.
Alles "Gewicht" liegt fast
in Ihren Händen!
    Danke +
   toi, toi, toi
    Ihr
    Antonio

Toi Toi Toi und Gratulation zur 200. ARTURO Ui-Aufführung!

1949 – 1964 · 15 JAHRE BERLINER ENSEMBLE
WIR GRÜSSEN UNSERE FREUNDE IN ALLER WELT

 AM SCHIFFBAUERDAMM

LOTHAR R U N K E L

hat sich in vorbildlichem Einsatz als Inspizient-
Eleve durch Hilfsbereitschaft, Freundlichkeit
und Zuverlässigkeit zu einem Insp-Assistent
qualifiziert.

lieber Lothar,
vielen Dank für Deine Hilfe
in der Schlacht.
             KM bergens

Lieber Lothar,
schon 50 Jahre ist
es her, seit Du in
die Welt gekommen bist.
Ich finde, es war
für uns ein Glück.
Bleib uns gesund und
bleibe, was Du uns
bedeutest: Lothar, der
Gute, Lothar, der
Strenge, Lothar
der   unentbehr-
liche.

Wie ist sein Wahlspruch:
Kommt, bitte.
herzlich Dein Much

BERLIN N 4, AM BERTOLT-BRECHT-PLATZ

Herzlichen Glückwunsch zur
300. Aufführung des "Arturo
Ui"

Toi Toi Toi

Helene Weigel

BERLINER
ENSEMBLE

BERLINER
ENSEMBLE

Berlin, den 1. Mai 1967

Lieber Lothar Runkel!

Für Ihre schöne Arbeit im "Brotladen" freuen wir
uns, Ihnen diese Prämie überreichen zu können.

BGL INTENDANZ

Wilhelm Grindel *Helene Weigel*

Leitung: Helene Weigel · 104 Berlin · Am Bertolt-Brecht-Platz · Fernruf 42 58 71

Berlin, den 14.Dezember 1964 Eb.

Lieber Lothar!

Besten Dank für die Nachricht, ich wusste es bereits, weil sich Herr Thate in meinem Beisein sehr entschuldigt hat.

bei Schulze, meine ich.

Danke

Helli

---

xxxxxxxxxxxxxxxx
AM BERTOLT BRECHT PLATZ   Berlin, den 1.3.1963

An das
Ministerium für Kultur
Sektor Theater, Kolln.Millis
B e r l i n   C   2
Am Molkenmarkt 1 - 3

Werte Kollegin Millis!

Wir bitten Sie, den in der Anlage beigefügten Antrag auf Zurückstellung unseres Inspizienten Lothar Runkel zu befürworten und uns schnellstens wieder zurückzureichen, da wir diesen Antrag bis 9.3.1963 der Musterungsstelle Mitte zuleiten müssen.

Mit freundlichen Grüßen
     BERLINER ENSEMBLE AM BERTOLT-BRECHT-PLATZ
       - Helene Weigel -

         (Rudolph)
         Kaderleiterin

Anlage: 1

An die Intendantin des " Berliner Ensemble "
Frau Helene Weigel

Geehrte Frau Weigel!

In der "Flinz" - Vorstellung am 3o.4.62 machte das Stellwerk zu
Beginn des 2. Aktes einen unbedeutenden Beleuchtungsfehler. (Zuschau-
erraum-Licht zu früh aus.) Als ich während des folgenden Bildes
versuchte mit Kollegen Rudi Richter die Ursache des Fehlers zu
klären, war es nicht möglich eine sachliche Unterhaltung zu führen.
In der Pause versuchte ich es nochmals. Diesmal wurde Kollege Richter
wesentlich unsachlicher, und beschimpfte mich laut und unflätig.
Selbst das vermittelnde Eingreifen des Kollegen Braunroth Bruhigte
ihn nicht.
Da ich der Meinung bin, daß man Fehler nicht auf diese Weise klären
kann, und daß die Haltung des Kollegen Richter mir gegenüber nicht
richtig ist, da sie keine Grundlage für eine kollegiale Zusammenarbeit bildet, bitte ich Sie, um den Fall zu bereinigen, eine
Aussprache herbei zu führen, bei welcher auch Kollege Richter
Gelegenheit haben soll, die diversen "Arschlöcher", (wörtlich) mit
denen er mich titulierte, zurück zu nehmen.

Berlin, 3o.4.1962   Hochachtungsvoll
                                   Ihr

An die Intendanz des Berliner Ensemble
Helene Weigel

Werte Frau Weigel,
mein Kollege Eddy Schrade teilte mir heute mit, Sie wünschten daß ich
die Studioaufführung " Die Ausnahme und die Regel " inspiziere; dazu
bin ich grundsätzlich bereit, jedoch möchte ich diesbezüglich hier
einige Bemerkungen machen.
Meine anfängliche konsequente Ablehnung der Arbeit entstand durch
folgende, vielleicht falsche Überlegung: Seit ca. drei Jahren arbeite
ich an jeder Inszenierung mit. Dies bedeutet daß ich seit der Zeit
fast täglich Stückproben habe; dazu kommen diverse Umbesetzungs und
Korrekturproben. Rückwärtig betrachtet hatte ich in letzter Zeit
Proben zu Dreigroschenoper, Abgrund, Winterschlacht, Dreigroschenoper
Ui und Optimistische Tragödie. Eddy Schrade aber hatte, abgesehen von
wenigen Proben zu Winterschlacht seit der Optimistischen keine Stückproben mehr. - Im Monat Mai 1'60 habe ich 23 Vorstellungen; Eddy hat
nur 10 Vorstellungen. - Bei diesem Gedanken bestärkte mich noch der
Grundsatz des Sozialismus " Gleicher Lohn für gleiche Arbeit "; ich
bekomme weniger als die Hälfte der Gage Eddyś.!
Seit Jahren habe ich alle Matineen und Gastspiele in unserem Hause
betreut. Weiterhin habe ich für Gülde, die Teilinspektion in der
"Courage" übernommen damit er einen freien Abend hat und Eddy mitspielen kann. Überhaupt war ich nie kleinlich in punkto Arbeit und
Arbeitszeit. (Proben und Vorstellungsbücher werden das bestätigen.)
Es wäre auch nicht zu vereinbaren mit meiner mir anhaftenden Theaterbesessenheit.!
Jedoch ist momentan, eine nicht ganz einfache Situation: Vor ca. vier-
zehn Tagen hatte ich einen akuten Stoß einer seit 1956 währenden
chronischen Nierenbeckenentzündung. (Ich war damals im Krankenhaus.)
Obwohl ich zwei Tage im Bett blieb, ist diese, durch Erkältung hervor-
gerufene und mit Fieber auftretende Krankheit noch nicht völlig
kuriert. Der Arzt empfahl mir größte Schonung, wenn ich nicht längere
Zeit krankgeschrieben sein will. Ich schone mich, indem ich mich, in
meiner mir nicht überreich zur Verfügung stehenden Freizeit hinlege.
Seit geraumer Zeit habe ich, um mich weiter zu bilden Klavier, Gesang
und Englischunterricht. Dieser Unterricht erfordert natürlich eine
gewisse Zeit, auch zum Üben. (Meine Lehrer drohten mir schon mit
"Rausschmiß" da ich in letzter Zeit zu wenig übte!)

Dies sei nur am Rande erwähnt, es ist ja, da ich es selbst finanziere eine rein private Angelegenheit und hat mit meinem Dienst direkt nichts zu tun! Noch eine Schwierigkeit ist für mich, daß meine Mutter am Mittwoch für einige Zeit ins Krankenhaus gehen muss.

Dieser Brief soll keine lamentable Klageschrift sein, sondern eine realistische Schilderung von Tatsachen.

Verehrte Frau Weigel ich bitte Sie, da ich die Arbeit übernehme, es nach Möglichkeit so einzurichten, daß ich nur zu den wirklich letzten Proben hinzugezogen werde,(das Stück ist inspiziermäßig einfach; ich habe die Generalprobe gesehen.) und daß möglichst nicht Sonntags oder Nachmittags probiert wird.(Bei der augenblicklich schwierigen Situation - Paris Tournee - zu der ich auch Proben machen muß, wird es sich vielleicht nicht vermeiden lassen.)

Mit bestem Gruß und in voller Hochachtung

Ihr

Berlin, den 7. Mai 1960

Bildfolge CORIOLAN

29	Bild 1	Rom . Vor den Toren
14	Bild 2	Corioli . Haus des Aufidius (Gürtung d. Aufidius)
24	Bild 3	Rom . Haus der Marcier (Gürtung d. Coriolan)
47	Bild 4	Vor Corioli (Schlacht 1 und 2)
25	Bild 4a	Rom . Haus der Marcier (Frauen-Szene)
33	Bild 4b	Vor Corioli (Duell)
17	Bild 4c	Rom . Vor dem Haus des Menenius
12	Bild 4d	Vor Corioli (Ernennung des Coriolan)
9	Bild 4e	Nahe bei Corioli (Nach der Schlacht)
21	Bild 5	Rom . An den Toren (Empfang des Coriolan)
22	Bild 6	Rom . Platz der Tribunen (Jubel)
27	Bild 7	Rom . Forum (Wahl)
37	Bild 8	Rom . Vor dem Senat (Provokation)
11	Bild 9	Rom . Haus der Marcier
16	Bild 10	Rom . Platz der Tribunen (Volksversammlung)
17	Bild 11	Rom . An den Toren (Ausweisung)
10	Bild 12	Antium . Vor den Toren (Ankunft in Antium)
8	Bild 13	Zwischen Rom und Antium (Piger-Szene)
18	Bild 14	Antium . Vor dem Haus des Aufidius
22	Bild 15	Rom . Senat
14	Bild 15a	Lager nahe bei Rom (Wache)
17	Bild 15b	Rom . An einem Tor (Rückkehr des Cominius)
17	Bild 15c	Lager nahe bei Rom (Bittgang des Menenius)
18	Bild 15d	Rom . An einem Tor (Rückkehr des Menenius)
20	Bild 15e	Lager nahe bei Rom (Volumnia-Szene)
12	Bild 16	Corioli . Am Stadttor (Ermordung)
11	Bild 17	Rom - Senat

↑ Einzelproben 25   Repititionsproben 10 (Solo)
techn. Einrichtungen 14   ↑ Teil-Durchläufe 9
Bühnenbild Versuche 21   Kostümproben in der
~~Pause nach dem 10. Bild~~   Französischen Str. 12
Bel. Proben 2
Bau-Proben 7
Kostüm u. Maskenproben 29
Ton-Proben u. Aufnahmen 12
↑ Generalproben 2   199 Stückproben
↑ Durchlaufproben 1   bis zur Premiere
Durchsprechproben 1
Musik Aufnahmen 12
Repititionsproben 34 (Chor)

An das
Fernsprechamt von Groß-Berlin
Abt. Fernsprechanmeldung

104 Berlin
Tucholskystraße 6

Berlin, den 9.9.1966

Sehr geehrter Herr Inspektor Hawlitschek!

Wir bitten Sie um die Genehmigung einer Fernsprechanlage für Herrn Lothar Runkel, wohnhaft Berlin-Friedrichshain, Marcusstraße 22.
Herr Runkel ist seit 12 Jahren am Berliner Ensemble als Inspizient tätig, d.h., daß er für uns jederzeit erreichbar sein muß.
In seiner alten Wohnung, 102 Berlin, Fischerstraße 36, hatte er den Fernsprechanschluß mit der Nummer 51 62 20.
Wir möchten Sie sehr herzlich bitten, den Antrag von Lothar Runkel vordringlich zu behandeln.

Mit bestem Dank und freundlichen Grüßen

Ihr
BERLINER ENSEMBLE
– Helene Weigel –

G i e r s c h
Verwaltungsdirektor

Leitung: Helene Weigel

Lieber Kollege Runkel !

Sie haben durch den Weggang der Kollegen Güldenmeister und Schrade im November 1961 als Inspizient die Verantwortung für sämtliche auf dem Spielplan des BERLINER ENSEMBLE stehenden Stücke übernehmen müssen.

Außerdem haben Sie die Kollegin Wolfshohl mit allen schwierigen Vorstellungen vertrautgemacht, so daß sie eine Auszeichnung erhalten konnte.

In der schwierigen Übergangsperiode nach dem 13. August, und als die dritte Inspizientstelle noch nicht mit einer geeigneten Fachkraft besetzt werden konnte, sind Sie oft kurzfristig eingesprungen und haben sogar mit fieberhaften Erkrankungen am Inspizientenpult gestanden und damit wesentlich zur Erhaltung der Qualität der Aufführungen beigetragen.

Wir danken Ihnen auf das herzlichste für diese Betriebsverbundenheit und freuen uns, Ihnen die
            Medaille für ausgezeichnete Leistungen
verbunden mit einer Geldprämie überreichen zu können.

Berlin, den 1. Mai 1963

BGL   Betriebsleitung

Deutsche Notenbank, Konto 11/30620/5 · Berlin N 4 · Am Bertolt-Brecht-Platz · Fernruf 42 58 71

Berlin, den 27. August 1969 Eb.

Lieber Lothar!

Wir bitten Dich, folgende Einladung heute abend mehrmals durchzusagen:

Nach der heutigen "Coriolan"-Vorstellung werden alle Kollegen gebeten, sich zu einem Toast auf der Bühne zu versammeln.

Dank und Gruß!
Jochen Lemmer

Berlin, den 19. Oktober 1973 Eb.

Lieber Herr Runkel!

Ich bitte Sie sehr herzlich, nach der 2. Vorstellung "Hölderlin" am 20.10. zu einem Empfang für das Rostocker Theater im Anschluss an die Vorstellung in die "Möwe" zu kommen.

Mit bestem Gruss

Verteiler: Berlin, den 6.4.1964

Frau Weigel
 " Kilian
 " Berghaus
Herrn Giersch
 " Braunroth
 " Szameit
 " Gneist
 " Helle
 " Morbach
 " Braun
 " Runkel
z.d.A.

Folgende Arbeitsschutzanordnungen sind während der Schlachtenszenen im Coriolan zu beachten:

1) Die Bühnenmeister Szameit und Gneist wurden seitens der Techn. Leitung angewiesen, die Leitern, die zum Besteigen des Tores benutzt werden, vor und nach jeder Probe und Vorstellung auf ihren einwandfreien Zustand hin zu überprüfen.

2) Die Leitern sind an das Tor so anzulegen, daß sie feststehen und damit das Besteigen gefahrlos ermöglichen, wie es inszeniert worden ist.

3) Alle an den Schlachtenszenen beteiligten Kollegen haben selbst darauf zu achten, sich nicht in unmittelbarer Nähe der umfallenden Leitern zu befinden. Choreographisch ist die Szene so angelegt, daß ein Unfall ausgeschlossen ist.

4) Die Kollegen, die die Leitern fallen lassen müssen, tragen die Verantwortung dafür, daß sich im Fallbereich niemand befindet, denn nur sie können die Szene klar übersehen. Andernfalls müssen die Kollegen das Fallen der Leitern verzögern.

5) Eventuelle Verletzungen während der Proben und Vorstellungen müssen sofort dem Kollegen Braun und einem Vertreter der Regie gemeldet werden, damit eine Schonung des Kollegen bei der weiteren Arbeit berücksichtigt werden kann. Alle Verletzungen werden in ein dafür vorgesehenes Buch eingetragen.

6) Die in den Schlachtenszenen verwendeten Dolche und Messer sind, um Verletzungen vorzubeugen, mit einem Latex-Überzug zu versehen, bzw. abzustumpfen. Für eine einwandfreie Übergabe der Waffen ist der Gewand- bzw. Requisitenmeister verantwortlich. Sollten die Waffen während der Arbeit beschädigt werden, ist der Kollege dafür verantwortlich, daß er sie beim Gewand- bzw. Requisitenmeister gegen eine einwandfreie austauscht.

Der Kollege Braun ist verantwortlich dafür, daß jeder Kollege, der an den Schlachtenszenen teilnimmt, über diese Arbeitsschutzanordnung belehrt wird. Diese Belehrung ist schriftlich mit Datum und Unterschrift des Belehrten versehen, festzuhalten.

Regiekollektiv   Techn. Leitung

Berlin, den 17.Dezember 1964 Eb.

Lieber Lothar!

Ganz zart und ohne Vorwurf. Sei lieb, schreib nicht jeden winzigsten Verstoss auf. Es deprimiert am Ende Leute. Wir sollten wirklich nur bei grösseren Sachen schimpfen.

Mit schönem Gruss

Helene Weigel

BERLINER ENSEMBLE — AM SCHIFFBAUERDAMM

Berlin, 18.1.63

Lieber Lothar,

ich habe mich gefreut zu hören, daß Du scharf darauf achtest, die Vorstellungen pünktlich zu beginnen. Ich möchte nur unseren Freund Rohde für die Vorstellung am 9.1.-Schweyk- entschuldigen, da es sich darum handelte, das Publikum vom 2. Rang ins Parkett zu bringen, was natürlich etwas aufhielt.
Ich danke Dir trotzdem für Deine Aufmerksamkeit.

Helene Weigel

Leitung: Helene Weigel

Berlin, den 7. Oktober 1965

Liebe Piwy, lieber Lothar !

Abgesehen von Eurer guten Arbeit in Berlin habt Ihr auf beiden Tourneen unter schwierigsten Bedingungen unermüdlich bei sämtlichen technischen und künstlerischen Proben nicht nur zur Verfügung gestanden, sondern auch mitgeholfen, Fragen der Veränderungen, die wir auf Grund der anderen Bühnenverhältnisse treffen mußten, mit zu lösen.

Obwohl die technischen Bedingungen in London ganz besonders schwierig waren - die Haustonanlage (für die wir nicht verantwortlich waren) versagte oft - habt Ihr durch Eure Aufmerksamkeit zum sehr guten Ablauf der Vorstellungen beigetragen.

Wir freuen uns, Euch eine Medaille für ausgezeichnete Leistungen überreichen zu können.

BGL

Intendanz

AM BERTOLT-BRECHT-PLATZ

Berlin, den 28.2.1963

An das
Wehrkreiskommando Mitte
Musterungsstelle

B e r l i n   C 2
Rosenthaler Str. 46/47, II.St.

Betr.: Zurückstellung des Kollegen Lothar Runkel

Werte Genossen!

Wir bitten Herrn Lothar Runkel, geboren am 14.2.1939, wohnhaft in Berlin C 2, Fischerstraße 36, aus folgenden Gründen vom Wehrdienst zurückzustellen:

Herr Lothar Runkel ist seit 1954 an unserem Theater engagiert. Er wurde von uns als Inspizient ausgebildet und arbeitete ab 1.8.1959 verantwortlich neben zwei Inspizienten, die auf eine langjährige Erfahrung zurückblicken konnten. Die Maßnahmen des 13. August führten zu einer Vertragslösung mit den genannten beiden Inspizienten. Bis zur Einstellung neuer Inspizienten mußte Kollege Runkel die Arbeit von drei Inspizienten ausführen und danach zwei neue Kollegen in ihren Arbeitsbereich einführen. Von einem der beiden Inspizienten mußten wir uns aus fachlichen Gründen am 1.1.1963 trennen. Seit dieser Zeit ist die dritte Inspizientenposition an unserem Haus unbesetzt, wobei hinzukommt, daß es sich bei dem zweiten Inspizienten um eine Frau mit Kind handelt, deren häusliche Verpflichtungen das Theater von Zeit zu Zeit berücksichtigen muß.

Es ist uns unmöglich, uns von dem qualifizierten und verantwortlich arbeitenden Kollegen Runkel zur Zeit zu trennen, da die spezifischen Bedürfnisse unseres Theaters an seinem Beruf - nur personenreiche Stücke, Auslandsgastspiele usw. - die Einstellung und Einweisung zweier

b.w.

neuer qualifizierter Inspizienten notwendig machen.

Wir bitten, unsere Einwände zu berücksichtigen und Kollegen Runkel bis Ende des Jahres vom Wehrdienst zurückzustellen.

Mit freundlichen Grüßen
        BERLINER ENSEMBLE AM BERTOLT-BRECHT-PLATZ
            - Helene Weigel -

                             (Rudolph)
befürwortet: Kaderleiterin

                         (Werner Strauchmann)
Ministerium für Kultur   B G L

Lieber Kollege Runkel !

Sie haben durch den Weggang des Kollegen Güldenmeister und Schrade im November 1961 als Inspizient die Verantwortung für sämtliche auf dem Spielplan des BERLINER ENSEMBLE stehenden Stücke übernehmen müssen.

Außerdem haben Sie die Kollegin Wolfshohl mit allen schwierigen Vorstellungen vertrautgemacht, so daß sie eine Auszeichnung erhalten konnte.

In der schwierigen Übergangsperiode nach dem 13. August, und als die dritte Inspizientstelle noch nicht mit einer geeigneten Fachkraft besetzt werden konnte, sind Sie oft kurzfristig eingesprungen und haben sogar mit fieberhaften Erkrankungen am Inspizientenpult gestanden und damit wesentlich zur Erhaltung der Qualität der Aufführungen beigetragen.

Wir danken Ihnen auf das herzlichste für diese Betriebsverbundenheit und freuen uns, Ihnen die
        Medaille für ausgezeichnete Leistungen
verbunden mit einer Geldprämie überreichen zu können.

Berlin, den 1. Mai 1963

     BGL   Betriebsleitung

AM SCHIFFBAUERDAMM   Berlin, 18.1.63

Lieber Lothar,

        ich habe mich gefreut zu hören, daß Du scharf darauf achtest, die Vorstellungen pünktlich zu beginnen. Ich möchte nur unseren Freund Rohde für die Vorstellung am 9.1.-Schweyk- entschuldigen, da es sich darum handelte, das Publikum vom 2. Rang ins Parkett zu bringen, was natürlich etwas aufhielt.
Ich danke Dir trotzdem für Deine Aufmerksamkeit.

                                         Helene Weigel

Aktenzeichen	Rechn.-Jahr 19**61**	Einzelplan	Kapitel	Sachkonto	Belegnummer

Auszahlungsanordnung über DM 45,--

Markbetrag in Worten: **Fünfundvierzig------**

Empfänger: **Lothar Runkel**

Konto bei: in

Verw.: Übernahmehonorar (30,--) und eine Vorstellung (15,--) für Herr Stephan in "Frau Flinz" (Übernahme am 18.5.61)

BERLINER ENSEMBLE
— Helene Weigel —
Berlin NW 7
Am Schiffbauerdamm 4a

Berlin, den 1. 6. 61

Berlin, den 9.10.1961

Lieber Lothar Runkel,

zu Deinem hervorragenden Einsatz bei der Übernahme aller unserer Stücke als Inspizient, möchten wir Dir danken. In vorbildlicher Weise hast Du zu Deinem Teil mitgeholfen, daß entstandene Lücken schnell geschlossen wurden. Wir möchten Dich dafür mit einer Prämie auszeichnen und gratulieren Dir.

Gute weitere Zusammenarbeit.

BPO   Intendanz   BGL

Lieber Lothar Runkel !

Wir gratulieren sehr herzlich
zur 400. "Dreigroschenoper".
Vielen Dank.

Berlin, den 22. Juni 1966

Im Namen der Theaterleitung

Isot Kilic

Quittung Nr. .... MDN 80,—

Von Herrn Lothar Runkel
für Miete im Hause Weigel für 12
Tage u. 2,— Strandverbrauch

MDN zwanzig

erhalten zu haben, bescheinigt .... hiermit

Putgarten, den 12. 7. 1969

Ankunft 2. 7. – 13. 7. 69

Paula Reguer

Diplom

für gute Seemandschaft
und für die Überlebung
eines Schiffshavarie.

27 mai 1974

wir
König Neptun

FESTSPILLENE I BERGEN
Bergen International Festival

Leitung: Manfred Wekwerth

Berlin, den 7. Oktober 1977

Lieber Herr Runkel!

Theaterleitung und Betriebsgewerkschaftsleitung freuen sich, Sie mit einer Prämie in Höhe von

150,-- Mark
==========

auszeichnen zu können.

Wir danken Ihnen auf das Herzlichste für bewiesene Einsatzbereitschaft und Initiative bei der Erfüllung unserer Aufgaben.

Wir wünschen Ihnen persönliches Wohlergehen und gute Erfolge in der beruflichen Tätigkeit.

Prof.Dr.Manfred Wekwerth Fritz Dietrich
Intendant   BGL-Vorsitzender

Deutsche Post
Fernsprechamt Groß-Berlin
– Technischer Außendienst –

Fernsprechamt Groß-Berlin, 104 Berlin, Tucholskystraße 6, Postfach 200

Berliner Ensemble
-Kaderabteilung-

<u>104 Berlin</u>
Am Bertolt-Brecht-Platz

21. Jan 73
i.A.

Ihre Zeichen	Ihre Nachricht vom	Fernsprecher	Unsere Zeichen	Datum
	4. 12. 72	4201 2415	TDF 4	8. 12. 72

Sehr geehrte(r) Frau/Herr Häntzsche

Mit diesem Zwischenbescheid bestätigen wir Ihnen, den Erhalt Ihrer Eingabe vom 4. 12. 1972
Es ist uns leider nicht möglich, die Störung sofort zu beseitigen, da eine Kabelstörung vorliegt. (Bei dem Anschluß 2 75 04 40 Lothar Runkel)
An der Beseitigung der Störung wird gearbeitet. Wir bitten um Ihr Verständnis, wenn sich wegen des Umfanges der erforderlichen Arbeiten eine längere Störungsdauer ergeben sollte.
Falls Ihr Anschluß länger als 14 Tage nicht betriebsfähig ist, werden wir Ihnen gemäß Fernsprechordnung § 14 die Grundgebühren für die Dauer der Störung erstatten.
Zur weiteren Bearbeitung und Erledigung übergeben wir Ihr Schreiben der zuständigen Fachabteilung ~~XXXXXXXXXXXX~~. Von dort erhalten Sie eine abschließende Mitteilung.

Im Auftrag

Leitung: Ruth Berghaus

Berlin, den 7. Oktober 1972

Liebe Kollegen Inspizienten!

Nicht unbemerkt ist es geblieben, daß Sie über Ihre Arbeitsaufgaben hinaus selbständige viele Arbeiten, die für den Ablauf der Vorstellungen förderlich sind, übernommen haben.

Wir möchten Ihnen heute dafür danken und freuen uns, Ihnen eine Kollektivprämie überreichen zu können.

B G L   INTENDANZ

Leiter des
Wehrkreiskommandos
Berlin-Friedrichshain

1034 B e r l i n
Grünberger Str. 39/41

Berlin, den 14. 9. 1973

Sehr geehrter Genosse!

Im Dezember vorigen Jahres hatten wir die Bitte an Sie
gerichtet zu prüfen, ob unser 1. Inspizient, Herr
Lothar R u n k e l , geb. 14. 02. 1939, wohnhaft
1017 Berlin, Lichtenberger Str. 20, vom Reservistendienst
zurückgestellt werden kann.
Wir hatten Ihnen unsere Bitte mit unseren arbeitsmäßigen
Problemen begründet. Sie hatten dieser Bitte entsprochen,
wofür wir Ihnen dankbar waren.
Heute wenden wir uns nun erneut an Sie. Unsere arbeits-
mäßige Situation ist durch Sonderaufträge von unserer
Partei und Regierung in den nächsten Monaten und auch im
kommenden Jahr wiederum sehr angespannt. Wir möchten nur
von 2 großen Produktionsvorhaben sprechen, an denen Herr
Runkel beteiligt ist und wo seine Erfahrungen für die Qualität
der Arbeit ins Gewicht fallen. Das ist einmal die Fernsehaufzeichnung von " Der aufhaltsame Aufstieg des Arturo Ui"
im Januar 1974 neben 2 größeren Neuproduktionen, außerdem ist
unser Ensemble für ein Gastspiel nach Norwegen und Dänemark
verpflichtet worden.
Auch bei diesen Vorhaben ist die Mitwirkung von Herrn Runkel
für uns wichtig.
Wir haben das Vertrauen, daß Sie unsere Probleme verstehen
und unserer Bitte nach Möglichkeit positiv entsprechen.

Mit sozialistischem Gruß

Ruth Berghaus   Wolfgang Pintzka   Pilka Häntzsche
Intendantin   Parteisekretär   Kaderleiterin

Lothar Runkel   Berlin, den 31.3.77

An die Leitung
   die Parteileitung und
   die BGL des Berliner Ensemble

Es ist erfreulich zu bemerken, daß besondere Leistungen von der
Leitung öffentlich belobigt werden. Ganz besonders freut es mich
für Pitti Reinecke. In diesem Zusammenhang stellt sich mir aber
folgende Frage: Mit welchen Maßstäben wird gemessen und nach
welchen Kriterien wird beurteilt?
Um die Endproben und die Premiere "Tolles Geld" nicht zu
belasten habe ich trotz einer starken Bronchitis gearbeitet.
Zu dieser Erkrankung kam dann eine Kehlkopfentzündung hinzu.
Auch dann habe ich, obwohl mich zwei Ärzte krankschreiben
wollten, meine Vorstellungen, Proben und auch Versammlungen
und gesellschaftliche Veranstaltungen gemacht.
Dies geschah weder aus Wichtigtuerei noch aus dem Gefühl der
Unersetzbarkeit heraus, sondern lediglich, weil ich meine
Kollegen nicht unnötig belasten wollte und mir die Qualität der
Vorstellungen wichtig erschien - selbstverständlich, weil kein
Fieber vorlag und ich mich arbeitsfähig fühlte.
Aber das ist auch nicht die Frage.
Ich könnte mir denken, daß weniger disziplinierte Menschen
durch solche Widerwärtigkeiten in ihrer Arbeitsmoral ungünstig
beeinflußt werden könnten.
Aber glücklicherweise haben mich solche Dinge im BE noch nie
in meiner Arbeitshaltung wanken gemacht.

                              Mit freundlichen Grüßen

Leitung: Manfred Wekwerth

Lieber Herr Runkel!

Wir gratulieren Ihnen von Herzen zum 25. Jahrestag Ihrer Tätigkeit am BERLINER ENSEMBLE. Sie haben in oft schwierigen und konfliktreichen Zeiten dem Brecht-Theater die Treue gehalten; und wenn das BERLINER ENSEMBLE ein Vierteljahrhundert produktive Theaterarbeit hat leisten können, so ist das auch Ihr Verdienst.

Wir wünschen Ihnen Gesundheit und persönliches Wohlergehen und freuen uns auf die weitere künftige gemeinsame Arbeit.

BERLINER ENSEMBLE

Prof. Dr. Manfred Wekwerth
Intendant

Berlin, den 1. Mai 1979

Prof. Dr.
Manfred Wekwerth

Lieber Lothar,
herzlichen Dank
für Deine zuverlässige
und souveräne Arbeit
im Dario Fo

Manfred

15.12.78

WIEN HILTON

Am Stadtpark A-1030 Wien Telefon: 75 26 52 Serie Telegramm: HILTELS Wien Telex: 07-6799

Herrn
Lothar RUNKEL

Lichtenbergerstr. 2o
D-1o2 BERLIN   7.November 1978

Sehr geehrter Herr Runkel !

Bitte verzeihen Sie, daß wir erst heute Ihr
geschätztes Schreiben vom 2.1o.d.J. beantworten.
Durch verschiedene Nachforschungen im Zusammenhang
mit Ihrem Schadensfall kam es zu dieser Verzögerung.

Wir bedauern außerordentlich, daß Sie durch das
Ihnen widerfahrene Mißgeschick so einen schlechten
Eindruck unseres Hauses erhielten und bitten Sie
höflichst, alle Ihnen daraus entstandenen Unannehm-
lichkeiten freundlichst zu entschuldigen.
Sicherlich dürfte in einem Hause unserer Reputation
so etwas nicht passieren, aber Sie werden sicher
verstehen, daß in einem Haus unserer Größe, trotz
genauer Personalauslese und aller möglichen Vorsichts-
maßregeln wir nicht absolut gegen Vorfälle dieser
Art geschützt sind.
Wir haben die Angelegenheit unserer Versicherung
übergeben und bereits die Erledigung urgiert.

Dürfen wir Sie daher höflichst bitten, sich noch etwas
zu gedulden; wir werden Sie sicher in Kürze wieder
kontaktieren.

Für heute empfehlen wir uns Ihnen

                            mit freundlichen Grüßen

                                   Rolf Plutzar
                                   Empfangsdirektor

WIEN HILTON

Am Stadtpark A-1030 Wien Telefon: 75 26 52 Serie Telegramm: HILTELS Wien Telex: 07-6799

Herrn
Lothar RUNKEL
Lichtenbergerstr. 2o
D-1o2 BERLIN   3.Jänner 1979

Sehr geehrter Herr Runkel !

Wir freuen uns Ihnen nun mitteilen zu können,
daß für den Verlust Ihres Geldbetrages von
unserer Versicherung AS 1.267.- zur Verfügung
gestellt wurden.

Wir erlauben uns daher, Ihnen eine Auslands-
überweisung in der Höhe dieses Betrages zu
überreichen und hoffen, diese Angelegenheit
damit zu Ihrer Zufriedenheit erledigt.

Wir bedauern nochmals diesen unangenehmen Vorfall
und die relativ lange Zeit die seine Erledigung
in Anspruch nahm.

Es würde uns freuen, Sie zu gegebener Zeit wieder
bei uns begrüßen zu dürfen und empfehlen uns
Ihnen

                              mit freundlichen Grüßen

                              Elke Arnhold
                              F.O.Asst.Manager

Leitung: Ruth Berghaus

Kollege
Lothar Runkel

<u>im H a u s e</u> Berlin, den 1. Mai 1974

Lieber Kollege Runkel!

Wir freuen uns, Sie anläßlich des 1. Mai 1974 mit einer
Prämie in Höhe von

<u>150.-- Mark</u>

auszeichnen zu können. Mit dieser Prämie soll Ihre vorbildliche Mitarbeit in der Inszenierung ".... stolz auf 18 Stunden" anerkannt werden.

Die Eigentümlichkeit und Ungewöhnlichkeit der Arbeiten an
diesem Werk erforderten eine hohe Einsatzbereitschaft,
Selbständigkeit und Eigeninitiative, um die Ideen des Autors
und Regisseurs erfolgreich umzusetzen. Durch Ihre schöpferische Mitarbeit trugen Sie wesentlich dazu bei, daß dieses
Stück zusätzlich zu den geplanten Spielplanvorhaben des
BERLINER ENSEMBLES kurzfristig und erfolgreich zur Aufführung gebracht werden konnte.

Wir danken Ihnen für diese Arbeit und wünschen Ihnen auch
weiterhin viel Erfolg.

Intendantin   BGL-Vorsitzender

Berliner Stadtkontor · Konto 6651-20-130142   104 Berlin · Am Bertolt-Brecht-Platz · Fernruf 4225871

Leitung: Manfred Wekwerth

Lothar R u n k e l   Berlin, am 10.01.1979

Lieber Lothar,

ich bin bereit, Deine Reise zu Deiner Mutter nach Westberlin
zu befürworten. Du mußt mit einer Vorbereitungsdauer von
6 Wochen rechnen.
Ich würde vorschlagen, Du nennst Helga Hay einen Termin
für Anfang März.

                                               Mit freundlichem Gruß

                                               Manfred Wekwerth

Berliner Stadtkontor · Konto 6651-20-130142 · 104 Berlin · Am Bertolt-Brecht-Platz · Fernruf 2825871

NATIONALE VOLKSARMEE   O.U., den 03.10.1973
Wehrkreiskommando Berlin-Friedrichshain
        -    Der Leiter   -

Tgb.-Nr. _____/73

Berliner Ensemble

104 Berlin
Am Bertolt-Brecht-Platz

Ihre Zeichen	Ihre Nachr.v.	Ihre Tgb.-Nr.	Unsere Nachr.v.
-	14.09.1973	-	-

Betreff
Zurückstellung vom Reservistenwehrdienst

Ihrer Bitte, den Reservistenwehrdienst des Kollg. Runkel, Lothar geb. 14.02.39 von der vorgesehenen Ableistung in der Zeit vom 01.11.1973 bis 30.04.1974 zurückzustellen, habe ich stattgegeben.
Kollg. Runkel wird bis zum 30.04.1974 zurückgestellt.

Markuske, Oberstleutnant

Leitung: Ruth Berghaus

Kollege
Lothar Runkel

im H a u s e　　　　　　　　　　Berlin, den 7. Oktober 1974

Lieber Kollege Runkel!

Wir freuen uns, Sie anläßlich des 25. Jahrestages der DDR und
des BERLINER ENSEMBLES mit dem Ehrentitel

　　　　　　　Aktivist der Sozialistischen Arbeit

auszeichnen zu können.

Mit dieser Auszeichnung würdigen wir Ihre Entwicklung vom Inspi-
zienten-Assistenten zum erstklassigen Inspizienten des BERLINER
ENSEMBLES in der Zeit seit 1959, die untrennbar verbunden ist
mit der künstlerischen und politischen Entwicklung des BE. Viele Produktionen unseres Theaters sind ohne Ihre Präzision, Hilfsbereitschaft, Unduldsamkeit und Kollegialität nicht denkbar.

Wir danken Ihnen für Ihre vorbildliche Arbeitshaltung und wünschen Ihnen auch weiterhin viel Schaffenskraft und Erfolg.

　　　　　　　　　　　Intendantin　　　BGL-Vorsitzender

Berlin, den 14.Dezember 1972 Eb.

Liebe Pilka!

Du möchtest bitte versuchen, für Lothar Runkel eine Freistellung oder wie sa heisst, von der NVA zu bekommen. Du weisst ja, er soll ab Mai für 1/2 Jahr weg. Frau Berghaus braucht ihn aber dringend, und zwar besonders für die Fernsehaufzeichnung "Ui", die ab Anfang September ist. Ausserdem haben wir zwei Produktionen und die Weltfestspiele, aber nur mit ihm drei Inspizienten.
Dieser Antrag müsste aber bitte noch vor Weihnachten an das Wehrkreiskommando Berlin-Friedrichshain, Grünberger Strasse gerichtet werden.

Schönen Dank und Gruss

[Unterschrift]

Lieber Lothar,
für die großartige
Mitarbeit im
Fatzer meinen
herzlichen Dank
und toi-toi-toi

[Unterschrift]

BERLINER
ENSEMBLE

AM BERTOLT-BRECHT-PLATZ

[Unterschrift]
16.6.87

Leitung: Manfred Wekwerth

Kollegen
Lothar R u n k e l
im Hause

Berlin, 1. Mai 1981

Lieber Kollege Runkel!

Wir freuen uns, Sie anläßlich des 1. Mai 1981 mit dem Ehrentitel

"Aktivist der sozialistischen Arbeit"

auszeichnen zu können.

Sie sind seit vielen Jahren ein wichtiger Mitarbeiter des BERLINER ENSEMBLES. Sie haben als Inspizient mit hohem Verantwortungsbewußtsein dazu beigetragen, daß allabendlich unsere Vorstellungen mit der erreichten künstlerischen und technischen Qualität gespielt werden. Außer Ihrer vorbildlichen fachlichen Arbeit haben Sie sich durch viele Sondereinsätze und Ihre Bereitschaft, zusätzliche gesellschaftliche Arbeit zu übernehmen, im Theater Achtung und Anerkennung erworben.

Wir bedanken uns und hoffen auf weitere gute Zusammenarbeit.

Intendant   BGL-Vorsitzender

le berliner ensemble - rda en banlieue parisienne

18 mars / 4 avril 1971

« LA MÈRE »

Helene Weigel (La Mère)

« Quand j'ai écrit *La mère*
» D'après le livre du camarade Gorki et de nombreux
» Récits inspirés à des camarades prolétaires.
» Par leurs luttes quotidiennes, je l'ai écrite
» Sans la moindre fioriture, dans une langue parcimonieuse
» Plaçant les mots avec rigueur, choisissant.
» Avec soin chaque geste de mon personnage, comme lorsqu'on
» Rapporte les paroles et les actions des Grands. »

Bretcht présentait ainsi, dans sa lettre au Theatre Union (théâtre ouvrier de New York) la pièce que le Théâtre des Amandiers de Nanterre affiche le 19 mars à 20 h. 30 (*).

« La mère » date de 1931-1932. La première représentation eut lieu à Berlin le 17 janvier 1932.

En 1958, le metteur en scène Manfred Wekwerth, en collaboration avec les studios de la D.E.-F.A. tourna un film documentaire sur cette mise en scène de « La mère ».

L'action commence en Russie en 1905. Pelagea Vlassova, veuve d'un ouvrier et mère d'un ouvrier, ne voit aucune issue à sa situation économique... Entre cette première scène et la dernière (janvier 1917) où La mère marche parmi les ouvriers en grève et les matelots mutinés, il y a eu une lente et sûre prise de conscience. La mère porte le drapeau rouge. Ce n'est plus pour le kopek qu'elle combat, mais pour prendre le pouvoir dans l'Etat.

Depuis la création, c'est Hélène Weigel qui tient le rôle-titre.

(*) D'autres représentations les 24 et 30 mars (20 h. 30) et le 3 avril (15 h.).
Le texte français de « La Mère » figure dans le tome 3 des œuvres complètes de Brecht (Ed. de l'Arche).

OPERA

Helene Weigel als „Die Mutter" in Paris

IM RAMPENLICHT

Unser sozialistisches Berlin ist weltberühmt durch die Theater, die hier ihre Häuser haben. Zwar spricht man in London oder Helsinki, in Moskau oder Venedig, in Paris oder Wien niemals von „Mitte" — dafür aber von dem Berliner Ensemble, von der Komischen Oper, von der Staatsoper, vom Deutschen Theater, vom Maxim-Gorki-Theater, von der Volksbühne, vom Metropol... Wir als Bürger des Stadtbezirks Mitte sind stolz auf diese Kulturinstitute, die Spiegelbild der großen kulturellen Leistungen in unserer Republik sind.
Hochrufe auf das Berliner Ensemble in London! Begeisterte Kritiken in der englischen Presse! Der Theaterkritiker der englischen Zeitung „Times" sagte u. a. „splendidly" (glänzend, herrlich, großartig) in seinem ersten Bericht über die Aufführung von Brechts „Arturo Ui" im August 1965 in London. Und überall die gleichen Bewertungsmaßstäbe, ob in Budapest oder in Prag...
Die Komische Oper gastierte im Juli 1965 in Moskau. Es war ein hervorragendes kulturelles Ereignis; zuvor spielte sie in Stuttgart, in Stockholm, in Venedig. Ovationen über Ovationen vor ausverkauften Häusern.

Einen kleinen Ausflug auf die Budapester Fischerbastei machten Mitglieder des Berliner Ensembles anläßlich ihres Gastspiels im Juni dieses Jahres

Gib uns doch Licht auf die Bühne, Beleuchter! Wie können wir
Stückeschreiber und Schauspieler bei Halbdunkel
Unsre Abbilder der Welt vorführen? Die schummrige Dämmerung
Schläfert ein. Wir aber brauchen der Zuschauer
Wachheit, ja, Wachsamkeit. Laß sie
In der Helle träumen!

Bertolt Brecht

Drehbühne im Gepäck

»Die Beleuchtung«, »Die Vorhänge«, »Die Requisite der Weigel« — in mehreren Gedichten hat Brecht sein ständiges Interesse an wichtigen technischen Zubehör jeder Theateraufführung bekundet. Die »geschäftigen Vorkehrungen« sind beschrieben, die für den Zuschauer getroffen werden. Er möge gewahren, daß ihr nicht zaubert, sondern arbeitet, Freunde«. Womit die Bühnentechniker gemeint sind.

Die Zahl der Auslandstourneen des Berliner Ensembles geht auf 50. Jede Reise bietet übergenug Gelegenheit, angestrengt zu arbeiten; mit irgendwelcher zauberischen Improvisation könnte nicht eine einzige Vorstellung stattfinden. 1969 beim Jugoslawien-Gastspiel: In Belgrad wurde ein Generator für den Drehbühnen-Antrieb schwer beschädigt ausgeladen. Nach achtstündiger Reparatur (Blick immer auf die Uhr und die Stunde der Eröffnungsvorstellung) qualmte das Ding beim Probelauf noch immer. Neue verzweifelte Anstrengung, bis Generator und damit Aufführung programmgemäß liefen. Der Schweiß der Ungenannten wiegt manches Schauspieler-Lampenfieber auf.

Mit kleinem Koffer

Jede Tournee-Einladung liest im zweiten Stock des Hauses am Bertolt-Brecht-Platz langfristige Vorbereitungen aus. Dort befindet sich — hübsche kleine Pointe — über (!) der Intendanz das Büro von Walter Braunroth, dem Technischen Direktor. Er fährt, oft zusammen mit Theaterobermeister Walter Gnaist oder Beleuchtungsobermeister Gerhard Nieder, als Vorkommando zum gastgebenden Theater.

Das Gepäck ist vergleichsweise winzig: Kamera, Kugelschreiber und 13 Blätter eines Fragebogens. Er enthält 49 mehrfach unterteilte Fragen nach Details wie Bühnengröße, Elektro-Ausstattung, Versenkungen, Garderobenplätzen, Toiletten. Alles aus praktischen Erfahrungen bereits formuliert. Selbst wo etwas nicht rechtzeitig erkundet und nicht erst zum Eintreffen festgestellt, wenn ein mitgebrachtes Stück nicht hindurchgeht, »wie groß ist die Tür für den Dekorationstransport zur Bühne?«

In Berlin meldet dann die 49 Antworten auf ungefähr 100 Fotos der fremden Räumlichkeiten mit allen 70 BE-Technikern ausgewertet; es entstehen Pläne und Listen, die vom tonnenschweren, maßgerecht zerlegbaren Dekorationsteil über Kostümkisten bis zur Tonbandspule — alles auführen, was den — einmal vergessen beispielsweise über die 9000 Kilometer Distanz zum bisher weitesten Gastspielort Tbilissi nicht mehr heranschaffen ließe. Da verläßt sich niemand auf seine bei vielen Fahrten erworbene Tournee-Routine, sondern da helfen nur immer neue Überlegungen und Aufmerksamkeit.

● Transportmittel sind

● Lastkraftwagen (die zu sieben werden manchmal benötigt), die vor allem dann in Frage kommen, wenn mehrere Städte eines Landes das Berliner Ensemble eingeladen haben.

● Eisenbahn-Container, die ebenfalls als praktische Magazine dienen können. Vor dem Prager TV-Theater, einem historischen Gebäude mit wenig Abstellraum, leisteten sie gute Dienste. Allerdings hatten die Bühnenmaler alle Hände voll zu tun, weil zwischen Theater und Containern einige breite Straße überquert werden mußten und Dauerregen jedesmal etwas Farbe von den »Dreigroschenoper«-Kulissen heruntergewischt ...

● Das Flugzeug, bisher lediglich von dem entfernten Tbilissi eingesetzt. Hier verdient die sorgfältige Vorbereitung besondere Erwähnung: Es war eine AN-12 der sowjetischen Aeroflot gechartert und das Ausmaß des Laderaumes erfragt worden. Weil sich Theaterdekorationen nicht als Stückgut stauen lassen, bauten die Bühnentechniker vorher eine Art stählernes Traggestell von neun Meter Länge und zweieinhalb Meter Breite und Höhe, in dem alles verzurrt werden konnte. Verladen wurde nichts, und um bei ungenügender Beleuchtung nicht lange herumprobieren zu müssen, hatten die Techniker vorher auf der Bühne des Berliner Ensembles mehrere »Generalproben« veranstaltet.

Fjodor Skljar, der Kommandant des »fliegenden Güterwagens«, konnte damals in Schönefeld gerade seine nächtliche Mahlzeit beenden, da

meldete man ihm die Maschine schon wieder startklar!

Londoner Brennprobe

Meist gehören zusätzliche Beleuchtungsgeräte zum Ladegut. Direktor Walter Braunroth: »Eine derart gleichmäßige Helligkeit, wie wir sie für unsere Inszenierungen brauchen, gibt's anderswo selten. Ehe wir die Scheinwerfer in den Gehängen vor Zuschauerräumen, also über Sitzplätzen, die der Feuerwehr oder anderen Sicherheitsbeauftragten — Fluchtwege für die Katastrophenfall dürfen nicht verbaut werden!«

Jedes Land hat andere Bestimmungen. Übergenau sind die Engländer. In London muß die Feuerwehr 1965 eine regelrechte Brennprobe vor, indem sie Streichhölzer an Dekorationsteile hielt. Wir mußten teilweise nachimprägnieren, denn nicht zuletzt den guten Einvernehmen war es selbstverständlich ohne Murren taten; denn im Gastgebern auch in solchen Dingen ist es zu vergleichen, daß 25 Tournee-Jahre ohne die geringsten körperlichen Schäden für Zuschauer oder BE-Mitarbeiter verliefen.«

Das ist Walter Braunroths berechtigter Stolz. Der heutige Technische Direktor betrat 1948 als 19jähriger Elektromonteur im Stadttheater Freiberg erstmals eine Bühne, wurde Beleuchtung, dann Theatermeister, absolvierte eine Fachtechnik-Lehrgang und lernte bei allem nicht bloß Handwerk, sondern vor allem Menschenführung. Daß viele Mitglieder seiner Mannschaft mehr als 20 und ganz wenige unter fünf Jahre zum Berliner Ensemble gehören, erwähnt er gern. »Ohne die verläßlichen Stamm wären Gastspielerfolge kaum möglich. Jeder hat irgendwann ...

ein Husarenstück, einen speziellen Einsatz vollbracht und in richtigen Moment an der richtigen Stelle das Richtige getan, was eine Vorstellung unter den ungewöhnlichen Bedingungen im Ausland sichern half.«

Kein Kraut ist freilich gegen Zwischenfälle wie diesen gewachsen: Bei einem Paris-Gastspiel war das dortige Theater in der Zeit zwischen dem Besuch des Vortrupps und dem Eintreffen des gesamten Ensembles auf eine andere Stromspannung umgestellt worden — und niemand hatte es nach Berlin mitgeteilt ... Das Französische Fernsehen half schließlich mit Transformatoren.

Doch sonst wappnen sich die gewitzten Techniker gegen Unvorhergesehenes mit (fast) allen Gegenmitteln. Eines davon wiegt zwölf Tonnen: die transportable Drehscheibe, je nach den räumlichen Verhältnissen am Gastspielort von acht auf zwölf Meter Durchmesser auszieh-har. Soll auf einer Bühne ohne eingebaute Scheibe gespielt werden, ist sie unentbehrlich. Andererseits sind eingebaute Drehscheiben von Moskau bis London beinahe ausnahmslos für raschen Dekorationswechsel bestimmt, und ihr Antrieb erlaubt nur ruckartiges Starten und Stoppen.

Was tun, wenn etwa »Coriolans« verlangt wird, worin die bewegten Schlachtenszenen ohne stufenlos regelbare Scheibenbewegung gar nicht denkbar wären? Dann scheuen die unermüdlichen Techniker nicht einmal den Umbau vorhandener Anlagen. Übrigens meist gegen die Bedenken der Gastgeber, die jedoch am Ende vom Effekt stets dermaßen überzeugt werden, daß der VEB Starkstrom-Anlagenbau Dresden (Hersteller der dazu benötigten Motoren und Generatoren) bereits manche devisenträchtige Auslandsbestellung erhielt.

Lagunen-Abenteuer

Wenn die 70 Maschinisten, Requisiteure, Beleuchter, Dekorateure ins Erzählen kommen, fällt bestimmt das Stichwort Venedig. Der Weg vom Bahnhof zum Teatro La Fenice war über Wasserweg, zurückzulegen mittels Lastgondeln. Zwar hatte die italienische Speditionsfirma Ebbe und Flut brieflich erwähnt, aber richtig ernst war der beiläufige Satz nicht genommen worden. Der bruchte Nacht folgte dem Versammnis ebenso unerwartet wie komisch.

Gerade hatte die hoch beladene Flotte an Bahnhof abgelegt, als die vorderen Boote die Umpassierbarkeit der Brücken meldeten: Das steigende Wasser drückte die teilweise sperrigen Dekorationsstücke über die lichte Durchfahrtshöhe empor. Um zumindest mit den wenige umfänglichen Stücken durchzukommen, wurde in Windeseile wahllos an die Ufer entladen, bis der verbleibende Rest notdürftig paßte. Während der Ebbe ging's aus Einsamkeit. Walter Braunroth: »Es war ungeheuer!«

Noch nicht ganz. Erst beim Abbau nach Gastspielschluß beriefe der Technische Direktor das wahre Leistungsvermögen seiner Kollegen kennen. Wieder stand nämlich Flut bevor. »Der damalige Geschwindigkeit ernd im Zusammenpacken ist nie mehr erreicht worden.«

Günther Bellmann

Wenn das
Berliner Ensemble
auf Reisen geht

Ende August beginnt beim Berliner Ensemble eine Jubiläumsspielzeit: die 25. Dieser Jahrzehnte soll im Herbst 1949 war das Theater mit Unterstützung der Regierung unserer jungen Republik von Helene Weigel und Bertolt Brecht gegründet worden. Heute durch Ruth Berghaus geleitet, fühlt es sich nach wie vor einer Forderung Brechts verpflichtet: »Das Theater der sozialistischen Zeitalters soll die Massen unterhalten, belehren und begeistern. Es soll Kunstwerke bieten, Konflikte gestalten, zeigen, daß die Realität so zeigen, daß des Sozialismus aufgebaut werden kann. Es soll also der Wahrheit, der Menschlichkeit und der Schönheit dienen.« Welchen wichtigen Anteil daran die bühnentechniker haben, will der nebenstehende Artikel deutlich machen. Eine bühnentechnische Publikation »25 Jahre Berliner Ensemble, 1949—1974« erscheinen wird deutlich machen.

Vorm historischen Londoner Old-Vic-Theater:
Ausladen der Dekorationen des BE aus
Container im Bühnenhaus

Foto oben:
Nach unprogrammgemäßer Teilentladung mit verminderter Fracht in Venedig unterwegs zum Teatro La Fenice

Fotos: W. Braunroth

15

Die Fischerstraße 36 in Berlin...

The BERLINER ENSEMBLE at the National Theatre

HELENE WEIGEL

requests the pleasure of your company

to meet

The ENSEMBLE

on

Thursday, August 19th at 10.15 p.m.

at

The Old Vic Theatre
Waterloo Road, S.E.1.

R.S.V.P.

Großartiger Galilei

Neuinszenierung von Fritz Bennewitz im Berliner Ensemble mit Wolfgang Heinz in der Titelrolle

Im Berliner Ensemble steht wieder das „Leben des Galilei" auf dem Spielplan. Als Gast hat Fritz Bennewitz, Schauspieldirektor des Nationaltheaters Weimar, Brechts Stück über die politisch-moralische Verantwortung des Wissenschaftlers inszeniert (Ausstattung: Gustav Hoffmann, Bühnenbild, und Christine Stromberg, Kostüme; beide griffen auf die schon in Erich Engels Inszenierung benützten Entwürfe Caspar Nehers zurück).

Fritz Bennewitz' Aufführung ist -um straffen Ablauf und Überschaubarkeit der Fabel bemüht. Er konzentriert die Szenen in Darstellerführung und Arrangements nahezu radikal auf das Wesentliche. Die Spannung und Dichte der einzelnen Vorgänge wird unmittelbar aus der Schärfe, dem Witz, der Dialektik der geistigen Auseinandersetzung bezogen. Die Darsteller spielen vorrangig das jeweilige Verhalten ihrer Figuren zum Problem: dem Auftreten neuer Gedanken, neuer Erkenntnisse. Den einen werden sie als Gefährdung ihrer politisch-klerikalen Macht bewußt, den anderen erscheinen sie als für die Belebung von Manufaktur und Handel förderlich, während sie von den dritten als ahnungsvolle Hoffnung auf Veränderung ihrer schlimmen sozialen Lage aufgegriffen und verbreitet werden.

Bennewitz ist darauf bedacht, die Aspekte sozialer, politischer und ökonomischer Haltungen der Figuren mit Konsequenz und Folgerichtigkeit spielen zu lassen, ohne in irgendwelche didaktischen Manieren abzugleiten. So ist die Frau Sarti von Erika Pelikowsky verständlich aus ihrem naiv reagierenden „Zweckmäßigkeitsdenken" zwischen Krämerschulden und Obrigkeitsrespekt. Galilei findet im Universitätskurator von Siegfried Weiß einen Mann, den er nicht seiner Geistesgröße wegen, wohl aber als ökonomisch-administrative „Größe" ernst nehmen muß. Der Wissenschaftler Sagredo von Martin Flörchinger ist ein ob Galileis Entdeckungen skeptisch Erschrockener, er sieht die politisch-geistigen Verhältnisse realistischer als jener selbst. Wolfram Handel spielt den Kardinal Inquisitor mit der Grundhaltung des eiskalten Kalküls, mit der pragmatischen Berechnung eines Politikers, der die Entdeckungen Galileis, da einmal vorhanden, durchaus benutzen, gegenüber dem Volk aber durch Widerruf verleumden lassen will. Der gegen wissenschaftliches Denken selbst nicht gefeite Papst von Ekkehard Schall wehrt sich gegen das Zerbrechen der „Rechentafel" Galilei und unterliegt doch letztlich dem klerikalen Machtdenken, dessen höchstes Sprachrohr er nur ist (die berühmte Ankleideszene wird hier zu einem zähen Zweikampf zwischen ihm und dem Kardinal Inquisitor, in dem immer wieder herausforderndes, quälendes Schweigen zwischen den Texten die Spannung fast greifbar macht).

Das Ereignis der Aufführung ist Wolfgang Heinz als Galilei. Keiner, der Ernst Busch in dieser Rolle gesehen hat, wird diesen vergessen. Heinz spielt die Rolle nicht „nach", wiewohl ganz natürlich das „Modell" des Galilei von Busch in seiner Darstellung mit aufgehoben ist. Wolfgang Heinz' Galilei ist sehr irdisch, hiesig, alltäglich, kurz: Er ist einem ganz unmittelbar nah in seiner prallen Äußerung von Kraft, von ungebärdiger Lust am Forschen, am Herausfinden vom Unbekannten. Er zeigt von der ersten Szene an auch schon Momente einer fast kindlichen Naivität: Hingerissen vom wissenschaftlichen Argument, setzt er die Logik der Vernunft auch im Denken der anderen voraus. Heinz zeigt im schier hemmungslosen Forscherdrang seines Galilei dessen Mißachten der politischen Wirklichkeit, von der er naiv annimmt, sie werde sich ändern allein durch das Demonstrieren mathematischer und physikalischer Argumente. Damit markiert Heinz ganz frühzeitig schon die Ausgangsposition für das spätere Versagen des Galilei: Der Mann, dessen Gedanken die Sterne ordnen, verirrt sich in den realen Gegebenheiten der italienischen Staaten, will sich um seines Forschens willen mit den Mächtigen arrangieren und wird zum Verräter an sich selbst, an seinen Gedanken, an seiner Leistung.

Christine Gloger spielt die Galilei-Tochter Virginia, Hans-Peter Reinecke den erwachsenen Andrea, Victor Deiß den kleinen Mönch, Herbert Stevers den Linsenschleifer Federzoni.

Rainer K e r n d l

Schauspieler im Sowjetsektor ermordet:

Führt die Spur nach Westberlin?

Der Mörder des Hindenburg-Neffen Wolf Beneckendorff muß ein Freund des 70jährigen Ostberliner Schauspielers gewesen sein. Zu diesem Ergebnis kam die Vopo in ihren ersten Ermittlungen. Wie die BZ gestern berichtete, ist der Schauspieler am Mittwoch in seiner Wohnung in Ostberlin-Adlershof ermordet aufgefunden worden. Gestern endlich hat die Vopo auch die Westberliner Kriminalpolizei um Mitfahndung ersucht. Eines steht fest: der 70jährige muß seinen Mörder so gut gekannt haben, daß er ihn vermutlich mehrfach mit in seine Wohnung genommen hat. Zu dem Mordfall erfuhr die BZ noch dies:

Der siebzigjährige Schauspieler, Mitglied von Bert Brechts „Berliner Ensemble", soll der Ostberliner Kriminalpolizei schon seit längerer Zeit bekannt gewesen sein.

Schon mehrfach soll Beneckendorff von ihr zu Vernehmungen vorgeladen worden sein. Denn der Schauspieler war bekannt dafür, daß er die Bekanntschaft junger Männer suchte und diese in seine Wohnung einlud.

Schon einmal, im Herbst 1950, ist Beneckendorff von einem 28jährigen „Besucher" in seiner Wohnung bestohlen worden.

Versprechen wurde nicht gehalten

Ein Kollege des Schauspielers, der den 28jährigen daraufhin in dessen Wohnung am Stettiner Bahnhof aufsuchte und von ihm die gestohlenen Dinge zurückforderte, erklärte der BZ gestern, Beneckendorff habe dem „Freund" damals 56 Mark versprochen, sein Versprechen jedoch nicht gehalten. Da Wolf Beneckendorff in letzter Zeit

Außerdem ein goldener Ring mit einem schwarzen Onyx und den Buchstaben D. T. und eine silberne Tabaksdose, in deren Deckel die Grenzen der skandinavischen Länder eingraviert sind.

Die Westberliner Kriminalpolizei hat trotz der mangelhaften Unterrichtung

nicht mehr wagte, seinen krankhaften Neigungen im Sowjetsektor nachzugehen, soll er sich häufig in Westberlin aufgehalten haben.

durch die Vopo die Fahndung nach dem Mörder sofort aufgenommen. A. R.

Fahndung läuft!

Vor allem in den Nachtstunden soll der 70jährige hier die Bekanntschaft männlicher Jugendlicher gesucht haben.

Unter der Beute des Mörders befindet sich auch ein goldener Siegelring, in dessen Stein das Wappen der Familie Beneckendorff eingraviert ist.

Ein Neffe Hindenburgs

... war der in Ostberlin ermordete Schauspieler Wolf Beneckendorff. Erst 1945 legte er das „von" in seinem Namen ab. Unser Foto oben zeigt eine der letzten Porträtstudien des Künstlers. Links: Ein Bild seines Onkels Paul von Hindenburg. Trotz äußerst unzureichender Unterrichtung durch die Vopo hat die Westberliner Kriminalpolizei gestern die Fahndung nach dem Mörder von Wolf Beneckendorff sofort aufgenommen.

Fotos: BZ

BRECHT

Musikalische Leitung:	Hans-Dietrich Hosalla
Es singen:	Knaben aus Berliner Schulen
Einstudierung:	Hans-Joachim Geisthardt

Theatermeister: Neumann Beleuchtung: Richter Inspizient: Güldemeister / Runkel Ton: Schlaike Requisite: Moorbach Masken: Vonberg

(00) BG 013/67 2 621

LEBEN DES GALILEI

Katzgraben

Komödie von Erwin Strittmatter, Musik von Hanns Eisler

Regie:	Bertolt Brecht
Ausstattung:	Karl von Appen
Musikalische Leitung:	Hans Geisthardt
Assistenz-Regie:	Manfred Wekwerth
Techn. Leitung:	Walter Meier
Inspizienten:	Edgar Schrade
	Lothar Runkel

Liebe Esther
Runkel!
Ich danke Ihnen sehr für
Ihre genaue, verantwortungsvolle, engagierte
Mitarbeit! Herzlich
Ihr [Schatrow] und sicher auch "MIT DER KULTUR,
im Namen von dem GENOSSEN,
Schuldigen? STEHT ES JETZT BEI UNS
SEHR GUT!…"
3.10.80

Lieber Lothar!
Dein Optimismus mir gegenüber,
der war sehr hilfreich!
Herzlichen Dank!
Dein Peter Bause
8.10.83

TRAUERFEIER

im Berliner Ensemble

für

HELENE WEIGEL

Lied der Courage
   aus „Mutter Courage und ihre Kinder"
   Bertolt Brecht / Paul Dessau

Zwei Gedichte für Helene Weigel   Ekkehard Schall
   Bertolt Brecht

Gedenkansprache   Dr. Alexander Abusch,
   Stellvertreter des
   Vorsitzenden des
   Ministerrates der DDR

Bericht über den Tod eines Genossen   Ernst Busch
   aus „Die Mutter"
   Bertolt Brecht / Hanns Eisler

Für Helene Weigel   Wolfgang Heinz
   Anna Seghers
   Paul Dessau

Das Berliner Ensemble an Helene Weigel   Ruth Berghaus

Lob des Kommunismus
   aus „Die Mutter"
   Bertolt Brecht / Hanns Eisler

Berliner Ensembles

· ANALYSEN · INTERVIEWS · AUFSÄTZE

oriolan" in der Bearbeitung Brechts, Fassung des Berliner Ensem-
n ungewöhnlich starkes Echo in der internationalen Presse ge-
eaktion der Regie auf kritische Bemerkungen geben Einblicke in
eitsweise des Berliner Ensembles.

Rundfunk

nber 1964 mit Manfred

ügen aus, daß der Sieg
e um so bedeutungs-
der Materialwert für
sung des Volks: die
gumente der Plebejer
historisch begrenzt ge-
digen die Plebejer den
nd, mögen ihre Argu-
haben, wählen sie
Konsul, mag man die
eit der Plebejer er-

Volk nicht als zu über-
s Coriolan die Stimme
hale Seite der Helden-
nüchternes Abwägen
elt der Plebejer ver-

st wägend, das heißt
gezeigt, um in einer
egbesoffenes Zujubeln
zu machen. Brecht
ing der einen Haltung
chen.
n Schlachtszenen, die
ilässigt werden, große
n?
ißt Coriolan, weil er
einen Aufführungen
machen, wir halten
machen, also zeigen

ch dagegen, daß das
nodern sein solle, daß
gsverbrecher stemple.
zeichnet sich als dia-
h auch historisierend
hrer Bearbeitung für
ichtliche Situation zu

nierung versucht zu
ie eine uns ferne Zeit
hen läßt, in der der
h verdammt wurde,
en Handwerk zählte.
sche Situation konkret
shaft: der Zuschauer
iegsspezialisten aus-
großen Atomspezia-
echniker, den großen
d — so hoffen wir —
Größe und eine War-
durch Größe.

Triumphzug des Coriolan. Szene mit Ekkehard Schall, Manja Behrens, Renate Richter, Wolf Kaiser, Siegfried Weiß.

Mittwoch, 17. März 1971

»Commune« in St. Denis

Heute beginnt das Gastspiel des Berliner Ensembles in Paris

In Paris ist das Berliner Ensemble nicht zum erstenmal. Aber erstmals gastiert es mit drei Aufführungen gleichzeitig in drei Theatern. Es spielt „Die Tage der Commune" im Theater St. Denis, „Die Mutter" im Theater Nanterre und „Der Brotladen" im Theater Aubervilliers. Eingeladen wurde das Ensemble durch drei Stadtteile, deren Bürgermeister der Französischen Kommunistischen Partei angehören. Daß das Gastspiel gerade zur Zeit des 100. Jahrestages der Pariser Commune stattfindet, ist gewiß kein Zufall. Das Berliner Ensemble ehrt diesen Feiertag mit der Aufführung von Brechts „Die Tage der Commune" im Theater St. Denis.

In wenigen Stunden wird sich der Vorhang im Theater St. Denis zur ersten Aufführung heben. Die Vorbereitungen sind abgeschlossen. Sie waren besonders umfangreich, weil die drei kleinen Theater (600 bis 1000 Plätze) als Kulturhäuser gebaut, keine Bühnen mit Schnürboden, Drehbühne, kompletter Beleuchtungseinrichtung und anderen technischen Notwendigkeiten für ein modernes Theater besitzen. Das Theater von Nanterre ist einfach ein Saal für Ausstellungen, Fernsehinszenierungen usw. Hier mußte ein Bühnenfußboden von 320 Quadratmetern mit Fahrschienen eingebaut werden, damit die Dekorationen für „Die Mutter" eingefahren werden können. In Berlin hängen fast alle Dekorationsteile im Schnürboden, doch dafür gibt es in Nanterre keine Voraussetzungen. Es mußte ein neuer technischer Ablauf konzipiert werden. In Aubervilliers wiederum ist der Saal lang und schmal. Für den „Brotladen" war eine höhere Vorbühne zu bauen. Das Orchester bekam seinen Platz über den letzten Sitzreihen des Zuschauerraumes. Für die „Commune"-Aufführung in St. Denis benötigte man eine neue Vorbühne von 10 Metern mit einem fahrbaren Grundbau, der manuell zu drehen ist.

Techniker und Dekorationswerkstätten des Berliner Ensembles arbeiteten seit September des vorigen Jahres an diesen Vorbereitungen und die französischen Kollegen bewältigten einen großen Teil der Beleuchtungs- und Umbauarbeiten; sie sahen sich zum Teil vor ganz neue Probleme gestellt. Dekorations- und Umbauteile gingen per Container auf die Reise. Sehr vorteilhaft in mehrfacher Hinsicht: Er ist erheblich billiger als der herkömmliche Transport, und er bringt eine äußerst pflegliche Behandlung der Dekorationen mit sich. Außerdem können die Containerbehälter, neben den Theatern aufgestellt, während des Gastspiels als Magazine genutzt werden.

Die französischen Kollegen der Bühnentechnik verfolgten die Vorbereitungen mit großer Aufmerksamkeit und Einsatzbereitschaft. Sie möchten möglichst viel von dem berühmten Berliner Ensemble lernen, wie sie immer wieder versicherten. Kollegen des Ensembles mußten sogar versprechen, vom technischen Ablauf der „Purpurstaub"-Inszenierung einen Film zu drehen und diesen mitzubringen.

Das Ensemble ging mit 36 Technikern auf die Reise, alle zuverlässig und erprobt auf vielen Tourneen. Paris verspricht ein Wiedersehen mit der Stadt und die Begegnung mit einem neuen Publikum: mit Pariser Arbeitern.

BZ

WILLKOMMEN BEIM

... oder „Die Ausnahme"

...k der Weltliteratur auf dem
...on eines aktiven Humanis-
...nd poetische Weise in der
...üste notgelandeten Flie-
...en die Frage nach dem
...r Zuschauer erfährt die
... von seiner abenteuer-
...n Entschluß zur Rückkehr
...se auf ihn wartet, von
...t vertrieb. Es wird ein
... der Einsicht mündet,
...ft glücklich sein kann,
...n dem er gebraucht
...es eines Blickes, der
...rtung in das Wesen

...ebühne

...schen, aktuellen
...nen; mit ersten
...ildner.

...ke von Heiner
... Paul Gratzik
...der Versuche,
... aus unserer
...hten, die für
...gen in un-
...bühne und
... ihr Publi-
...rung eines

... Haase Christine Frost Hans-J...
Wolfram Handel Kurt ...
Kilian Wolfgang Holz Sonja Hörbing Peter Hla...
Holger Mahlich Dieter Knaup Erhard Köster
Methner a. G. Gisela May Curt M...
Günter Naumann a. G. Siegfried Meyer H...
kowsky Achim Petry Harald Popig Hans...
Renate Richter Werner Riemann Felici...
gelika Ritter Ekkehard Schall Marianne-...
ling Heinrich Schramm Willi Schwabe ...
Martin Seifert Rudolf Seiß Herbert Siev...
Stahl Karl-Maria Steffens Peter Tepper D...
Jörg Trentow Hein Trilling Franziska Troeg...
Viehmann Günter Voigt Dieter Wagner ...
Waller Siegfried Weiß Marlies Wilken Hor...
Arno Wyzniewski

Siegfried Weiß zu seinem 75. Geburtstag, den
18. April 1981 feiert: Seit 1960 ist Siegfried Weiß
spieler am Berliner Ensemble. Erinnern wollen w...
an den Schauspieler in „Arturo Ui", den Delesclu...
„Die Tage der Commune", den Titus Lartius in „Corio...
den Kurator in „Leben des Galilei" und den Obrist...
„Mutter Courage und ihre Kinder".

Siegfried Weiß als Alter Kardinal in „Galileo Galilei"

Betriebskollektivvertrag des Berliner Ensembles 1979

- des Intendanten und den zuständigen Leitern zur weiteren Erhöhung der Wirksamkeit aller Wettbewerbsinitiativen Empfehlungen zu übergeben;
- die Wettbewerbskommission zu veranlassen, darüber hinaus ständig Einfluß und Kontrolle auf die kurzfristige Entscheidung von Neuerervorschlägen und ihre Bearbeitung zu nehmen;
- die Solidaritätsbewegung in den einzelnen Bereichen und Abteilungen zu aktivieren;
- die Qualifizierung und Weiterbildung der Gewerkschaftsfunktionäre auf der Grundlage des Schulungsplanes der BGL und des zentralen Schulungsplanes des FDGB durchzuführen;
- zur Unterstützung der Arbeit mit den Kultur- und Bildungsplänen im Jahre 1979 je FDGB-Mitglied 20,00 M bereitzuhalten.

Der Intendant verpflichtet sich:

- die ständige Information der Mitarbeiter durch die Leiter der Bereiche und Abteilungen über Vorhaben, Produktionsergebnisse, -zusammenhänge, -methoden und Probleme zu gewährleisten;
- die Rechenschaftslegung vor den Kollektiven in den Bereichen und Abteilungen über die Erfüllung der Aufgaben, der Wettbewerbsprogramme und BKV-Verpflichtungen durch die staatlichen Leiter quartalsmäßig zu sichern;
- zur jährlichen Arbeitsplatzbegehung in allen Bereichen des Theaters unter Teilnahme der Bereichs- und Abteilungsleiter, der gewerkschaftlichen Kommissionen sowie unter Einbeziehung von Vertretern der Arbeitshygienischen Beratungsstelle, des Betriebsarztes und des DRK im BE (der Termin wird spätestens 10 Tage vor der Begehung den Mitarbeitern des betreffenden Bereiches bekanntgegeben).

Kollektive, die den Kampf um den Ehrentitel "Kollektiv der sozialistischen Arbeit" aufnehmen bzw. weiterführen, übergeben ihre Verpflichtungen jährlich bis September dem Intendanten

---

und den BGL-Vorsitzenden zur Bestätigung.
Die Verteidigung findet 1 Jahr nach Bestätigung statt. Halbjährlich sind Zwischenauswertungen durchzuführen.
Die vorliegende "Arbeitsordnung" ist auf der Grundlage neuer Erkenntnisse – in Auswertung des ab 1. 1. 1978 geltenden Arbeitsgesetzbuches – zu überarbeiten und mit Wirkung vom 1. März 1979 verbindlich einzuführen.

III. Materielle Interessiertheit

Gagen, Gehälter, Löhne und Honorare

Die Vergütung der Mitarbeiter wird auf der Grundlage der geltenden gesetzlichen Bestimmungen geregelt (RKV).
Der Intendant und die BGL vereinbaren, einmal jährlich über die Entwicklung der Gagen und der Gagenschnitte der Solisten, Vorstände und sonstigen künstlerischen Mitarbeiter zu beraten. Grundlage für die Gagenveränderungen bilden die Leistungseinschätzungen.
In den Abteilungen mit Gehaltsempfängern und gewerblichen Beschäftigten ist durch die Leiter in Zusammenarbeit mit den Direktor für Ökonomie und Planung, der Kaderabteilung und den Sparkassenvertretern (BGL) zu sichern, daß

- einmal jährlich die Wirksamkeit des Lohnprämiensystems (Arbeit nach beeinflußbaren und abrechenbaren Kennziffern) besonders im Hinblick auf die Stimulierung der Leistungen, der kollektiven Zusammenarbeit und der Senkung der Theaterstunden ausgewertet und Festlegungen über eine mögliche Neufassung der Lohnprämie getroffen werden;
- einmal jährlich die Qualifikations- und Leistungsentwicklung der Gehaltsempfänger auf der Grundlage der Funktionspläne beraten und Festlegungen über mögliche Gehaltsveränderungen im Rahmen des planmäßigen Lohnfondszuwachses getroffen werden.

DAS BERLINER ENSEMBLE IN LONDON

AUGUST 1965

DAS GASTSPIEL IM URTEIL DER PRESSE

Das Gastspiel des Berliner Ensembles im National Theatre findet zu einem Zeitpunkt statt, der für Brechts Ansehen in Großbritannien günstig ist. Seit dem letzten Besuch des Ensembles vor neun Jahren mußten wir mehrere geistlose, doktrinäre englische Aufführungen über uns ergehen lassen, und es verbreitete sich die Ansicht, Brechts Bedeutung sei stark hochgespielt worden und das Theaterpublikum einem zielstrebig geführten Reklamefeldzug, wenn nicht gar einem Schwindel, zum Opfer gefallen.

Die Brillanz der Aufführungen des Ensembles hat ohne Zweifel den letzten Verdacht beseitigt, denn das Theater ist nicht weniger Brechts Werk als seine Stücke.

The Times, 21. August 1965   Leitartikel

Das war eine verblüffende Woche! Das Berliner Ensemble hat im National Theater ein Publikum in Atem gehalten, das zum großen Teil kein Deutsch verstand. Genauso wollte Brecht das Theater: das Wesentliche erfassend, zum Denken anregend, schön und mit Spaß. Ich weiß, daß alles, was über ihn in England gedacht wurde, das Gegenteil lehrte. Man erwartete, seine Stücke seien schwerfällig, weil er ein Deutscher war; engstirnig, weil er ein Marxist war; wie Gebrauchsporzellan der Kriegszeit aussehend, weil er immer unterstrich, das Bühnenbild solle gebraucht und brauchbar aussehen; zusammenfassend: ohne jeden Spaß. Ich kann nur sagen: Geht ins Old Vic und schnell! Die Aufführungen dieses verblüffenden Ensembles haben eine Energie und einen Sinn fürs Spielen, wovon irgendein anderer als Joan Littlewood in England schwer träumen könnte.

Premiere am 13. Juni 1993   19.30 Uhr

DAS WUNDER VON MAILAND

Peter Zadeks Bearbeitung von »Totó il Buono« von Cesare Zavattini, inspiriert von Vittorio de Sicas Film

Regie **PETER ZADEK**

Bühne **Wilfried Minks**   Kostüme **Johannes Grützke**
Licht **André Diot**   Zusätzliche Dialoge **Peter Dollinger**

Es spielen   Hermann Beyer   Uwe Bohm   Eva Böhm   Georg Bonn   Mauro Chechi
Urs Hefti   Gabi Herz   Steffen Höer   Deborah Kaufmann   Maik Kittel
Patrick Lanagan   Hermann Lause   Eva Mattes   Hans-P...
Lothar Runkel   Nino Sandow   ...
Jaecki Schwarz   ...

Es spielen   Hermann Beyer   Uwe Bohm   Eva Böhr
Urs Hefti   Gabi Herz   Steffen Höer   Debor
Patrick Lanagan   Hermann Lause   Eva Ma
Lothar Runkel   Nino Sandow   Veit Sc
Jaecki Schwarz   Olaf Steingräber   Hei

Nächste Premiere am 30. September 1993

Brecht Müller

FATZER 1 / GERMANIA 2

Regie   **HEINER MÜLLER**

LA BIENNALE DI VENEZIA
XXV Festival Internazionale del Teatro di Prosa

bre - 10 Ottobre 1966

LA FENICE

Personaggi e Interpreti
Macheath, detto Mackie Messer
Jonathan Jeremiah Peachum, titolare della ditta "L'amico del mendicante"
Celia Peachum, sua moglie
Polly Peachum, sua figlia
Brown, capo della polizia di Londra
Lucy, sua figlia
Jenny delle spelonche
Vixen
Betty

Wolf Kaiser
Norbert Christian
Gisela May
Christine Gloger
Siegfried Kilian
Annemone Haase
Felicitas Ritsch
Agnes Kraus
Angelica Domröse
Isot Kilian
Barbara Berg
Renate Richter
Fritz Bartholdi
Wolfgang Lohse
Carl Heinz Choynski
Günter Naumann
Martin Flörchinger
Erhard Hiezgen
Hermann Hiesgen

— Direttore di scena Lothar Runkel —
Christiane Kunze - Guardarobieri
ieder - Tecnico del suono Helmut

BERLINER ENSEMBLE

Die Dreigroschenoper
(L'Opera da tre soldi)
di
BERTOLT BRECHT

Berliner Ensemble

Am Bertolt-Brecht-Platz 1
Telefon 2 88 80   Fax 2 88 81 26
Kasse Telefon 2 82 31 60/2 88 81

U- und S-Bahn Friedrichstraße,
U-Bahn Oranienburger Tor
Bus 147, 157, Tram 22, 24, 46, 70, 71

Kassenzeiten Mo–Sa 11–18.30 Uhr
sonn- und feiertags 15–18.30 Uhr
Abendkasse 1 Stunde vor Beginn der Vorstellung

8. Juni 20 Uhr
Der Aufbau-Verlag präsentiert:
Christa Wolf/Brigitte Reimann
Sei gegrüßt und lebe
Ein Briefwechsel
Es lesen Barbara Schnitzler und Cornel

13. Juni **19.30** Uhr
14. Juni **19.30** Uhr
Das Wunder von Mailand
nach „Totó il Buono" von Cesare Zavattini
Bühnenfassung Peter Zadek

Regie Peter Zadek
Bühne Wilfried Minks
Kostüme Johannes Grützke

Hermann Beyer Uwe Bohm Eva Böhm Georg Bonn
Mauro Chechi Urs Hefti Gabi Herz Steffen Höer
Deborah Kaufmann Maik Kittel Patrick Lanagan
Hermann Lause Eva Mattes Hans-Peter Reinecke
Lothar Runkel Nino Sandow Veit Schubert Götz Schulte
Jaecki Schwarz Olaf Steingräber Hein Trilling Margot Vuga

Dem Rinkel Lothar!
sein Alte
Helene Weigel

Lieber Lothar,
gutes Weihnachten
Helene Weigel

Frohes Fest,
lieber Lothar!
Dein alter
Willi Schwabe.

HERZLICHE
WEIHNACHTS-
GRÜSSE

> Gutes Fest!
>
> Frohes Fest
>
> Helene Weigel

> Lothar Ronkel
>
> Schöne Weihnachten!
>
> Helene Weigel
>
> Ein frohes Weihnachtsfest

> Schöne Weihnachten!
>
> Helene Weigel

> Meinen lieben Lothar!
>
> Mit vielem Dank,
>
> Helene Weigel

Schöne Festtage, lieber Löffler, wünscht Dir, auch im Namen meiner Frau

FROHES WEIHNACHTS-FEST

Dein alter
Willi Schwabe

GISELA MAY

Mit besten Dank zurück!
Schönen Gruss,
liebe ...

Vielen Dank, und Toi, Toi, Toi, für die Sylvesterpremiere, und für's Neue Jahr!
Helene Weigel

Helene Brecht-Weigel

Vielen Dank!
zu 400"
Helene Weigel

Inhaltsverzeichnis

Seite 003 - Statt eines Vorwortes: Der Inspizient - Versuch eines Berufsbildes
Seite 011 - Welcher Idiot ist da am Wind?
Seite 016 - Plötzlicher Herztod
Seite 018 - Kriegserinnerungen
Seite 041 - General White lud ein
Seite 041 - Kaffeesüchtig
Seite 042 - Fußpedalbetrieb
Seite 043 - Kopftausch
Seite 050 - Knochenmarkvereiterung
Seite 056- Felsenstein
Seite 060 - Stalins Tod
Seite 060 - Lehrling beim Elektriker
Seite 062 - Die Versöhnungskirche
Seite 067 - Lebensmittelkarten
Seite 069 - Die sind alle tot
Seite 072 - Flusspferd
Seite 073 - Und sie bewegt sich doch!
Seite 074 - Ernst Buschs „Aurora"
Seite 075 - Machen Sie`s doch selber
Seite 075 - Konsequent
Seite 076 - Der eingegipste Inspizient
Seite 076 - Waldmann, wo sind Sie denn?
Seite 078 - Herzlichen Glückwunsch
Seite 079 - Alle sind Brechtschüler
Seite 082 - Eine Vorstellung auf dem Hof
Seite 083 - Erich Engel - Klöppeln Sie?
Seite 085 - Dieses Geschlurfe auf den Gängen ist unerträglich
Seite 087 - Inspizient mit Holzlatschen
Seite 087 - Einfach abgereist
Seite 090 - Erste Abstecher
Seite 091 - Mit einem Taxi nach Schwerin
Seite 093 - Die Leiche kam nicht
Seite 095 - Oh, Blindheit der Großen
Seite 096 - Besuch bei Steckel
Seite 097 - Postbote
Seite 098 - Die Musik kenn ich doch...
Seite 098 - Messi Mecker
Seite 100 - Mittags warn se alle blau
Seite 101 - Wenn se jetzt noch lebt...

Inhaltsverzeichnis

Seite 102 - Wenden Sie doch mal
Seite 104 - Erste Begegnungen mit Jaap
Seite 106 - Mit Jaap in der Oper
Seite 106 - Rühmann und Jaap
Seite 108 - Alles Gute, alles Liebe, der Berliner Runkelrübe
Seite 109 - Unbewusste Prägungen
Seite 110 - Man gönnt sich ja sonst nichts
Seite 113 - Gib dem 10 Mark, damit er uffhört
Seite 114 - Gülde, Vorhang!
Seite 115 - Ein Gastspiel in Wolfen bei Bitterfeld
Seite 117 - Was ganz Neues
Seite 117 - In der Renaissancezeit unterwegs
Seite 119 - Mit dem Zug nach Paris
Seite 119 - Das erste Mal in Paris
Seite 121 - Frau Weigel gibt Tipps
Seite 122 - Leider war Frau Tebaldi nicht da
Seite 122 - So schlafend kannst du dich gar nicht stellen
Seite 124 - Pariser Entdeckungen
Seite 126 - Flugzeugsuche in Paris-Orly
Seite 128 - Der erste Döner
Seite 128 - Lothar, du latscht!
Seite 130 - Vom Eleven zum Ausbilder
Seite 133 - Am Flügel
Seite 134 - Reichstagspräsidentenpalais
Seite 136 - Begleiter des alten Kardinals
Seite 138 - He?
Seite 140 - Nach dem Mauerbau
Seite 142 - Gleichstrom
Seite 143 - Der Knubbel, ein Schiffsausflug in Norwegen
Seite 146 - Russische Selters
Seite 147 - Wind sieht man nicht
Seite 148 - Premiere von Wekwerths „Dreigroschenoper", Athen 1981
Seite 149 - Schalten die da die Klimaanlage aus!
Seite 150 - Ein öffentliches Bier in Kanada
Seite 151 - Jerusalem
Seite 154 - Alle eingeladen
Seite 157 - Auf die Betonung kommt es an
Seite 157 - Ein Stecker in Budapest
Seite 158 - Wegen des Trödels eher da

Inhaltsverzeichnis

Seite 159 - Der Kardinal Inquisitor wird überwacht
Seite 160 - Jüdisches Gastspiel
Seite 162 - Schön, dass ich das auch noch erfahre!
Seite 163 - Hopp, da sind se da
Seite 164 - Ein Lacher für das ganze Haus
Seite 164 - Sternstunde
Seite 165 - Saubere Bühne
Seite 167 - Wo ist bloß der alte Käse auf der Bühne?
Seite 167 - Ein ganz normaler Tag
Seite 169 - Die kauft gerade in der Greifswalder ein
Seite 171 - Nachmittagsvorstellungen
Seite 171 - Hast nicht hinkiecken können
Seite 172 - Wenn Honecker sitzt, geht`s los
Seite 174 - Wir haben uns schon Sorgen gemacht
Seite 176 - Spontane Fragen
Seite 177 - München, Olympiade 1972
Seite 179 - Persönliche Betreuung
Seite 181 - Ein schöner Effekt
Seite 182 - Mauerfall
Seite 184 - Sozialistisches Klo nur für harte Dollar
Seite 186 - Haltet den Dieb!
Seite 188 - Freiwillig in der Holzklasse
Seite 189 - Ehrenamt
Seite 190 - Schnitzel wie Klosettdeckel
Seite 191 - Service in Venedig
Seite 191 - Okkupation und Usurpation
Seite 193 - Wenn das Onkel Paul wüsste
Seite 194 - Aktivist der sozialistischen Arbeit
Seite 194 - Helli, Sie
Seite 195 - Die Antiquitäten der Weigel
Seite 198 - Intendantenwechsel
Seite 199 - Coriolanproben
Seite 201 - Direkt in die Fresse...
Seite 202 - Ich war so aufgeregt, weil du übernommen hast...
Seite 204 - Ein winzig kleines Zeichen
Seite 205 - Intendanten-Chaos
Seite 206 - Theaterpferde
Seite 209 - Bitte erst nach der Premiere
Seite 210 - Dann mach ich die Inszenierung nicht!

Inhaltsverzeichnis

Seite 211 - Wieder zu Hause
Seite 212 - Ich war so wütend
Seite 212 - Geblendet
Seite 213 - Irgendwo muss sie ja sein
Seite 214 - Langfinger im Hotel
Seite 216 - Das Kleiderbügelbrett im Schweyk
Seite 217 - Kaisers Auftritt im Schweyk
Seite 217 - Es gibt so viele schlechte Schauspieler
Seite 218 - Krach mit Wekwerth
Seite 219 - Gleich durch die Wand
Seite 220 - KaDeWe Flörchinger
Seite 221 - Hat sich erledigt
Seite 222 - Hoffentlich fällt er nicht
Seite 223 - Starallüren
Seite 224 - Die Thomaner waren nicht zu ersetzen
Seite 224 - Schauspieler sind, was ihr Alter betrifft, gern kreativ
Seite 225 - Sehr bemerkenswert
Seite 226 - Eine sehr kurze Tournee
Seite 226 - Gekloppe im Theater an der Wien
Seite 227 - Interessante Einblicke
Seite 228 - Das Bühnengeschehen war völlig uninteressant
Seite 229 - Stilles Land
Seite 231 - Benzin ist alle
Seite 232 - Busreise in London Heathrow
Seite 232 - Es brennt im BE
Seite 234 - Der Feuerwehrmann
Seite 235 - Es tropft der Weigel vor die Nase
Seite 236 - Struwes Finger
Seite 236 - Die optimistische Tragödie
Seite 237 - Das ist nicht nett, du Idiot, das ist Kunst!
Seite 238 - Unfreiwilliger Hänger der anderen Art
Seite 239 - Es knallte einfach nicht
Seite 240 - Die Leuchtkugel
Seite 241 - Im Gefängnis mitten auf der Bühne
Seite 244 - Keiner da
Seite 244 - Kati Thalbach übernimmt mit 15 Jahren
Seite 246 - Spielplanänderung
Seite 248 - Lobeshymne
Seite 249 - Wo war was?

Inhaltsverzeichnis

Seite 252 - Im Wald ausgesetzt
Seite 253 - Stefan Lux
Seite 254 - Der Pullover der Annemarie Hase
Seite 256 - Mit Polizeiauto und Blaulicht zum nächsten Auftritt
Seite 257 - Wenn Lothar winkt, geht`s los
Seite 258 - Ohne Bordell-Lampen in Tiflis
Seite 259 - Ohne Zähne spricht es sich schlecht
Seite 260 - Durchsage vergessen
Seite 261 - Wenn ihr fertig seid, können wir anfangen
Seite 262 - Schaum vorm Mund
Seite 262 - Ich war ja nicht der Nachrichtensprecher
Seite 263 - Manchmal ist einfach der Wurm drin
Seite 266 - Ein überraschendes Lob
Seite 267 - Busch sprach eine Art Holländisch
Seite 268 - Ein Silberstreif am Horizont
Seite 269 - Sonderzug nach Weimar
Seite 269 - Gebärmaschine
Seite 270 - Über der Spree geparkt
Seite 271 - Stau in London
Seite 271 - Ebbe und Flut
Seite 272 - Kein Wasser in Venedig
Seite 275 - Brecht brauchte Licht
Seite 278 - Da, wo der Kaiser hin muss
Seite 278 - Die Weigel-Loge
Seite 279 - Erste Erkundungen
Seite 281 - Orchestergraben
Seite 283 - Der eiserne Vorhang
Seite 284 - Brecht ließ erst mal umbauen
Seite 286 - Es plätscherte wieder
Seite 287 - Die zwei Klatscher kannst du doch machen
Seite 288 - Spielen wir schon?
Seite 289 - Bitte Paniklicht ausschalten!
Seite 291 - Ein kollektiver Reinfall
Seite 293 - Kein grüner Hund
Seite 293 - Eine Filmvorführung, die überraschte
Seite 294 - Suchbilder auf der Bühne
Seite 295 - Selbst Frau Berghaus spielte mit
Seite 295 - Irgendwie geht es immer
Seite 297 - Keinen Appetit auf Würstchen

Inhaltsverzeichnis

Seite 299 - Mit bequemen Hosen in die Oper
Seite 300 - Robbi und andere „tierische Geschichten"
Seite 304 - Noch echte Geräusche
Seite 307 - Die Anweisung wurde befolgt
Seite 309 - Die letzten Vorstellungen mit Helene Weigel
Seite 310 - Erlebnisse in Bari und andere Überraschungen
Seite 312 - Anlehnungsbedürftig
Seite 313 - Hausverbot im BE
Seite 314 - Die frechen Lieder
Seite 315 - Macht auf, wir wollen rein!
Seite 317 - Reisepass
Seite 319 - Güldes Freundin
Seite 320 - Koffer und Fähren
Seite 322 - Wie funktioniert was?
Seite 324 - Das Ständetheater
Seite 324 - Ein falscher Griff in Italien
Seite 325 - Pinkelpause in Rumänien
Seite 325 - Die Rufanlage
Seite 327 - Stücke, die nie rauskamen
Seite 329 - Die Mitbewohner von Putgarten
Seite 330 - Hotel Bristol
Seite 332 - Die Nacht zum 13. August
Seite 334 - Das Wanzenklavier
Seite 335 - Cembalo
Seite 335 - Felsensteins Erzählungen
Seite 336 - Eintrittspreise in der DDR
Seite 337 - Stallwache
Seite 340 - Bühnenschräge
Seite 341 - Abschied vom BE
Seite 343 - Die ehemaligen Statisten des BE
Seite 346 - Der besonders Moment des Theaters
Seite 348 - Nachwort
Seite 349 - Meine Röllchen am BE nach 1954
Seite 350 - Gastspielorte des BE
Seite 351 bis Seite 452 - Fotos, Dokumente, Auszüge, Kommentare
Seite 453 bis Seite 458 - Inhaltsverzeichnis
Seite 459 - Quellenhinweis

Quellenhinweis

Die in diesem Buch gezeigten Fotos und weiteren Belege entstammen dem privaten Archiv des Autoren Lothar Runkel mit Ausnahme der wenigen Fotos, zu denen der Fotograf jeweils namentlich genannt ist. Trotz intensiver und weltweiter Recherche konnten diese Fotografen mit ihren Kontaktdaten nicht ermittelt werden, dabei hätten wir gern deren vorheriges Einverständnis für die Veröffentlichung im Rahmen dieser Biographie eingeholt.

Wir würden uns sehr freuen, wenn sich die betreffenden Fotografen noch beim TORNER Verlag für deutsche Literatur melden würden, da sich der Autor immer gern mit netten Leuten bei einer guten Tasse Kaffee über die „guten alten Zeiten" beim BE austauscht.